Bruni Prasske

Was meine Heimat war

Die Odyssee des Afghanen Massud

Hoffmann und Campe

1. Auflage 2002

www.hoffmann-und-campe.de
Schutzumschlag: Katja Maasböl
Foto: M. R. Nicod aus dem Bildband »Afghanistan«, Pinguin Verlag, Innsbruck
Satz: Dörlemann Satz, Lemförde
Druck und Bindung: GGP Media GmbH, Pößneck
Printed in Germany
ISBN 3-455-09375-2

HOFFMANN
UND CAMPE

Ein Unternehmen der
GANSKE VERLAGSGRUPPE

Inhalt

Eine Jugend in Kabul

Rote Fahnen in der Stadt

Wie schützende Hände legt sich das schneegekrönte Massiv um Kabul. Der Frühlingsmorgen war angefüllt mit der Frische der Berge des Hindukusch, und vor dem Blau des Himmels zeichnete sich in silbernem Glanz ein Passagierflugzeug ab. Wie ein verlockender Bote aus einer fremden Welt erschien es dem Jungen auf dem Schulhof.

»Massud! Du bist dran. Mach den Aufschlag!«

Habib warf ihm den Volleyball zu und spähte erwartungsvoll herüber. Noch ein Punkt, und sie hätten es geschafft. Er atmete tief ein, gab dem Ball einen sanften Auftrieb, holte weit aus und traf genau die richtige Stelle. Er zog eine Bahn über das Netz und das gegnerische Feld.

»Aus!«, schrien die Jungen auf der anderen Seite erleichtert auf.

Massud hatte noch eine Chance. Es musste gelingen. Es war ihre Revanche gegen die größeren Siebtklässler. Diesmal sprang er in die Höhe, streckte sich, legte seine gesamte Kraft in den gezielten Schlag und peilte einen Punkt kurz vor der Außenlinie an. Der Coup gelang, sein Team jubelte, und Habib riss ihn vor lauter Freude beinahe zu Boden.

Plötzlich tauchte aus dem Nichts ein ohrenbetäubendes Dröhnen auf. Kampfbomber jagten im Tiefflug über ihre Köpfe hinweg und kündigten das Ende ihrer Kindheit an. Sie starrten den Maschinen hinterher, die dunkel, klein und blitzschnell davonrasten. Massud presste seine Hände gegen die Ohren und fühlte sein Herz heftig schlagen. Als das nächste Fliegerquartett herangedonnert kam, erfüllte quälender Druck seinen Bauch, und er schmeckte das Salz der Schweißperlen, die sich über seinem Mund gesammelt hatten.

Das Schulgelände lag am äußersten Rande der Stadt, wo sich das Gebirge zu gewaltigen Gipfeln zu erheben beginnt, und Massud entdeckte, dass die Maschinen zwischen einem Taleinschnitt hervorstießen. Noch vor dem Ende der Sportstunde rief der Direktor die Jungen zurück in den Klassenraum, um sie wenig später ohne plausible Erklärung heimzuschicken.

Das Hoftor war weit geöffnet, und innerhalb weniger Minuten hatte sich der Schülerstrom in alle Richtungen ergossen. Massud schlug mit einigen Klassenkameraden die Abkürzung zu ihrem Wohnviertel ein. Während sie ihre Schritte beschleunigten, überschlugen sich ihre aufgeregten Stimmen.

»Warum schicken sie uns nach Hause?«, fragte Massud.

»Keine Ahnung. Hat bestimmt mit den Flugzeugen zu tun.«

»Das waren MIG-Kampfbomber«, sagte jemand.

»Woher willst du das wissen?«

»Das weiß doch jeder Esel. Außerdem ist mein Vater in der Armee.«

Am Brotladen eilten die Jungen auseinander. Drei breite Straßen und fünf Gassen musste Massud hinter sich bringen. An der großen Kreuzung kam ihm eine aufgeregte Menschenmenge entgegen. Sie sprachen von Soldaten, Panzern und Kanonen und behaupteten, an der »Arg«, dem einst königlichen Palast, werde geschossen. Einer wollte gesehen haben, wie Düsenjets im Tiefflug über die Arg hinweggejagt waren.

Immer mehr Menschen bevölkerten die Straßen. Mütter riefen die Namen ihrer Kinder. Eine Frau lüftete ihren Tschadari, zog den vergitterten Gesichtsschleier bis zur Stirn und spähte in die Ferne. Beim nächsten Schritt fiel das Gewand über ihre Schultern, doch sie achtete nicht darauf und hetzte die Straße hinunter. Verwirrte Passanten stoben auseinander, andere warteten vergeblich an einer Bushaltestelle und sprachen lautstark über die Flugzeuge. Was war geschehen?

Er hatte die letzte breite Straße vor seinem Wohnviertel passiert. Von weitem sah er das Hamam. Er lief am Badehaus vorbei, bog nach rechts ein und dann in die zweite Gasse. Neben ihm kam ein Wagen mit quietschenden Reifen vor dem Haus der Familie Popal zum Stehen. Erst jetzt erkannte er den Nachbarn in seiner Polizeiuniform.

Hastig sprach Massud einen Gruß, doch Herr Popal riss bereits das Hoftor auf, sprang zurück in sein Auto und raste die Einfahrt hinauf.

Nur noch wenige Schritte, und Massud hatte es geschafft. Kurz vor der Gartenmauer sah er den schwarzen Lackschuh seiner Schwester auf dem Gehweg liegen und hob ihn auf. Das Tor stand offen, er übersprang die drei Stufen bis zur Haustür, und dort stand seine Mutter.

»Massud-dschan, mein Junge, mein Leben, ist dir auch nichts geschehen?«

Nahm sie ihn in den Arm, oder fiel er hinein? Sie zog ihn ins Haus und verriegelte das Tor.

Die Gesichter der Geschwister waren das Abbild seiner eigenen Aufregung. Der Vater saß mit Onkel Mahmud vor dem Radio und drehte an den Knöpfen, doch ertönte aus allen Sendern nichts als dröhnende Nationalmusik.

»Vor der Arg wird geschossen«, sagte Massud und merkte, wie die Röte ihm ins Gesicht stieg, als alle Augen sich auf ihn richteten.

»Was sagst du da, Junge?«, wollte der Vater wissen.

»Das haben Männer an der Bushaltestelle erzählt. Sie kamen aus der Stadt.«

»Gerüchte!«, sagte Onkel Mahmud.

Im selben Moment tauchte aus der Ferne ein fremdartiges Geräusch auf. Es kam langsam näher und wurde zu einem Grollen, das den Boden erzittern ließ. Ein unheimliches Vibrieren kroch Massuds Beine hinauf, und jäh kehrte der beängstigende Druck in seinen Magen zurück. Das dröhnende Rasseln kam ganz nah, und nur noch die hohe Gartenmauer schützte sie vor der unbekannten Gefahr. Onkel Mahmud lief in die obere Etage und stieß die Dachluke auf. Farid wollte ihm folgen, doch seine Mutter hielt ihn zurück. Sie murmelte Lobpreisungen auf Allah und flehte um Gnade.

»Ein Panzer fährt die Straße hinunter«, rief der Onkel, »und an der Kreuzung postieren sich zwei Jeeps mit Soldaten.«

Ein Panzer? In ihrer Straße? Was ging da vor sich? Erneut wurde die Atmosphäre vom Lärm der Tiefflieger erfüllt. Roja krallte sich an das Kleid ihrer Mutter und wimmerte unter Tränen.

»Ich will zu Bibi-dschan. Wann fahren wir endlich zu Großmutter?«, schluchzte sie.

Unterdessen teilte Onkel Mahmud seine neuesten Beobachtungen mit. »Das waren SU-7-Jagdbomber, aber sie haben keine Bomben abgeworfen.«

»Woher willst du das so genau wissen?«, rief der Vater.

»Die Bomben hängen noch unter den Tragflächen.«

»Kannst du sonst noch etwas entdecken?«

»Da kommt schon wieder ein neues Geschwader«, schrie Onkel Mahmud, und seine Worte gingen im Dröhnen der Jets unter.

Roja, Wahid und die zwei Kleinsten weinten, und die Mutter konnte sie kaum beruhigen.

In der Ferne waren Detonationen zu hören. Der Vater sprang auf und machte sich bereit, auf die Straße zu gehen, doch als er seinen Mantel vom Bügel nahm, stellte sich ihm seine Frau entgegen.

»So bleiben Sie im Haus, um Gottes willen, und warten ab. Es ist doch viel zu gefährlich!«

Am späten Nachmittag verdunkelte sich der Himmel, und das ferne Donnern von Schüssen und Kanonen verschwand unter dem wilden Getöse eines gewaltigen Wolkenbruchs.

»Der Himmel hat sich aufgetan«, sagte die Mutter, »und wird die Waffen zum Schweigen bringen.«

Als der Vater gegen Abend erneut das Haus verlassen wollte, verstummte plötzlich die Musik im Radio. Nach einem Knistern und Knacken wurde mit knappen Worten eine Ausgangssperre bis zum Sonnenaufgang verkündet.

»Eine Ausgangssperre?«, rief der Vater. »Mehr wollen sie uns nicht sagen? Was steckt hinter diesem ganzen Chaos?«

Erst später sendete Radio Kabul die lang erwartete Nachricht. Eine Stimme, die man zuvor noch nie im Rundfunk gehört hatte, sprach in Dari: »Zum ersten Mal in der Geschichte Afghanistans ist auch der letzte Nachkömmling der Monarchie, der Tyrannei und des Despotismus beseitigt worden. Sardar Mohammed Daud und sein Bruder Sardar Mohammed Naim, diese Dynastie von Landesverrätern und Mördern, ist durch die Nationalarmee des ruhmreichen afghanischen Volkes vernichtet und die Macht dem Revolutionsrat der Streitkräfte übergeben worden.«

»Ein Umsturz!?«, rief der Vater, und der Anblick des in die Leere starrenden Mannes verschlug Onkel Mahmud einen Moment lang die Sprache. »Aber wer hat das getan?«

»Das klingt nach Kommunisten.«

Die gleiche Nachricht wurde nun von jemandem in Paschtu verlesen, der sich als ein Major der Armee vorstellte. Der Vater presste sein Ohr ganz nah an das Radio, als könnte er auf diese Art geheime und verschlüsselte Informationen empfangen.

»Wakil-dschan, was hat das alles zu bedeuten?«, fragte die Mutter voller Angst.

»Mariam, bitte stell jetzt keine Fragen!«

Die Radiostimme wurde plötzlich feierlich und sprach von Revolution. Von einer Revolution, die dem Nachkömmling des letzten Königs die Macht entrissen hatte. Daud habe seit dem Putsch gegen seinen eigenen Cousin und Schwager, König Sahir Schah, vor fünf Jahren sein wahres Gesicht offenbart. Nichts habe sich seitdem geändert, das Volk sei weiterhin ausgebeutet und unterdrückt worden. Der Sprecher sagte, nun würden sich gerechte Männer für das Vaterland verdient machen. Später wurde gejubelt. Zuerst im Radio, dann in der Ferne und schließlich auch in der Nachbarschaft. Revolution! Wakil Mirsasada war äußerst erregt, griff zum Mantel, hängte ihn dann unvermittelt wieder an den Haken und wollte auf Massuds Frage, was das denn sei, eine Revolution, zuerst nicht antworten. Seine Krawatte hing schief, doch sonderbarerweise achtete er nicht darauf. Erst jetzt fiel Massud auf, dass der Vater noch immer seinen Anzug trug. Sicher war er in der Universität gewesen, als die Kampfjets den Himmel zerschnitten hatten, und er hatte beim Heimkommen in all der Aufregung vergessen, sein knielanges Hemd und die weite Tuchhose anzuziehen.

Onkel Mahmud lief im Haus umher, riss immer wieder den Telefonhörer von der Gabel und wartete vergeblich auf einen Signalton. Schließlich stammelte er: »Aber sie sind doch … ich dachte, sie seien … tot?«

»Wer? Wer ist tot?«, rief der Vater.

»Die Kommunisten, meine ich. Der Präsident hat sie doch alle verhaften lassen.«

»Anscheinend nicht alle. Jemand muss das doch organisiert haben.«

»Dieser Amin hat seit der letzten großen Demonstration Hausarrest. Und die beiden Köpfe der Demokratischen Volkspartei sitzen im Gefängnis.«

»Du meinst Karmal und Taraki?«

»Ja genau, so heißen sie.«

»Jetzt sind sie vielleicht schon ganz woanders.«

Es war der 27. April 1978, und in der folgenden Nacht nahm das ferne Kampfgetöse kein Ende. Am Morgen verlas ein Oberst der Streitkräfte eine Meldung des neuen Regimes. Daud, dieser Verräter, sei besiegt, hieß es erneut. Das Land werde einer großen Zukunft entgegengehen. Die Lage sei unter Kontrolle, und Ausländer sollten nicht beunruhigt sein, wurde abschließend mitgeteilt. Dann sendete Radio Kabul heroische Musik und traditionsreiche Gedichte über den Mut edler Kämpfer.

»Mehr teilen sie uns nicht mit?«, erboste sich Mirsasada. »Wer hat die Macht? Wer ist das Volk?«

Der Tag verging mit der immer gleichen Meldung, die abwechselnd auf Dari und Paschtu gesendet wurde. Als die folgende Nacht ohne Geräusche weiterer Kampfhandlungen überstanden war, machte Onkel Mahmud am Morgen einen verlockenden Vorschlag. »Komm, wir schauen uns das Ganze mal an, lass uns in die Stadt fahren. Die Lage scheint sich beruhigt zu haben.«

Mutter flehte, sie sollten doch wenigstens Farid und Massud im Hause lassen, doch da saßen sie schon im geräumigen Peugeot des Vaters und schlugen die Türen zu. Sie waren nicht die einzigen Neugierigen, die in Richtung Präsidentenpalast drängten. Immer wieder staute sich der Verkehr. Radfahrer, Fußgänger, hupende Taxis und Karatschis verstopften die Straßen. Mit ihren unverkennbaren, warnenden Rufen »Chabar dar – Karatschi!« schoben die Karatschiwans, Männer des Hasaravolkes, die zweirädrigen Lastfuhrwerke durch die Menge. Massud beobachtete belustigt die Passanten, die aufgeregt zur Seite sprangen, wenn sich einer der Karatschiwans schreiend seinen Weg durch die Menge bahnte. Nach den Tagen der Unruhe hatten sie besonders viele Waren zu transportieren. Mehr als zwei Dutzend Karren, prall gefüllt mit Reis, Mehl, Gemüse oder Obst, zählte Massud auf dem kurzen Weg bis Schar-e Nau, wo der Vater den Wagen parkte. Sie mischten sich unter die Menge der Schaulustigen. Glassplitter zerborstener Scheiben säumten den Straßenrand, und plötzlich klaffte vor ihnen ein tiefes Loch.

»Ein Bombentrichter«, kommentierte Onkel Mahmud fachmännisch, »sehr genau haben die anscheinend nicht getroffen.«

»Der Uhrturm ist durchlöchert, die Zeiger sind weg«, rief Massud mit einem Blick zum Palast.

»Sie haben alle umgebracht«, sagte jemand. »Daud und die ganze Familie sind tot. Alle erschossen, ohne Ausnahme.«

»Mein Gott, sogar die Frauen und Kinder?«, schrie eine Dame in elegantem Kostüm entsetzt auf. Sie presste ihre Hände vors Gesicht und schluchzte. Dann verschwand sie in einem Friseursalon, und Massud sah, wie ihr jemand ein Taschentuch reichte.

Schon weit vor den Außenmauern des Palastes zeigten sich deutliche Spuren der Kämpfe, und der Geruch von Verbranntem lag in der Luft. Massud war hoch gewachsen für sein Alter und reichte seinem Vater bereits über die Schulter, doch angesichts der ausgebrannten Militärfahrzeuge und schwer bewaffneten Soldaten machte er sich immer kleiner und blieb dicht an dessen Seite. Man hörte die Schaulustigen debattieren, und das Gerücht machte die Runde, der Palast werde zur Besichtigung freigegeben.

»Wir dürfen in den Palast?«, fragte jemand in der ersten Reihe einen wachhabenden Soldaten, der sein Gewehr vor der Brust verschränkt hielt und hektische Blicke in die Menge warf.

»Warten wir es ab«, antwortete er mit bebenden Lippen und hielt Ausschau nach seinen Kameraden. Einige junge Männer versuchten an ihm vorbeizukommen, und nur noch halbherzig versperrte er den Torweg.

Aus Richtung des Paschtunistan-Platzes dröhnte eine verzerrte Radiostimme, und Wortfetzen trieben herüber: »Alle Macht des Staates … in den Händen des Volkes von Afghanistan … mit dem heutigen Tag … der Palast in das ›Haus des Volkes‹ umbenannt … dem Volk offen steht.«

Jubel brach aus, der Soldat ließ sich bereitwillig zur Seite drängen und machte den Weg frei. Immer mehr Menschen strömten aus der Innenstadt zur Arg, manche ließen sich von den Mutigsten mitziehen, andere zögerten noch, doch dann liefen sie scharenweise hinein. Einige riefen, es sei nun ihr Haus, das »Haus des Volkes«, und es gebe keinen König und keinen Premierminister mehr. Ihre Münder und Augen waren weit aufgerissen, und Massud flehte den Vater an, ebenfalls in die Arg zu gehen. Dieser zögerte noch, ihm schien die Lage zu undurchsichtig und gefährlich, doch Onkel Mahmud und Farid wurden bereits von den Nachströmenden hineingezwängt. Mirsasada schaute auf die mächtigen Mauern, die noch vor ein paar Stunden unverwundbar schienen und nun von den heftigen Kämpfen der letzten Nacht zeugten. Dann konnte auch er sich nicht länger zurückhalten und ließ sich ein Stück mitziehen, griff nach dem Hemdsärmel seines Sohnes, und gemeinsam erreichten sie den Innenhof. Direkt neben dem Eingangstor stand ein ausgebrannter Panzer, in dessen Luke etwas Verkohltes steckte. Massud entdeckte eine metallene Armbanduhr. Ja, es war ein Arm, an dem sie hing, und dieser war Teil eines verbrannten Soldaten.

Schon schob die Menschenmenge sie weiter in den Hof hinein. Massud wurde übel. Onkel Mahmud und Farid waren bereits ein ganzes Stück entfernt, und so konnte er wenigstens vor ihnen sein verstörtes Gesicht verbergen.

Hinter den Hofmauern ging es so ausgelassen zu wie im Schar-e-Nau-Park, und niemand außer ihm schien an den toten Soldaten zu denken. Jenseits einer provisorisch errichteten Absperrung patrouillierten Männer in Uniformen. Stolz stellten sie sich zur Schau, und Massud spürte, dass sie sich als Teil von etwas Großem und Bedeutungsvollem fühlten. Hier und da hörte man ihre Befehle, woraufhin einfache Soldaten von einem Standort zum nächsten eilten. Massud hielt sich dicht bei seinem Vater, dessen Stimme ungewohnt leise und besorgt klang.

»Hmm … ach, mein Sohn, wenn nach diesen Kämpfen wieder Ruhe einkehrt, dann können wir dankbar sein. Wer mag unser Land in eine bessere Zukunft führen?«

Wen fragte er das? Massud traute sich nicht zu sprechen. Das Gesicht des Vaters war bleich, eine Haarsträhne klebte an seiner Stirn, und seine wachen Augen tasteten unentwegt die Menschenmenge ab. Massud kannte diesen Blick, der ihn an einen Falken erinnerte. Für ihn war es selbstverständlich, dass alle Welt seinem Vater, dem Gelehrten Wakil Mirsasada, mit großem Respekt begegnete. Es war gut, ihn an der Seite zu haben.

»Was wir eben am Panzer gesehen haben, ist furchtbar. Wenn um die Macht in Afghanistan gerungen wird, gibt es immer Tote. Wir müssen das Beste hoffen.«

Was hatten diese Sätze zu bedeuten? Was der verkohlte Arm und die Uhr? Wie hofft man das Beste? Massud wusste es nicht, und in diesem Moment hatten sie auch schon das Eingangsportal des Palastes erreicht, und seine Aufmerksamkeit galt dem großen Geheimnis, das sich dahinter verbarg.

»Hier hat dein Urgroßvater für König Amanullah persönlich als Schreiber gearbeitet, und er trug den Titel des Mirsa mit Stolz.«

»Im Palast? Urgroßvater war hier beim König? Als Mirsa?«

»Aber Massud, das habe ich dir doch schon früher einmal erzählt? Das Anwesen in Schamali hat dein Urgroßvater erbaut, und der Name erinnert an sein angesehenes Amt als Schreiber.«

»Qalai Mirsa Khan«, verkündete Massud stolz.

»Ganz genau, mein Sohn.«

»Er war ein hoher Beamter, hatten Sie gesagt, aber den Titel des Mirsa hatte ich vergessen.« Der Urgroßvater war schon vor Jahrzehnten gestorben.

»Er war der erste Mann aus unserem Dorf, der schreiben konnte und eine Ausbildung in Kabul erhielt. Seine Handschrift war so schön, dass der König ihn in den Palast holte. Leider wurde der gute Amanullah einige Monate später gestürzt.«

»Das mit Amanullah ist schon lange her, nicht?«

»Ja, fünfzig Jahre, aber sehr viel hat sich seitdem nicht verändert. König Amanullahs Ansichten waren zu modern für unser Land. Er war sehr weitsichtig und hat den Austausch mit Europa gefördert. Damals kamen die ersten Techniker ins Land, und es wurde die deutsche Schule gebaut. Später schickte man sogar afghanische Studenten ins ferne Ausland. Durch Amanullah hat der

Fortschritt seinen Einzug in unser rückständiges Land gehalten. Er hat Bildung und Entwicklung gepriesen. Großvater ist ihm immer treu geblieben.«

Mirsasada spähte nach vorn, doch Onkel Mahmud und Farid waren nirgends zu entdecken. Sie wurden weiter in das Innere des Palastes gedrängt.

»Nur der erste Raum ist zugänglich. Schauen Sie kurz hinein und machen Sie Platz für die Nächsten. Nichts anfassen!«, rief ein alter Mann in farbenprächtiger Uniform. Es schien ihm nicht zu gefallen, dass das Volk durch diese edlen Räume streifte.

Als Erstes sah Massud das Funkeln eines Kronleuchters. In den geschliffenen Glastropfen brach sich das Licht und schillerte, einem Regenbogen gleich, in den Saal. Einfache Männer in traditioneller Kleidung schauten schüchtern nach oben, folgten mit ihren Blicken dem Funkeln, betrachteten die hohen Wände und befühlten die weichen Stofftapeten. Das Mobiliar wirkte befremdlich, und niemals hätte Massud sich getraut, einen der zierlichen Stühle zu berühren. Ein Besucher nahm jedoch sogar einen bemalten Teller in die Hand. Zwei Frauen im Tschadari lugten durch die Gitter ihrer Ganzkörperverschleierung und wandten sich entsetzt von einem Gemälde ab, das eine unverschleierte Prinzessin zeigte. Das alles sollte nun nicht mehr Daud gehören, dachte Massud, und dann fiel ihm ein, dass der Präsident irgendwo in diesem weiträumigen Palast in der letzten Nacht erschossen worden war und mit ihm zahlreiche Angehörige. Wenn das Haus nun dem Volk gehörte, überlegte er, was wird dann mit all diesen merkwürdigen Dingen? Er konnte sich kaum vorstellen, dass hier Menschen lebten, es sah eher so aus wie ein Museum, zumindest so, wie er sich ein Museum vorstellte. In der Schule hatte der Lehrer ihnen Fotos vom Louvre in Paris und von der Eremitage in St. Petersburg gezeigt. Auch dort hingen Bilder an den Wänden, die blasse Könige und Königinnen in prächtiger Kleidung zeigten. Die riesigen Teppiche waren zusammengerollt und an die Seite gelegt, und so hallten die vielen Schritte der Menschen auf dem Boden nach. Der tote Soldat ging ihm nicht aus dem Kopf, und er dachte an die Kampfflugzeuge. Ob sie den Panzer aus der Luft beschossen hatten? Aber was konnte brennen an einem Panzer? Oder war es eine Bombe gewesen? Er hatte in einem Kinofilm gesehen, wie sie explodieren und alles in Stücke reißen. Auch Vater wirkte nun abwesend, und so gingen sie schon bald wieder dem Ausgang zu. Der Panzer stand noch immer dort, aber an Stelle des toten Soldaten hingen Girlanden über der Einstiegsluke. Jemand kletterte auf das Rohr und steckte Blumen hinein.

Einige Tage später glich der Salon im Erdgeschoss einem Konferenzraum. Kollegen des Vaters von der Universität, Onkel Mahmud, Onkel Nadschib, Herr Popal und ein weiterer Nachbar hatten auf Sofas und Sesseln Platz genommen. Das Radio war lauter als üblich, und die Stimme aus dem braunen Kasten vermischte sich mit den aufgeregten Gesprächen der Gäste. Vater hatte das Gerät auf einem eiligst herbeigeholten Tisch gestellt und strategisch günstig gegenüber der Sitzecke platziert.

In der Küche hackte die Mutter unterdessen unermüdlich Kräuter, schnitt Gemüse in feine Streifen und warf prüfende Blicke in den gewaltigen Reistopf. Die Luftklappen hoch über dem Herd waren geöffnet, und verlockende Düfte zogen auf die Straße. Sie schickte Farid und Massud hinaus in den Garten, um dort Kababspieße zu grillen. Farid hatte bei den Familienausflügen schon öfter die Rolle des Kababi übernommen und konnte gut mit dem Feuer umgehen. Er fächelte die Glut mit flinken Schlägen eines Bastwedels an und ließ Massud mit dem Tablett voller Spieße auf den richtigen Moment zum Auflegen warten.

»Zuerst nehmen wir zwei kleine. Die sind schneller fertig«, sagte er verschwörerisch.

»Für uns beide?«

»Genau, du magst die zarten Stückchen doch so gern. Die reservieren wir uns und essen sie hier draußen.«

Farid war heute gut aufgelegt und viel gesprächiger als üblich. Der ältere Bruder zeigte sich sonst eher bedächtig und strahlte meistens eine Ruhe aus, die Massud ungeduldig machte. Früher hatten sie ausgelassen miteinander gespielt, aber seit einiger Zeit reagierte Farid genervt, wenn Massud ihn dazu überreden wollte. »Sei nicht so kindisch«, war seine Antwort, wenn sich Massud von hinten anschlich und auf ihn stürzte, um ihn in einen Ringkampf zu verwickeln. »Du siehst doch, dass ich zu tun habe.« Massud konnte nicht verstehen, dass Farid nichts lieber tat, als stundenlang über seinen Rechenaufgaben und Lehrbüchern zu brüten, einer Beschäftigung, der er selbst möglichst aus dem Weg ging.

»Was denkst du, warum heute so viele Besucher hier sind?«, fragte Massud. »Sie warten auf wichtige Nachrichten aus dem Radio. Heute wird nur über Politik geredet.«

»Du meinst die Revolution und die Kämpfe?«

»Über die neue Regierung. Worüber wohl sonst?«

»Ich muss immer an den Toten im Panzer denken. Er war ganz verbrannt. Alles schwarz.«

»Ja, ich weiß, es sah schrecklich aus. Der war exakt getroffen worden. Jetzt reich mir die Spieße rüber. Die Glut ist heiß genug.«

Immer wieder schaute Massud durch das große Fenster in den Salon, und nun verriet die aufgeregte Gestik der Männer auch ihm, dass Farid Recht hatte. Einige hatten bereits vorsichtig ihre Krawatten gelöst, und manche Stimme überschlug sich im Eifer der Diskussion.

Mit den fertigen Spießen eilte Massud durch das Esszimmer, wo Roja bereits die große Tafel deckte. Sie polierte das Silberbesteck und schaute Massud fragend an.

»Rechts die Messer«, riet er ihr im Vorbeilaufen, »glaube ich jedenfalls.« Zum Glück passte die Familie sich nur bei besonderen Gelegenheiten den ausländischen Tischsitten an. Das Hantieren mit dem schweren Besteck bereitete Massud einige Mühe, und die Mutter hielt gar nichts von dieser umständlichen Art des Essens. »Wozu hat Gott den Menschen Finger gegeben?«, sagte sie immer.

»Euer Vater hätte mir wenigstens ein Wort sagen können. Wie soll ich so schnell allen Gästen etwas servieren? Massud, lauf schnell zu Tante Farsana rüber und bringe sie her. Sie soll mir helfen. Farid, geh nach oben und schau nach den Kleinen.«

Das Esszimmer war vom Salon durch eine gewaltige Bücherwand getrennt. Mirsasada hatte sie so anfertigen lassen, dass er die Regale von beiden Seiten mit Büchern bestücken konnte. Es waren Hunderte, und er kannte sie alle. Englischsprachige Titel standen dort neben iranischen und afghanischen Lehrwerken, Gedichtbänden und Romanen. Im obersten Regal thronte eine zwanzigbändige amerikanische Enzyklopädie.

Mariam Mirsasada verteilte fortwährend neue Aufgaben an Roja und die beiden Brüder. Massud war immer dann zur Stelle, wenn es galt, den Männern frischen Tee zu reichen. Er nahm das Messingtablett in die Hand, und die unterdessen herbeigeeilte Tante Farsana bestückte es mit Zuckerschalen und Gebäck.

»Zähl unauffällig nach, wie viele es sind«, wies sie ihren Neffen an. Im Salon bot er jedem ein Teeglas an und bemühte sich um unauffällige Langsamkeit. Während er bedächtig die benutzten Gläser einsammelte, lauschte er der Stimme im Radio und den Worten der Debattierenden.

Dort war die Rede von einem Revolutionsrat unter Vorsitz von Noor Mohammed Taraki. »Man muss sich das einmal vorstellen!«, sagte Herr Popal. »Während Daud und sein Kabinett in der Arg über die Hinrichtung der kommunistischen Gefangenen beraten, werden die befreit und führen einen Staatsstreich durch.«

Der Nachbar erntete erstaunte Blicke und ergriff erneut das Wort.

»Das ist selbstverständlich nur ein Gerücht, aber aus sicherer Quelle. Angeblich ist eine Elitetruppe ins Gefängnis eingedrungen und hat sie herausgeholt.«

»Das ist ja unglaublich. So etwas bedarf exakter Planung und vieler Verbündeter. Ein richtiger Komplott«, resümierte ein elegant gekleideter Herr.

»Immerhin wissen wir nun endlich, wem wir den Umsturz zu verdanken haben«, warf der Vater ein. »Die Macht liegt in den Händen der Demokratischen Volkspartei Afghanistans, der DVPA.«

»Nun dürfen wir gespannt sein auf die Männer im Kabinett«, sagte Onkel Mahmud. »Wer mag neben diesem Taraki stehen? Kennt ihn überhaupt jemand?«

»Er ist kein Unbekannter, jedenfalls in gewissen Kreisen nicht«, sagte der Herr mit der modischen Krawatte.

»Sie kennen ihn, Dr. Gul?«, fragte ihn jemand.

»Natürlich nicht persönlich, aber ich habe einiges über ihn gehört.«

»Er hat eine erstaunliche Karriere gemacht und ist ein überzeugter Kommunist«, sagte Mirsasada. »Man sollte ihn nicht unterschätzen. Taraki hat viele Kontakte ins Ausland.«

»Und zwar in alle Richtungen. Nach Moskau und nach Washington«, bestätigte Dr. Gul.

»Er ist radikaler Kommunist mit Leib und Seele und ohne Zweifel ein häufiger Gast in Moskau. Gefährlich!«, ergänzte ein Kollege.

Als das Essen zubereitet war, setzten sich die Männer an die Tafel, die mit ihren zwölf Plätzen gerade Platz genug bot. Die Mutter und Tante Farsana blieben in der Küche und reichten Farid, Massud und Roja die Reisplatten, die diese dann neben diversen Salattellern und Schüsseln mit Fleisch und Gemüse zum Esszimmer trugen. Die Männer lauschten weiterhin den Meldungen des Radiosprechers und schenkten den Speisen kaum einen Blick.

»Es geht los! Die Zusammensetzung der Regierung!«, rief jemand.

Sie eilten in den Salon, griffen zu Papier und Stiften und konzentrierten sich auf jedes Wort. Eine Namensliste wurde verkündet.

»Hört euch das an«, flüsterte Mirsasada, »zehn Minister von Tarakis Leuten und zehn Minister von Karmals Leuten. Die zerstrittene DVPA hat sich wohl geeinigt. Die radikale Khalq-Fraktion von Taraki und der gemäßigte Partscham-Flügel von Karmal wollen nun gemeinsam die Geschicke Afghanistans lenken.«

Es wurden weitere Namen genannt, und Mirsasada machte sich hektisch Notizen. Seine Stimme klang schrill durch den Raum, als der Sprecher mit der Nennung der Kabinettsmitglieder geendet hatte. »Wer? Wer? Wie soll der heißen? Wer war der Letzte? Ich habe diesen Namen noch nie gehört.«

Die Kommentare der Männer verwirrten Massud, und er gab sich größte Mühe, in dem Durcheinander den Überblick zu behalten. Mutter wies ihn zurecht, als sie ihn lauschend hinter der Bücherwand im Esszimmer stehen sah. Als sie jedoch hörte, dass dem Kabinett eine Frau angehörte, verharrte auch sie reglos neben ihm.

»Eine Frau zwischen all den Männern? Was macht sie dort?«, murmelte sie und dirigierte Massud in die Küche. Erst später setzten Tante Farsana, Mutter und die Kinder sich in der oberen Etage ins häusliche Wohnzimmer, wo sie ein Dastarchan, ein Wachstuch, auf dem Boden ausbreiteten und mit dampfenden Speisen deckten. Bequem auf flachen Matten sitzend, tunkten sie das frische Brot erst in die Fleischsoße und nahmen dann mit geschickten Griffen eine Portion Reis auf. So schmeckte das Essen viel besser.

Kurz vor Beginn der Ausgangssperre machten sich die Gäste zum Gehen bereit. Als Mirsasada sie hinausgeleitet hatte, stand seine Frau auf der Treppe ins familiäre Obergeschoss.

»Wakil-dschan, habe ich richtig gehört, es gibt eine Frau im Parlament? Wer ist sie? Was macht sie dort?«

»Sie ist Sozialministerin. Unsere erste afghanische Ärztin, Dr. Anahita Ratebsad, eine von Karmals Vertrauten. Sie gehört der gemäßigten Fraktion an. Taraki ist davon sicher nicht begeistert.«

»Sie ist es! Unsere Dr. Anahita ist Ministerin geworden?«

»Du kennst sie, Mariam-dschan?«

»Sie war Minas Lehrerin in der Hospitalschule. Sie trägt kurze Haare und niemals ein Kopftuch.«

Massud verließ nun jeden Morgen zeitiger als nötig das Haus, um vor dem Unterricht die neuesten Nachrichten aufzuschnappen. Er holte sein Fahrrad aus der Garage und radelte durch die Nachbarschaft. Wenn er aus der Toreinfahrt nach rechts schaute, konnte er das ferne Ende der schnurgeraden Gasse kaum sehen. Schachbrettartig waren die Straßen dieses modernen Stadtteils angelegt worden, und die ersten Laubbäume waren bereits so groß, dass ihre längsten Äste sich über der Straßenmitte berührten. Eine Reihe von zehn Häusern bildete einen Block. Die nach hinten gelegenen, ummauerten Gärten grenzten an einen schmalen Gang, der in der Mitte einen Graben führte. Der Block der nächsten Gasse stieß mit seinen Gärten ebenfalls daran. Gleich hinter dem Hamam gab es einen Durchschlupf, aber es war kaum möglich, ohne Leiter oder Seil über die Mauer in den heimischen Garten zu gelangen. Im letzten Sommer hatte Farid ihm erzählt, wie er eines Abends heimlich durch diesen Gang entwischt und erst spät in der Nacht zurückgekehrt war.

In der anderen Richtung unterbrachen vereinzelte Häuser das strenge Straßenmuster. Diese Gebäude hatten einst zu einem Vorort Kabuls gehört, der nun mit der Stadt verwachsen war. Wenn er das Hamam passiert hatte, war er außer Sichtweite, und nach zwei weiteren Gassen erreichte er Habibs Zuhause. Massud klopfte an das Tor und rief nach dem Freund, der bereits wartete und auf sein Rad sprang.

»Ich wette, es gibt schon wieder neue Spruchbänder«, sagte Massud, als sie sich auf den Weg machten. »Am Wochenende haben sie bestimmt wieder welche aufgehängt.«

»Ganz bestimmt! Freitags malen sie doch immer welche.«

Kaum bogen sie in die Straße mit den vielen kleinen Bäckereien und Gemüseläden, strahlten ihnen auch schon die Losungen der Partei entgegen.

»Brot, Kleider und Unterkunft!«, stand auf dem einen Spruchband, »Es lebe die Revolution der Arbeiter, Bauern und Abgeplagten!« auf dem nächsten.

»Da ist ein Neues!«, rief Massud. Es war über die gesamte Straße gespannt, und auf rotem Untergrund prangten die Worte »Arbeiter, Bauern und Dienstleistende, vereinigt euch!«

»Was sie damit wohl meinen?«

»Keine Ahnung. Werden sie uns in der Schule sicher noch alles erzählen. Es geht da ja sowieso nur noch um die Revolution.«

»Ist doch nicht schlecht, finde ich. Besser als die ganze Zeit Mathe und Physik.«

»Mein Vater regt sich mächtig darüber auf. Er meint, wir lernen nichts Brauchbares mehr. Er traut den Kommunisten nicht über den Weg«, sagte Habib.

Die beiden Jungen kannten sich seit zwei Jahren. Beinahe genauso lange waren sie nun schon befreundet. Massud hatte den Neuen mit seiner Vorliebe für Verbotenes in seiner Klasse auf Anhieb gemocht. Als Habib auf dem Schulhof einmal als Bauer beschimpft worden war, hatte er nicht eine Sekunde gezögert und dem spottenden Mitschüler einen Faustschlag versetzt. Seitdem waren sie unzertrennlich. Das Auffälligste an Habib war die runde Narbe auf seiner Wange, ein so genannter Jahresfleck, den er von einer Infektionskrankheit zurückbehalten hatte. Er gab ihm etwas Verwegenes, das nicht ganz zu einem Vierzehnjährigen passen wollte. Da es bei Massud nicht so streng zuging wie bei seinen Eltern, trafen sie sich gern bei ihm, aber am liebsten zogen sie gemeinsam durch das Viertel – weit weg von den Blicken der Erwachsenen und ihren Ermahnungen – und kamen erst zum Abend nach Hause. Die neueste Attraktion war ein Fernsehapparat, der beim Rathaus ihres Stadtviertels, in Chair Chana, aufgestellt war. Manchmal warteten sie rechtzeitig vor sechs Uhr abends, wenn die Übertragungen begannen, und sicherten sich einen guten Platz. Erst kürzlich war der afghanische Sendebetrieb aufgenommen worden, und es faszinierte sie, die Politiker bei ihren Reden sehen zu können. Taraki, der »Revolutionsführer«, wie er sich gern nennen ließ, konnte unendlich lange ohne Unterbrechung sprechen, was Habib und Massud nach einiger Zeit langweilte. Viel lieber waren ihnen ausländische Filme, die aber nur selten gezeigt wurden.

»Wenn mein Vater wüsste, dass ich mir am liebsten französische Filme ansehe, würde ihm das nicht gefallen. Er hält nicht viel von moderner Unterhaltung«, sagte der Freund.

Habibs Vater war fromm und verrichtete mehrmals täglich die Gebete. Habib behauptete, er spare für eine Pilgerreise nach Mekka – einen Höhepunkt im Leben eines gläubigen Moslem. Der bärtige Mann missbilligte es, wenn seine Kinder kein ausreichendes Interesse an den religiösen Ritualen zeigten.

Wieder fiel der Unterricht aus, und auf dem Hof wurde eine Versammlung einberufen. Einige ältere Schüler hissten Flaggen. Massud hatte sie in letzter Zeit häufiger dabei beobachtet, wie sie

Plakate der neuen Regierung in den Fluren aushängten und im Lehrerzimmer verschwanden. Der Schulleiter unterhielt sich mit ihnen, wie er es früher nie mit Schülern getan hatte. Beinah sah es so aus, als hätte er Respekt vor ihnen, während sie nicht gerade den Eindruck machten, als achteten sie seine Autorität. Jemand stellte ein Podest auf, und nun konnten alle den Direktor sehen. Heute machte er deutlich, dass jetzt für alle Schüler die Zeit reif sei, ihre revolutionäre Gesinnung tatkräftig unter Beweis zu stellen. Zum Wohle des Volkes sollten sie Mitglieder in der Jugendorganisation werden. Man würde dort viele Jugendliche treffen und sich tatkräftig an der Entwicklung einer fortschrittlichen Gesellschaft beteiligen. Jeder könne somit ein Vorbild für andere junge Menschen abgeben. Das klang mehr nach einer Aufforderung als nach einer Einladung. Neugierig wurde Massud allerdings, als der Direktor von einem Kulturprogramm sprach, bei dem Musik eine große Rolle spielen sollte.

»Ohne mich«, flüsterte Habib, der neben ihm stand, »ich habe Besseres zu tun.«

Massud hingegen wollte sich die Organisation zumindest einmal ansehen. Seitdem sein Mitschüler Adschmal ihm auf dem Harmonium die ersten Melodien beigebracht hatte, bekam das Instrument eine immer größere Anziehungskraft für ihn. Er liebte die weichen Klänge, die der hölzerne Körper von sich gab. Wenn er mit der rechten Hand die Luftzufuhr regelte und mit der linken die Tasten bediente, dann weckten die Töne sein musikalisches Talent. Massud kannte bereits einige afghanische Volkslieder auswendig und trällerte gern die modernen Schlager von Ahmad Saher, dem großen Star unter den afghanischen Musikern. Wenn seine Lieder im Radio erklangen, dann sang er aus Leibeskräften mit, zumindest wenn er sich unbeobachtet fühlte.

Als der Direktor die Schüler in den Unterricht entließ, kam Adschmal auf Massud zu.

»Was meinst du? Hast du nicht auch Lust, in die Jugendorganisation einzutreten? Da können wir Musik machen und später vielleicht sogar auftreten.«

»Hört sich gut an. Meinetwegen, lass uns mal hingehen.«

»Hab gehört, dass es auch Treffen mit Mädchenorganisationen geben soll.«

»Das ist ja noch besser.«

Als Massud sein Fahrrad in der Garage abstellen wollte, kam ihm der Vater aufgeregt entgegen. Er hielt den Wagenschlüssel in der Hand, und Massud beeilte sich, den großen Torflügel zu öffnen. »Baba-dschan, Salam«, sprach er seinen Gruß.

»Diese Regierung ist unberechenbar – ach, was sage ich? Größenwahnsinnig sind sie, oder vielleicht auch verrückt«, rief Mirsasada, ohne seinen Sohn zu beachten.

Die Mutter tauchte in der Haustür auf, in der Hand hielt sie eine zerknitterte Zeitung.

»Wakil, so sprechen Sie hier draußen doch nicht so laut. Wohin fahren Sie jetzt? Wann kommen Sie wieder?«, fragte sie.

»Man kann wirklich Angst um unser Land bekommen«, sagte er nun deutlich leiser und startete den Wagen. Sie sahen dem Peugeot nach, bis er aus ihrem Blickfeld verschwunden war.

»Madar-dschan, salam. Warum ist Baba so aufgebracht?«

»Salam, mein Sohn. Es muss etwas mit der Zeitung zu tun haben.«

»Was steht denn drin?«

»Aber Junge, das weiß ich doch nicht.«

Kaum eine halbe Stunde später tauchte Onkel Nadschib auf. Mutter schenkte ihm Tee ein und reichte ihm mit fragendem Blick die Zeitung.

»Ach, Mariam-dschan, ich habe es auch schon gesehen. Mit Afghanistan wird es noch ein schlimmes Ende nehmen.«

»Das hat Wakil auch gesagt.«

Er strich die Zeitung glatt und deutete auf das Foto.

»Eine rote Fahne für Afghanistan. Schau dir das an! Warum muss Taraki den Russen alles nachmachen? Das Grün des Islam zu verbannen ist ein gefährlicher Affront gegen alle gläubigen Afghanen. Weiß er denn nicht, was er macht?«, fragte er seine Schwester, ohne eine Antwort zu erwarten. Sie murmelte stattdessen eine Lobpreisung auf Gott den Allmächtigen.

»Massud, lass dich bloß nie mit den Kommunisten ein.«

»Aber Nadschib, der Junge ist doch noch viel zu jung für solche Dinge«.

»Davor kann man nicht früh genug warnen. Schau dir doch an, was sie machen. Mich schicken sie in den Ruhestand, weil ich nicht auf ihrer Linie bin. Ein Colonel in meinem Alter im Ruhestand!«

Dann zeigte der Onkel wieder auf das Foto in der Zeitung. Auch wenn es nicht farbig war, so konnte man sich ausmalen, wie der stilisierte gelbe Ährenkranz in der oberen Ecke der Flagge das Wort »Khalq«, »Volk«, auf rotem Untergrund umkränzte. Auf Paschtu, der Sprache der Paschtunen, waren auf einem schmalen Banner die Worte »Demokratische Republik Afghanistan« und »Aprilrevolution 1978« zu lesen.

»Warum nicht in unserer Sprache?«, wollte Massud wissen.

»Taraki ist Paschtune, seine Khalq-Fraktion besteht aus vielen Paschtunen, und ein Großteil der Menschen in unserem Lande sind es ebenfalls. Keiner weiß genau, wie viele, aber sicher mehr als alle anderen Volksgruppen. Und damit kann er es auch den einflussreichen Tadschiken zeigen. Reformen sind nötig, aber bisher ist in diesem Land noch jeder gescheitert, der den zweiten Schritt vor dem ersten machte.«

Massud hatte mitbekommen, dass sein Onkel, der altgediente Offizier, neuerdings die meiste Zeit zu Hause vor dem Radio saß oder mit dem Vater debattierte. Die Kommunisten hätten ihn gern übernommen, betonte er immer wieder. Seine militärische Ausbildung hatte er in der Sowjetunion absolviert, wie die meisten »hohen Tiere« in der Armee. Nun mangelte es offenbar an qualifizierten Armeeführern, aber Onkel Nadschib verweigerte stolz jegliche Mitarbeit und ließ sich auch nicht durch Drohungen erweichen. »Ich habe die Russen kennen gelernt«, sagte er häufig. »Den Kommunisten werde ich niemals dienen. Ihre so genannte fortschrittliche Gesellschaft müssen sie schon ohne meine Hilfe aufbauen. Ich erhebe meine Waffe doch nicht gegen das eigene Volk!«

Als am Nachmittag bereits das vierte Auto vor ihrem Haus vorfuhr, konnte Massud durch das Esszimmerfenster sehen, wie Herr Popal mit dem Vater auf der Terrasse verschwand. Er lehnte sich vorsichtig an den geöffneten Spalt und lauschte ihrem Gespräch. Der Polizeioffizier sprach leise, und manches Wort ging im Lärm der ankommenden Gäste unter.

»Herr Mirsasada, als Nachbar und Freund möchte ich Sie warnen!«

»Aber worum geht es denn?«

»Die regelmäßigen Besucher … sie erregen Aufsehen … vorsichtig sein … dringend.«

»Sie meinen, jemand könnte vielleicht nicht vertrauenswürdig …«

»In dieser Zeit kann man nicht vorsichtig genug sein … Ihre Familie … Ihre Position.«

»Glauben Sie, wir sind in Gefahr? Woher …«

Jemand schob die Terrassentür auf, und die Unterredung verstummte.

»Vater, zwei Herren von der Universität sind gekommen«, sagte Farid, und die Männer gingen ins Haus.

Das Gespräch mit Herrn Popal musste Mirsasada beunruhigt haben, denn er schaute mehrmals aus dem Küchenfenster und warf suchende Blicke in die Runde. Den Diskussionen der Gäste folgte er zunächst schweigend.

»Die Verbrüderung zwischen Taraki und Karmal hat wirklich nicht lange gehalten. Den stellvertretenden Ministerpräsidenten auf diese Art auszuschalten ist ein starkes Stück«, erregte sich Onkel Mahmud.

»Taraki hat es sich leicht gemacht; er schickt Karmal als Botschafter nach Prag und die Sozialministerin nach Belgrad. So entledigt er sich der unliebsamen Partschamis«, kommentierte Onkel Nadschib.

»Ich befürchte das Schlimmste«, sagte Dr. Gul, der inzwischen immer häufiger ins Haus Mirsasada kam. »Welche Art von Politik betreiben diese Herren eigentlich? Wollen sie etwas zum Wohle unseres Landes tun, oder haben sie es nur auf die Macht abgesehen? Mit ihren so genannten Säuberungskampagnen wollen sie ihre unumschränkte Herrschaft sichern. Jeder potenzielle Gegner wird beseitigt! Ich habe bereits mehrfach von Verhaftungen gehört.«

»Reformen sind aber dringend notwendig«, warf Onkel Mahmud ein. »Es wird höchste Zeit, dass Bildungsprogramme auch die Landbevölkerung erreichen. Dort leben die Menschen noch wie im letzten Jahrhundert. Es ist doch nichts Schlechtes, wenn endlich Lehrer in den Dörfern erscheinen.«

»Es hat auch niemand etwas gegen Lehrer, aber die Kommunisten schicken halbwüchsige Gymnasiasten in die Dörfer und zwingen die Mädchen zur Schule«, berichtete Onkel Nadschib. »Sie haben sogar schon Lehrer bewaffnet. Man stelle sich das mal vor! Welch eine Provokation! Gleichzeitig verhaften sie die Führer der Dorfgemeinschaften, mischen sich in den Brautpreis ein, enteignen Landbesitzer, verteufeln die Geldverleiher und merken nicht einmal, dass niemand etwas von ihren Maßnahmen wissen will. Und Frauen gehören dort nun mal nicht auf die Straße, Familienangelegenheiten regelt niemand außer den Ältesten, und wozu all die Bildung für Mädchen, die ja doch mit vierzehn verheiratet werden und jedes zweite Jahr ein Kind bekommen? Das alles wollen sie von heute auf morgen ändern, und da wundern sie sich, wenn ihnen der Hass und nun auch schon die ersten Gewehrkugeln entgegenschlagen.«

»Wenn das hoch empfindliche Gleichgewicht zwischen der Kabuler Regierung und den Vorrechten der Stämme missachtet wird, ist alles verloren. Mit ihren Kabuler Ideen made in Moskau richten sie auf dem Lande viel Unheil an, und die Quittung dafür wird nicht auf sich warten lassen. Sie verschrecken und erzürnen die Menschen mit ihrer Art von Kommunismus. Afghanistan ist und bleibt ein zutiefst traditionelles und islamisches Land! Wollen sie den Leuten etwa ihren Glauben an Allah und den Propheten nehmen? Wie soll so etwas denn funktionieren? Etwa mit Gewalt? Sollen die Bauern und Handwerker am Ende gar die roten Fahnen anbeten?«, ereiferte sich Onkel Nadschib, und in diesem Moment schluchzte die Mutter entsetzt auf. Sie hatte gemeinsam mit Massud hinter der Bücherwand gelauscht. Eine Koransure murmelnd, lief sie die Treppe hinauf, und Massud sah, wie sie mit den Tränen kämpfte.

»Was heißt ›die ersten Gewehrkugeln‹? Es gibt Geistliche, die bereits zum Heiligen Krieg aufrufen«, sagte Herr Popal. »Wohin das führen wird, mag man sich gar nicht vorstellen. Und nicht wenige religiöse Aktivisten sind aus Furcht vor Verfolgung nach Pakistan geflüchtet.«

»Können Sie bestätigen, dass Mullahs ermordet wurden, oder ist es nur ein Gerücht?«, fragte Mirsasada.

»Das stimmt. Es wird gezielt nach Aufrührern gesucht, und es werden Exempel statuiert.«

»In der Universität fahndet man nach Studenten, die sich aktiv für islamische Propaganda und gegen die Kommunisten einsetzen.«

»Es ist entsetzlich. Seitdem es dieses neue Wort ›Konterrevolutionär‹ gibt, kann sich niemand mehr sicher fühlen«, betonte Dr. Gul und erntete Zustimmung. »Und die Zunahme der so genannten Berater an der Universität, die bezeichnenderweise alle aus der Sowjetunion kommen, ist eine weitere Provokation.«

»In meinem Institut wird gemunkelt, ein Berater aus Tadschikistan solle sich um die Verbreitung sowjetischer Literatur kümmern, die dort ins Dari übersetzt wurde.«

»Vom Reden allein ändert sich nichts«, hörte Massud seinen Bruder sagen. »Ich bin Mitglied in der Jugendorganisation, und seit einigen Wochen unterrichte ich erwachsene Analphabeten in der Altstadt.«

Plötzlich wurde es still im Salon. Massud schaute vorsichtig am Regal vorbei in den Raum.

»Die Menschen dort sind dankbar für unsere Hilfe«, fuhr Farid fort. »Sie sind glücklich, dass endlich etwas für sie getan wird. Alle Klassen sind voll belegt, und es kommen sogar Frauen. So kann die fortschrittliche Umgestaltung der Gesellschaft aussehen. Ich wüsste nicht, was daran schlecht ist.«

Alle Blicke wanderten zum Vater.

»Mein Sohn scheint ganz in meinem Sinne an den Fortschritt mittels Erziehung zu glauben«, ergriff er endlich das Wort. »In Kabul mag es auch der richtige Weg sein. Wer soll dieses Ziel in die Praxis umsetzen, wenn nicht die Jugend?« Massud verstand, dass der Vater nichts von Farids Engagement wusste. Sein Bruder hatte offenbar niemandem von seiner Lehrtätigkeit erzählt. Massud war enttäuscht, dass er auch ihn nicht eingeweiht hatte.

»In einem sind wir uns wohl alle einig«, sprach Dr. Gul. »Die Zeit ist reif für ein fortschrittlicheres und moderneres Afghanistan, aber man darf nichts überstürzen. Von heute auf morgen kann man Traditionen und uralte Regeln nicht ändern. Eine Revolution kann man nicht erzwingen. Und genau das wollen die neuen Herren in der Arg nicht verstehen.«

»Wenn es nicht anders geht, wird sich das Volk mit Gewalt wehren. Im ganzen Land soll es bereits bewaffnete Überfälle auf Regierungstruppen und Bombenanschläge auf Polizeistationen gegeben haben«, erzählte Onkel Nadschib. »Und dieser Amin kann einem Angst machen. Der Geheimdienstchef ist noch schärfer als Taraki.«

»Wie reagiert die Regierung auf die Anschläge?«, fragte der Vater.

»Mit militärischen Strafexpeditionen und brutalen Repressionen. Etwas anderes fällt ihnen nicht ein.«

Rechtzeitig vor der Ausgangssperre verließen die Gäste das Haus. Als Farid und Massud auf das Dach steigen wollten, hielt der Vater sie zurück.

»Ich habe euch noch etwas zu sagen.«

Massud vermutete, dass nun eine Abrechnung mit Farid wegen seiner heimlichen Lehrertätigkeit folgen würde. Aber was hatte er damit zu tun?

»Wie ihr bemerkt habt, wird in unserem Hause neuerdings viel über Politik diskutiert, und in der Schule erzählt man euch sicher auch einiges über die Partei und die neue Gesellschaft. Es ist wichtig, dass ihr nicht den wehenden Fahnen hinterherlauft und euch zu unüberlegten Schritten mitreißen lasst. Ihr müsst euch eine eigene Meinung bilden. In unserer Kultur wird dies leider kaum gewünscht. Es ist ungewöhnlich, wenn jemand etwas allein unternimmt oder allein plant, besonders bei Jugendlichen. Allein in einem Zimmer zu sitzen und zu lernen, allein etwas zu lesen oder allein eine Entscheidung zu treffen, das widerspricht unserer Kultur. Leider hat dieses Verhalten eine Menge Nachteile, und ich habe erst im Ausland gelernt, wie sehr es eine individuelle Entwicklung bremst. Ich möchte, dass ihr euch eigene Gedanken macht, auch wenn sie manchmal nicht mit denen eures Vaters übereinstimmen. Und im Unterricht solltet ihr über das sture Auswendiglernen hinaus ebenfalls euren Kopf einschalten. Schließlich ist die Zeit der Koranschulen vorbei. Unser Volk braucht selbstständige Denker.«

Die Söhne schauten ihn fragend an.

»Es ist nichts Verwerfliches, wenn man mal allein sein möchte. Nur in der Ruhe liegt die Konzentration, und die ist notwendig für gute Leistungen und eine starke Entwicklung. Schaut mich an; ich sitze stundenlang in meinem Arbeitszimmer und musste mir deshalb schon scherzhafte Bemerkungen von euren Onkeln gefallen lassen. Sie fragten, ob ich meine Arbeit in der Universität nicht während der üblichen Zeiten schaffe.«

Farid und Massud schmunzelten und warfen sich kurze Blicke zu.

»Wir Afghanen hocken immer zusammen. Die Wohnzimmer sind meistens voller Menschen, und selbst die Schüler erledigen ihre Aufgaben im Kreis von Tanten und schreienden Babys. Zieht euch ruhig zurück, wenn es sein muss. Ich wäre froh, wenn ihr euren eigenen Weg findet und jede Parole überdenkt, bevor ihr sie selbst in den Mund nehmt.«

»Danke, Vater!«, sagte Farid, und Massud brachte kein Wort über die Lippen.

»Und was den Unterricht für die Analphabeten angeht, so möchte ich mir gern mal dein Material anschauen.«

»Selbstverständlich, Baba, ich werde es Ihnen sofort bringen.«

Mariam Mirsasada war traurig. Sie sehnte sich nach der Kühle der Berge, dem Ort ihrer Kindheit und Jugend, dorthin, wo das Leben nach den altüberlieferten Regeln verlief. Das vertraute Leben von einst, ohne Panzer, die den Boden beben ließen, und ohne Kampfflugzeuge, die den Himmel zerschnitten. Dort oben in den Bergen vergeht die Zeit wie eh und je, malte sie sich aus. Aussaat und Ernte bestimmen den Weltenlauf. Kinder werden geboren, und wenn Gott es will, dann sterben die Alten. Dort oben, in der Qalai Mirsa Khan, hinter den hohen Mauern, leben ihre Schwägerinnen, Cousinen, Tanten und deren Kinder. Immer sind Vertraute in der Nähe, und man kann den Kummer teilen. Hier in der Hauptstadt ist alles anders! An das Treiben außerhalb des Hauses konnte sie sich ohnehin nicht gewöhnen. Die meiste Zeit verbrachte sie hinter den heimischen Mauern. Es war nicht so, dass sie sich nicht wohl fühlte, denn dieses Zuhause war schöner und komfortabler als alles, was sie bisher erlebt hatte. Hier gab es fließendes Wasser, einen Elektroherd, ein Badezimmer, eine Waschmaschine und ausreichend Teppiche für jedes der sechs Zimmer. Ein Luxus, von dem man in den Bergen nicht zu träumen wagte, ja von dessen Existenz viele nicht einmal wussten. Im Laufe der Jahre war das neue Haus nach Wakils Vorstellungen erweitert und vollendet worden. Von Anfang an hatte sie das Gefühl, es sei ihr Reich, in dem sie walten und schalten konnte, wie es ihr gefiel.

Aber das Leben auf der Straße blieb ihr fremd, der verwirrende Verkehr versetzte sie in Angst, und sie verwechselte die Namen der verschiedenen Stadtteile. Wenn es notwendig war, ließ sie sich von Farid oder Massud begleiten. Die Besorgungen in den vielen kleinen Läden an der Hauptstraße waren ohnehin Wakils Angelegenheit. Nur bei den fliegenden Händlern, die direkt in die Gasse kamen, kaufte sie selbst ein. Wenn von weitem der unverkennbare Ruf des Käseverkäufers ertönte, dann ordnete sie ihr leichtes Kopftuch und wartete auf den alten Mann. Seine Stimme klang durch das ganze Viertel, und überall öffneten sich Tore, und erwartungsvolle Kunden spitzten die Ohren.

»Aschawa paneer, Aaaschawaaa paneeer«, schallte der melodische Singsang des Alten aus Aschawa durch die Gassen, und niemand hätte sagen können, ob er eher für seinen Schafkäse von den saftigen Weiden am Ghorband-Fluss oder für seine wunderbare Stimme berühmt war. Es hieß, selbst Ahmad Saher lobe die Stimme des Alten. Nie verpasste Mariam es, ihm einige Kugeln

Paneer abzukaufen und mit den Frauen aus der Nachbarschaft eine Weile beisammenzustehen und Neuigkeiten auszutauschen.

Die Papierstapel auf dem Schreibtisch ihres Mannes wuchsen mit jedem Tag, und sie vermutete, dass sie nicht nur mit seiner üblichen Arbeit an der Universität zu tun hatten. Es beunruhigte sie, wenn er Dr. Gul am Abend, kurz vor der Ausgangssperre, Dokumente aushändigte. Manchmal versank Wakil vollkommen in seinen Gedanken, und niemand wagte es, ihn anzusprechen. Wie aus einem Traum schreckte er dann plötzlich aus der Starre, zeigte sofort den vertrauten wachen Blick und widmete sich erneut dem Radio, der Zeitung und seinen Papieren. Darüber hinaus pflegte er seine Bibliothek, nahm einzelne Bücher in die Hand, blätterte durch die Seiten und las, bis er den Band vorsichtig, als sei es aus chinesischem Porzellan, an einen neuen Platz im Regal stellte. Wortlos ging er am späten Abend nach oben in sein Arbeitszimmer und saß dann noch stundenlang am Schreibtisch, wechselnd zwischen seiner amerikanischen Schreibmaschine mit den lateinischen Buchstaben und der kleinen grauen mit Farsi-Tastatur. Stundenlang erfüllte das Geklapper der Tasten das Haus.

Mariam schaffte regelmäßig Ordnung auf dem Tisch, wobei sie neuerdings die Überschriften der Texte betrachtete. Da sie einige Jahre die Schule besucht hatte, konnte sie lesen und schreiben, wie alle ihre vierzehn Geschwister. Ihr Vater, ein Beamter der Regionalverwaltung, hatte ausdrücklich darauf bestanden, auch seine Töchter unterrichten zu lassen. Trotzdem war sie nie auf die Idee gekommen, eines der unzähligen Bücher im Haus zu lesen. Auf Wakils Schreibtisch konnte sie nichts anderes entdecken als die Abhandlungen des Literaturprofessors, mit denen er seinen Studenten die Welt der Bücher näher bringen wollte. Ihr kam es vor, als sehe er darin eine heilige Aufgabe. Die Losungen ihres Mannes kannte sie in- und auswendig und teilte sein Klagen über das Drama des Analphabetentums in Afghanistan. Nie konnte er aufhören, den Mangel an Schulen und qualifizierten Lehrern zu bedauern. Sein innigster Wunsch war es, die kleine Minderheit der Schreibkundigen im Land eines Tages als Mehrheit erleben zu können. Sie legte die losen Papiere sorgfältig übereinander, sortiert nach der vertrauten Schrift mit den geschwungenen arabischen Buchstaben und den kantigen englischen. Dann wischte sie über die Schreibtischutensilien, die er aus Amerika mitgebracht hatte; den Füllfederhalter, das Tintenfass und das Lederetui, und sie dachte an den melancholischen Blick, mit dem er sie oft betrachtete. Als tauche er wieder ein in die unbekannte, ferne Welt hinter Europa und dem Ozean. Amerika.

Es war ihre erste längere Trennung gewesen. Sie kannten sich schon seit ihrer Kindheit. Als kleiner Junge war er nichts weiter als einer ihrer vielen Cousins im Dorf gewesen, wo praktisch jeder mit jedem verwandt war. Eines Tages hieß es, er würde ihr Mann werden. Damals war sie sechzehn und hatte das richtige Alter für die Verlobung erreicht. Er war ein guter Mann, und sie kannte keinen Grund zum Klagen. Einige Monate nach Massuds Geburt ging er nach Amerika. Über das Erziehungsministerium hatte er ein Stipendium erhalten und konnte sich einreihen in den auserwählten Kreis der modernen geistigen Elite Afghanistans, die ihre Bildung im Ausland vertiefte und mit neuen Erkenntnissen in die Heimat zurückkehrte. Damals musste auch ein Familienname gefunden werden. Bis dahin war es in Afghanistan eher ungewöhnlich gewesen, einen Vor- und Familiennamen zu tragen, aber mit dem Kontakt zur modernen Welt war diese Neuerung notwendig geworden. Wakil muss sich an seinen Großvater erinnert haben, denn er machte aus dessen Titel des Mirsa einen Familiennamen. Mirsasada. Zuerst wollte er sich Wakil Parwani nennen, nach der Gegend, aus der die Großfamilie stammte, aber diesen Namen hatten sich bereits sehr viele Männer gegeben. So hielt der Name Mirsasada – der Nachkomme des Schreibers – Einzug in die Familie.

Mit besonderem Stolz schwärmte Wakil in seinen Briefen aus Amerika von berühmten afghanischen Männern, die es mittlerweile sogar in der großen internationalen Politik zu Anerkennung gebracht hätten. Er bewunderte Paschwak, der damals in New York zum Präsidenten der Uno-Vollversammlung gewählt wurde. »Solche fortschrittlichen Denker braucht unser Land«, betonte er, und Mariam dachte oft daran, mit wie viel Hoffnung er sich auf den Weg in die Fremde gemacht hatte. Auf dem Abschiedsfoto, das seit diesem denkwürdigen Tag auf einer Anrichte im Salon stand, trug er einen eleganten Anzug mit Krawatte und einen modischen Hut. Sein kräftiger Schnurrbart war tiefschwarz und sein volles Haar kaum zu bändigen. Eine Locke kräuselte sich auf der Stirn, und aus kleinen wachsamen Augen schaute er zuversichtlich in die Kamera. Damals ließ er sie mit Farid und Massud bei seinen Eltern in dem festungsartigen Anwesen Qalai Mirsa Khan in Schamali zurück. Regelmäßig schickte er Briefe und Geld und kam nach vier Jahren zurück. Dann wurde Roja, die älteste Tochter, geboren, und es folgten Wasime, Wahid und die kleine Sahira vor zwei Jahren.

Massud und Adschmal machten die Treffen der Musikgruppe Spaß. Dort gab es Instrumente verschiedenster Art, und ein Junge aus der Abschlussklasse leitete die Übungsstunden. Raschid war ein begnadeter Harmoniumspieler und geduldiger Lehrer.

»Wenn ihr fleißig seid, dann können wir im nächsten Jahr vielleicht schon ein kleines Konzert geben«, sagte er eines Nachmittags, und Adschmal strahlte über das ganze Gesicht.

»Dann spiele ich das Harmonium«, sagte Massud.

»Warum du? Ich habe viel mehr Übung. Der Bessere muss bei einem Konzert spielen.«

»Soll ich etwa die Tabla nehmen? Damit komme ich noch nicht zurecht. Ich will auch Harmoniumspieler werden.«

»Moment mal«, unterbrach Raschid die beiden, »so weit sind wir noch nicht. Außerdem gibt es auch andere Schüler, die Talent haben. Wir üben alle gemeinsam. Massud, du hast eine schöne Stimme! Beim nächsten Lied begleite ich dich auf dem Harmonium. Adschmal, du gibst mit den Tablas den Takt vor. In der nächsten Woche tauschen wir die Positionen. Bald werden wir erkennen, welches Instrument zu wem passt. Es kann sich auch gern jemand an der Robab versuchen. Welches Lied möchtest du singen, Massud?«

»Eins von Ahmad Saher?«

»Gut. Welches denn?«

»Sie haben es früher immer im Radio gespielt. ›Das Leben ist nicht für die Ewigkeit‹.«

»Eines seiner berühmtesten. Fangen wir an.«

Raschid musste das Instrument nur berühren, und schon brachte es die schönsten Klänge hervor. Wenn ich doch eines Tages so gut spielen könnte wie Raschid, dachte Massud. Adschmal fand den Takt, und sein Einsatz musste kommen. Zaghaft formte Massud die Worte, und Raschid spornte ihn mit Blicken an. Als der Refrain einsetzte, war Massud mutiger geworden und hob seine Stimme.

»Das Leben ist nicht für die Ewigkeit,
viel zu schade, es als Sklave zu vergeuden,
wenn das jedoch die Regel wird,
dann brauch ich nicht zu leben.«

Raschid setzte zur Wiederholung an, und die Worte bekamen plötzlich einen neuen Sinn.

»Sehr gut!«, lobte der junge Lehrer. »Noch eine Strophe!«

»Und wenn es Juwelen vom Himmel regnet,
während du noch als Sklave lebst,
dann sag dem Himmel: ›Ich brauche diese Reichtümer nicht‹,
das Leben ist nichts ohne Freiheit.«

»Gut! Wenn es so weitergeht, kriegen wir sicher einen Auftritt beim Jugendradio. Allerdings nicht mit diesem Lied. Das wird nicht mehr gesendet. Adschmal kennt bestimmt viele Lieder auf Paschtu, die wir auch einüben können. Es muss immer ein Lied auf Dari und eines auf Paschtu vorgetragen werden. Aber bis dahin haben wir noch Zeit. Für heute machen wir Schluss.«

Die Schüler verabschiedeten sich von Raschid.

»Hast du das gehört? Wir werden im Radio auftreten!«, freute sich Massud.

»Wir müssen fleißig üben. Wenn nur nicht immer diese langweiligen Hauptversammlungen der Organisation wären! Die gehen mir auf die Nerven.«

»Aber als Mitglieder der Jugendorganisation nehmen wir an der Revolution teil. Und wenn wir unseren Beitrag durch Musik leisten können – umso besser.«

»Genau! Wir sind Musiker für eine fortschrittliche Gesellschaft, oder was sagt der Direktor immer?«

»Ein Vorbild für andere.«

»Ich finde es auch gut, dass wir paschtunische Lieder singen sollen.«

»Ich kenne nicht viele.«

»Bringe ich dir schon bei.«

Adschmals Muttersprache spielte in der Schule nur eine Nebenrolle. Dort wurde Dari gesprochen, und sobald ein Einziger anwesend war, der Dari sprach, wechselten auch alle Paschtunen in diese Sprache. Umgekehrt war es unvorstellbar. Massud beherrschte Paschtu zwar, aber in Kabul und besonders in seinem Umfeld wurde ausschließlich die Sprache der Tadschiken gesprochen.

Seit Wochen war die Luft tagsüber mit feinem Staub angefüllt und versperrte den Blick auf die Paghman-Berge. Nur des Nachts senkte sich der drückende Schleier, und Massud breitete mit Farid die Schlafmatten auf dem flachen Dach des Hauses aus, wo eine angenehme Brise vom Hindukusch Kühlung versprach. Der Rest der Familie schlief meistens auf der Terrasse, und so hatten die Brüder ihr eigenes Sommerschlaflager. Das Himmelszelt funkelte über ihnen, und Sternschnuppen stürzten vor dieser imposanten Kulisse ins Nichts.

»Weißt du, was ich bald mache? Wenn ich genug Geld habe, dann kaufe ich mir ein Harmonium«, sagte Massud.

»Wo soll das Geld denn herkommen?«

»Ich werde es sparen.«

»So ein Instrument ist sehr teuer.«

»Es muss ja nicht so bald sein. Vielleicht finde ich eine Arbeit.«

»Kannst du denn wirklich schon was spielen?«

»Und ob. Bald treten wir auch im Radio auf.«

»Im Radio? Übertreibst du nicht ein bisschen?«

»Bis dahin müssen wir natürlich noch sehr viel üben, aber komm doch mal vorbei und hör uns zu.«

»Das mach ich gern. Mal sehen, was du schon kannst. Dein Gruppenleiter heißt Raschid, nicht?«

»Ja, genau, woher weißt du das?«

»Ich kenne ihn, ist ein netter Kerl.«

»Das finde ich auch. Und er kann alle Instrumente spielen. Wir nennen ihn den blonden Raschid.«

»Ja, stimmt, er hat ziemlich helle Haare.«

Eine einsame Wolke zog am nächtlichen Himmel vorüber.

»Was mag wohl hinter den Sternen sein?«, überlegte Massud.

»Hinter den Sternen?«

»Ja! Was ist hinter den Sternen, die wir da oben sehen können?«

»Andere Sterne.«

»Und dahinter?«

»Wieder andere Sterne. Es gibt da oben nichts anderes.«

»Woher willst du das wissen?«

»Der Weltraum hat kein Ende. Er ist unendlich.«

»Es gibt kein Ende?«

»Nein, gibt es nicht.«

»Aber wo ist der Anfang?«

»Gibt es auch nicht. Alles, was du siehst, ist das Universum, ohne Anfang und Ende.«

»Aber das kann doch nicht sein. Die Sterne müssen doch irgendwoher kommen. Jemand muss sie doch gemacht haben.

Ich meine, es muss doch einen Ort geben, wo alles angefangen hat.«

»Du stellst vielleicht Fragen! Ich habe keine Ahnung, wie das alles entstanden ist. Jedenfalls kommt die Welt von Gott dem Allmächtigen. Deshalb heißt er schließlich der Allmächtige. Das weißt du ja wohl selbst. Es hat ganz sicher alles seine Richtigkeit. Wir Menschen sind viel zu klein und unbedeutend, um es zu begreifen. Und jetzt lass mich schlafen. Ich habe morgen früh etwas Dringendes zu erledigen.«

Immer hatte Farid »etwas Dringendes zu erledigen«, nur wusste man nie, was es denn eigentlich war. Sicher hockte er in der Schulbibliothek und büffelte mathematische Formeln, malte Massud sich aus. Oder vielleicht traf er sich mit der Jugendorganisation, um weitere Kurse ins Leben zu rufen. Irgendwie gab er sich neuerdings geheimnisvoll.

Wenn Massud länger in den Sternenhimmel schaute und dabei das Ende des Universums suchte, dann wurde ihm manchmal schwindelig. Er musste die Augen schließen, so sehr verwirrten ihn seine Gedanken. Es machte ihm Angst, keine Antworten auf seine Fragen zu finden. Die Sternbilder hatten dieselben Namen wie die Monate, aber er hatte nie verstanden, warum, und vor allem nicht, wie ein Betrachter die Bilder erkennen konnte. Das Jahr beginnt mit Hamal, dem Widder, es folgt Saur, der Stier, der Monat, in dem die Saur-Revolution stattgefunden hatte. Dann kommen Djausa, die Zwillinge, Saratan, der Krebs, Asad, der Löwe, und schließlich Sonbola, die Jungfrau, sein Geburtsmonat. Die arabischen Namen klangen fremd, und erst sein Vater hatte ihm die Bedeutung erklärt. Es wäre doch viel besser, wenn man den Tierkreiszeichen afghanische Namen gegeben hätte. Wie waren die Weisen überhaupt darauf gekommen, die Sterne zu benennen? Oder hatten sie es gar nicht getan? Woran konnte er in dem riesigen Himmelszelt die Jungfrau erkennen oder den Löwen? Er sah nichts weiter als ein funkelndes Lichtermeer.

Langsam kam ihm der Verdacht, dass vielleicht niemand, kein einziger Mensch auf der ganzen Erde, Antworten auf seine vielen Fragen wusste. Ob es woanders, an einem weit entfernten Ort im Universum, Lebewesen gibt, die das Geheimnis kennen? Vielleicht auf einem der strahlenden Sterne? Auf dem Mond gibt es jedenfalls keine Menschen, das hatten die Amerikaner schon herausgefunden. Der Vater hatte ihm damals eine Spielzeug-Apollo aus Washington mitgebracht, in dessen Kapsel zwei Astronauten saßen. Auf ihren weißen Weltraumanzügen prangte das blau-rot-weiße Sternenbanner. Sie hatten als erste Menschen den Mond betreten und damit den Wettlauf gegen die Sowjetunion gewonnen. Jurij Gagarin war als erster Mensch im Weltall, hatte ihr Lehrer gesagt. Mit der Wostok 1. Ob die Russen Antworten auf seine Fragen wissen? Unter ihnen gibt es Kosmonauten, die die Erde von weitem gesehen haben. Sie ist ein blauer Planet, heißt es, und das sowjetische Volk eine hoch entwickelte Zivilisation. Vielleicht könnte er eines Tages Kosmonaut werden. In der Sowjetunion. Jetzt gab es ja die »aufrichtige und feste Freundschaft«, wie der Lehrer immer sagte.

Massud dachte an die Worte des Vaters über das Alleinsein und stieg lange vor der Schlafenszeit aufs Dach. Über selbständige Denker hatte er gesprochen. Was meinte er nur damit? Massud mochte es nicht, wenn Erwachsene in Rätseln sprachen. So etwas würde er später nie tun, nahm er sich vor. Später? Onkel Nadschib hatte ihn neulich einen jungen Mann und stattlichen Tadschiken genannt. Ihm war sogar sein Bartwuchs aufgefallen. Ach, wenn er doch nur schon so alt wäre wie Farid! Dann würde er auch als Lehrer in der Altstadt, in Deh Afghanan, den armen Menschen Lesen und Schreiben beibringen. Die Zeit vergeht viel zu langsam.

Plötzlich raste ein Wagen mit quietschenden Reifen durch die Nachbarschaft. Massud sprang auf, lugte über den Mauervorsprung und sah, wie vor Popals Haus ein weißer Wolga bremste. Drei Männer sprangen heraus und klingelten am Tor. Als der Nachbar den Riegel vorschob, preschten sie vor und sprachen hektisch auf ihn ein. Sie zerrten an seinem Arm und drängten ihn, mitzukommen. Herr Popal deutete immer wieder auf seine nackten Füße und zeigte zur Haustür. Schließlich schoben sie ihn über den Hof und verschwanden im Flur. Als sie nach einem kurzen Moment wieder heraustraten, sah Massud eine Pistole im Schein des Hoflichtes schimmern. Herr Popal trug jetzt Schuhe und eine Jacke über dem Arm. Die beiden Fremden hetzten mit ihm zum Tor. Im selben Moment erschien seine Frau im Hauseingang und lief den Männern hinterher. Massud hatte sie noch nie so gesehen, ihr Haar war offen und fiel ihr weit über die Schultern. Ihr leichtes Kleid hatte sie notdürftig mit einem Gebetstschador bedeckt, und aus ihrer durchdringenden Stimme tönte die blanke Angst.

»Was wollen Sie von meinem Mann? Wohin bringen Sie ihn? Was hat er getan? Hilfe!«

Einer stieß die Frau grob beiseite, sodass sie über ihren Tschador stolperte und aufs Pflaster fiel. Massud starrte auf den gekrümmten Körper der Nachbarin und hörte ihr Klagen. Sie raffte sich auf und griff nach dem Arm ihres Mannes. Schon wurde Herr Popal in den Wagen gedrückt und die Tür hinter ihm zugeschlagen. Der Motor heulte auf. Dann waren sie verschwunden. In der Tür standen vier Kinder und schrien.

Massud wollte zur Treppe laufen, doch seine Beine gehorchten ihm nicht. Er fiel über die Schlafmatte, verfing sich im Leintuch und wusste nicht, ob er schreien, vom Dach hinunter zur Nachbarin laufen oder Hilfe holen sollte. Ein Mann hatte sie zu Boden gestoßen. Eine Pistole war hervorgeblitzt. Sie hatten Herrn Popal mitgenommen! Endlich erreichte er die Dachluke und stürzte die Stiege hinab, wo ihn fragende Gesichter aus dem Wohnzimmer anstarrten.

»Vater, schnell! Herr Popal ist abgeholt worden.«

In den folgenden Tagen wurde Massud mit Fragen gelöchert und musste seine Beobachtungen mehrfach wiederholen. Der Vater, Onkel Mahmud und Onkel Nadschib wollten von der Farbe des Wolgas bis hin zur Kleidung der zwei Gestalten und zur Größe ihrer Pistolen alles wissen. Massud kam sich ungemein wichtig vor, und auch Farid blieb stets an seiner Seite. Mariam war trotz der Ausgangssperre noch am Abend der Verhaftung zur Nachbarin geeilt, die sich in ihrer Verzweiflung bereits büschelweise Haare ausgerissen hatte. Niemand wusste etwas über den Verbleib von Herrn Popal, und alle Nachforschungen blieben erfolglos.

»Die werden alle ins Pol-e-Tscharchi-Gefängnis gebracht«, hatte Farid ihm verschwörerisch mitgeteilt. Und auch Onkel Nadschib erwähnte das berüchtigte Gefängnis. »Dieser Amin lässt sie zu Hunderten dort einkerkern. Viele verschwinden auf Nimmerwiedersehen«, sagte er.

Wakil Mirsasada war sehr aufgebracht und lief ständig in die Küche, um aus dem Fenster auf die Straße zu schauen. »In Zukunft können wir uns hier nicht mehr im großen Kreis treffen. Vielleicht beobachten sie das Haus.«

»Das solltest du deinen Kollegen von der Universität so bald wie möglich mitteilen. Wir Verwandte sind unauffällig, aber auch wir sollten sehr vorsichtig sein. Und keine verdächtigen Äußerungen am Telefon!«, mahnte Onkel Nadschib.

»Am besten ist es, wenn wir so wenig wie möglich über diesen

Vorfall und unsere Diskussionen sprechen. Selbst unsere Kinder sollten davon nichts mehr hören«, sagte Onkel Mahmud. Als Massud seinen Blick einfing, versetzte es ihm einen Stich.

»Unüberlegte Äußerungen können schnell zu Verhaftungen führen«, pflichtete ihm Onkel Nadschib bei.

»Keine Angst! Ich gehöre nicht zu denen, die in der Jugendorganisation von der Einstellung im Elternhaus berichten.«

»Aber Farid! So war es doch gar nicht gemeint«, sagte Onkel Nadschib. »Es war nur ein Hinweis zur Vorsicht. Wir wollen euch beide nicht durch bestimmte Kenntnisse belasten.«

»Ich verstehe sehr gut«, meinte Farid, und Massud bewunderte ihn. Er gab sich wie ein Erwachsener. Dass er solch offene Worte in diesem Kreise aussprach, war ein Beweis für seinen Mut.

Plötzlich hielt ein Wagen vor der Tür, und allen stockte der Atem. Der Vater stürzte in die Küche. »Es ist Wais«, rief er erleichtert.

Massud öffnete das Tor und musterte fasziniert die vielen Abzeichen des Polizeioffiziers.

»Siehst blass aus, mein Junge«, sagte Wais im Vorübergehen.

Massud mochte den Onkel, der immer zu Späßen aufgelegt war. Einmal durften Farid und er sogar in seinem Polizeiwagen mitfahren und die Sirene einschalten. Vor Jahren hatte er sich dafür eingesetzt, dass nicht nur seine eigenen Söhne, sondern auch Farid und Massud auf das Militärgymnasium gehen sollten. Doch sein Bruder Wakil lehnte den Vorschlag vehement ab, und nach der Meinung der Brüder wurde ohnehin nicht gefragt.

»A salamo alaikum, alle zusammen! Wenn ihr wüsstest, was bei der Polizei los ist!«, sagte er mit aufgeregter Stimme. »Alles geht drunter und drüber, keiner fühlt sich mehr sicher. Tarakis Leute sind unberechenbar und kaltblütig, besonders dieser Genosse Amin. Einige hohe Beamte aus dem Polizeiapparat haben sich abgesetzt, andere sind spurlos verschwunden.«

»Hat er sich euch schon vorgenommen? Die Khalqis wollen wirklich gründlich aufräumen. Erst schickt er die Partschamis ins Exil oder ins Gefängnis, und nun sind die Institutionen dran. Herrn Popal, unseren Nachbarn, haben sie mitgenommen. Massud konnte es vom Dach aus beobachten. Seine Frau hat noch nichts von ihm gehört. Mariam ist bei ihr.«

»Verdammt. Arbeitet er nicht auch bei der Polizei?«

»Genau. Er ist Offizier.«

»Das nennen sie dann die ›Säuberung der gesamten Verwaltung

von antidemokratischen, antirevolutionären und volksfeindlichen Elementen‹. Es hat eine wahre Hatz auf alle Andersdenkenden und vor allem auf die gemäßigten Partschamis eingesetzt«, sagte Onkel Wais, und seine Stimme überschlug sich fast. »Sie sind angeblich auf der Suche nach Konterrevolutionären, wie sie es nennen. Wegen der westdeutschen Ausbildungshilfe an die Polizei sind wir besonders verdächtig. Schließlich seien es Kapitalisten und Imperialisten, die uns geschult hätten, wurde uns gestern gesagt. Wakil, du solltest auch aufpassen und deine Lobpreisungen auf Amerika eine Weile für dich behalten.«

»Was habe ich damit zu tun? Hunderte durften in den USA studieren, und die Amerikaner haben unserem Land damit einen großen Dienst erwiesen. Selbst Taraki hat seine Ausbildung dort erhalten.«

»Mir brauchst du das nicht zu sagen, aber Vorsicht kann nicht schaden. Hör doch, was sie im Radio sagen, und überall diese Spruchbänder und Wandzeichnungen mit ihren Parolen gegen Amerika und den Imperialismus.«

»Angst und Schrecken zu verbreiteten ist keine Kunst. Es zeigt, wie unsicher die Khalqis sind«, schloss der Vater das Gespräch mit einem Blick auf die Uhr. »Es ist schon spät. Mariam müsste jeden Moment nach Hause kommen, lasst uns lieber nicht weiter davon reden.«

Gefangen

»Massud Mirsasada!« Die Worte dröhnen durch den kahlen Raum, sind unendlich vertraut und gleichzeitig fremd. Sie dringen an mein Ohr, treffen mich wie ein Dolchstoß und zerreißen mir das Herz.

»Hier!«, antworte ich zaghaft, als gäbe es noch eine winzige Chance, das Geschehene ungeschehen zu machen.

»Mitkumma!«

Andere Namen werden aufgerufen. Schließlich führt ein Beamter unsere Gruppe in den Hof. Die Sonne blendet. Vier Stufen in den Bus hinein. Endlich löst man mir die Handschellen.

»Do eine!«

Die Kabine ist eng, meine Knie stoßen an die Wand. Der Motor springt an. Das Tor steht offen. Dort draußen liegt Wien. Ein Fensterschlitz gewährt Aussicht auf die Stadt meiner einstigen Träume. Die winzige Scheibe ist dunkel. Niemand kann mich sehen. Aber als könnten sie es doch, die Passanten an der Rechten Wienzeile, schauen sie in meine Richtung. Mustern den Gefangenentransporter, suchen den schmalen Durchlass vor meinen Augen und treffen mich mit ihren Blicken. Sie bohren sich in mein Inneres, Hitze steigt mir ins Gesicht, und ich weiche zurück. Das dunkelgrüne Ungetüm, in dessen Leib ich geraten bin, fährt durch vertraute Straßen, die plötzlich unerreichbar sind. Die Fahrt geht vorbei am Naschmarkt, dem Ort, an dem der größte Fehler meines Lebens seinen Anfang nahm. Mit Wehmut schaue ich auf die belebten Marktstände, die in der Frühe des Morgens zum Bersten beladen sind. Ich weiß um jedes Geräusch auf dem Markt, auch wenn nichts davon in meine Kabine dringt, weiß um das Rufen der Händler und das Scheppern der kleinen Rollwagen mit den Obstkisten, kenne die Duftmischung aus indischen Kleidern, exotischen Gewürzen und gegrilltem Fleisch. Ich verfluche meine Dummheit. Vertraute Gesichter warten auf Kundschaft. Ob sie wissen, wie gut es ihnen geht?

Der Naschmarkt war bis vor kurzem der Mittelpunkt meines

Lebens. Gerade schließt die junge Dame die Tür zur Wechselstube auf. Ich erschrecke fast bei ihrem Anblick. Sofort habe ich ihre nette Stimme im Ohr. »Wieder eine Anweisung nach Islamabad in Pakistan, der Herr, nicht wahr? Zweihundert US-Dollar, sehr gern«, trällerte sie durch die gepanzerte Scheibe, und ich fühlte mich großartig. Der monatliche Scheck machte meiner Familie das Leben im Exil erträglicher. Medikamente für Mutter, Geld für den Basar, Zeitungen für Vater und seltene Telefonate. Hier an der Ecke zur Schleifmühlgasse, lief der verdorbene Hadschi mir zum ersten Mal über den Weg. Die orientalische Höflichkeit gebot einen Gruß und eine kleine Unterhaltung. Hier hat mein Verstand ausgesetzt. Hier habe ich mich auf die größte Dummheit meines Lebens eingelassen. In der Hoffnung auf ein wenig Geld, das ich zur jungen Dame an den Schalter gebracht hätte. »Zweitausendfünfhundert US-Dollar, sehr gern«, hätte sie gesagt, und meine Familie wäre monatelang ohne Sorgen gewesen. Keine Probleme, die Miete zu zahlen, Reis, Gemüse und sogar Fleisch zu kaufen. Mutter hätte man die besten Arzneien beschafft, sie hätte endlich operiert werden können. Vater hätte einen Teil seiner Bibliothek aus Kabul kommen lassen. Was wird Mutter jetzt denken? Sie weiß von der Schande. Und Vater? Werde ich ihm jemals wieder unter die Augen treten können? Schlechte Nachrichten verbreiten sich unter meinen Landsleuten in Windeseile. Da sind siebentausend Kilometer keine Entfernung. Noch bevor ich das Schlimmste abwenden konnte, hatte bereits jemand die großformatigen Zeitungsausschnitte im fernen Pakistan herumgezeigt: »Ein Afghane als Drogendealer in Wien festgenommen«. Ein Skandal, eine Schmach, unvorstellbar! Wenn ich daran denke, droht mein Kopf zu platzen. Zu groß ist die Scham. »Der Sohn von Wakil Mirsasada im Gefängnis!? Als Drogenhändler!?«

Nach endlosen Stunden erreichen wir das Ziel. Das ist er also, der »Knast für schwere Jungs«.

»Geh eine do, imma grodweida do bist hiaz dahoam, a richtiges Luxusquartia!«, dirigiert ein junger Wachmann mich über einen Hof. »Und da oben is dei Zimma, kannst es da glei kommod mochn und nachdenkn. Zeit gnua hosd io hiaz dafia.«

Er dreht den Schlüssel herum, schiebt das Gittertor zur Seite, und mit einer schnellen Bewegung seines Kopfes bedeutet er mir, vorwegzugehen. Mein Blick fällt auf unbezwingbares Mauerwerk und einen zwiebelförmigen Turm am Ende des Hofes. Nach wenigen Schritten ertönt ein Summen, und ein weiteres Tor wird von innen geöffnet. Treppengeländer, Balustraden, Neonröhren und schwere Eisentüren mit Sichtklappen reihen sich aneinander. Schritte hallen auf metallenen Stufen, und wortlos weist mir der Mann mit den Schlüsseln den Weg. Müde Beine tragen mich in die dritte Etage. Ein schmaler Innenhof zieht an meinen Augenwinkeln vorüber. Brücken verbinden die Galerien, und Wachen drehen ihre Runden. Wieder greift er nach seinem Schlüsselbund und öffnet die letzte Tür.

Dann fällt sie schwer ins Schloss. Es ist früher Nachmittag, und ich bin dort angekommen, wo ich die nächsten Jahre verbringen muss.

Noch mischt sich das Neonlicht mit der Nachmittagssonne, und ich mustere die Zelle. Zwei Betten, aber ich bin allein. Nichts deutet auf meine Vorgänger hin. In Knastfilmen gibt es immer Botschaften, die in Wände und Holzbetten geritzt sind. Hier ist alles leer und tot. Metallene Bettgestelle, grau gestrichene, endlos hohe Wände, verwaiste Schränke und ein vergittertes Fenster, zu hoch, um nach draußen zu schauen. Niemals werde ich hier drei Jahre überstehen. Es ist zu ruhig zum Leben. Wo sind die anderen? Es soll doch ein großes Gefängnis sein, mit Hunderten von Insassen. Warum ist nichts zu hören?

Mein erster Hofgang. Ein paar Männer schlendern über einen schmalen Plattenweg. Beamte stehen an der Seite und beobachten uns, als seien wir ein Rudel Wölfe, das jeden Moment über sie herfallen könnte. Schweigen. Niemand schaut auf. Jeder ist mit sich selbst beschäftigt. Ein knapper Gruß in meine Richtung, keine Ahnung, von wem. Ein Hüne sticht aus der Gruppe hervor. Seinen kräftigen Schnurrbart trägt er mit Stolz, und seine Finger sind gelb vom Tabakrauch. Niemand sagt etwas. Wie soll ich es hier nur aushalten? Was muss man sich einreden, und woher nimmt man die Hoffnung? Wieso lande ausgerechnet ich bei den Schwerverbrechern? Nach einer Stunde ist der Hofgang beendet. Zurück in die Zelle. Warten. Aber worauf? Es ist drei Uhr nachmittags, und die Nacht liegt vor mir.

Das Pochen in meinem Schädel breitet sich über den ganzen Körper aus und presst mich auf die Matratze. Ich möchte schreien, aber traue mich nicht. Auf diesen Schmerz ist Verlass. Das Neonlicht geht aus. Kein Geräusch in der Dunkelheit. Wohin mit der Verzweiflung? Soll ich den Schrank nehmen, ihn von der Wand reißen und gegen die Tür schleudern? Der Lärm würde mir gut tun.

Am nächsten Tag gehe ich zielstrebig auf den großen Kerl mit dem Schnurrbart zu. Er hat etwas sonderbar Vertrautes, wie ein Filmheld aus Kindertagen oder zumindest wie ein ungekrönter Schulhofkönig. Drei Zigaretten sind noch in der Schachtel.

»Willst eine?«

»Gern. Hab selbst grad keine. Bist neu hier, was?«

»Seit vorgestern. Wo sind denn die anderen? Warum gibt es in diesem Hof nur unseren kleinen Haufen? Das kann doch nicht alles sein!?«

»So viele Fragen auf einmal! Hast es eilig, was? Bist wohl einer von den ganz Ahnungslosen. Also, hör mal zu: Zuerst musst du dir diese hektische Fragerei abgewöhnen. Die macht einen ja ganz schwindlig. Verstanden? Und zweitens, sozusagen zur Einführung: Hier sind nur die Neuen und die Jungs, die nicht pariert haben. Für die gibt's hier 'ne Einzelzelle und keine Freizeit, nix, dreiundzwanzig Stunden hinter Schloss und Riegel. Und reichlich Bewachung. Wer richtig Scheiße baut, der landet hier. Strenger Arrest und Zugangstrakt in einem, die Normalen sind da drüben, hinter der Mauer. Da ist es gemütlich.«

»Das heißt, ich bleibe nicht hier?«

»Die gucken erst mal, wie du dich machst. Ob du durchdrehst, randalierst, Schränke umhaust und so. Oder den Wachen eine aufs Maul haust.«

Den letzten Satz unterstützt er mit einer kurzen Schattenboxeinlage und setzt dann einen professionellen Röntgenblick auf, mit dem er mich durchleuchtet. Erst jetzt sehe ich seine grauen Augen. Das hat ihm die Ausstrahlung eines Filmhelden gegeben, dieser Blick.

»Na ja, du bist wohl ein kleiner Fisch. Dich schicken sie bald rüber. Gucken erst mal, wo was Passendes für dich frei ist. Erzähl mal, was ist denn draußen so los?«

»Keine Ahnung. Bin schon seit sechs Monaten nicht mehr draußen gewesen.«

»Sechs Monate? Das ist ja richtig niedlich. Kannst bei mir noch mal sechs Jahre draufpacken. Wenn sie dich rüberschicken, dann kannst mal den Slatko von mir grüßen«, sagt der Hüne, und es klingt wie ein Befehl.

»Von wem?«

»Osman. Und wie heißt du, Kumpel?«

»Massud.«

»Iran oder was?«

»So ähnlich.«
»Wie lange?«
»Drei Jahre.«
»Sag ich doch, kleiner Fisch. Gehörst nicht hierher.«

Anderntags schließt jemand die Tür auf, obwohl die Zeit zum Hofgang noch nicht gekommen ist.

»Machen Sie sich fertig. Sie werden in den Gemeinschaftstrakt verlegt.«

Treppen, Gänge, Tore, Schlösser und Uniformen. Stimmen hallen über einen Hof, jemand lacht, und es riecht nach frischem Brot. Eine Maschine wird angeworfen, und schon frisst sich hinter hohen Mauern eine Säge durch ein Holzbrett. Verwirrende Wege führen zu einem Block mit langen Fluren. Beamte sitzen in einem hellen Raum und grüßen meinen Begleiter. Vor der Tür hängt ein Telefon, es ist ein öffentliches, und im Geiste sage ich zwei Nummern auf. Eine Gittertür wird aufgeschlossen.

»So, da wären wir. Hier ist Ihre Zelle, Nummer 415.«

Er lässt mich allein, zieht die Tür kräftig ins Schloss und verriegelt es lautstark. Ein freies Bett ist nur zwei Schritte entfernt. Ich lege mein Wäschebündel darauf. Der Raum ist ausgefüllt mit fünf weiteren Betten, Kleiderschränken, einem großen Tisch in der Mitte, einem kleinen in der Ecke, und einer Kochnische. Durch die Gitter dringt das diffuse Licht eines trüben Herbsttages. Es riecht nach Heizung, Medizin und Männern. Nach Männern, die nicht im Raum sind und beim Weggehen die Socken vom Vortag achtlos unter den Schrank geschoben haben. Eine Luftklappe steht offen, aber was interessiert mich schon der Geruch? Mechanisch ziehe ich den Bezug über die Decke und spanne das Laken. Sechs Betten, kahle Wände, verzierte Schränke, eine Frau auf einem Motorrad, ein Kinderfoto auf einem Nachtschrank. Ich setze mich, und jetzt erst sehe ich eine Bewegung auf dem Nachbarbett. Jemand dreht sich um und blickt zu mir herüber. Ich will nicht reden, nicke nur kurz, und der Jemand schaut mich an. Er ist alt, sehr alt, sein feines, graues Haar ist schweißnass, und eine merkwürdig lange Strähne klebt an seiner Wange. Beim Anblick seiner eingefallenen Züge kann man sich bildhaft einen skelettierten Schädel vorstellen. Was ist schlimmer, ein alter oder ein junger Mann im Gefängnis? Er ist zu alt für diesen Ort. Dann sagt er etwas, und ich strenge mich an, seine schwache Stimme zu hören.

»Kannst wenigstens Deutsch?«

»Ja, ein wenig.«

»Bin der Rudolf.«

»Massud.«

Sein Blick und seine Mimik beleben dieses abgezehrte Gesicht. Er scheint nicht übel zu sein. Ich lege mich aufs Bett, ziehe mir die Decke über die Schultern und will kein einziges Wort mehr sagen. Mein Name klingt fremd in dieser Zelle mit den vielen Betten und dem alten Mann.

»Die anderen sind arbeiten, kommen aber bald wieder.«

Um halb fünf ist Einschluss. Sechs Männer haben die Nacht vor sich.

Mir ist schlecht, die Toilette ist am anderen Ende der Zelle, neben den Kochplatten. Flüchtig grüße ich die Männer, während die Übelkeit in mir hochsteigt. Ich fühle das Pochen unter der Schädeldecke. Rechtzeitig kann ich mich über die Schüssel beugen. Nach zweimaligem Würgen ist alles vorbei.

Dann nicken sie mir zu, dem Neuen, von dem sie nur wissen, dass ihm kotzübel ist.

»Kommst klar?«

Wieder ziehe ich die Decke über meine Schultern und schließe die Augen.

»He, was ist los, Mann? Schlechte Laune?«

Ich schaue in tiefschwarze Augen und zwinge mich an diesen Ort. In diese Zelle. Zu diesem Mann, der mich anstarrt.

»Ich bin Saif.«

Araber, geht es mir durch den Kopf.

»Aus Ägypten, und du, Kumpel? Du woher?«

»Aus Afghanistan.«

»Afghanistan, haben wir keine hier, nie gehabt, oder, Rudi, was sagst du?«

»In den letzten siebzehn Jahren jedenfalls nicht.«

»Ich heiße Massud. Tut mir Leid, aber ich hab wahnsinnige Kopfschmerzen.«

»Kenn ich, erstes Mal hier? Sprichst verdammt gut. Kommst aus Deutschland?«

»Lass ihn, Saif, der ist fertig, siehst du doch.«

Ich zwinge mich auf und stelle mich den anderen vor. Es gibt noch einen weiteren Österreicher in der Zelle, einen Serben und einen Kosovaren. Später lädt Saif mich zum Essen ein, an den kleinen Tisch in der Ecke, wo noch ein Tunesier sitzt, der aber fast kein Deutsch spricht.

In der Nacht hämmern Gedanken gegen meine Schädeldecke. Eingesperrt! Untätig! Nutzlos! Der alte Mann hat mich gefragt, ob ich denn noch nie im Gefängnis gewesen sei. Nein, habe ich geantwortet, und erst jetzt erinnere ich mich an die verlausten Wüstenbaracken. Das Abschiebelager im Iran! Hier kann man sich waschen und bekommt jeden Tag etwas zu essen, aber sonst kommt es mir ganz ähnlich vor. Man ist eingesperrt und wartet darauf, dass die Zeit bis zur Entlassung schnell vergeht. Und als Neuer kenne ich mich mit den Regeln nicht aus, muss auf zugängliche Beamte, harmlose Mitgefangene und einen guten Job hoffen. Doch kaum schaue ich mich in der Zelle um, überkommt mich die Trostlosigkeit. Der Mann vom Bett gegenüber kommt aus dem Vorarlberg und kann es nicht fassen, dass ich seinen harten Dialekt verstehe.

Die Zeit fließt zäh dahin, wieder ein Blick auf die Uhr, die Zeiger bilden eine vertikale Linie, und ich lausche dem müden Ticken. Womit könnte ich die Zeit totschlagen? Hätte ich doch nur ein Instrument! Aber der Gedanke scheint in einer Zelle mit sechs anderen so absurd, dass ich fast schon lachen muss. Und wenn ich einen Stift in die Hand nehmen und meine Gedanken auf einem Blatt Papier sichtbar machen würde? Hier könnte ich mir diesen Luxus gestatten und über mich und mein Leben nachdenken, einzelne Ereignisse Revue passieren lassen und eine Antwort auf die Frage finden, was mich hierhergeführt hat.

Was mich hinter Gitter gebracht hat, quält mich mit Reue. Und Reue quält mit dem Verlangen, etwas ungeschehen zu machen. Eine bittere Erfahrung. Ich sollte mich den guten wie den schlechten Erinnerungen stellen, den Lauf meines Lebens von allen Seiten betrachten und meine Rolle im Spiel des Schicksals begreifen. Nicht nur mehr der Getriebene und Reagierende sein, sondern den Stillstand dieses Laufes nutzen, um die Vergangenheit in Worte zu fassen und den Inhalt zu prüfen. Viele Geschichten schlummern unter der Oberfläche und warten auf einen Erzähler.

Einem Land von scheinbar Wahnsinnigen bin ich entkommen, die im Namen der Revolution, der Gerechtigkeit, des Allmächtigen, der Rache oder aus anderen unerfindlichen Gründen meine geliebte Stadt in eine Trümmerwüste verwandeln; entronnen in einer Odyssee durch zahllose Länder, dem Tod manches Mal näher als dem Leben, um am Ende in dieser Zelle zu landen; inzwischen einer Sprache mächtig, von deren Erlernen ich beim Hören der ersten Klänge kaum zu träumen wagte und die ich nun so gut beherrsche, dass kaum jemand meine Herkunft einzuschätzen weiß. »Deutscher sind Sie nicht, oder?«, heißt es oft, oder: »Kommen Ihre Eltern aus Indien?« Meine dunkle Haut und meine Größe machen mich offenbar zu einer exotischen Erscheinung, bei der mancher Europäer gern an einen indischen Maharadscha denkt. Das ist auch aufregender als »Afghane aus Kabul, achtundzwanzig Jahre alt, im Leben gescheitert, derzeitige Adresse: eine Haftanstalt in Österreich«.

Um sechs Uhr morgens geht das Licht an, und um sieben werden die Männer zur Arbeit geführt. Ein Beamter schließt die Tür hinter ihnen und sperrt Rudolf und mich ein. Der alte Mann bleibt in seinem Bett. Er ist krank. Um neun dreht sich wieder ein Schlüssel im Schloss, und diesmal werde ich abgeholt. Man führt mich zum Rapport, und ich werde dem Anstaltsleiter, Herrn Hofrat Unterlechner, vorgestellt. Mit seinem grau melierten Schnurrbart und den flinken braunen Augen erinnert er mich an Onkel Nadschib.

»So, Herr Mirsa … sada, nun zu Ihnen. Spreche ich den Namen richtig aus?«

»Vollkommen korrekt.«

»Aus Afghanistan kommen Sie also. Interessant. Sie sind der erste Häftling aus dem Land, den es hier zu mir verschlagen hat. Scheinen also überwiegend ehrliche Leute zu sein.«

Sprachlos starre ich ihn an. Will er mir zusätzliche Schmerzen zufügen? Oder ist es als neutrale Aussage gemeint?

»Sie sind achtundzwanzig Jahre alt – verbessern Sie mich, wenn etwas nicht korrekt ist –, haben in der DDR studiert und im Frühjahr letzten Jahres einen Asylantrag in Österreich gestellt.«

»Das ist richtig. Mein Antrag ist abgelehnt worden. Trotz der bekanntermaßen dramatischen politischen Lage in meinem Heimatland.«

»Das sollte uns hier jetzt nicht beschäftigen. Und vor allem sollte das kein Grund sein, die Gesetze unseres Landes zu missachten und straffällig zu werden, falls Sie darauf hinaus wollen.«

»Keineswegs. Das Geschehene kann ich nur zutiefst bedauern. Ich begreife noch immer nicht, was in mich gefahren ist. Allerdings habe ich inzwischen auch erhebliche Zweifel an der Gerechtigkeit der Justiz.«

»Ihren Fall wollen wir hier nicht wieder aufrollen. Der ist vor vierzehn Tagen bei Gericht entschieden worden. Eine Revision haben Sie nicht eingelegt. Nun werden Sie Ihre Strafe absitzen. Die Zeit wird schnell vergehen. Sie sind jung, intelligent, sprechen hervorragend Deutsch und haben die Möglichkeit, Ihr Leben wieder in den Griff zu bekommen.«

»All das hat mir bisher wenig genutzt. Und eine Revision habe ich nicht eingelegt, weil ich kein Geld für einen Anwalt habe. Gerechtigkeit ist teuer. Und was meine Zukunft anbelangt, werde ich voraussichtlich sofort nach der Entlassung abgeschoben.«

»Das fällt nicht in mein Ressort. Vielleicht kann Ihnen unser Pastor, Herr Heyland, weiterhelfen. Zunächst sollten Sie sich um eine Arbeitsstelle bemühen, Herr Mirsasada. Damit verdienen Sie dann ein wenig Geld und können etwas lernen. Haben Sie Verwandte in Österreich?«

»Nein, niemanden.«

Es gebe eine freie Stelle in der Gärtnerei, sagt er schließlich. Andere Arbeitsstellen stünden momentan nicht zur Verfügung. Ich denke an das gestrige Gespräch mit Saif, der mich neugierig machte, als er von der Tätigkeit an Computern erzählte. Man müsse dort Dateien verwalten und Layout-Aufträge ausführen. Wenn ich an einem Computer arbeiten könnte, dann wären die Jahre in der Haft vielleicht nicht vollkommen nutzlos. Ich könnte etwas Sinnvolles lernen. Etwas, das ich später, im richtigen Leben, gebrauchen kann. Mein Kopf braucht Nahrung, sonst frisst er sich selbst auf. Ich bitte den Hofrat um eine anspruchsvolle Arbeitsstelle für mich.

»Tut mir Leid, da wird sich wohl nichts machen lassen. Wie wäre es mit dem Kunstbetrieb – da könnte in einigen Wochen etwas frei werden – oder in der Tischlerei? In der Zwischenzeit hätten Sie dann natürlich keinen Verdienst«, klärt Herr Unterlechner mich auf.

Dann nennt er Zahlen; ich bemühe mich um Konzentration und höre ihn über die Regeln im Gefängnisalltag sprechen. Später ist dann noch von Schuld und Sühne die Rede. Die Stelle in der Gärtnerei lehne ich vorerst ab.

Das Leben im Gefängnis vollzieht sich nach einem strengen Rhythmus, der einem bald so vertraut ist, als hätte es nie etwas anderes gegeben. Um sechs Uhr flackern die Neonröhren auf, die Tür wird aufgeschlossen, und Schritte hallen über den Gang. Es riecht nach aufgebrühtem Kaffee. Um sieben ist Arbeitsbeginn für jene, die einen Job haben. Um halb zwölf gibt es Mittagessen. Ein Wagen mit dampfenden Töpfen wird vor die Tür gerollt, Geschirr klappert, und man schimpft über den Fraß. Dann gehen sie wieder. Und der erneute Kampf gegen zermürbende Gedanken und Langeweile beginnt.

Nach dem Essen versinkt Rudolf in ein geräuschvolles Mittagsschläfchen. Nachts macht er kein Auge zu, schlurft ständig zur Toilette und weckt uns alle auf. Seine Blase hält nicht dicht, entschuldigt er sich.

Ich schalte den Fernseher ein, greife zu Rudolfs Kopfhörer und wähle mich durch die Programme. Ist das nicht …? Ja, eindeutig! Auf dem Bildschirm flimmern Bilder einer zerstörten Straße, die aussieht wie die Dschad-e Maiwand in Kabul. Der Schrecken nimmt mir die Luft. Mehrere Männer in traditioneller Kleidung und mit Kalaschnikow bewaffnet marschieren durchs Bild. »Kabul im Sommer 1994, nach zwei Jahren Mudschahedin-Herrschaft«, lautet der knappe Kommentar des Berichterstatters. Ich springe auf, renne im Raum umher. Nichts als Ruinen waren auf den Aufnahmen zu erkennen. Mein Gott! Was haben sie getan? Das zerstörte Hochhaus! War das etwa mein Lieblingskino? Ich reiße mir den Kopfhörer herunter und stelle den Ton lauter. Doch schon sagt die Nachrichtensprecherin einen anderen Bericht an.

»He, was ist denn los, Massud? Was regst du dich so auf und springst im Zimmer herum?«, fragt Rudolf.

»Hört das denn nie auf? Diese Wahnsinnigen zerstören meine Stadt. Sie beschießen sich gegenseitig, plündern, vergewaltigen und morden.«

»Wer?«

»Die, die unser Land befreien wollten. Die Mudschahedin. Inzwischen sind sie nichts weiter als verrohte Kriegstreiber.«

»Und deine Familie? Hast du noch Leute dort?«

»Meine Großeltern, Onkel, Tanten, Cousins und Cousinen. Mein Gott, ich bete um ihre Sicherheit.«

»Ich verstehe ja nicht viel davon, aber geht das nicht schon ewig mit dem Krieg bei euch? Die Russen sind doch schon lange weg, oder?«

»Ach Rudolf. Es ist ein Jammer. Wie naiv ich damals doch war! Ich ließ mich von den roten Fahnen locken. Auf die Warnungen meines Vaters habe ich nicht gehört. Damals, als alles anfing, war die Rede von Revolution. Wie lächerlich das jetzt alles klingt. Es war ein Putsch, nichts weiter, von machtgierigen Möchtegern-

Kommunisten, und als alles aus dem Ruder lief, kam die Rote Armee. Es gab tatsächlich eine Zeit, in der ich an heroische Radiostimmen glaubte.«

»Und nun ist nicht mehr viel übrig geblieben von deiner Stadt?«

»Ich weiß es nicht. Viel zu selten kommen noch Berichte wie dieser. Afghanistan ist nur noch ein weißer Fleck auf der Landkarte.«

»Denk nicht zu viel drüber nach! Bringt ja doch nichts.«

Als die Neonröhren mit einem kurzen Flackern erlöschen, wirbeln die Bilder meiner zerstörten Heimat durch meinen Kopf.

Wird es denn nie aufhören?

Raketen schlagen ein – nächtliche Feuerwerke über den Dächern der Stadt. Russische Bomber und amerikanische Stinger! Nie habe ich Qalai Mirsa Khan wiedergesehen – es war Feindesland geworden. Eine Mine zerriss ihre kleine Hand. Er wurde abgeholt, verschwand in einem Folterkeller und kam nie zurück. Die Flucht durch die Berge.

Und meine Familie in Islamabad? Ich trage die Schuld daran, wenn sie mittellos werden, die Wohnung verlieren, zurückkehren müssen oder gar in einem Flüchtlingslager landen, wo sie Elend und Erniedrigung erwarten. Ohne mein Geld sind sie hilflos.

Unbeschwerte Tage

In dicken Flocken schneite es, und seit dem Morgengrauen hörte man die Rufe der Schneeschieber: »Barfpak, Barfpaak, Barfpaaak«, tönte es durch Kabuls winterliche Stille. Männer, die ihre Turbane wie Schals um Hals und Gesicht gewunden hatten, boten ihre Dienste an. Die wenigen Lehmdächer der Siedlung mussten in aller Eile von der weißen Last befreit werden, bevor die Feuchtigkeit eindringen konnte. Farid und Massud schaufelten den Schnee in hohem Bogen in den Garten und machten vor dem Haus eine Gasse frei. In strahlendem Blau leuchtete der Himmel über der winterlichen Stadt. Massud schaute über die Stadtgrenze hin bis zu den gewaltigen Gipfeln im Nordwesten. Nur noch wenige Tage bis zu den Winterferien. Drei Monate ohne Schule! Er malte sich aus, wie er mit Habib ins Kino und in den neuen Billardsalon gehen würde.

Als Wakil Mirsasada am späten Nachmittag aus der Universität kam, lobte er ihre gute Arbeit. »Massud, ich möchte mit dir reden«, sagte er und ging ins Esszimmer.

Farid warf seinem Bruder einen fragenden Blick zu und verschwand nach oben.

»Hast du dir schon etwas für die Ferien vorgenommen, mein Sohn? Außer für deine Prüfungen zu lernen.«

»Ich, äh, nein.«

»Du bist ein guter Schüler, und ich hoffe, du wirst das Schuljahr mit glänzenden Noten abschließen. Vielleicht schaffst du es sogar bis zum Klassenbesten.«

»Ich werde mir Mühe geben.«

»Du solltest die Ferienzeit sinnvoll nutzen – nicht nur für die Jugendorganisation. Versteh mich nicht falsch! Ich weiß, dass du dich, genau wie Farid, für Politik interessierst. Dagegen ist nichts einzuwenden, nur eines solltest du wissen: Jungen in deinem Alter werden schnell für die Ziele anderer benutzt. Die Mitarbeit in der Jugendorganisation macht dir sicher Freude, und vielleicht möchtest du eines Tages einen verantwortungsvollen Posten übernehmen. Was ich sagen will: Für einen jungen Mann ist es sehr wichtig, eine eigene politische Einstellung zu haben, statt den wehenden Fahnen hinterherzulaufen. Unser Land war lange vom Rest der Welt isoliert und ist es in gewisser Weise immer noch. Deshalb sollten wir niemals vergessen, einen Blick auf andere Welten zu werfen. Davon kann man lernen.« Der Vater zeigte auf die prall gefüllten Regale im Salon. »Du weißt, wie sehr ich die Bücher schätze«, fuhr er fort. »Es gibt hier Titel, die dich interessieren werden. Es würde mich sehr freuen, wenn du die Ferien auch zum Lesen nutzt. Du bist alt genug, dich damit zu beschäftigen.«

Er ging zum Regal und griff nach einem erschreckend dicken Band in einer Reihe von fünf gleichartigen Büchern. Den Buchrücken zierten arabische Schriftzeichen. »Die Elenden« stand dort in goldenen Lettern geschrieben, und der schlichte Name des Verfassers lautete »Victor Hugo«. Warum suchte der Vater gerade dieses Exemplar für ihn aus? Dann zog er ein zweites Buch mit dem Titel »History« aus einem Bord, »Afghanistan and the Anglo-Russian Dispute«.

»Ich möchte, dass du anfängst, ernsthafte Bücher zu lesen. Vielleicht solltest du mit diesem beginnen.« Wieder nahm er »Die Elenden« in die Hand und blätterte in den ersten Seiten. »Es ist sicher ungewohnt für dich, aber glaube mir, es wird sich lohnen. Darin geht es auch um Revolution.«

»Aber es ist schrecklich dick«, rutschte Massud heraus.

»Du musst nicht alles lesen. Manches könnte dich langweilen, aber die Geschichte von Jean Valjean wird dir gefallen, da bin ich mir sicher. Und viele andere Bücher auch. Es gibt hier eine ganze Reihe von Titeln, die für junge Männer in deinem Alter gut geeignet sind.«

Hatte er wirklich »junge Männer« gesagt? Massud freute sich über diese Worte. Er nahm sich fest vor, bei Gelegenheit einen Blick in die Bücher zu werfen, die der Vater so liebte. Er hatte damit gerechnet, zur Zielscheibe seiner väterlichen Literaturbekehrung zu werden. Da Farid sich als Technikliebhaber entpuppt hatte, musste nun Massud die Privatstunden des Literaturdozenten über sich ergehen lassen.

»Vielen Dank, Vater. Ich werde in der nächsten Woche mit einem der Bücher beginnen.«

»Warum nicht gleich? Jetzt hast du Zeit. Was kannst du bei dem schlechten Wetter sonst machen? Du wirst sehen, Lesen ist ein wunderbares Vergnügen.«

»Ja, Sie haben Recht. Vielen Dank.«

»Ich habe noch etwas für dich.«

Umständlich zog er einen Briefumschlag aus der Hemdtasche, räusperte sich und murmelte: »Für das Schneeschieben und die langen Ferien.« Liebend gern hätte Massud das Präsent sofort aufgerissen, aber die Sitte verlangte Zurückhaltung.

»Vielen Dank, danke vielmals. Sinda baschen! Ein langes Leben!«

In seinem Zimmer öffnete er den Umschlag und jubelte: zweihundert Afghani. Davon konnte er mehrmals ins Kino gehen, einige Male Billard spielen, Geld für ein Harmonium zurücklegen und Habib einladen. Doch nun hatte er diese verdammten Bücher am Hals. Er konnte den Vater nicht beschummeln, wenn dieser ihn nach der Handlung eines Romans fragen würde. Mindestens eines musste er lesen. Diese Vorstellung erschreckte ihn zutiefst. Gerade jetzt. Verdammt!

Filme waren viel spannender, fand Massud, und er dachte an seinen Lieblingsschauspieler, den Franzosen. Dessen Filme waren modern und gaben sicher tiefere Einblicke in andere Welten, als es Bücher vermochten. Die Art, wie er mit zwei Fingern über seine Hutkrempe strich oder sich, während er eine dunkle Straße beobachtete, in einem Hauseingang eine Zigarette anzündete, befremdete und faszinierte ihn zugleich. Nur konnte er dem Vater davon nichts erzählen, denn Kinobesuche hätte der ihm sicher nicht erlaubt. Habib und er gingen heimlich, und häufig fanden sie einen Weg, am Eintrittsgeld zu sparen. Oft saß einer der zahllosen Cousins seines Freundes an der Kasse. Diesen Freitag war es wieder so weit. Er musste sich nur noch eine Ausrede für sein Verschwinden am Nachmittag einfallen lassen.

Als Massud das Kinoplakat vor dem modernen Cinema Pamir entdeckte, schlug sein Herz höher. Es war ein Film mit dem Franzosen, und er lief heute in der erzählenden Dari-Version. Perfekt! Sein Held verbarg sich diesmal unter einer schwarzen Maske und hieß Zorro. Massud erkannte ihn trotzdem.

Viele Menschen drängten sich vor dem Kino, und Habib verschwand in der Menge. Zwei jungen Männern in traditioneller Kleidung wurde der Eintritt verwehrt, und die wartenden Besucher bildeten eine schmale Gasse, durch welche die Abgewiesenen mit hängenden Köpfen auf den Bürgersteig zurückkehrten. Jedes Kind weiß doch, dass im besten Kino Kabuls westliche

Kleidung eine selbstverständliche Pflicht ist, dachte Massud. Wie konnten sie auf die Idee kommen, mit dieser Tracht in das modernste Haus der Stadt gelassen zu werden? Das Pamir befand sich in einem Hochhaus, das über vierzehn Stockwerke in den Himmel ragte. Es war das höchste Gebäude des Landes, und Bauernkleidung passte einfach nicht zu diesem Ort. Auch wenn die beiden vorsorglich ihre Turbane abgenommen hatten und ihr Haar frisch gekämmt war, so ließen sich die langen Hemden und die weiten Pluderhosen nicht verbergen. Sie trotteten dicht an Massud vorbei, und er schaute in ihre Gesichter, die deutliche Spuren von Schmach und Enttäuschung zeigten. Sie waren höchstens achtzehn Jahre alt, und einer starrte traurig auf die Geldscheine in seinen Händen. Sicher hatten sie sich genauso auf den Kinobesuch gefreut wie er, womöglich gar mühsam das Eintrittsgeld von zwölf Afghani angespart. Dann kam Habib, wedelte mit den Karten, und Massud vergaß die jungen Männer.

»Mirwais sitzt an der Kasse, zwanzig Afghani für uns beide, auf gepolsterten Sitzen. Toll, was?«

»Komm, ich kaufe uns noch eine Cola.«

Wakil Mirsasada gab sich geheimnisvoll. Aber seine auffallend gute Laune verriet einen erfreulichen Grund hinter den mysteriösen Andeutungen über ein Paket, das bald eintreffen werde.

Nach einigen Tagen vergeblichen Wartens war es endlich so weit. Die Überraschung brachte er in Form eines verschnürten Kastens heim, der so groß war, dass der Kofferraumdeckel sich nicht schließen ließ. Den Symbolen auf der Verpackung und den kyrillischen Schriftzeichen war nichts Klärendes zu entnehmen. Aufgeregt standen die Kinder vor dem sonderbaren Paket.

»Ich glaube, es ist ein Gaskocher«, sagte Roja. »Dann kann Mutter auch bei Stromausfall in der Küche kochen.«

Farid tippte auf eine Petroleumheizung, was typisch für ihn war, denn er klagte häufig über die winterliche Kälte. Mutter lächelte verschmitzt, aber sie ließ sich keinen Hinweis entlocken. Als der Vater endlich die Schnüre durchtrennte und den Deckel hob, kamen zunächst zerknülltes Papier und Pappstreifen zum Vorschein.

»Ein Fernsehapparat!«, rief Massud, als das Gehäuse sichtbar wurde.

Alle drängten zum Gerät, und der Vater wurde ganz feierlich.

»Dies ist ein nagelneuer Apparat aus Russland. Ein gutes Stück, das sehr empfindlich ist. Nur ich werde ihn bedienen.«

Mirsasada hatte sich einen Traum erfüllt. Jetzt, wo der Sendebetrieb des staatlichen Fernsehens aufgenommen worden war, wollte auch er das tägliche Abendprogramm verfolgen. Nur wenige besaßen ein solches Gerät. Sie waren sehr teuer, und viele trauten der neuen Technik noch nicht. Eine große Diskussion setzte ein, als es um den Standort für den Fernseher ging. Der beste Raum im Haus war zweifelsohne der Salon, doch setzten sie sich dort nie ohne Gäste hinein. Ihn dort aufzustellen würde bedeuten, dass auch die Familie ständig unten saß. Das lehnte die Mutter mit einem Hinweis auf die guten Sofas und das ständige Putzen ab. Der Vater wollte den Apparat jedoch gern den Gästen präsentieren, und so einigte man sich schließlich auf einen Kompromiss: Für einen Monat würde er unten stehen und danach im Familientrakt.

Zunächst musste der Empfang eingestellt werden. Die beigefügte Zimmerantenne erwies sich als wenig effektiv. Massud formte aus einem metallenen Kleiderbügel eine ellipsenförmige Antenne. Die Enden befestigte er an einer Latte, die er auf das Dach stellte. Farid besorgte ein Verlängerungskabel, und die Brüder probierten so lange, bis sie ein störungsfreies Bild empfingen.

Massud überraschte sie mit der Aufzählung der verschiedenen Sendungen, die es im Laufe einer Woche zu sehen gab. Von sechs bis zehn Uhr abends wurde übertragen, und am Wochenende, erklärte er, laufe das beste Programm, »Musiqui Rangarang«, eine Musiksendung aus dem europäischen Fernsehen.

Die Mutter zeigte sich bei der ersten Übertragung wenig begeistert über die Kleidung der Schlagersängerinnen. Als sich am Ende einer Darbietung ein Paar auf der Bühne einen Kuss gab, schaute sie entsetzt zur Seite und hielt Roja die Augen zu. Der Vater lächelte, und Massud prahlte mit seinem Wissen.

»Das waren Albano und Romina Power aus Italien«, klärte er die Familie auf. »Dort küssen sie sich sogar auf der Straße.«

»Wie furchtbar!«, sagte die Mutter. Sie war sichtlich empört über die ausländische Musikshow und beobachtete verwundert Massud dabei, wie er die fremdsprachigen Namen der Stars aussprach und ihre Lieder nachsang.

»Vicky Leandros aus Deutschland«, rief er, als eine dunkelhaarige Frau unter dem Klatschen des Publikums die Bühne betrat. »Und das ist Adamo aus Belgien«, fuhr er aufgeregt fort, und niemand außer ihm schien je etwas von einem Adamo oder von Belgien gehört zu haben.

»Jetzt kommt ein tolles Lied«, sagte er. »Hört zu, es ist ganz lustig.«

»Aber wir verstehen doch gar nichts«, sagte Roja.

»Aber die Melodie ist schön«, schwärmte Massud, und wieder versuchte er mitzusingen. »Mamo, Stein un Eise bricht, aba unsara Lieba nicht.«

»Was singst du da, Junge?«, wollte Mutter wissen.

»Keine Ahnung, aber es gefällt mir. ›Mama, Stein un Eiiise brich, aba unsara Lieba nich, alles, alles geet vobei ... mmhh, mmhh.‹«

»Und woher kommt der Sänger?«

»Aus Deutschland. Da unten steht es doch: Drafi Deutscher.«

An zwei Tagen wurden Krimiserien gesendet, eine französische und eine deutsche. Die Mutter, Roja, Tante Mina und Tante Farsana verpassten keine Ausstrahlung der schrillen Tanz- und Liebesfilme aus Indien, und schon bald stimmten sie in die Hindi-Songs ein, die in keinem indischen Film fehlen durften. Hier brauchten sie auch nicht zu befürchten, daß es zu verbotenen Küssen kam.

Meistens wurden allerdings langatmige Berichte über Parteisitzungen und endlose Ansprachen des Revolutionsführers und des Genossen Amin gezeigt.

Massud musste einige Wochen warten, bis endlich ein Film mit Alandolan, seinem geliebten Franzosen, lief: »Der rote Kreis«. Er war zutiefst irritiert, als der Fernsehsprecher die Namen der Schauspieler vorsprach, während sie über den Vorspann liefen. Wurde der Name seines Stars womöglich gar nicht so ausgesprochen, wie es der Sprecher im Kino gesagt hatte: Alandolan. Wie bei jedem ausländischen Film lief der Originalton im Hintergrund, und eine männliche Erzählstimme fasste die Dialoge entweder in Dari oder Paschtu zusammen. Beim Abspann des Films war Massud sicher: Alandolan war Alain Delon. Was würde Habib dazu sagen?

Die Anschläge der Rebellen auf Stromkraftwerke und Leitungsmasten ließen die Elektrizität in der Hauptstadt regelmäßig zusammenbrechen, und Mariam fragte sich, warum die Partisanen den Menschen das Leben so schwer machten. Wenn sie es schafften, die Leitungen lahm zu legen, dann waren sie sicher auch zu größerem Unheil fähig, überlegte sie. Sie dachte an den Panzer an der Straßenkreuzung vor ihrem Haus. Beinahe ein Jahr war vergangen, seitdem die Soldaten in ihr Viertel gekommen waren.

Nun musste sie am umständlichen Holzfeuer im Backhaus das Festtagsbrot backen. Morgen war das alte Jahr zu Ende, und »Nauruz«, der »Neue Tag« am 21. März, brachte den Beginn des Jahres 1358. Aber die Zeit, in der Festtage den Lauf des Jahres markierten, schien vorüber zu sein. Weder Neujahr noch Ramadan noch Ihd konnten die ausgelassene Freude der Vergangenheit in ihr Herz bringen. Die Angst vor der Zukunft überschattete alles.

Am Abend erschien überraschend Onkel Nadschib, und Wakil bat ihn in das Wohnzimmer, wo alle vor dem Fernsehapparat versammelt waren.

»In Herat gibt es Unruhen. Offenbar revoltiert die siebzehnte Division.«

Ohne sich um das Begrüßungsritual zu kümmern, berichtete er, was er gehört hatte.

»Was? Woher weißt du das?«

»Ich habe immer noch meine Verbindungen«, sagte er, ein wenig beleidigt. »Eine Brücke auf der Hauptstraße nach Kandahar ist gesprengt. Herat ist von der Außenwelt abgeschnitten. Es scheint eine größere Offensive zu sein. Die meuternden Soldaten haben die Rebellen mit Waffen versorgt. In der Stadt toben Kämpfe.«

»Mein Gott. Tarakis Armee wird sie alle umbringen. Was soll eine Hand voll Rebellen gegen eine Armee ausrichten?«

»Eine Hand voll Rebellen? Die gesamte Division ist übergelaufen.«

»Die gesamte Division? Das sind ja …«

»Viele hundert Soldaten. Was die wohl mit den sowjetischen Beratern machen, die in der Stadt leben?«

»Aber aus Kabul wird die Armee Nachschub schicken!«

»Vermutlich. Noch habe ich keine Informationen darüber. Aber vielleicht meutern die Soldaten auch in Kabul, und wir sind die Kommunisten bald los. Ich halte dich auf dem Laufenden.«

»Das ist gut. Danke für die Nachricht. Du hättest nicht solch ein Risiko eingehen sollen, gleich beginnt die Ausgangssperre.«

»Du hast Recht. Dies ist nicht die rechte Nacht, um die eigene Familie allein im Haus zu lassen. Wir sehen uns dann morgen. Gott schütze euch.«

»Vater, was hat das zu bedeuten?«, fragte Farid.

»Ich weiß es nicht, mein Sohn.«

»Können wir nicht jemanden in Herat anrufen und fragen?«

»Alle Telefonleitungen sind seit den Morgenstunden gekappt, hat Onkel Nadschib gesagt.«

In Kabul wusste kaum jemand von der dramatischen Lage in Herat. Nur die zahlreichen Starts und Landungen der Kampfflugzeuge, selbst an den Feiertagen, deuteten auf eine Militäraktion hin. Bei den anstehenden Neujahrsbesuchen, die die Familie zu allen in Kabul lebenden Angehörigen führten, verschwanden die Männer nach dem Essen meist in einen separaten Raum. Die spärlichen Informationen, die Onkel Nadschib noch von seinen Verbindungsleuten erhielt, deuteten auf einen entscheidenden Kampf hin. Vom gesamten Ausmaß der Katastrophe von Herat erfuhr man erst später. Bewaffnete Gruppierungen aus desertierten Soldaten und Rebellen, die sich stolz Mudschahedin nannten, hatten die Stadt auf der Suche nach Russen Haus für Haus durchkämmt. Beim »Hotel Herat«, wo russische Berater mit ihren Familien lebten, liefen Frauen und Kinder um ihr Leben. Viele wurden gequält und umgebracht, einigen Männern gar die Köpfe abgeschlagen, die die Aufständischen als Trophäen durch die Stadt trugen. Die Antwort auf die Übergriffe und die Ermordung von über fünfzig sowjetischen Beratern samt ihrer Familien ließ nicht lange auf sich warten. Hunderte demonstrierender Regimegegner wurden in der Nähe des Kandahar-Tores von Panzern überrollt und aus Kanonen beschossen. Die Rache war grausam, und es folgten Luftangriffe, denen Tausende zum Opfer fielen und die Teile der historischen Stadt zerstörten. Die afghanische Armee kämpfte nun massiv gegen das eigene Volk. Ohne auch nur im Entferntesten das gesamte Ausmaß zu erwähnen, war im Fernsehen von konterrevolutionären und feigen Überfällen durch Klassenfeinde die Rede, die ruhmreich niedergeschlagen worden seien.

»Das klingt nach einer Kriegserklärung«, sagte Wakil mit matter Stimme zu seinem Bruder Nadschib, der fortwährend davon sprach, das Regime drohe zu kippen.

Einschneidende Veränderungen in der Regierung waren die Folge der massiven Aufstände, die sich inzwischen über das ganze Land ausgebreitet hatten. Taraki wurde Präsident des Obersten Verteidigungsrates und damit zum Oberbefehlshaber der Armee. Genosse Amin übernahm das Amt des Premierministers. Immer mehr afghanische Soldaten desertierten und schlossen sich den Mudschahedin an.

Es war Zeit für einen Besuch bei den Großeltern in Schamali. Mariam Mirsasada drängte zum Aufbruch. Sie konnte es kaum erwarten, der Familie in Qalai Mirsa Khan ihre guten Wünsche für das neue Jahr zu überbringen. Der Peugeot war bis unter das Dach bepackt.

»Die beiden Kleinen gehen am besten nach vorn zu Madardschan«, schlug Farid vor, »sonst wird es hinten zu eng.«

Massud nahm zwei Thermoskannen zwischen seine Beine und war froh, als sie endlich aufbrachen. Mit drei Fahrzeugen bildeten der Vater, Onkel Mahmud und Onkel Nadschib eine Kolonne. Der Fahrtwind war frisch und roch nach der erwachenden Natur. Sie nahmen die große Hauptstraße, die so genannte Salang-Straße Richtung Norden.

»Was ich mich immer gefragt habe«, sagte Wakil zu seinem Bruder Mahmud, als sie kurz hinter der Stadtgrenze halten mussten, weil Wasime übel geworden war, »wozu braucht unser Land eine derart robuste Straße? Schau dir das an, was die sowjetischen Ingenieure geleistet haben! Das Fundament ist bestimmt einen halben Meter dick, und die Betondecke ist stark genug für eine Panzerkolonne.«

Die beiden Männer standen am Straßenrand und musterten die Fahrbahn.

»Die Ringstraße, die deine amerikanischen Freunde im Süden gebaut haben, nimmt sich dagegen recht bescheiden aus, zweispurig und mit einer dünnen Asphaltdecke. Als ich im letzten Frühjahr nach Herat gefahren bin, hatte das Hochwasser tiefe Löcher ausgespült.«

»Die Amerikaner dachten wohl, das reicht für unsere Eselskarren.«

Jede Einzelheit am Wegesrand war allen vertraut, denn über die schattige Allee waren sie unzählige Male gefahren. In Richtung Westen hatte man eine herrliche Aussicht auf Täler, die sich zu wilden Schluchten formen und ihr Ende an den Hängen des Kohi-Paghman-Massivs finden. Als Erstes zweigt Schakar-Dara, das Zuckertal, von der Hauptstraße ab und schmiegt sich an ferne Gipfel. Dann passierten sie Gul-Dara, das Blumental, und wie so oft machte Massud einen heimlichen Wettstreit mit sich aus, bei dem er sich entscheiden musste, welches der Täler das schönste war. Die Rebstöcke zeigten Knospen, und das Grün der Weizenfelder zeichnete sich leuchtend von der Farbe der Lehmhäuser ab. Am Eingang der Schluchten lagen die größten Dörfer, und an den Zufahrten zur Salang boten Bauern die Früchte ihrer Arbeit an. In den Sommermonaten waren es Beeren, Kirschen und Aprikosen, und danach begann die Erntezeit für die größten und leckersten

Weintrauben Afghanistans, die weit über die Grenzen des Landes berühmt waren. Nirgendwo sonst gab es eine derartige Vielfalt. Aus Dutzenden verschiedener Traubensorten gewannen die Bauern hellgrüne Rosinen, groß wie Fingerkuppen. Sie konservierten das köstliche Aroma frischer Früchte. Im Herbst leuchtete das Rot praller Granatäpfel aus ihren Weidenkörben und lockte die Käufer von der Salang.

Kurz hinter Bagram endete die Allee, und bald erreichten sie Tscharikar. Dort säumten kleine Läden der Messer- und Scherenschmiede die Basarstraße, deren Warenangebot im Überfluss bis an den Fahrbahnrand quoll. Laut priesen sie ihr Handwerk an, während gegenüber Kababverkäufer zu dieser Tageszeit ihre Feuerstellen anheizten. Später würden ihre singenden Rufe in offene Wagenfenster schallen und bis zum späten Abend den Appetit der Reisenden anregen. In der kleinen Stadt waren Posten stationiert, viel mehr als in den früheren Jahren, und an einer Kreuzung wies ein Soldat den Fahrzeugen mit dem Lauf seiner Kalaschnikow den Weg. Hinter Tscharikar verließen sie die Hauptstraße, und eine ausgelassene Vorfreude erfüllte die Familie. Für alle war das alte Anwesen Qalai Mirsa Khan ein zweites Zuhause. Wakil Mirsasada war hier aufgewachsen, und seine Frau hatte die Jahre seiner Abwesenheit in der weitläufigen Anlage verbracht. Massud war damals gerade geboren, und seine ersten tapsigen Schritte führten ihn zum Wasserlauf im Hof. Man erzählte ihm später, dass die Mutter ihn mindestens zweimal vor einem Sturz in den Bach gerettet hatte. Je näher sie ihrem Ziel kamen, desto lauter wurden die Stimmen im Wagen. Roja hüpfte auf dem Sitz hin und her, spähte nach vorn und rief immer wieder: »Bibi-dschan, wir fahren zu meiner Bibi-dschan.« – »Meine Bibi-dschan«, plapperte Sahira ihr nach, und Mariam vergaß einen Moment lang ihre Sorgen.

Die asphaltierten Straßen lagen hinter ihnen, und sie hörten das Knirschen der Reifen auf Sand und Kies. Ihre Route durch Schamali führte sie an den Schnittpunkt von Kohestan, dem Land der Berge, und Pandjschir, dem lang gestreckten Tal der fünf Löwen. Dort leben die schönsten Frauen und die mutigsten Männer Afghanistans, heißt es. Die Ortschaften tragen klangvolle Namen wie Gulbahar, Frühlingsblume, und Anarbagh, Granatapfelgarten. Die Gipfel der Fünftausender rückten immer näher und zeigten sich in seltener Klarheit. In ihrer graublauen Regungslosigkeit wirkten sie herrlicher denn je. Die Landstraße war von Pappeln gesäumt, und endlich erreichten sie das lang ersehnte Tal, wo sich der Weg in stetem Anstieg der Qala näherte. Wie ein weicher Teppich, der in sanftem Flug aus dem Nirgendwo auf dieses entrückte Fleckchen Erde geschwebt war, lag das Mosaik der Terrassengärten inmitten des steinernen Massivs. Unzählige Grüntöne schimmerten im Sonnenlicht. Mit ihrer vergänglichen Frische waren sie die willkommenen Boten des Frühlings. Steinwälle gaben den Feldern Halt, und Gräben versorgten sie mit Wasser. Schon in wenigen Wochen würde die Sonne mit geballter Kraft ins Tal eindringen. Zügig würde sie dann über die Gipfel steigen, und die schützenden Schatten der Berge würden erst am späten Nachmittag die Früchte erreichen. Ein Ochsenpaar zog mit hölzernem Pflug Furchen in den Acker, und geschickte Hände warfen Saatgut hinein. Der letzte Winter hatte viel Schnee gebracht. Oberhalb des Tals, dort, wo kahle Hänge die Felsen berührten, glänzte er noch. Gegenüber, an den Südhängen, blühten bereits die Obstbäume. In der Ferne tauchten die ersten Lehmmauern auf. Die Häuser standen eng beieinander, und es sah aus, als versuchten sie sich gegenseitig zu schützen. Kinder liefen der kleinen Wagenkolonne entgegen, und vertraute Gesichter schauten durch die offenen Fenster. Der erste Torbogen war durchquert, und sie erreichten den winzigen Basar, der zu dieser Jahreszeit noch unter freiem Himmel stattfand. Doch schon schafften junge Männer getrocknete Zweige heran und bereiteten den Bau eines Schatten spendenden Daches vor. Es war ein beliebter Markt. Am Freitag, wenn die Arbeit ruhte, reisten manchmal Fremde aus Kabul an, füllten die Gassen und bewunderten die Kunst der alten Handwerksmeister. Selbst Ausländer verirrten sich hierher.

Der Vater parkte den Wagen. Sofort erklang ein lang gezogenes »A salamo alaikum« aus einem Lädchen. Zwei Männer führten ihre Hände zum Herzen und riefen Grußformeln, mit denen sie variantenreich nach dem Wohlergehen fragten.

»Mögen Sie nicht müde sein«, erwiderte Wakil, wünschte Gesundheit und ein langes Leben, murmelte etwas von schweren Zeiten und erntete Zustimmung.

Er müsse sich noch um einige Besorgungen kümmern, sagte er zu seinen drei Ältesten, und sie sollten das letzte Stück doch schon vorausgehen. »Großvater soll einen Esel zur Brücke schicken, im Kofferraum sind Reissäcke.«

Das ließen sich Farid, Massud und Roja kein zweites Mal sagen, und sie liefen die Gasse hinauf. Aus einer offenen Luke wehte der Duft von Gewürzen und Rosenwasser herüber. Daneben lockte frisches Brot, das, zu einem wankenden Turm gestapelt, auf hungrige Esser wartete. Massud kaufte einen Beutel mit Zuckerkügelchen für seine Cousine Laila. Die Geschwister grüßten jeden Entgegenkommenden. Farid begegneten sie wie einem erwachsenen Mann, und sie erkannten in ihm einen Nachkommen von Mirsa Khan. Sie nahmen einen Umweg und gingen durch die Töpfergasse, wo Sonnenstrahlen das Blaugrün der Teller und Gefäße zum Leuchten brachten. Turban tragende Meister saßen auf dem Boden, und kräftige Handwerkerfinger umfassten Schalen mit dampfendem Tee. Immer steiler wanden sich die Gassen hinauf bis zum Ausgang des Dorfes. Glücklich blickten die Geschwister auf die gestampften Lehmdächer, auf kleine Innenhöfe und das Netz der schmalen Wege. Von hier oben sah man Frauen und Kinder unglasierte Tongefäße zum Trocknen an die Sonne bringen. Akrobatengleich balancierten sie die Last auf ihren Armen, um sie sorgsam auf den flachen Dächern auszubreiten. Noch schimmerten die Krüge und Schüsseln in derselben Farbe wie der Boden und die Mauern der Behausungen. Doch schon bald würde das Ockerbraun unter flinken Pinselstrichen verschwinden. Aus den Brennöfen stieg Rauch in den Himmel. Eine Brise erfasste den Schal eines jungen Mädchens, der sich türkisblau in die Lüfte hob und ihr hüftlanges Haar freigab. Sie trug ein purpurnes Kleid, und Massud fand sie wunderschön. Mit einem schnellen Griff an die Stirn und einer geschickten Drehung hüllte sie ihren schmalen Körper wieder ein.

Endlich tauchten im Tal die Umrisse der Festung auf, und die Geschwister beschleunigten ihre Schritte. Stolz thronte das Anwesen inmitten der Felder am Flusslauf. An der schmalen Brücke endete die Straße. Das letzte Stück führte über einen Karrenweg an den Mauern entlang. Am Wegesrand stand Onkel Ahmad und hielt einen kleinen Blumenstrauß in der Hand. Farid und Massud vollführten das Begrüßungsritual, nahmen seine Hände in ihre und rochen den Duft wilder Rosen.

»Salam, meine Jungen, wie groß ihr geworden seid! Und Roja ist auch kein kleines Mädchen mehr.«

Onkel Ahmad strich ein rote Blüte von seinem langen Hemd und lächelte.

»Roja-dschan, willst du deiner Bibi die Blumen reichen? Es sind die ersten in diesem Jahr. Von einer geschützten Stelle hinter der Mauer.«

»O ja, Onkel Ahmad.«

»Nun lauf schon weiter!«.

Sie rannte davon, und außer Atem streckte sie sich nach dem metallenen Ring und klopfte an das gewaltige Tor. Die Brüder ließen ihr diese Freude, auch wenn sie nicht genug Kraft besaß, einen Laut durch die schweren Balken zu treiben. Ein kräftiger Mann war nötig, um von innen den Riegel zu heben, und schon zog Onkel Naim den hohen Flügel auf. Dann waren sie umringt von Cousins und Cousinen, die sie freudig begrüßten.

Eine hohe Innenmauer teilte den vorderen Bereich mit den Gästezimmern, den Tagelöhnerbehausungen, dem Gemüsegarten und den Viehställen vom eigentlichen Familientrakt. Erst dort offenbarten sich die wahren Ausmaße von Qalai Mirsa Khan. Das Innentor stand offen, und Roja eilte über die erste kleine Brücke, vorbei am prachtvollen Walnussbaum, der den gesamten Essplatz beschattete, über die zweite Brücke hin zur blumigen Terrasse, wo die Großmutter bereits auf sie wartete.

»Bibi-dschan«, rief sie, »ein frohes neues Jahr und ein langes Leben!« Sie küsste der Großmutter die Hände und fiel ihr dann in die Arme. Bibi schaute erwartungsvoll auf das Tor, und schon trafen weitere Enkelkinder aus Kabul ein. Eine der Cousinen brachte einen Kessel, und unter dem Walnussbaum wurde Tee gereicht. Die Frauen schürten unterdessen das Feuer im Backhaus, und die Männer setzten sich auf die schattige Terrasse vor dem Trakt des Großvaters. Nach einer Weile traute sich die kleine Laila heran.

»Laila-dschan, meine Kleine«, sagte Massud und ging in die Knie. Schnell steckte er ihr die gefärbten Zuckerkügelchen zu. Seit dem letzten Besuch war das zarte Kind kaum gewachsen, doch ihre wachen grünen Augen schienen keiner Vierjährigen, sondern einer weisen Frau zu gehören. Laila strahlte ihn kurz an, lief dann zu ihrem Großvater und vergrub ihr Gesicht in den weiten Hosen des Hausherrn. Sie war sein Liebling, und er strich ihr durch das Haar.

Massud griff in gewohnter Routine zur Blechdose, aus der jemand eine Kanne mit Henkel geformt hatte, und schöpfte Wasser aus dem Bach. Es war Zeit, den Hof für das Essen vorzubereiten. Er hätte die Arbeit getrost den Jüngeren überlassen können, aber es machte ihm Spaß, den Platz unterm Baum zu besprenkeln. Der Staub legte sich, und als der Boden getrocknet war, kamen die Cousinen mit Kelims und Matratzen aus dem Haus und breiteten die Sitzgelegenheiten aus. Heute musste der Platz für besonders viele Personen reichen, und als die Mädchen mehrere Dastarchans aneinander fügen wollten, war der Zeitpunkt für Wakils Überraschung gekommen. Er hatte in Kabul ein Wachstuch in passender Größe gefunden, das mit über einem Meter Breite und fünf Metern Länge exakt an die vorgesehene Stelle passte. Großmutter beugte sich über das rötliche Tuch, begeistert von dem Rosenmuster, das sogleich auch die anderen bewunderten und befühlten. Die sanfte Wölbung der Blüten und Blätter faszinierte alle, und Wakil erntete viel Lob für seinen guten Geschmack.

Die Männer machten es sich auf dem Boden bequem. Onkel Naim sprach wie so häufig von einer Krankheit im Viehbestand. Er war Tierarzt, und die Bauern des gesamten Tals und weit darüber hinaus suchten Hilfe bei ihm. Onkel Ahmad, bekannt für sein ruhiges Gemüt, schaute schweigend in die Runde und lächelte zufrieden. Er war der jüngste der fünf Brüder und von morgens bis abends auf den Feldern. Der Großvater und er kümmerten sich um den Verkauf der Erträge. Zur Erntezeit kamen Großhändler mit ihren LKWs in das Tal und kauften ihnen den Weizen, Rundkornreis und Mais zu guten Preisen ab. Die Region war für ihre Fruchtbarkeit berühmt, und Dürreperioden kannte man hier nicht. Die Flüsse führten immer genug Wasser, und zahlreiche Bergquellen speisten sprudelnde Bäche.

Die Tanten und Cousinen brachten Speisen und Getränke und nahmen als Letzte Platz. Mariam saß neben der Großmutter an der Stirnseite, und Sahira kuschelte sich in ihren Schoß. Sie war ein anhängliches Mädchen, und alle scherzten über das blonde Haar der Dreijährigen. Roja gab Acht auf Wasime und Wahid. Als älteste Schwester kam ihr die Aufgabe zu, auf das gute Benehmen der Jüngeren zu achten. Wasime war für ihr vorlautes Mundwerk bekannt, mit dem sie Wahid manchmal regelrecht einschüchterte. Der Jüngste sollte nach den Ferien eingeschult werden und hatte es bereits allen Verwandten in der Qala erzählt.

»Ich kann auch schon rechnen«, behauptete nun die kleine Laila, stand vom Dastarchan auf und zählte zum Beweis alle Personen ab. Dabei tippte sie jedem mit ihrem winzigen Zeigefinger in den Rücken: »… achtundzwanzig, neunundzwanzig, dreißig!«

»Afarin!«, lobte der Großvater, und Tante Nafissa ermahnte sie zur Ruhe.

Roja war sehr groß für ihr Alter. Wenn sie noch weiter wachse, gebe es bald keinen Mann mehr für sie, hatte ihre Großmutter einmal im Scherz gesagt. Daraufhin hatte Roja beschämt auf den Boden geschaut und war ins Backhaus gelaufen. Als sie wiederkam, waren ihre hellen Augen gerötet, und niemand verlor ein Wort über den Vorfall.

Der schmale Wasserlauf umfloss den Innenhof von allen Seiten und erfüllte ihn mit seinem Rauschen. Es klingt wie ein Lied, dachte Massud, und er erinnerte sich an den Tag, als er es zum ersten Mal schaffte, über den Bach zu springen. Damals ging er noch nicht zur Schule. Inzwischen reichte ihm ein großer Schritt zur Überquerung, und nur selten nahm er eine der zahlreichen Brücken, die das glasklare Wasser überspannten. Der Urgroßvater hatte den Bach einst in die Festung leiten lassen. Er floss unter der gewaltigen Mauer hindurch in das Innere der Qala, wo sich der Lauf an einer tief ausgehobenen Stelle teilte. Hier war der Wasserplatz, an dem die Frauen ihre Krüge füllten. In großem Bogen führten die beiden Stränge vor den Terrassen, den großen Platz unterm Walnussbaum rahmend, zur Innenmauer und traten als vereinigter Lauf in den Garten des vorderen Bereichs. Dort bewässerte er die Gemüsebeete und sprudelte schließlich hinaus auf die Felder. So hatten die drei Frauen des Urgroßvaters damals alle eine eigene Wasserstelle gehabt und mussten nicht zwangsläufig mit den anderen Frauen zusammentreffen. Jede herrschte über einen eigenen Trakt. Das war klug, dachte Massud. So hat sich Urgroßvater manchen Ärger erspart. Außerhalb der Qala hatte er Bewässerungskanäle bauen lassen und Felder angelegt. Ein großer Teil des Ertrags war an den Königshof in Kabul geliefert worden, und er hatte damit gute Geschäfte gemacht.

Der Großvater hatte nur eine Frau, nachdem seine zweite gestorben war. Jetzt lebten noch Onkel Naim und Onkel Ahmad mit ihren Frauen und Kindern in der Festung. Die anderen waren in Kabul sesshaft geworden. Der mittlere Trakt mit einem Raum im Erdgeschoss und zwei kleinen Zimmern im oberen Stockwerk gehörte Wakil.

Am zweiten Abend des Neujahrsbesuches saßen die Männer in Onkel Naims Räumen, und Massud blieb bei der Großmutter, wo sich Tanten, jüngere Cousins und Cousinen versammelt hatten. Hier oben in den Bergen kühlte es am Abend beträchtlich ab, und die Großmutter hatte alle Hände voll zu tun, das Feuer am Leben zu halten. Sie erlaubte es niemandem, ihr diese Arbeit abzunehmen. Trotz ihrer kleinen Gestalt, an die manch Elfjährige heranreichte, war sie erstaunlich kräftig und stets bei guter Gesundheit. Ihr ganzes Leben hatte sich in diesem Gemäuer und dem angrenzenden Land abgespielt. Nur wenige Male hatte sie das Tal verlassen, um einen Arzt in Tscharikar aufzusuchen oder an einer Hochzeitsfeier in Kabul teilzunehmen. Jeden Morgen galt ihr Blick den Pflanzen im Garten und den fernen Bergen. So solle es bis an ihr Lebensende bleiben, hatte sie Massud einmal anvertraut.

Sie brachte das Kohlenbecken herein, und Chatera hob das wärmende Sandali. In der Mitte des Raums stand ein niedriger Tisch, unter den die Großmutter das heiße Kohlenbecken stellte. Die Glut hatte sie mit Asche abgedeckt, damit sie nicht wieder aufflackerte. Darüber wurde die wattierte Decke gelegt. Unter dem fein gemusterten Sandali war der gesamte Raum mit wohliger Wärme erfüllt. Regelmäßig warf man prüfende Blicke unter den Überwurf, aber die Großmutter hatte so viel Erfahrung mit dem Sandali, dass bisher nie ein Zipfel angesengt worden war. Die Familie machte es sich bequem. Massuds Tante Nafissa und seine Cousine Fatema waren mit Handarbeiten beschäftigt und fragten Mariam nach dem Leben in Kabul. Laila schlummerte bereits an der Seite ihrer Mutter. Laila, dieses Goldstück von einem Mädchen, dachte Massud. Jedes Mal, wenn er hierher kam, brachte er ihr eine Süßigkeit mit. Im Sommer vor vier Jahren war sie auf die Welt gekommen. Damals hatte Massud die Ferien hier verbracht. Niemand hatte an das Überleben des Frühchens geglaubt. Die Frauen erzählten, sie sei so winzig wie ein Kätzchen. Als Massud sie endlich sehen durfte, stellte er fest, dass sein Daumen dicker war als ihre Arme. Laila war die erste Tochter nach sieben Söhnen. Gleich nach ihrer Geburt eilte Onkel Naim nach Tscharikar, um einen Arzt zu holen. Wie bei der Geburt ihrer Brüder wurden Trommeln geschlagen und Essen an die Armen im Dorf verteilt. Die Frauen beteten für das Überleben des Säuglings, und die Großmutter heftete Talismane und Amulette an Wickelband und Babydecke. Eine türkisfarbene glasierte Perle mit zwei Löchern sollte das zarte Wesen gegen die Mächte der bösen Djinns und ihre gefährlichen Blicke wappnen. Man schwärzte dem Mädchen die Augen und flößte ihm Kräutertee ein. Als es auch die dritte Nacht überstanden hatte, kam ein Mullah in die Qala. Die Frauen hatten besondere Gerichte zubereitet und das Dastarchan unter dem Walnussbaum vorbereitet. Alle Jungen wurden fortgeschickt, aber von einem Dach aus beobachteten sie die Zeremonie. Das zarte Baby wurde dem Geistlichen gereicht, und er flüsterte viermal »Allah-u Akbar!« in ihr Ohr. Dann intonierte er einen Sprechgesang, und seine helle Stimme erfüllte den Hof. Er sang der Kleinen die Geschichte ihrer Familie vor. Dann gab Onkel Naim Laila ihren Namen. Ängstlich wachte Tante Nafissa über ihre einzige Tochter, und alle Frauen in der Qala standen ihr bei. In der sechsten Nacht spielte eine Musikgruppe auf, und im Frauentrakt des Hauses wurde getanzt und gelacht.

Schon früh lag in Lailas Blick etwas unerklärlich Anziehendes. Ihre großen Augen leuchteten in dem sanften Gesicht. Trotz ihrer Winzigkeit – sie hatte mit vier Jahren die Größe einer Zweijährigen – strahlte hatte sie etwas Reifes aus. Sie schien alles zu verstehen, hatte einen starken Willen und konnte wunderbar reden. Der Großvater erzählte ihr die alten Geschichten aus den Bergen, und sie wurde nie müde, ihm zuzuhören. Wie ein Kätzchen lag sie in seinem Schoß und kraulte manchmal seinen langen Bart oder strich über seine Pelzmütze. Niemals wurde ihr etwas verboten. Sie war eine kleine Prinzessin, und die Großfamilie überhäufte sie mit Beweisen ihrer Zuneigung.

Roja lauschte den Gesprächen der Frauen, und Massud kroch tiefer unter die Decke. Er genoss das Beisammensein am Sandali. Ein Blick unter die Decke bescherte ihm einen überraschenden Anblick. Schräg gegenüber saß seine Cousine Chatera und hatte ihre Beine bis zur Mitte hin ausgestreckt. Massud hob unauffällig die Kante des Sandali: Tatsächlich, er hatte richtig gesehen. Chateras Rock war hochgerutscht. Er sah über ihren Waden, die in dicken Strümpfen steckten, ein unbedecktes Knie, und an ihren Oberschenkeln schimmerte ihre Wäsche. Sofort stieg Hitze in ihm auf. Er suchte nach einer besseren Position, die ihm heimliche Blicke erlaubte. Gleichzeitig musste er so tun, als halte er seine Augen geschlossen. Das Licht fiel auf ihre Beine, kaum mehr als einen halben Meter von seinen Fußspitzen entfernt. Er betrachtete ihre helle Haut, die rundlichen, weichen Schenkel. Deutlich spürte er die Wärme ihres Körpers und roch ihren Duft. Behutsam rutschte er ein wenig näher an sie heran. Er hatte Chatera so gern berührt, aber die Angst, ihr noch näher zu kommen und dadurch alles zu zerstören, war stärker. Sie durfte nicht merken, was in ihm vorging. Wenn er doch nur in seine Hose fassen könnte, aber er traute sich nicht, sich zu bewegen. Er würde diesen Anblick einfangen und sich später einem heimlichen Genuss hingeben. Wusste Chatera denn nicht, dass er ihre Schenkel sehen konnte? Dachte sie etwa, er sei noch ein Kind und spüre nichts, wenn ein reifes Mädchen an seiner Seite lag?

Alltag und Erinnerungen

Hofrat Unterlechner ließ mir die gute Nachricht mitteilen, als ich bereits alle Hoffnung auf meine Wunscharbeitsstelle aufgegeben hatte. Ich bin als Mitarbeiter in der EDV-Abteilung angenommen. Nun sehe ich dem grellen Leuchten der Neonröhren um sechs Uhr in der Früh mit einer Portion Elan entgegen. Ich springe auf und beeile mich, um als Erster auf die Toilette zu kommen. Der winzige Raum bietet selbst schlanken Männern keinerlei Bewegungsfreiheit und ist nicht mehr als ein nach oben offener Holzkasten, dessen Wände weit unterhalb der Zimmerdecke enden. Meine Knie stoßen an die Tür, wenn ich mich auf die Klobrille setze. Ich höre die anderen rufen, dass ich unsere Zelle nicht verpesten soll. Der Vorarlberger spuckt jeden Morgen seinen Schleim in eines der Waschbecken neben den Kochplatten und schnäuzt sich geräuschvoll. Ich überwinde mich zum Zähneputzen an seiner Seite und schaue nicht hin. Danach stelle ich den Wasserkessel auf die Platte und brühe einen frischen Kaffee auf. Rudolf wird ihn mit mir trinken. Der alte Mann wird den ganzen Tag in der Zelle bleiben, aber früh morgens rafft er sich trotzdem auf, kämmt sein schütteres Haar und sucht seine Kahlheit hinter sorgfältig drapierten Strähnen zu verbergen. Ein paar Minuten später finde ich zwei Tassen auf dem Tisch vor, neben denen heute sogar frische Kipferln liegen. Andi von gegenüber arbeitet in der Bäckerei und hat sie mir geschenkt. Die anderen vier in unserer Zelle trinken den Knastkaffee, den das Küchenpersonal auf einem Rollwagen von Zellentür zu Zellentür schiebt. Aber ich folge Rudolfs Rat, der meinte, an einer guten Tasse Kaffee am Morgen dürfe man nicht sparen. Er hat Recht. Auf meinem Konto liegt noch ein wenig Geld von meinem Arbeitsdienst in Wien, und so habe ich mir beim Wocheneinkauf ein Päckchen Mokka gegönnt.

»Möchten Sie keine Kipferln essen, Rudolf? Die sind gut.«

»Ich heiße Rudi, gewöhn dir endlich mal dieses verdammte ›Sie‹ ab. Wie komme ich mir denn da vor? Wie der Hofrat persönlich, oder was? Bin schließlich kein Käss.«

»Okay, ich versuche es, aber in meiner Heimat duzt man ältere Menschen nicht. Das ist sehr respektlos.«

»Mit Verlaub, Herr Mirsasada, wir sind hier im Häfn und allesamt Verbrecher, also Schluss jetzt mit dem ›Sie‹. Selbst der hochwohlgeborene Saif hat es schon kapiert. Der sagt auch einfach Rudi zu mir.«

»Also, ich schwöre dir, Rudi, ab heute ein guter Verbrecher zu sein und nie wieder ›Sie‹ zu sagen. Und was heißt Käss?«

»Hast du in Wien bei unseren Kollegen denn gar nichts gelernt? Käss ist der Kaiserliche Arrestantenschließer. Putzig, was? Und ich esse jetzt doch ein Kipferl.«

Um sieben werden wir abgeholt und an unsere Arbeitsplätze geführt.

»Massud, dann zeig uns mal, was du kannst«, sagt Kurtl. Er setzt eine elegante Brille auf, und bei seinem Anblick denkt man an den Leiter eines großen Konzerns. Angeblich war das früher tatsächlich seine berufliche Position. Sein blaues Hemd duftet nach Stärke, und er ist frisch rasiert. Kurtl dreht den Schreibtischstuhl hinter einem Computerarbeitsplatz in meine Richtung.

»Setz dich. Das ist vorerst dein Platz. Wenn der Betriebsleiter mit dir zufrieden ist, kannst bei uns bleiben. Wir arbeiten mit IBM-PCs, wie du siehst. Und das Ding da nennt sich Tastatur. Kennst dich damit aus?«

»Sicher doch. Ich bin zwar nicht der Schnellste, aber tippen kann ich.«

»Gut, dann brauche ich ja nichts weiter zu erklären. Tipp das hier mal ab!«, sagt er und gibt mir einen Zeitungsartikel.

Um Gottes willen – so viele Tasten, denke ich und vermisse fast jegliche Übereinstimmung mit Vaters alter Schreibmaschine. Ctrl, Alt, Entf, S-Abt, was haben diese Tasten zu bedeuten? Fieberhaft stöbere ich in meinem Gedächtnis und denke an meine geringen Erfahrungen mit Computern in der DDR. Warum kann ich mich an so wenig erinnern? Es wird ewig dauern, bis ich den Artikel abgetippt habe. Wenn ich nicht schnell genug bin, dann nehmen sie mich vielleicht nicht. »Erwerb und Verzicht« lautet die Überschrift, und zum Glück finde ich auf Anhieb die Großschreibtaste wieder. Die Tastatur reagiert auf die kleinste Berührung meiner Finger, und Fehler sind schnell gemacht. Es geht im Text um eine Tagung der katholischen Kirche, und ich suche nach den verdammten Buchstaben. Während ich fieberhaft nach den richtigen

Tasten forsche, wirft mein Nachbar ständig kontrollierende Blicke herüber. Wo befindet sich die Taste zum Löschen der Fehler? Dafür sind Computer schließlich berühmt. Kurtl zeigt sie mir, und ich mache häufigen Gebrauch davon. Plötzlich ist der Bildschirm grün. Ich schrecke auf. Die mühsam getippten Worte sind spurlos verschwunden. Was soll ich tun? Ich traue mich nicht, irgendetwas zu berühren. Doch schon fliegen Kurtls Finger über die Tastatur und zaubern den Text aus dem Nichts wieder hervor. Bis zur Mittagspause habe ich den Artikel beinah geschafft.

Der Abend beginnt mit einem Streit. Zwei rivalisierende Fernseher, beide voll aufgedreht, sind der Auslöser. Ich ziehe mir die Decke über den Kopf und vernehme den Lärm nur noch gedämpft.

»Mach deine Scheißkiste aus, wir wollen Fußball gucken.«

»Ihr habt hier gar nichts zu melden. Jetzt gibt's erst mal den Quiz. Ich will sehen, wer gewinnt.«

»Scheißquiz. Was hast du von der Kohle anderer Leute? Komm rüber und guck mit uns das Spiel gegen die Türken.«

»Interessiert mich nicht.«

»Dann setz dir den Kopfhörer auf.«

»Ich will mir noch was kochen. So weit reicht das Kabel nicht. Kapiert?«

Und so geht die Diskussion weiter, bis einer der Streithähne endlich seinen Kopfhörer aufsetzt.

Im Gefängnis fragt man nicht viel, zumindest keine persönlichen Dinge. Auf keinen Fall bohrt man nach, wenn jemand seinen Unwillen zeigt. Man spricht über Belangloses, debattiert über das, was im Fernsehen gezeigt wird, tauscht die neuesten Gerüchte aus oder bastelt an Legenden. Seine eigene Geschichte kann man auch über viele Jahre im Anonymen belassen. Rudi hält sich nur bedingt an dieses Gebot. Von mir will er ständig etwas über Afghanistan wissen, möglichst garniert mit Anekdoten aus meinem Leben. Neulich erinnerte er sich an ein Kleid seiner Tochter. Es sei aus Afghanistan gekommen, behauptet er, und sie habe darin ausgesehen wie ein Hippiemädchen. Wenn ich mir vorstelle, dass er vor siebzehn Jahren, ein Jahr vor der so genannten afghanischen Revolution, ins Gefängnis gekommen ist und noch immer hier sitzt, dann möchte ich den Grund seiner Inhaftierung lieber nicht wissen. Es muss etwas Furchtbares gewesen sein.

»Massud, du hast mir schon eine Menge über Afghanistan erzählt. Inzwischen begreife ich, wer sich dort schon die Köpfe eingehauen hat, und ich weiß sogar, dass Chair Chana ein moderner Stadtteil Kabuls ist, deine Familie ursprünglich aus Schamali stammt, dass sie Tadschiken sind, aber es interessiert mich auch etwas ganz anderes. Wie bist du eigentlich …«

»… hier gelandet? Vergiss es, Rudi, darüber will ich nicht reden.«

»Moment mal, junger Mann! Habe ich überhaupt was gesagt? Ich will nicht wissen, was dich zu uns in den Häfn gebracht hat, sondern wie du überhaupt in unser wunderschönes Land gekommen bist.«

»Ach so, entschuldige. Ich dachte schon, nun bin ich dran. An die Geschichte will ich wirklich nicht erinnert werden.«

»Wer von uns will das schon!?«, flüstert er, und ich traue mich nicht, ihm in die Augen zu sehen.

»Tja, meine Ankunft ist noch gar nicht lange her. Es war letztes Jahr im März.«

»Letztes Jahr erst? Aus Deutschland, oder wie?«

»Aus Deutschland?«

»Wo du doch perfekt Deutsch sprichst und selbst den Vorarlberger verstehst.«

»Nein, aus Pakistan. Es war der 21. März 1993. Das weiß ich so genau, weil es in unserem Land der Neujahrstag ist. Allerdings konnte ich mich in all der Aufregung nicht darum kümmern. Ich nahm es höchstens als glückliches Vorzeichen für ein neues Leben. Ich bin mit dem Flugzeug in Wien gelandet.«

»Nobel, nobel. Und da haben sie dich einfach so hereingelassen?«

»Na ja, so einfach war es nicht. ›Willcome an International Flughaven at Schwechat‹, hat die Stewardess in gebrochenem Deutsch gesagt. Mein Herz klopfte bis zum Hals. Eine halbe Stunde vorher hatte ich meinen falschen Pass und das Ticket in tausend kleine Stücke zerrissen, in die Toilette geworfen und den Spülknopf gedrückt.«

Rudi sieht mich erwartungsvoll an. Soll ich ihm wirklich alles erzählen? »Den Spülknopf? Und dann ohne Pass!? Wie ging es weiter?«

»Das Flugzeug dockte an, und alles war so, wie man es mir geschildert hatte. Ich irrte einige Stunden durch die vielen Gänge der Transferzone, beobachtete das Geschehen nach der Ankunft der Maschinen und achtete auf das Verhalten der Passagiere, die Richtung Passkontrolle gingen. Zum Glück landeten die Jets im Viertelstundentakt. Laufend starrte ich durch die Fensterfront nach draußen. Da stand ein wahres Sammelsurium verschiedenster internationaler Fluggesellschaften. Für das weitere Vorgehen war es wichtig, dass ich keinem bestimmten Flug mehr zuzuordnen war. Am Terminal stand die verdammte DC 10 der Malaysia Airlines. Der Koloss machte mich ganz nervös. Er sah aus, als wollte er jedem verraten, dass ich genau mit diesem Flieger angekommen war. Ich hatte Angst, dass meine wahre Flugroute ausfindig gemacht werden könnte und sie mich direkt wieder zurückschicken. Verstehst du?«

»Na ja, so ungefähr. Du hattest also keine gültigen Papiere!«

»Genau. Irgendwann nahm ich meinen gesamten Mut zusammen und ging zur Einreisekontrolle. ›Your passport, please!‹, sagte jemand. ›Ich habe keinen Pass!‹ Was sollte ich sonst schon antworten?«

»Und dann?«

»Der Beamte sagte im breitesten Wienerisch: ›Joo heasd, gibt's des aa?‹ Und ich antwortete: ›Ich bin afghanischer Flüchtling und ersuche um politisches Asyl!‹«

»Erzähl weiter!«

Die Neonröhren in unserer Zelle sind schon lange erloschen, und wir hocken neben unserer kleinen Nachtischlampe.

»Können da endlich amal mit den blöde Gschwaz aufhöra! I wet schlafa«, schallt es aus dem Bett des Vorarlbergers herüber.

»Ich kann den Kerl nicht leiden. Wird Zeit für seinen Umzug«, flüstert Rudi mir zu.

In der Nacht lassen die Erinnerungen an meine Ankunft in Österreich mich nicht schlafen. Am Flughafen musste ich mich zum ersten Mal als Flüchtling bekennen. Dieses Wort machte mir Angst. Es bedeutete, der Heimat den Rücken gekehrt zu haben, womöglich nie zurückzukehren, vertraute Gesichter und Orte nie wiederzusehen. Ja, ich war geflohen, hatte alles hinter mich gelassen, war ein großes Risiko eingegangen, suchte Schutz in Europa, aber würde ich auch bleiben dürfen?

Der Beamte damals machte mich nervös. Er schaltete sein Sprechfunkgerät ein und formulierte unverständliche Kürzel. Dann verstand ich die Mitteilung, soeben habe jemand einen Antrag auf Asyl gestellt. Mit mir sprach er nicht. Er schaute mich nur durchdringend an und machte ein knappes Zeichen, neben dem

Schalter stehen zu bleiben. Innerhalb weniger Minuten erschienen zwei kräftige Uniformierte, und ein schneller Wortwechsel setzte ein. Ich dachte an Yvonne und ihren Vater, die beide ganz ähnlich sprachen. Ich mochte die Wiener Mundart, aber in diesem Moment fehlte dem Reden der Männer der verspielte Unterton. Ich spürte, wie sich meine Kiefer zusammenpressten, und vermied jeden Blick auf meine zitternden Hände.

»Mitkumma!«, befahlen sie und nach einem kurzen Moment: »Do eine!« Sie brachten mich in ein Büro.

»Vaschdest du deitsch?«, fragte mich ein Beamter, der vor einem Schreibtisch mit Landkarten, Fluglisten und Uhren saß. Auf einer war die indische Zeit eingestellt. »Delhi« stand unter dem Zifferblatt.

»Ja, das meiste jedenfalls.«

»Wiaso?«

Hatte mein Interview bereits begonnen? Von meiner Studienzeit in der DDR würde ich ihnen erzählen. Das habe sicher keine Nachteile, eher im Gegenteil, hatte ich mir ausgemalt.

»Name?«

»Massud Mirsasada.«

»Wia? Schreib des auf, owa deitlech.« Einen kurzen Moment war ich unsicher, weil ich mir zwei Tage lang eingehämmert hatte, ganz anders zu heißen. Aber der Pass existierte nicht mehr. Ich war wieder Massud. Ich versuchte ruhig zu bleiben und nahm den Stift in die Hand.

»Gebuan? Waunn? Wann? Wo?« Und so ging es weiter, ohne dass sie mich fragten, warum ich mein Land verlassen, was ich Schlimmes erlebt hatte oder warum ich geflüchtet war.

»Und wohea kummst iedsd?«

»Aus Moskau.«

»Ahaa, Moskau, und fuahea?«

»Karachi in Pakistan.«

»Mia wissa söwa, wo Karatschi is. Von duatu kumman ollawen de Asylantn. Wo is es Ticket?«

»Das habe ich nicht mehr.«

»In Heisl owelossn, gö?«

»Wie bitte?«

»In der Toilette, gö?«

Der Beamte schickte seinen Kollegen in den Nebenraum, um eine aktuelle Flugliste zu holen. Er sah sie aufmerksam durch und fragte: »Wöche Flugnumma?«

»Weiß ich nicht mehr.«

»Waas a nimma, da oame Flüchtling. Waunn bist denn in Schwechat ohkumma, wannst di do no draun eainnan kannsst?«

»Vor einer ganzen Weile.«

»So wiad des nix mid uns zwaa. Geh zruck in' Transitraum und woat.«

Panik stieg in mir auf. Alles in mir pochte, bebte. Ich wusste nicht, wohin. Ich versuchte das Zittern zu bekämpfen, das meinen Körper durchfuhr. Sie schicken mich zurück, ging es mir durch den Kopf. Zurück, zurück!

»Heasd, hosd ned gheat? Do hint soist woatn.«

Seine Stimme war weit weg. Ich merkte, dass ich den Raum verließ, spürte, wie ich einen Fuß vor den anderen setzte – ganz langsam, mechanisch, wie ferngesteuert.

»Geht des ned schnölla!«, rief er mir nach.

Der Transitraum lag am Ende des Flures. Ein schmaler, zu allen Seiten hin verglaster Raum, der den Blick freigab auf einen Teil der darunter liegenden Abflughalle. Kinder liefen umher, Passanten schlenderten an offenen Läden vorbei. Hin und wieder bleiben sie stehen und betrachteten die Auslagen der Vitrinen: Uhren, Schmuck, Parfüm, Spirituosen. In einem Bistro sah ich Menschen, die aßen, tranken und rauchten. Mir war kalt. Ich wollte eine Zigarette. Ich setzte mich auf einen Plastikstuhl und schloss die Augen. Was, wenn es heute gar keinen Flug aus Moskau gegeben hatte? Aber Karim hatte es mir gesagt. Detailliert hatte er mir erklärt, was ich bei meinem Verhör sagen sollte. Er ist der Profi, beruhigte ich mich. Er hat schon so vielen bei der Flucht geholfen. Dann betraten einige Afrikaner den Raum. Vier Männer, viel jünger als ich. Schweigend gruppierten sie sich in einer Ecke. Sie senkten den Blick. Wir begrüßten uns nicht. Schweigend warteten wir, wie es weitergehen würde. Dann kam eine junge Beamtin auf mich zu.

»Heasd, kumm mit.«

»Wohin gehen wir?«

»Des wiasd scho sehgn.«

Es war nicht die Richtung zu den Terminals, so viel war klar. Aber es gab in diesem Labyrinth bestimmt viele Wege, die zu Malaysian Airlines führten. Am Ende einer Rolltreppe übergab sie mich an Uniformierte, denen sie gute Fahrt wünschte. Zumindest nicht guten Flug.

»Kumm, do ume. Tua weida. Mia hom ned ewich Zeid.«

Jetzt geht es nach Wien, dachte ich, als sie mich zu einem VW-Bus dirigierten, der vor dem Flughafengebäude stand. Geschafft, ich werde nicht zurückgeschickt. Mein Herz hüpfte vor Freude.

Wir fuhren durch dichten Verkehr auf einer Schnellstraße entlang. Ich fror erbärmlich und steckte meine kalten Hände unter die Achselhöhlen. Jeden Moment würden wir in Wien sein. Wie sauber die Straßen waren und wie neu die Autos! Alle fuhren in gerader Linie hintereinander, niemand hupte, es stank nicht nach Benzin, und Blinker leuchteten auf, bevor die Wagen ihre Spur wechselten. Ein roter Ferrari überholte uns. Der erste Ferrari meines Lebens, und er war viel schöner als auf den Fotos, die ich gesehen hatte.

Die Umgebung wurde merkwürdigerweise immer ländlicher, und nichts erinnerte mehr an eine europäische Metropole. Schließlich nahm ich meinen Mut zusammen und störte die beiden Beamten bei ihrem anregenden Gespräch.

»Entschuldigen Sie bitte, fahren wir nicht nach Wien?«

»Naa«, war die einzige Auskunft, die ich erhielt. Sie würden mich doch wohl nicht in ein Nachbarland bringen? Tschechoslowakei, Jugoslawien, was wusste ich wohin. Nach einer halben Stunde sah ich ein Ortsschild: »Traiskirchen«. Der Wagen bog von der Hauptstraße ab, und nach einer Weile nochmals in einen schmalen Abzweig. Ein gewaltiger Zaun tauchte auf, durchzogen von Gitterstäben. Dahinter sah man einen großen Garten mit riesigen Bäumen. In der Ferne standen Menschen vor einem kasernenartigen Gebäude. Ob dies ein Krankenhaus ist oder eine Quarantänestation außerhalb der Ortschaft? Ein massiges Stahltor öffnete sich, wir passierten einen Wachposten und fuhren auf das Gelände. Im Vorbeifahren entdeckte ich ein Schild: »Flüchtlingslager Traiskirchen«. Wir hielten vor einem Gebäude mit der Nummer siebzehn.

»Wos is? Kummsd mid oda wüsd do Wuazln schlogn?«, dröhnte einer der Beamten. Es waren die ersten Worte, die er an mich richtete.

Im Haus siebzehn befand sich die Anmeldung. Ein kleiner schmutziger Raum voller Menschen. Das Erste, was ich registrierte, war ein rostiger Eimer, der bis zur Hälfte mit einer bräunlichen Brühe gefüllt war. Bei näherer Betrachtung erkannte ich dessen Funktion und wurde mir schmerzlich meiner leeren Zigarettenpackung bewusst. Die letzte hatte ich im Flugzeug geraucht, kurz nach dem Start in Dubai. Es war laut. Alle redeten durcheinander. Ich hörte Menschen Serbokroatisch, Arabisch, Farsi und Kurdisch sprechen. Landsleute waren nicht zu entdecken. Dann wurde ich in einen hinteren Raum gerufen.

»Your name?«, fragte der Beamte, und ich sah im selben Moment die Papiere, die ich auf dem Flughafen ausgefüllt hatte.

»Meine Unterlagen mit Namen, Geburtsdatum und -ort liegen dort vor Ihnen.«

»Kaunnst du deitsch?«

»Ja, einigermaßen.«

»Name?«

»Ich sagte doch …«

»Name?«

Mir schossen Tränen in die Augen, ich verfluchte meine Lage. Ich kam mir so schwach vor. Die Müdigkeit raubte mir die Kraft, dieser allgegenwärtigen Ablehnung zu widerstehen. War ich nicht in Europa gelandet? Im zivilisierten Teil unserer Welt? Wusste hier denn niemand um das Schicksal meines Landes, um die Zerstörung und die Schlachtfelder? Hatten nicht unzählige österreichische Hilfsorganisationen in den pakistanischen Flüchtlingslagern gearbeitet und waren Zeugen der Tragödie gewesen? Hatte ich nicht für sie gedolmetscht und das Elend in deutsche Worte gefasst? Hatten sie denn nichts davon ihren Landsleuten in der Heimat mitgeteilt? Ist unser Leiden hier, bei diesen Beamten, noch nicht angekommen?

Endlich war die Prozedur mit der Aufforderung »untaschreib!« beendet. »Traiskirchen, den 21. 3. 1993« trug ich an der Stelle für das Datum ein und setzte meine Unterschrift daneben. Ein junger Mann in Zivil kam herein und bedeutete mir, ihm zu folgen. Er zeigte auf ein Zimmer, drückte mir einen Stapel Bettwäsche und Handtücher in den Arm und horchte auf, als ich »Danke« sagte. Über dieses Wort schien er sichtlich erfreut zu sein. Es sei schon einige Monate her, behauptete er, dass hier ein Neuankömmling Deutsch gesprochen habe. Der Mann lächelte zum Abschied, und ich dankte ihm innerlich dafür. Das Zimmer war voll gestellt mit vier Etagenbetten und acht Militärschränken. Es roch nach einer säuerlichen Mischung aus Schweiß, Essensresten, Rauch und Alkohol. Nachdem ich ein Laken über die mir zugewiesene Matratze gezogen hatte, fiel ich in einen tiefen Schlaf.

Ein junger Revolutionär

Immer mehr Menschen strömten nach Kabul. Seit den schweren Kämpfen in Herat hatten sich viele Flüchtlinge in der Hauptstadt angesiedelt. Massud entdeckte, dass Familie Askarsadeh, die neben dem Hamam wohnte, mindestens sieben »Heratis« aufgenommen hatte, darunter zwei Mädchen in Massuds Alter. Sie waren beide sehr hübsch, und er hätte sie gern aus der Nähe betrachtet, aber zur Schule wurden sie immer von ihren Brüdern begleitet. Ein junger Herati kam in Massuds Klasse, und alle machten sich über seinen unverkennbaren Dialekt lustig. Habib konnte ihn fast perfekt imitieren und hatte die Lacher auf seiner Seite. Als der Lehrer seine Veralberung bemerkte, wurde er sehr wütend und schickte Habib vor die Tür. Den Neuling begrüßte er mit einer ungewöhnlichen Ansprache.

»Willkommen in unserer Schule, Tarek. Wir alle freuen uns, dich als neuen Mitschüler zu begrüßen«, begann er, und Adschmal warf Massud fragende Blicke zu.

»Was ist denn in den gefahren?«, flüsterte Massud.

»Vielleicht kennt er den Burschen! Sein Neffe oder so«, mutmaßte Adschmal.

»Unsere Regierung hat viele Feinde«, fuhr der Lehrer fort. »Das Geschehen in Herat ist ein Beispiel für die Einmischung Amerikas und Irans in die Angelegenheiten Afghanistans. Sie versuchen unserem Land den Weg zu einer fortschrittlichen Gesellschaft abzuschneiden. Aber die Ziele der Aprilrevolution werden wie geplant und mit allen Kräften weiterverfolgt. Unsere tapferen Soldaten haben die feigen Banditen besiegt! Tareks Familie hat bei den Angriffen der Konterrevolutionäre ihr Haus verloren. In Kabul werden sie ein neues Leben beginnen.«

Amerikanische Banditen?, schoss es Massud durch den Kopf. Er musste Tarek unbedingt fragen, ob in Herat Amerikaner beteiligt gewesen waren. Er wunderte sich, dass der Vater und Onkel Nadschib nichts davon erzählt hatten. Oder wussten sie es etwa nicht? Sollte er es ihnen sagen?

Aber Tarek hatte weder Iraner noch Amerikaner gesehen. »Mit Spaten und Stöcken waren meine Onkel zum Basar gelaufen und hatten protestiert. Sie waren gegen die neue Regierung. Am Kandahar-Tor kamen plötzlich Panzer und haben …« Tareks Stimme brach ab.

»Was haben die Panzer gemacht?«, bohrte Massud.

»Sie sind über die Menschen gerollt.«

»Tot?«

Tarek nickte.

»Dann brannte es überall. Die Männer rannten zu den Gebäuden der Regierung und haben sie angezündet.«

»Und dann?«

»Kamen Flugzeuge und haben Bomben abgeworfen. Unser Haus wurde getroffen.«

»Oh! Alles zerstört?«

Wieder nickte Tarek.

»Ich glaube, du darfst nicht mit jedem darüber reden«, sagte Massud, »vielleicht ist es gefährlich.«

»Ich weiß.«

Nach dem Unterricht gingen Massud und Adschmal zum Treffen der Jugendorganisation. Für den Nachmittag war eine politische Veranstaltung angeordnet, die zweite innerhalb einer Woche, während die Proben der Musikgruppe ständig ausfielen. Schon länger hatten sie den blonden Raschid, ihren Musiklehrer, nicht mehr gesehen.

»Vielleicht ist er krank«, meinte Adschmal.

»Dann könnten sie es uns doch sagen, oder? So fällt die Gruppe einfach aus, es gibt keinen anderen Lehrer, und wir müssen ständig zu den langweiligen Bezirksversammlungen. Da stimmt doch was nicht.«

»Du meinst, er hat Ärger?«, fragte Adschmal überrascht.

»Was heißt Ärger?«

»Mit der Partei, meine ich.«

»Keine Ahnung, aber warum meldet er sich nicht? Vielleicht musste er abhauen.«

»Ins Ausland?«

»Kann doch sein. Aus unserer Nachbarschaft sind zwei Familien auf und davon.«

»Wir sollten uns mal umhören«, schlug Adschmal vor.

Da sie nicht wussten, wo Raschid wohnte, fragten sie bei der nächsten Bezirksversammlung nach ihm. Die anderen Gruppenleiter reagierten abweisend. Niemand wollte etwas über ihn gehört haben. Am Ende der Versammlung hatten sie die Hoffnung fast aufgegeben.

»He, ihr beiden«, sprach sie ein junger Mann beim Hinausgehen an. »Ihr seid doch in der Musikgruppe, nicht?«

»Richtig, aber die findet schon seit ein paar Wochen nicht mehr statt.«

»Ich weiß, und deshalb will ich mit euch reden. Ich bin euer neuer Lehrer. Mein Name ist Latif. Hab gehört, ihr seid begabte Musiker. Ab morgen treffen wir uns wieder regelmäßig. Und sagt den anderen Schülern Bescheid.«

»Und Raschid?«, fragten Adschmal und Massud wie aus einem Munde.

»Raschid? Den könnt ihr vergessen. Er ist ein Konterrevolutionär!«

»Was?«

»Er ist bei den Partschamis und hat die Ziele der Aprilrevolution verraten. Kurz bevor es herauskam, ist der Feigling verschwunden. Denkt nicht weiter drüber nach. Wir sehen uns dann morgen!«

Am ersten Jahrestag der Saur-Revolution, am 27. April 1979, regnete es Flugblätter vom Himmel. Kreisende Helikopter überschütteten Kabul mit Abertausenden von roten Zetteln, die im Wirbel der Rotorenblätter zu Boden flatterten. Sie waren mit den immer gleichen Parolen der Partei bedruckt. Mariam Mirsasada sammelte sie aus dem Garten auf und von der Terrasse und benutzte sie fortan zum Anfeuern des Backhauses.

An diesem Abend fuhr der Peugeot ihres Mannes erst sehr spät die Einfahrt hinauf.

»Wakil-dschan, salam! Gott sei Dank, dass du gekommen bist. Warum ist es so spät geworden? Die Ausgangssperre hat bereits begonnen.«

»Salam! Mariam-dschan, es ist etwas Furchtbares passiert. Dr. Gul ist verhaftet worden.«

»Verhaftet? Dr. Gul?«

»Mein Kollege, der schlanke Herr mit den eleganten Anzügen. Vom Institut für Wirtschaft. Er war ein paarmal hier«, sagte Wakil im Vorbeigehen, zog sich nicht einmal die Schuhe aus, nahm drei Stufen gleichzeitig und verschwand nach oben.

»Ich weiß, wen du meinst. Willst du nichts essen?«, rief Mariam ihm hinterher. »Ich bringe dir eine Kleinigkeit.«

»Nein, nein, nicht notwendig.«

»So warte doch, und trinke wenigstens einen Tee.«

Farid und Massud saßen vor dem Fernsehapparat und sahen den Vater am Wohnzimmer vorbei zu seinem Arbeitszimmer eilen. Schnell sprangen sie auf, doch ihr »Salam« blieb unbeantwortet.

»Was tust du da, Wakil? Warum wirfst du alles durcheinander?«, fragte Mutter mit dem Tablett in der Hand.

»Ich suche etwas. Bitte lass mich allein. Geh schlafen. Und schick die Jungen ins Bett. Das heißt – nein, sie sollen kurz herkommen.«

»Was ist, Vater?«, fragte Farid.

»Sollte euch jemand nach Dr. Gul fragen, dann sagt, ihr habt ihn zwei-, dreimal hier gesehen. Sonst wisst ihr nichts. Ihr habt nie mit ihm gesprochen. Habt ihr mich verstanden?«

»Ja. Was ist mit ihm?«, wollte Farid wissen.

»Nicht jetzt, geht in euer Zimmer.«

Mariam fand keinen Schlaf. Wach lag sie im Bett und hörte, wie ihr Mann mehrmals die Treppen hinunterschlich. Kurz vor Sonnenaufgang sah sie Rauch aus dem Backhaus im Garten aufsteigen. Im Waschbecken lag Asche. Sie rollte den Gebetsteppich aus, verneigte sich in Richtung Mekka und betete lange.

Beim Frühstück starrte Wakil mit geröteten Augen in den dampfenden Tee. »Sie haben ihn ins Pol-e-Tscharchi-Gefängnis gebracht. Jetzt kann man nur beten, dass sie ihn nicht zu Tode foltern oder hinrichten, wie so viele andere.«

Mariam schaute entsetzt auf und brach ihr Schweigen. »Wakil, was sagst du da? Bist du in die Sache verwickelt? Besteht Gefahr für dich? Warum haben sie ihn abgeholt? Es hat doch etwas mit Politik zu tun.«

»Keine Angst, Mariam-dschan. Mir wird nichts passieren. Dr. Gul haben sie mitgenommen, weil er großen Einfluss auf die Studenten hat. Er hat offen gegen die vielen sowjetischen Berater an der Universität gesprochen und sich durch seine Ansichten viele Feinde gemacht. Außerdem stammt sein Doktortitel aus Deutschland. Wir haben Verbindung mit der Universität Köln aufgenommen. Vielleicht können sie ihm helfen.«

»Die Deutschen? Was können die tun? Sie sind weit weg.«

»Wir müssen alles versuchen. Das Gefängnis hat international einen sehr schlechten Ruf. Es gibt zu viele Hinrichtungen ohne Prozess. Die Deutschen werden versuchen, Druck auszuüben.«

So offen hatte Wakil Mirsasada selten mit seiner Frau geredet, und im nächsten Moment bereute er, sie mit diesen Informationen belastet zu haben.

»Ich muss jetzt gehen. Mach dir keine Sorgen, Mariam, man kann mir nichts anhängen. Ich habe nichts gegen die Regierung unternommen.«

Fast jeden Abend hielt der Präsident eine Ansprache im Fernsehen. Taraki redete langatmig und schwer verständlich. Stets betonte er die unumstößliche Freundschaft mit der Sowjetunion und bedankte sich für die Hilfe des großen Bruders beim Aufbau einer fortschrittlichen Gesellschaft. Er wiederholte dies so oft, dass Roja und Wasime sich einen Spaß daraus machten, es nachzuplappern. Der Präsident berichtete von seiner jüngsten Reise nach Moskau. Dort habe ihm Leonid Breschnew persönlich zugesichert, dass das afghanische Volk in seinem gerechten Kampf mit der umfassenden und selbstlosen Zuwendung der Sowjetunion rechnen könne. Es war die Rede von technischer Hilfe und Unterstützung bei der Bildungsreform. Onkel Nadschib und der Vater regten sich furchtbar über den neuen Radiosender auf, der aus der sowjetischen Republik Tadschikistan sendete. Er konnte weithin empfangen werden und hatte seine Frequenz ganz nah beim Programm der BBC.

Über der Stadt tauchten immer häufiger sowjetische Transportflugzeuge auf. Massud und Habib saßen auf dem Dach, beobachteten die gewaltigen Maschinen und spekulierten darüber, was sich in den Kolossen befand. Sicher waren sie Teil des sowjetischen Hilfsprogramms, über das laufend berichtet wurde.

»Eines der Flugzeuge ist bestimmt mit Fernsehgeräten beladen«, mutmaßte Habib, »die tauchen doch jetzt überall auf. Wir bekommen auch bald einen.«

»Und Kühlschränke«, sagte Massud, dem erst kürzlich aufgefallen war, dass russische Fabrikate in großer Stückzahl bei einem Händler an der Einkaufsstraße standen.

»Und Radios.«

»Und Tonbänder.«

»Tonbänder?«, fragte Habib.

»Mein Vater hat erzählt, dass an der Universität ein Sprachlabor eingerichtet wird. Dort gibt es Tonbänder und Kopfhörer für die Studenten. Russische Lehrer bringen ihnen die Sprache bei.«

Noch am selben Abend wurde Massud klar, wie sehr sie sich in ihren Vermutungen geirrt hatten. Onkel Nadschib sprach von einhundert Panzern, einem Dutzend Kampfhubschraubern sowie Helikoptern für den Truppentransport, die sich in den gewaltigen Bäuchen der russischen Maschinen befanden. »Damit wollen sie die so genannten Konterrevolutionäre in Schach halten. Und wenn man sich die vielen Starts der Kampfjets anschaut, dann kann man sich vorstellen, wie es auf dem Lande aussieht. Der Widerstand tobt.«

»Und hier hat es in der letzten Woche wieder zwei Bombenanschläge in der Nähe der sowjetischen Botschaft gegeben«, fügte der Vater hinzu. »Mit ihrer so genannten glorreichen Revolution scheinen die Khalqis nicht so recht voranzukommen.«

»Sind ja auch meistens mit ihren Gegnern beschäftigt.«

»Was meinst du, wie es weitergeht?«

»Partschamis gibt es nur noch im Untergrund. Sie leben allesamt versteckt oder sind außer Landes. Innerhalb der Regierung wird es kaum Widerstand gegen Amin und seine Männer geben. Da regiert die Angst und nach außen die pure Gewalt«, erregte sich der Onkel. »Und die Gegenseite ist auch nicht besser. In den engen Gassen des Basars sind gestern zwei Handgranaten auf sowjetische Armeeberater geworfen worden. Sie waren sofort tot. Eine Strafaktion wird nicht lange auf sich warten lassen. Es wird immer brutaler.«

»Und nun kommt auch noch der Ramadan«, sagte der Vater, und Massud wunderte sich über diese Feststellung. Was hatte der heilige Monat mit den Kämpfen zu tun?

»Den Rebellen werden die vielen ungläubigen Berater ein Dorn im Auge sein«, pflichtete Onkel Nadschib ihm bei. »Ihre Führer sitzen zwar in Pakistan, aber sie kontrollieren den Widerstand. Es wird sicher ein gefährlicher Monat.«

Die Khalqis waren schlecht. So viel stand für Massud fest. Sie ließen Menschen verschwinden, die nichts Böses getan hatten. Von Herrn Popal fehlte jede Spur. Und nun war auch noch Raschid weg. Auf der anderen Seite standen die Rebellen. Sie töteten auf offener Straße sowjetische Berater und legten Bomben. Sie sprengten Stromleitungen in die Luft und mordeten im Namen des Islam. Auch das konnte nicht richtig sein. Im Grunde genommen sind die Ziele der Aprilrevolution vernünftig, überlegte Massud. Gerechtigkeit, Bildung und Fortschritt sollen nach Afghanistan gebracht werden. Aber dann haben die Khalqis einen Teil der Regierung einfach aus dem Land getrieben oder gar verhaften und ermorden lassen. Taraki und Amin sind die wahren Verräter, entschied er. Genau wie Raschid sollte ich für Gerechtigkeit und die eigentlichen Ziele der Revolution eintreten! Das ist die Lösung! Ich werde mich den Partschamis anschließen! Seine Gedanken wühlten ihn auf. Er machte die ganze Nacht kein Auge zu und malte sich aus, wie er zu den klugen Männern im Untergrund stieße. Sie würden ihn in Geheimnisse einweihen und gemeinsam mit ihm einen gerechten Kampf führen, um die wahren Ziele der Aprilrevolution durchzusetzen. Dafür wollte er sich einsetzen. Gegen die Khalqis und für die Partschamis. Massud konnte es kaum erwarten, mit Habib über seinen großen Plan zu sprechen.

Auf dem Schulweg hielt er es nicht mehr aus.

»Ich habe dir doch von dem blonden Raschid erzählt«, begann er.

»Dem Musiklehrer!?«

»Genau. Er ist verschwunden.«

»Und eure Musikgruppe?«

»Die macht jetzt ein anderer. Latif heißt der. Ich mag ihn nicht. Er meint, Raschid sei ein Verräter.«

»Verräter? Wo ist er abgeblieben?«

»Die Khalqis haben ihn verfolgt. Er ist ein Partschami. Jetzt arbeitet er im Untergrund.«

»Woher weißt du das?«

»Ich weiß es eben. Er ist ein überzeugter Partschami und kämpft für eine gerechte Sache.«

»Und was hast du damit zu tun?«

»Ich finde, so darf es nicht weitergehen. In der Jugendorganisation erzählen sie uns Quatsch. Die gesamte Leitung besteht aus Khalqis. Mir passt das alles nicht.«

»Wenn du mich fragst: Mir ist dieses ganze Theater egal. Ich geh da nur hin, wenn es unbedingt sein muss. Solltest dir nicht den Kopf zerbrechen.«

»Das sagst du so einfach. Und wenn sie Raschid ins Gefängnis stecken und foltern?«

»Daran kannst du auch nichts ändern.«

»Die Khalqis verraten die Ideale der Revolution.«

»Weißt du was? Wenn dich das alles so brennend interessiert, dann kannst du dich mal mit meinem Cousin treffen. Der kann dir weiterhelfen.«

»Was heißt weiterhelfen?«

»Na, der unterstützt die Partschamis. Genaues weiß ich aber nicht. Will ich auch gar nicht. Und dass du ja niemandem davon erzählst.«

Rasul war ein kräftiger junger Mann. Massud schätzte ihn auf Mitte zwanzig. Seine Erscheinung und der heimliche Treffpunkt in der Nähe des Busbahnhofes schüchterten ihn ein. Er war eine Stunde früher als nötig losgefahren, um ihn ja nicht zu verpassen.

»Und du interessierst dich für unsere Arbeit?«, fragte Rasul.

»Ja, genau.«

»Das freut mich. Hast du denn schon Erfahrung?«

»Äh, nein, das heißt: doch. Ich bin Mitglied in der Jugendorganisation, und es gefällt mir ganz und gar nicht, was die Khalqis da machen. Unseren Musiklehrer, Raschid, haben sie verfolgt. Er ist verschwunden. Raschid ist auch bei den Partschamis. Vielleicht kennst du ihn.«

»Wir geben uns alle falsche Namen.«

»Verstehe. Jedenfalls finde ich, dass die wahren Ziele der Aprilrevolution vernachlässigt werden. Den Khalqis geht es doch nur noch um ihre Macht und die Beseitigung ihrer Gegner.«

»Okay, okay. Wo wohnst du denn?«

»In Chair Chana.«

»Dort könnten wir sehr gut noch einige Leute gebrauchen. Aber so schnell geht das alles nicht.«

Rasul weihte ihn in einige Regeln der Untergrundarbeit ein. Dabei blickte er mehrfach über die Schultern und schlug schließlich einen Spaziergang durch die Stadt vor. Sie wechselten laufend die Straßenseite, und Rasul redete ununterbrochen. Die meisten Vorsichtsmaßnahmen konnte Massud zwar nachvollziehen, aber es irritierte ihn, dass er zunächst nur eine einzige Kontaktperson hatte, nämlich Rasul. »Um jedes Risiko zu vermeiden«, klärte dieser ihn auf. Massud könne sich einer konspirativen Partscham-Jugendgruppe anschließen, aber die anderen Mitglieder würde er nicht zu sehen bekommen. Die geheime Arbeit lief unter größter Diskretion ab, und Massud bekam den Eindruck, er müsse zunächst seine Gesinnung unter Beweis stellen. So hatte er sich seine politischen Aktivitäten nicht vorgestellt, aber in Anbetracht der gefährlichen Lage gab er sich mit seiner Rolle zufrieden.

Zum Abschied nannte Rasul ihm einen Treffpunkt für die folgende Woche.

In der Zeit darauf trafen sie sich meistens in der unmittelbaren Nachbarschaft. Bei ihren kurzen Begegnungen schärfte Rasul ihm jedes Mal ein, strengste Geheimhaltung zu wahren. Niemals dürfe er jemandem von seinem Kampf für die Partschamis erzählen. Das vierte Treffen begann wie die vorherigen mit einer Befragung. Rasul wollte wissen, welche Bücher Massud las, was er über die Aprilrevolution dachte und welcher Arbeit sein Vater nachging. Offenbar stellten ihn die Antworten zufrieden, denn er übergab Massud Propagandamaterial, das er möglichst schnell zu zwei Adressen bringen musste.

Nach einigen Wochen war offenbar die Zeit für neue Aufgaben gekommen.

»Traust du dich, eigenhändig Nachtbriefe zu plakatieren?«, fragte Rasul.

»Ja, natürlich, in unserer Nachbarschaft kenne ich jeden Winkel. Ich kann mich jederzeit verstecken.«

»Es muss nach Einbruch der Dunkelheit und vor der Ausgangssperre passieren.«

»Kein Problem.«

»Gut, dann bist du ab nächster Woche dran. Wir treffen uns am gewohnten Ort. Die Papiere, die ich dir dann gebe, verteilst du innerhalb von einer Woche in deinem Stadtteil. Alles klar?«

Die so genannten Nachtbriefe bestanden aus Aufrufen und Deklarationen, die allesamt das Vorgehen Tarakis, Amins und der gesamten Khalq-Fraktion anprangerten. Von Massenhinrichtungen im Pol-e-Tscharchi-Gefängnis war die Rede und vom Verrat an der Revolution. Die derzeitigen Führer, insbesondere Amin, seien CIA-Agenten, las Massud. Es verwirrte ihn zutiefst, dass nun auf allen Seiten amerikanische Agenten kämpften. Rasul würde ihn sicher für unwürdig halten, in der Gruppe mitzuarbeiten, wenn er nach etwas fragen würde, was außer ihm anscheinend jeder wusste.

Seine Aufgabe bestand darin, die Nachtbriefe an Hauswänden oder Mauern zu befestigen oder sie unter die Türen der Wohnungen und Geschäfte seines Viertels zu schieben.

Es fiel ihm schwer, mit niemandem über seine Aktivitäten zu reden. Und jedes Mal, bevor es losging, überkam ihn ein flaues Gefühl. Er hatte Angst, entdeckt zu werden. Umso schöner waren die Momente, wenn er alle Flugblätter verteilt hatte und sich auf den Rückweg machte. Ich lasse mich nicht einschüchtern, dachte er. Ich überwinde meine Furcht. Ich tue etwas für mein Land. Gern hätte er Habib als Verbündeten an seiner Seite gehabt. Doch der Freund entzog sich jeder politischen Debatte. Er redete über Mädchen, Zigaretten und die neuesten Kinofilme. Trotzdem trafen sich die beiden nach wie vor häufig.

Zu Habibs sechzehntem Geburtstag war Massud eine Überraschung eingefallen. Am Abend zuvor hatte er heimlich ein wenig Whiskey aus der Flasche des Vaters abgefüllt, um mit seinem Freund anzustoßen. Habib roch begeistert an dem starken Getränk und schaute Massud dankbar an.

»In Amerika machen das alle so. Zum Geburtstag trinkt man Whiskey«, klärte Massud ihn auf. »Happy birthday, my friend.«

»Happy birthday! Ach Quatsch, was sag ich da? Thank you!«, verbesserte sich Habib, und beide prusteten los. »Hast du das schon mal getrunken?«

»Nein, aber Farid. Heimlich natürlich. Mein Vater hat ihn aber erwischt.«

»Wirklich? Und was hat er gemacht?«

»Mit ihm zusammen ein Glas getrunken und ihm erzählt, wie man mit Alkohol umgeht.«

»Das ist ja unglaublich«, sagte Habib erstaunt. »Mein Vater würde mich umbringen.«

Massud schenkte zwei Gläser voll.

»›Cheers!‹, sagt man dort.«

»›Salamati!‹, sagt man hier. – Nun trink schon«, drängte Habib.

»Beide gleichzeitig! Auf drei! Eins, zwei, drei!«

»Pah, ist das eklig.« Habib schüttelte sich.

»Mein Bauch brennt wie Feuer. Wasser!«

»Los, jeder noch einen Schluck, dann haben wir es geschafft. Mal abwarten, was passiert.«

Bis auf ein schwaches Schwindelgefühl geschah nichts, und die Freunde waren sich einig, dass zwei Schlucke offenbar nicht ausreichten, um eine durchgreifende Wirkung herbeizuführen. Beim nächsten Mal wollten sie die Dosis erhöhen.

»Komm mit, ich zeig dir was«, sagte Habib. »Lass uns in die Schulbibliothek gehen.«

»Was willst du denn da?«

»Da treffen wir um diese Zeit jemanden.«

Unwillig folgte Massud seinem Freund, denn er konnte sich

nicht vorstellen, dass es am späten Nachmittag etwas Aufregendes in der Schulbibliothek zu erleben gab.

»Dort hinten, der Junge da, siehst du ihn?«, fragte Habib, als sie den kleinen Saal erreicht hatten.

»Den Kleinen da?«

»Ja, schau ihn dir an!«

»Was soll das? Was ist mit ihm?«

»Er ist hübsch.«

Der Junge drehte sich ihnen zu, nickte und zeigte ein schönes Lächeln. Er hatte auffallend dichte, lange Wimpern und wohl geformte Augenbrauen. Mit bewundernswerter Geschmeidigkeit strich er an den Regalen entlang. Er weckte in Massud lang vergessene Erinnerungen. Ganz sicher hatte er diesen Jungen noch nie zuvor gesehen, Gesichter vergaß er nicht. Aber an wen erinnerte er ihn nur?

»Geh, Massud, sprich mit ihm. Er wartet auf dich.«

Mit diesen Worten wollte Habib verschwinden, doch Massud hielt ihn am Ärmel seines Hemdes fest.

»Genau das werde ich nicht. Damit will ich nichts zu tun haben. Was fällt dir überhaupt ein? Hast du etwa …? Ich meine … mit ihm?«

»Und wenn schon, was ist dabei? Machen doch viele, das mit den Jungen. Probier es einfach aus.«

»Nein, niemals. Lass mich in Ruhe. Ich verschwinde jetzt, und hör bloß auf mit diesen Geschichten.«

Massud ging angewidert zur Tür und sah aus den Augenwinkeln, wie Habib mit dem Jungen durch einen Hinterausgang verschwand. Dieser Weg führte zu einem unübersichtlichen Gelände mit alten Bauruinen, das wusste er. Sein Herz klopfte vor Scham und Aufregung, er fühlte sich wie ein Betrüger, doch er gab dem Verlangen nach, den beiden zu folgen. Er sah, wie sie einen alten Torbogen durchquerten, eine verrottete Holztür zur Seite schoben und hinter einem Mauervorsprung verschwanden. Massud schlich sich von der anderen Seite heran. Geräuschlos erreichte er einen Schutthaufen, hinter dem er sich versteckte. Angestrengt lauschte er ihren Stimmen und verstand jedes Wort. Plötzlich erinnerte er sich wieder. Vor vielen Jahren, da hatte er einen ähnlichen Jungen gesehen. Doch war jener in ein farbenprächtiges Kostüm gekleidet, ein rotes mit goldenen Stickereien. Aus langen und weiten Ärmeln hatten die porzellanfarbenen Hände des Jungen hervorgeschaut. Es war in Qalai Mirsa Khan gewesen.

»Wo warst du die ganze Zeit?«, hörte Massud den Jungen fragen. »Hab dich lange nicht mehr gesehen.«

»Ich hatte zu tun.«

Der Junge setzte sich neben Habib auf den Boden, rückte ganz nah an ihn heran, sodass sich ihre Schenkel berührten. Dann strichen seine feingliedrigen Finger über Habibs Bein.

»Mach deine Hose auf, Faruk«, befahl Habib, und der Junge zögerte keine Sekunde.

Was hat er vor? Will er etwa ...? Hier? Massud war wie gelähmt. Tatsächlich, auch Habib öffnete seinen Reißverschluss. Faruk nahm Habibs Hand, führte sie zu seinem Knie, schlug mit Eleganz ein Bein über das andere und schob seine Hand an die Rückseite seines Schenkels und dann ein Stück hinauf. Alles Weitere geschah wie von selbst und wirkte wie ein eingeübtes Spiel. Habib ließ seine Hose hinabgleiten. Sein Penis war steif und groß. Mit einer groben Handbewegung schob er den Jungen herum und zerrte an seiner Hose, bis er sie ganz heruntergezogen hatte. Dann drängte er sich an ihn. Faruk streckte sich ihm entgegen und wiegte seinen Körper aufreizend hin und her. Habib konnte nun offenbar nicht mehr an sich halten. Immer enger drängte er sich an Faruk und stieß mit seinem Becken gegen dessen blanken Hintern. Dabei stöhnte er. Dann war es vorbei. Schnell zog Habib seine Hose hoch, drehte sich um und ging.

»Bis morgen, wenn du willst«, rief der Junge ihm hinterher.

Massud spürte Abscheu und war zugleich erregt. Der Junge damals hatte getanzt, fiel ihm jetzt ein. Und er war zart und jünger als dieser Faruk gewesen. Trommeln spielten auf an einem warmen Sommerabend, der Innenhof in der Qalai Mirsa Khan war voller Männer, die im Kreis unter dem Walnussbaum saßen. Anscheinend besaß er magische Kräfte, die es ihm erlaubten, mit den Männern zu spielen. Allein der Aufschlag seiner geschminkten Lider forderte ihr Klatschen heraus. Sein Gang führte ihn tänzelnd an den Schaulustigen vorüber, und jeder Schritt wurde begleitet vom lockenden Klang seiner Fußglöckchen. Als er zu einem Lied anhob, war es die Stimme einer Frau, die durch den Hof klang und jedes andere Geräusch zum Verstummen brachte. Nach einer Weile stimmte ein Harmonium ein, und Trommeln gaben einen ausgelassenen Rhythmus vor, der die Männer zu lautstarken Bemerkungen über die Schönheit des Knaben ermunterte. Der Jüngling schwang seine Hüften, und das Klatschen und Johlen wurden lauter. Es muss ein besonderer Feiertag gewesen sein. Als der große Vorhang am Ende des Hofes beiseite gezogen wurde, hatten unsichtbare Hände bereits ein festliches Dastarchan gedeckt. Den Musikern wurde eine Pause gegönnt, und duftende Köstlichkeiten machten dem Gastgeber alle Ehre. Der Junge setzte sich neben einen Hünen, dessen Bart im Schein der Fackeln silbern leuchtete. Der Alte reichte ihm ein Stück Fleisch und legte ihm dann eine Hand um die schmalen Schultern. Später hatte Massud die beiden auf einem Pferd davonreiten sehen.

Im Traum vermischten sich die Bilder. Faruk trägt das farbenprächtige Kleid, und Habib führt ein Pferd. Der Junge hält ihn fest umschlungen, dann entdeckt er Massud auf dem Dach der Festung und winkt ihn herbei. Plötzlich sitzt er hinter ihm auf dem Rücken des Schimmels. Massud umfasst seinen warmen Körper. Er hat lange Haare, wie ein Mädchen, und lockt ihn mit den aufreizenden Bewegungen seiner Hüften. »Ich bin dein Batsche beriesch, dein bartloser Knabe«, flüstert er ihm ins Ohr. Als Massud sich ganz nah an das schillernde Kleid drückt, kratzen ihn die Pailletten. Er erwachte. Sein Schoss war feucht. Er sehnte in seiner Verwirrung den Morgen herbei. Dankbar sah er die Sonne aufgehen und machte sich zeitig auf den Weg zur Schule. Unterwegs klopfte er an Habibs Haustür.

»Salam alaikum, Herr Dost. Wie geht es Ihnen? Ich möchte Habib abholen.«

»Ich komme schon«, hörte er seinen Freund rufen, und sogleich verabschiedete er sich von seinem Vater.

»Was ist los? Warum kommst du so früh?«

»Triffst du diesen Jungen öfter?«

»Welchen Jungen?«

»Diesen Faruk?«

»Oh, du kennst seinen Namen. Findest den Kerl wohl hübsch, was?«

»Hör auf mit so was. Das ist widerlich.«

»Was weißt du denn? Widerlich ist, was er mit sich machen lässt, dieser Harami-Bastard. Er lässt Männer an sich ran, ich nicht. Und er findet es auch noch toll. Er ist ganz wild darauf.«

»Aber wenn er jemandem etwas davon erzählt.«

»Und wenn schon. Er ist bloß ein Kuni, der mit seinem Hintern wackelt. Wer wird auf sein Gerede hören? Willst du ihn treffen?«

»Nein. Ich will nichts damit zu tun haben!«

»Meine Güte, du tust gerade so, als würdest du zum ersten Mal in deinem Leben davon hören. Oben in den Bergen machen das doch alle.«

»Ich will lieber ein Mädchen haben.«

»Wer will das nicht? Aber das gibt es wohl erst in der Hochzeitsnacht.«

Es war schon fast dunkel, als jemand laut an das Tor klopfte. Mariam Mirsasada stand mit Roja in der Küche, als ihr Mann die Treppe hinunterlief.

»Erwartest du jemanden, Wakil?«

»Nein.«

Farid und Massud folgten ihm.

»Wer ist da?«, rief er durch die Haustür.

»Asam und Jussef. Machen Sie auf, Onkel Wakil!«

»Wo kommt ihr denn jetzt her?«

»Salam alaikum«, grüßten die beiden und legten ihr Bündel im Flur ab. »Wir mussten aus Schamali fliehen«, sagte Jussef. »Das Militär hat eine Offensive gestartet. Entweder man ist für sie oder gegen sie. Dazwischen gibt es nichts mehr.«

»Was sagst du da? Ist euch was passiert? Wie geht es den anderen?«

»Es geht allen gut. Aber für uns war es besser, wegzugehen. Tscharikar gleicht einem Armeeposten. Überall Soldaten mit Kalaschnikow.«

»Der Reihe nach, bitte.«

»Die neue Schulleiterin ist ermordet worden. Die Leute sagen, sie war eine Kommunistin. Man hat sie ist auf offener Straße erschossen.«

»Um Gottes willen«, rief Mariam. »Erschossen?«

Die beiden nickten.

»Es hieß, sie habe im Unterricht den Kommunismus, die Revolution und die Befreiung der Frau gepriesen. Sie war eine echte Khalqi.«

»Die Banditen haben sie umgebracht. Vor aller Augen. Danach kam die Vergeltung.«

»Wie haben sie … wie konnte es dazu kommen?«

»Anfangs hatte niemand etwas gegen die Einrichtung weiterer Mädchenklassen. Nachdem die Schulbehörde eine strenge Geschlechtertrennung versprochen hatte, schickten viele Dörfler ihre Töchter zum Unterricht. Auch in entlegenen Tälern hat man nichts gegen Bildung. Im Gegenteil, die Leute freuen sich, dass endlich mal etwas für sie getan wird, auch für ihre Töchter. Sie rechnen sich einen finanziellen Gewinn aus, hoffen auf einen angesehenen Bräutigam. Aber diese Schulleiterin hat sich sehr unbeliebt gemacht.«

»Wer hat sie erschossen?«

»Man sagt, sie sei von Aufhetzern und Unruhestiftern hingerichtet worden. Angeblich hat einer der Landbesitzer im Tal ein paar junge Männer mit Waffen versorgt und gegen die neue Regierung aufgebracht.«

»Seitdem hält die Strafaktion der Armee an. Sie gehen äußerst brutal vor. Viele Verdächtige werden eingesperrt und gefoltert. Junge Männer sind ihres Lebens nicht mehr sicher.«

»Es klopfen verzweifelte Mütter an Großvaters Tor. Sie suchen nach ihren Söhnen, die von der Armee verschleppt worden sind. Sie denken, Großvater hat Kontakte nach Kabul. Aber was kann er schon für sie tun? Niemand ist mehr sicher.«

»Und wie reagieren die Männer im Tal?«

»Einige beteiligen sich an Angriffen auf Militärstützpunkte und Entführungen von Beamten. Junge Männer bilden kleine Einheiten, berufen sich auf den Islam und greifen zu den Waffen.«

»Aber gute Moslems töten keine Unschuldigen! Wie konnten sie die Frau ermorden, diese Lehrerin?«, erregte sich die Mutter.

Asam schüttelte fragend den Kopf.

»Die neue Kriegerkaste bekommt Geld von wohlhabenden Khans, die gegen die Verstaatlichungspläne der Regierung sind. Und von den Angehörigen ihrer Geiseln. Alle, denen Sympathie zur Regierung nachgesagt wird, sind in Gefahr. Wo Vermögen vorhanden ist, erpressen sie ganze Familien und legen den Erlös in Kalaschnikows an. Weiter im Norden ist es noch viel schlimmer als hier«, sagte er schließlich. »In der Qala ist kaum Geld zu holen. Und die zehn Tagelöhner aus dem Vorderhaus sind vertrauenswürdige Leute.«

Großvater und alle anderen in der Qala sind in großer Gefahr, schoss es Massud durch den Kopf. Sicher wissen diese verdammten Konterrevolutionäre, dass sogar Armeeoffiziere und viele Beamte zum weiteren Kreis der Angehörigen zählen.

»Die neuen Gruppen rekrutieren ihre Anhänger erstaunlich schnell«, setzte Jussef seine Erzählung fort. »Sie nennen sich Mudschahedin, Krieger Gottes. Wo bisher allein das Wort des Mullahs oder der Khans Gültigkeit hatte, übernehmen sie die Macht. Ihre Schlagkraft reicht nun schon so weit, dass die Armee sich fast vollständig zurückgezogen hat. Bis nach Tscharikar gibt es nur noch einen einzigen bewachten Posten.«

»Der Staat regiert nur noch in den Kleinstädten. Unser Tal ist sich selbst überlassen«, ergänzte Asam. »Dabei müsste die Regierung doch ein besonderes Interesse an unserer fruchtbaren Erde haben. Sie ist zu schwach und weiß nicht, was sie will.«

»Ihre Ideale kommen aus russischen Büchern und haben nichts mit unserem geliebten Land zu tun«, hörte Massud seinen Vater sagen. »Es ist ein Jammer.«

»Und deshalb sind wir in die Stadt gekommen.«

»Was ist mit den anderen? Euren Vätern und Brüdern?«

Schweigend schauten die beiden ins Leere.

»Mein Bruder ist bei den Rebellen. Er ist ins Pandjschir-Tal gegangen«, sagte Jussef. »Unserem Vater wird nichts geschehen. Einen Tierarzt brauchen alle Seiten, behauptet er immer. Und den anderen geht es gut.«

»Salim bei den Rebellen? Der lustige Bursche? Und was ist mit den anderen Jungen?«

»Meine Brüder sind ja noch zu jung«, sagte Asam, »und Vater würde die Felder nie im Stich lassen. Er bleibt in der Qala.«

»Und ihr bleibt vorerst hier«, sagte ihr Onkel. »Am liebsten würde ich rausfahren zur Qala und die Großeltern abholen.«

»Der Weg ist versperrt«, sagte Jussef. »Wir haben zwei Tage gebraucht, um die Posten zu umgehen. Die Armee hält alle Männer für Rebellen, und die Rebellen halten alle für Khalqis. Da oben muss man Stellung beziehen!«

»Oder verschwinden«, fügte Asam hinzu.

Kaum hatten die Cousins im Zimmer von Massud und Farid ihr Lager aufgeschlagen, fielen sie in einen festen Tiefschlaf.

»Hast du gehört, Massud? Der Weg nach Qala Mirsa Khan ist versperrt«, flüsterte Farid.

»Das kann ich mir überhaupt nicht vorstellen. Heißt das etwa, wir können vorerst nicht nach Schamali?«

»Es sieht ganz danach aus. Hoffentlich hören die Kämpfe bald auf. Was ist nur mit unserem Cousin Salim los? Wieso geht er ins Pandjschir-Tal? Verstehst du das?«

»Dass er was gegen die Khalqis hat, ist klar. Wer hat das nicht!? Aber will er jetzt etwa im Namen des Islam kämpfen?«

»Mir ist das auch alles ein Rätsel. Dort oben in den Bergen gibt es vielleicht keine Alternative. Entweder für oder gegen die Regierung.«

Jussef und Asam lebten sich schnell in Kabul ein. Am Abend saßen sie gern vor dem Fernsehapparat, und am Wochenende begleiteten sie Massud ins Kino. Manchmal blieben sie einige Tage bei Onkel Nadschib und dann wieder bei Onkel Mahmud. Sie halfen ihm beim Anbau seines Hauses, und Jussef wollte später dort einziehen. Schon bald sollte er eine Tochter von Onkel Mahmud heiraten.

Als er an einem Nachmittag mit seinem Cousin aus dem Kino kam, nahm Massud seinen Mut zusammen und fragte Jussef nach einem lang zurückliegenden Ereignis.

»Was ist eigentlich aus dem Tanzjungen geworden?«, packte Massud das Thema ohne große Umschweife an.

»Tanzjunge?«, fragte Jussef verwirrt. »Was denn für ein Tanzjunge?«

»Der in der Qala bei Onkel Mochtars Hochzeit getanzt hat?«

»Auf Onkels Hochzeit? Aber das ist doch ewig her. Wie kommst du auf so was?«

»Ist schon gut, hat sich erledigt«, sagte Massud und ärgerte sich über seine eigene Neugier.

»Was interessiert der dich?«

»Überhaupt nicht. Fiel mir nur so ein.«

»Also, das muss damals der Junge von Qolam Mohammad gewesen sein. Der Bursche ist etwas älter als du. Meinst du den?«

»Ja, das kann sein, und dieser Qolam Mohammad ist ziemlich groß und hat einen weißen Bart, nicht wahr?«

»Haben die Alten doch fast alle, aber jetzt erinnere ich mich ganz deutlich. Ja, das war der kleine Faridun. Die Khalqis haben ihn neulich verhört.«

»Wen, den Tanzjungen? Wann? Wieso?«, wollte Massud wissen.

»Na ja, nun, du weißt schon, die Kommunisten haben so etwas doch jetzt verboten. Das mit den Jungen, meine ich. Faridun soll dem Offizier erzählt haben, dass Qolam Mohammad immer zwei Nächte bei ihm verbracht hat und nur eine Nacht bei seiner Frau.«

Jussef lachte ein verschmitztes Lächeln, und als Massud wissend nickte, fuhr der Cousin fort: »Die einen sagen, die Khalqis haben ihn auf eine Militärschule nach Masar geschickt, die anderen behaupten, er ist zurück in sein Dorf nach Badachschan. Aber das glaube ich nicht. So einer geht doch nicht zurück in sein Dorf. Hab auch reden gehört, dass er damals als Kind entführt worden sei, weil er so hübsch war. Aber wer weiß schon, ob das stimmt.«

»Und du meinst, die Khalqis helfen ihm?«

»Keine Ahnung. Qolam Mohammad hat sich jedenfalls keinen neuen Jungen geholt. Der ist vorsichtig geworden. Großvater hat sich neulich mächtig über ihn aufgeregt – solche Kerle seien nichts weiter als Lumpen und Waschlappen, würdelos und eine Schande für unser Volk.«

»Aber das Tanzen unter seinem Walnussbaum fand in Großvaters Garten statt. Dagegen hatte er ja nichts.«

»Nein, warum auch? Die Jungen machten doch immer die beste Stimmung. Wer soll nun bei den Hochzeiten tanzen? Die Frauen aus Kabul sind doch viel zu teuer. Aber jetzt steht ohnehin keine Hochzeit an. Und wer weiß schon, wie lange die Kommunisten mit ihren neumodischen Ideen das Sagen haben. Jetzt sind sie ja auch schon wieder aus dem Tal verschwunden.«

Rasul hatte für die Übergabe der Flugblätter einen neuen Treffpunkt bestimmt, der weit entfernt im Zentrum der Stadt lag. Mit dem Fahrrad würde es über eine Stunde dauern, dorthin zu kommen, aber Massud hielt sich an seine Anweisungen. Mehr denn je war er davon überzeugt, den richtigen Schritt getan zu haben, und machte sich mit gestärktem Elan an seine geheimen Aktivitäten. Die genannte Adresse war in der Nähe des Kabul-Flusses. Massud radelte durch den Schar-e-Nau-Park hin zu den Basarstraßen. So weit war er bisher noch nie mit dem Rad durch die Stadt gefahren, und viele Straßen kannte er nur von den Fahrten mit seinem Vater. Die rote Nationalflagge wehte provozierend vor allen öffentlichen Gebäuden. In dieser Gegend gab es einige Ministerien sowie ausländische Konsulate. Massud sah europäisch gekleidete Männer und Frauen. Sicher waren sie gebildet und kannten fremde Länder. Er beobachte das Auf und Ab der Passanten. Viele Menschen waren in diesen Nachmittagsstunden unterwegs. Unter einer Baumreihe boten Messerschärfer und Friseure ihre Dienste an. Ein Kunde nahm seinen gewundenen Turban vom Kopf und setzte sich auf einen kleinen Teppich zu Füßen des Barbiers, der sein Rasiermesser wetzte. Streng verhüllte Frauen kreuzten Massuds Weg. Unter dem engmaschigen Gitterwerk waren ihre Augen nicht zu erkennen. In feinstem Faltenwurf fiel der hellblaue und safranfarbene Stoff ihrer Tschadaris von den festen, am Kopf anliegenden Kappen über ihre schmalen Schultern bis auf den Boden. Zwei weiße Damenpumps lugten hervor, und Massud sah einen unbedeckten Knöchel.

Am Welajat-Basar verließ er die Hauptstraße und bog in eine der kleinen Gassen des belebten Marktes ein. Er stieg ab und schob sein Rad über den gestampften Lehmboden. Hier wurde mit Pelzmänteln, Edelsteinen, Lederwaren und Teppichen gehandelt. Vorbei an gestenreich feilschenden Männern schaute er fasziniert auf das Warenangebot und lauschte den Rufen der Händler. Ein usbekischer Pelzhändler lobte die Qualität seiner Karakulfelle und strich über die schwarze Wolle. Fast alle Männer trugen die traditionelle Kleidung mit knielangen Hemden und weiten Hosen. Massud musterte die Auslagen in den winzigen Unterständen, wo Händler Teekannen, Schuhe, Decken und Sitzkissen anboten. Ein alter Mann hockte auf dem Boden, schlürfte seinen Tee und zählte ein Bündel Afghani-Scheine durch. Aus einem Unterstand stieg Qualm auf, und schon roch Massud den Duft gegrillter Hammelspieße. Hinter den belebten Gassen wanden sich Wege hinauf in das Deh Afghanan, das afghanische Dorf. Die Häuser dieses alten Stadtteils schmiegen sich an die Hänge des Koh-e Asamayi. Die Dächer der unteren Häuser bilden die Zugangswege für die oberen. Auf den Terrassen sah man alte Männer in der milden Spätsommerwärme sitzen.

Massud erinnerte sich an seine wichtige Mission und setzte die Fahrt fort.

Im Kreisverkehr am Paschtunistan-Platz drängelten sich die verschiedensten Fahrzeuge. Der Lärm wirkte einschüchternd, besonders wenn das Hupen der Autos bei ihrer rasenden Hatz um das Denkmal in der Mitte des Platzes lautstark von quietschenden Reifen und aufheulenden Motoren untermalt wurde. Ein Militärjeep drängte Massud an den Straßenrand und streifte dann beinahe ein Fuhrwerk. Das Pferd scheute, und der alte Mann auf dem Bock hatte alle Mühe, es zu bezähmen. Stinkende Wolgas und Toyotas überholten Massud, der sich in der Enge des Kreisverkehrs vorsichtig, aber bestimmt seinen Platz erkämpfte. Am Khyber-Restaurant musste er den Abzweig zum Fluss nehmen. Im Vorbeifahren warf er einen Blick in das berühmte Lokal. Hier gingen Ausländer und Afghanen in moderner Kleidung essen und tranken in aller Öffentlichkeit Bier. Dort wollte auch er eines Tags lässig einen Drink ordern.

Endlich erreichte er den Darja-e Kabul, der um diese Jahreszeit nur mehr ein Rinnsal war und nicht im Geringsten an den reißenden Fluss erinnerte, der während der Schneeschmelze durch die Stadt rauschte. Massud dachte an Rasuls Angaben und suchte nach der genannten Adresse. Eine Art Sporttasche solle er mitbringen, hatte der ihm gesagt. Dann stand er vor dem Gebäude, das Rasul ihm perfekt beschrieben hatte. Unverkennbar stach das gemalte Werbeschild von der bröckelnden Fassade hervor. »Sportclub der schönen Körper«, stand unter der Abbildung eines Muskelprotzes. Massud starrte fasziniert auf die Malerei. Mit bloßen Händen riss ein Mann einem Tiger das klaffende Maul auseinander. Selbst die Krallen der Raubkatze, in panischer Wut ausgefahren, waren machtlos gegen die stählernen Oberschenkel des Supermannes. Das lange schwarze Haar des Helden wurde von einem Stirnband gehalten. Sein Gesicht verriet keine Anstrengung. Mit unbewegter Miene kämpfte er den Tiger zu Boden. Zaghaft nahm Massud die Treppe zur ersten Etage, wo er das Scheppern aneinander schlagender Eisen hörte. Er drückte gegen die angelehnte Tür und sah den Mann von der Abbildung. Bei genauerem Hinsehen allerdings war er doch nur dessen Double. Es roch nach Schweiß und Metall. Zahnräder wurden von Seilen in Bewegung gesetzt, und schwarze Scheiben fuhren in die Höhe. Massud blickte auf die Fotografie eines glänzenden Körpers, der vor einer amerikanischen Flagge posierte. Dann starrte er in einen großen Spiegel und sah sein erstauntes Gesicht.

»Suchst du jemanden?«, wurde er gefragt, und er erkannte Rasuls Stimme. »Was glotzt du so?«, zischelte er und dann, etwas lauter: »Sei gegrüßt, Mirwais, wie geht es dir?«

»Danke, sehr gut«, antwortete Massud. Ob er sich jemals an seinen falschen Namen gewöhnen würde?

»Okay, komm mit nach hinten. Warst noch nie in einem Sportclub, was?«

»Nein. Trainierst du hier?«

»Ja, aber nur selten. Ist eine gute Adresse für bestimmte Treffen, viele junge Männer, die stundenlang zusammenhocken. Du kommst übrigens zu spät. Das ist gar nicht gut.«

»Warum haben wir uns nicht wie sonst in Chair Chana getroffen? Der Weg hierher ist weit.«

»Da oben will ich mich momentan nicht blicken lassen. Zu viele Patrouillen. Du musst in nächster Zeit auch sehr gut aufpassen.«

Sie gingen in ein Hinterzimmer, und Rasul kramte einen einfachen Leinensack mit Flugblättern hervor, die Massud in seine Sporttasche steckte.

»Hast du schon von den neuesten Gerüchten gehört?«, fragte Rasul.

»Was denn?«

»Seitdem Taraki von einem Gipfeltreffen der blockfreien Staaten in Kuba zurückgekehrt ist, hat man ihn nur ein einziges Mal im Fernsehen gesehen. Ist doch merkwürdig, wo er sonst jeden Tag vor die Kamera trat.«

»Und was glaubst du?«

»Kann sein, dass Amin ihn aus dem Weg geschafft hat.«

»Wirklich?«

»Warten wir es ab. Ist alles sehr geheimnisvoll. Der ›Revolutionsführer‹ kann sich schließlich nicht einfach in Luft auflösen.«

»Dieser verdammte Amin. Er macht alles immer schlimmer.«

»Wenn ich etwas in Erfahrung bringe, gebe ich dir Bescheid.«

Die kurzen Treffen mit Rasul verwirrten Massud. Nie bekam er Klarheit über die Arbeit der Partschamis. Ihm wurden lediglich Flugblätter ausgehändigt, die er unter großer Gefahr verteilen musste. Woher sie kamen, wusste er nicht. Und genauso wenig konnte er abschätzen, wie stark die Untergrundorganisation überhaupt war. Angeblich beteiligten sich sogar Mädchen an den Aktionen, aber nie bekam er auch nur eines von ihnen zu sehen.

Die Heimfahrt aus der Innenstadt war anstrengend, und während er sich den Aufstieg nach Chair Chana erkämpfte, erinnerten ihn seine schmerzenden Beine an die Muskelmänner im Sportclub. Das Double des Tigermanns war kaum größer als er, aber doppelt so kräftig gebaut. Ob seine Muskeln auch eines Tages …? Massud rieb sich über die Oberlippe und fühlte seine spärlichen Barthaare, die er schon einige Male rasiert hatte. Habib hatte ihm erzählt, die Stoppeln würden dann kräftiger werden.

Endlich erreichte er sein Stadtviertel, aber ein Gefühl sagte ihm, dass es zu riskant war, an diesem Abend die Nachtbriefe zu verteilen. An der großen Kreuzung hatte er zahlreiche uniformierte Wachposten gesehen. Auch wenn deren Augenmerk vorwiegend erwachsenen Männern galt, die sich verdächtig verhielten, so konnte auch ein Jugendlicher wie er in ihre Fänge geraten. Überall suchte die Militärpolizei nach Deserteuren. Es hieß, dass die Aufgegriffenen ohne gültige Armeebefreiungspapiere geradewegs in entlegene Bergregionen geschickt wurden, wo sie gegen konterrevolutionäre Banditen kämpfen mussten.

Zu Hause suchte er nach einem geeigneten Versteck für die Zettel in seiner Tasche. Leise öffnete er das Tor – zum Glück war die Haustür geschlossen – und ging durch die Garage zum Backhaus im Hof. Obwohl die Mutter den kleinen Bau wegen der Stromausfälle wieder häufiger benutzte, würde sie sich bestimmt nicht für die vielen anderen Dinge interessieren, die dort lagerten.

Nachdem Massud eine Schaukel mit zerrissenem Seil beiseite gelegt hatte – er erinnerte sich an den glimpflich verlaufenen Sturz seiner Schwester Wasime –, entdeckte er den Stapel alter Zeitungen, der mit den Jahren zu einer stattlichen Höhe angewachsen war, überwiegend englischsprachige Ausgaben, die sein Vater aus aller Welt geschickt bekam. Dies war der richtige Ort für die Flugblätter. Massud hob ein verschnürtes Bündel an und wollte seine Papiere hinter den Zeitungsturm schieben, als plötzlich ein bunt bedrucktes Magazin zu Boden fiel. Es lag direkt vor seinen Füßen, und Massud erschrak beim Anblick einer blonden Frau, die mit weit geöffneten Lippen an einem rot lackierten Fingernagel lutschte. Ein Schal aus blauen Federn bedeckte notdürftig ihre gewaltige Oberweite. Seine Hände zitterten, als er nach dem Heft griff. Ohne nachzudenken, löste er den Knopf seiner Hose, schob sie herunter, während er auf eine Frau starrte, der man unter den Rock schauen konnte, weil sie auf einer Leiter stand. Der Rock war kurz, und sie trug nichts darunter. Dann sah er nur noch weit gespreizte Schenkel, die den Blick auf eine unbekannte Welt freigaben. Besinnungslos gab er sich der Erregung hin. Ihm wurde ein wenig schwindelig, und nur noch verschwommen nahm er das abflachende Pulsieren seines Gliedes wahr. Er öffnete die Augen, suchte nach einem Tuch und nahm schließlich einen der Nachtbriefe. Hastig wischte er über das weiße Rinnsal auf seinem Knie und dann über die Seite mit den unbegreiflichen Bildern. Nachdem er seine Hose hochgezogen hatte, blätterte er weiter. Er sah Brüste in allen Größen und Formen – wie reife Honigmelonen presste eine Frau sie zwischen ihre Oberarme –, sonderbare Kleidungsstücke und hochhackige, rote Lackschuhe. Er starrte auf weit geöffnete Beine und wusste, dass er dieses Bild für immer in seinem Kopf behalten würde. Und noch eines wusste er: Dieses Heft mit den aufregendsten Abbildungen, die er je gesehen hatte, würde er auf gar keinen Fall zurück auf den Zeitungsstapel legen. Er schob es in den Hosenbund und ließ sein weites Hemd locker über die Wölbung fallen.

Ein Hippie erinnert sich

Seitdem ich arbeite, vergeht die Zeit viel schneller. Die gestellten Aufgaben in der EDV-Abteilung erledige ich mit einem »gewissen Talent«, wie Kurtl immer behauptet. Am Computer wird mir nie langweilig. Wenn nur die Abende und Wochenenden nicht wären, könnte ich meine Strafe im Nu absitzen. Inzwischen habe ich einige Male den Gefängnispastor aufgesucht. Herr Heyland hat mir versprochen, sich um eine Geldüberweisung nach Pakistan zu kümmern. Am Nachmittag habe ich wieder einen Termin bei ihm.

»Guten Tag, Herr Mirsasada«, grüßt er mit einer Stimme, die jedes Kirchenschiff problemlos ausfüllen kann. »Wie läuft es im Betrieb?«

»Guten Tag, Herr Heyland.« Nie lassen die Europäer einem genug Zeit für eine angemessene Begrüßung. Immer beginnen sie sofort mit einem Thema. »Den Umständen entsprechend gut. Die Arbeit im Betrieb gefällt mir. Wenn es so weitergeht, werde ich noch ein richtiger Fachmann. Die Datenverarbeitung hat Zukunft.«

»Es freut mich, dass Sie an Ihre Zukunft denken. Das kann man leider nicht von allen Häftlingen behaupten. Wie klappt es mit den Kollegen und den Männern in der Zelle?«

»Gut, keine Probleme.«

»Sie bekommen überhaupt keinen Besuch, seitdem Sie bei uns sind. Möchten Sie darüber sprechen?«

»Es ist nicht einfach mit meinen Landsleuten. Sie haben immer ein offenes Ohr für Gerüchte und Spekulationen. Vielleicht denken meine Wiener Freunde, ich hätte sie betrogen und hintergangen. Ihnen muss es so vorkommen, als hätte ich ein Doppelleben geführt. Deshalb lässt sich wohl keiner blicken.«

»Haben Sie Briefkontakt?«

»Kaum. Wenn ich an die reißerischen Schlagzeilen und die furchtbaren Fotos in der Zeitung denke, dann kann ich sie sogar verstehen. Wie ein Verbrecher habe ich ausgesehen, unrasiert mit fettigen Haaren, und beim Verhör war ich geschlagen worden.«

»Geschlagen?«

»Eine endlose Nacht hatten zwei Beamte mich in die Mangel genommen. Der Gute brachte mir Kaffee und Zigaretten, und der Böse saß mir gegenüber …«

»Und dann?«

»Unterm Tisch hat er mich getreten, mit seinen spitzen Schuhen. Zuerst wirkte es wie unbeabsichtigt, dann wurde es immer heftiger.« Reflexartig ziehe ich meine Jeans ein Stück nach oben. Aus den verkrusteten Wunden sind inzwischen unzählige bräunliche Narben geworden.

»Tut mir Leid, was dort passiert ist.«

»Wissen Sie, was mich am meisten schockiert hat? In Afghanistan, Pakistan oder Iran, da erwartet ein Gefangener nichts anderes, aber ich dachte, ich sei in der zivilisierten westlichen Welt angekommen und hätte so etwas nicht mehr zu befürchten. Ich konnte es nicht glauben, dass ich am Ende jener Nacht nicht mehr auf meinen Beinen stehen konnte. Und dann kamen die Fotografen. Ich sah furchtbar aus.«

»Herr Mirsasada, ich habe Sie heute kommen lassen, weil ich eine gute Nachricht für Sie habe. Was Sie mir neulich über Ihre Familie erzählten, hat mich sehr beschäftigt. Und, um ehrlich zu sein, ich habe mich beim Flüchtlingskommissariat der Uno nach der Situation afghanischer Flüchtlinge in Pakistan erkundigt. Was ich dort erfahren habe, hört sich allerdings sehr tragisch an. Offenbar schaffen es die allerwenigsten, einen gesicherten Lebensunterhalt zu finden. Da Sie nun quasi als Geldquelle für Ihre Familie ausgeschieden sind und andere Angehörige, wie Sie sagten, nicht in der Lage sind, ausreichend zu verdienen, scheint es sich tatsächlich um eine Notlage zu handeln. Worauf ich hinauswill, Herr Mirsasada: Am letzten Sonntag habe ich in meiner Kirchengemeinde in der Stadt eine Kollekte zugunsten Ihrer Angehörigen durchgeführt.«

»Eine was?«

»Eine Sammlung nach dem Gottesdienst. Jeder hat dort die Möglichkeit, ein wenig Geld zu spenden.«

»Das haben Sie für mich getan? Herr Heyland, vielen Dank! Das ist sehr freundlich von Ihnen. Ich hatte ja keine Ahnung, dass …«

»Es ist nicht viel. Umgerechnet etwa zweihundert Dollar.«

»Aber das ist wunderbar. Ich weiß gar nicht, was ich sagen soll, Sie machen mich ganz sprachlos.«

»Fürs Erste wird es Ihrer Familie sicher helfen. Nun können Sie ja auch selbst wieder ein wenig schicken. Ich habe eine Ausnahmeregelung für Sie beantragt, damit weitere zwanzig Prozent Ihres Verdienstes nicht auf das Sperrkonto gehen. Das können Sie dann ebenfalls überweisen.«

»Sie hat der Himmel geschickt, Herr Heyland.«

»Ich habe gehört, unter Ihren wohlhabenden Glaubensbrüdern ist es üblich, einen Teil an die Bedürftigen weiterzugeben.«

»Es ist sogar eine religiöse Pflicht. Zehn Prozent seines Vermögens sollte ein gut situierter Moslem den Armen zur Verfügung stellen. Allerdings halten sich bei weitem nicht alle daran.«

»Ich habe sogar noch eine gute Nachricht. In Wien wird mein Sohn die Anweisungen nach Pakistan vornehmen. Die Transfergebühren in der Wechselstube am Naschmarkt sind wirklich die günstigsten. Sie müssten das Geld auf sein Konto überweisen, wenn Sie wollen.«

»Aber sicher. Das ist heute ja fast wie Weihnachten, so viele Überraschungen und Geschenke. Tausend Dank. Meine Familie und ich werden Ihre Hilfe niemals vergessen.«

»Der Dank gebührt der Kirchengemeinde. Einige Mitglieder beschäftigen sich nun intensiver mit dem Thema Flüchtlinge, auch in unserem Land. Die Probleme der Asylanten in Österreich sollte man auch nicht aus den Augen verlieren.«

Mit diesen Worten steht er auf und gibt mir damit das Zeichen, dass das Gespräch beendet ist, und ich gehe zurück an meinen Arbeitsplatz. In seiner Nähe fühle ich mich nie wie ein Häftling, und sein Büro wirkt wie eine Insel inmitten der vielen Gitter. Eine große Sorge ist mir genommen, und schon rechne ich Schillinge in Dollar um und versuche eine neue Finanzplanung. Wenn nun wieder Geld von mir angewiesen wird, denkt Mutter sicher, ich sei aus dem Gefängnis entlassen. Die Vorstellung eines Häftlings, der Geld verdienen kann und es auch noch um die halbe Welt schickt, dürfte allzu abwegig sein. Was Vater ihr wohl erzählen mag? Er öffnet meine Briefe und liest die geschönte Wahrheit. Ob er die Zeilen an sie weitergibt oder nur zusammenfasst, was ich schreibe? Und Wahid? Er hat mir erst einmal geschrieben, natürlich kein einziges Wort über meine Schande. Nur von der schwierigen Lage in Islamabad war die Rede, den üblichen finanziellen Problemen und seiner ständigen Suche nach

Arbeit. Wenn er doch nur ein wenig mehr Geschick als Marktverkäufer hätte. Er wird heiraten, hat er angedeutet, unsere Cousine Rita. Ein schönes Mädchen von achtzehn Jahren.

»Träumst du?«, fragt Kurtl wie aus heiterem Himmel. »Hat der Heyland dir von den Engeln vorgesungen, oder was ist mit dir los?«

»Alles okay. Ich hab nur nachgedacht.«

»Das hat man gemerkt. Es ist Feierabend, Massud. Kannst beim Hofgang weiterdenken. Wir sehen uns morgen.«

Draußen drehe ich meine Runden, nicke einigen Bekannten zu und genieße die Aussicht auf die baldige Geldüberweisung. Wie gut, dass es Menschen gibt, denen das Schicksal einer afghanischen Familie nicht gleichgültig ist. Versunken in meine Gedanken, merke ich doch, dass mich vom anderen Ende des Hofs der stille Herbert mustert. Er starrt mich so konzentriert an, dass ich es beim besten Willen nicht ignorieren kann. Herbert gehört zu den Typen, die sich niemals aufdrängen. Er ist eine Art Einsiedler, wie viele andere Mörder auch. Und mit einem Kurzsträfler wie mir wird er sich bestimmt nicht abgeben. Als er aufsteht und auf mich zukommt, bin ich vollkommen verblüfft.

»Du kommst doch aus Afghanistan, nicht wahr?«, spricht er mich an.

»Stimmt, wieso fragst du?«

»Ich war mal da.«

»Wo?«

»Na, in Herat, Kabul, Bamian, Dschalalabad und wie die Orte alle heißen. Ist lang her, zwanzig Jahre oder so, da warst du noch ein Knirps.«

»Wirklich? Du bist in Afghanistan gewesen? Warum? Wieso? Wann? Was hast du da gemacht?«

»Was ein Hippie ist, weißt ja wohl, oder?«

»Hippie? Na klar, lange Haare und bunte Kleider, nicht?«

»Genau die. Ich war damals mit 'ner Clique unterwegs, sechs Leute mit 'nem alten Mercedesbus. Direkt von Wien aus, den Autoput runter, dann Istanbul, Ankara, Teheran, Maschad und weiter nach Afghanistan. Gleich an der Grenze standen sie an der Straße, direkt neben den Zöllnern, und haben das Zeug verkauft.«

»Hasch?«

»Und was für ein Zeug! Wahnsinn, sage ich dir. Kiloweise haben sie es dir gleich an der Grenze vor die Nase gehalten. Ich sag dir, das beste Dope auf Erden. Aber kennst ja wohl selber. Daneben standen die Zöllner und sagten was von ›Welcome in our beautiful Afghanistan‹. Von da an war ich nur noch drauf. Dann sind wir nach Herat. Unglaublich. Die Männer alle mit Turban, Pferde mit bunten Trotteln in der Mähne, das weiß ich noch ganz genau, und Kutschen, Autos gab's nicht viele. Ich seh das heut noch vor mir. Das war der Orient, ein Traum, und dann dieses verdammt gute Zeug zum Kiffen.«

»Warum seid ihr ausgerechnet nach Afghanistan gefahren?«

»Sag ich doch, wir waren Hippies. Alle sind damals auf den Trip gegangen, oder jedenfalls sehr viele. Alle wollten nach Kabul und weiter nach Indien. Tausende hingen da rum.«

»Tausende? In Kabul, meinst du?«

»Ja doch, die Chicken Street kennste aber, oder? Da war unser Treffpunkt, da konntest du alles kriegen. Und in den Hotels, Sigis, Greens und so, da hingen die Freaks rum. Manche haben auch gebettelt. Ich hatte ein bisschen Geld und hab dann mit Schmuggel was dazuverdient. Ich kannte eine Deutsche mit Kind. Dem Kleinen haben wir das Zeug in die Windeln gesteckt. So sind die beiden nach Amsterdam geflogen. Hat damals alles gut geklappt. Da waren die Zöllner noch richtig naiv. Ich weiß noch, dass ›Hasch‹ ›tschars‹ heißt und ›Geld‹ ›paisa‹, und noch so 'n paar andere Worte.«

»Wow, du kannst echt Afghanisch, nicht schlecht. Hat es dir dort gefallen?«

»Gefallen? Das war ein einziger Trip. Außerdem hatte ich kurz vor der Tour mit dem Drücken angefangen. Für einen halben Dollar hast du da 'ne ganze Tagesration gekriegt. Du sitzt wegen ›H‹ hier, was?«

»Eytsch, wenn ich das Wort schon höre, was geht dich das überhaupt an? Hör auf mit der Fragerei, ich will darüber nicht reden. Ich war nie ein Dealer.«

»Ja, ja, alles klar. Wir sind alle was ganz anderes. Ich bin auch kein Mörder, hocke wegen nichts seit fünfzehn Jahren hier und mach den Rundlauf.«

Herbert bleibt schweigend neben mir sitzen. Er scheint zu träumen, zieht kräftig an seiner selbst gedrehten Zigarette und streicht sich seine wenigen Haare aus dem Gesicht. Es waren einst lange blonde Locken, und er hatte der Spitznamen »Engel«, wie Rudi zu berichten weiß, doch nun gibt es nur noch einen spärlichen grauen Wuchs, der wie ein ausgefranster Kranz über seine Schultern fällt. Dazu trägt er Koteletten und wirkt mit seinem selbst gestrickten Pullover und der weiten Cordjeans, als lebe er noch immer in den siebziger Jahren. Ich höre oft, wie die anderen Häftlinge sich über Herberts Erscheinung lustig machen. »Herbert, brauchst Geld für ’ne Frisöse?«, rufen sie ihm nach. Es gibt sogar ernsthafte Pläne, ihm des Nachts die klägliche Mähne abzuschneiden. Dieser Mann hat Afghanistan mit eigenen Augen gesehen, ist durch die Straßen Kabuls gegangen und hat die gleiche frische Luft vom Hindukusch geatmet wie ich.

»Kennst du auch Paghman, oberhalb von Kabul, und den Qargha-See?«

»Weiß nicht.«

»Ist ziemlich bekannt, ein beliebtes Ausflugsziel.«

»Kann sein. Wir hingen meistens in Schar-e Nau und beim Basar rum.«

»Den Dschade-Welajat-Basar kennst du?«

»Was weiß ich, meine Erinnerungen sind nicht mehr ganz scharf. Abends waren wir oft im Khyber-Restaurant. Da gab’s Bier.«

»Im Khyber? Am Paschtunistan-Platz?«

»Kann sein, nicht weit weg von diesem Palast.«

»Du meinst, bei der Arg, ja, die ist in der Nähe. An was kannst du dich sonst noch erinnern?«

»Alles kam mir damals wie eine andere Welt vor, das tiefste orientalische Mittelalter, vor allem die Kleidung der meisten Männer, diese langen Hemden, die weiten Hosen und ganz besonders die Turbane. Na ja, und die paar Frauen, die man zu sehen bekam, waren ja total verhüllt, Kopftuch, Schleier und so, alles zu, von Kopf bis Fuß.«

»Aber doch nicht alle.«

»Also, wenn du mich fragst, außer den Hippiefrauen hab ich nicht viele normal angezogene gesehen. Gab’s wohl auch, aber im Gedächtnis hab ich dieses komische Tuch mit dem Gitter überm Gesicht. Völlig krank so was. Wie Vogelscheuchen tapsten die rum. Konnten wohl auch nicht viel sehen unter diesem Sack. Und außerhalb von Kabul gab es sowieso nur Männer. Oder glaubst du etwa, in einem dieser Teehäuser, unterwegs, mein ich, wo wir immer gepennt haben, war jemals eine einheimische Frau? Wahnsinn. Ein Land ohne Frauen. Gesprochen hab ich mit keiner einzigen afghanischen Frau. Durfte man ja auch nicht. Die Moslems sperren ihre Frauen weg. Höchstens bei den Nomaden hast du mal welche ohne diesen seltsamen Umhang gesehen.«

»Bei meinen Schwestern, Tanten und Cousinen war es nicht so. Die haben europäische Kleidung getragen.«

»Mag sein. Ist ja auch egal. Neben den ganzen Drogen fand ich Bamian und die verschiedenfarbigen Seen am tollsten. Warst du mal in Bamian?«

»Bei den Buddhastatuen? Nein, leider nicht. Mein Vater war ein paarmal mit ausländischen Besuchern dort.«

»Das Bamiantal ist wunderschön, fruchtbar, grün, und dann diese irren Felsen mit den Höhlen. Und die Leute da waren auch total freundlich. Es war wie eine Welt außerhalb der bekannten Welt. Fernab von allem bisher Gesehenen. In Afghanistan war der wahre Orient, wie eine Kulisse, eine Bühne, und wir waren die unbeteiligten Zuschauer. Ich erinnere mich an einen Moment in der Wüste. Aus dem Nichts tauchte dieser smaragdfarbene See auf, und Kathi, meine Freundin, ging ans Ufer und hat sich einen Schuss gesetzt. Na ja, ist lange vorbei.«

»Erzähl bitte weiter.«

»Ich war mindestens drei Wochen im Bamiantal. Hab in einem kleinen Teehaus gelebt, und manchmal habe ich Streifzüge durch die Höhlen gemacht und versucht, mir vorzustellen, wie die Mönche vor tausend Jahren das alles in den Fels geschlagen haben. Da gab es viele Hippies. Wir haben abends über den Köpfen der Buddhas gesessen, ins Tal geschaut und Joints geraucht. Da war die Welt noch in Ordnung.«

Der Hofgang ist beendet, und Herbert muss in einen weit entfernten Trakt. Seine Erzählungen gehen mir den ganzen Abend nicht aus dem Kopf. Er war 1977 das letzte Mal in meiner Heimat. Damals war ich zwölf oder dreizehn und kann mich nur vage an bunt gekleidete und langhaarige Ausländer in Kabul erinnern. Unser Stadtteil liegt weit von der Chicken Street entfernt, die in Wirklichkeit Kutsch-e Morgha heißt. Erst später bin ich dort allein hingefahren. Fast scheint es mir, als habe er aus einem anderen Land berichtet; Hippiefrauen mit ärmellosen Kleidern, Haschisch rauchend und sogar ohne männliche Beschützer in der Nähe, in billigen Hotels hausend und ziellos durch die Straßen Kabuls wandelnd. Wieder denke ich an die Fotos aus den Nachrichtenmagazinen. Viele der Gassen, durch die Herbert geschlendert ist, existieren nicht mehr. Im Fernsehbericht hatten die lehmfarbenen Ruinen allenfalls Ähnlichkeit mit einer vor Jahrhunderten zerstörten Stadt, aber nicht mit dem vertrauten Ort meiner Vergangenheit.

Afghanistan: so weit fort und doch so nah. Manchmal erscheint vor meinen Augen die Qalai Mirsa Khan, und ich werde zu dem kleinen Jungen, der an das große Tor klopft. Im Sommer 1979 war ich zum letzten Mal dort. Danach war der Weg versperrt. Es gibt kein einziges Foto von der Qala, wie mir erst jetzt bewusst wird. Offenbar ist nie jemand auf die Idee gekommen, das Anwesen zu fotografieren. Was wird aus dem Gemäuer geworden sein? Könnte ich Vater jetzt nach den neuesten Gerüchten fragen, würde er sich wundern, wieso ich in einem europäischen Gefängnis an das Haus seines Großvaters denke. Zuletzt hieß es, und das war noch vor dem Abzug der Russen, eine Rakete habe die Längsseite mit dem Haupttor getroffen. Angeblich lebt Onkel Naims Frau mit einigen Kindern und Enkelkindern noch immer dort.

So viele Jahre sind vergangen, seitdem ich die Ferienzeit und manches Wochenende in Schamali verbrachte. Die Spiele und Streiche in der Festung gehören zu meinen liebsten Kindheitserinnerungen. Ein großer Spaß war das Erklettern der zwei Wachtürme. Großmutter rückte den Schlüssel nur selten heraus, und eigentlich hatte nur ich eine Chance, sie zu überreden, denn mich nannte sie ihren Liebling. Wenn wir dann die enge Wendeltreppe hinaufkletterten, fühlten wir uns wie Krieger aus vergangenen Zeiten. Die Türme ragten ein großes Stück über die acht Meter hohen Befestigungsmauern hinweg, und durch die Schießscharten konnte man über die Felder und in das Tal spähen. Manchmal spielten wir auch auf den Dächern der Wohntrakte und versuchten, die alles überragende Außenmauer zu erklimmen. Dort saßen wir so lange und schauten in die weite Welt, bis einer der Erwachsenen uns entdeckte und laut schimpfend hinunterjagte. Großvater fürchtete um den Schilfkranz, der unterhalb der Krone zum Schutz vor den rauen Winterstürmen angebracht war. Dann suchten wir uns ein Versteck, bis wir schließlich heimlich das schwere Tor öffneten und in eines der nahe gelegenen Dörfer verschwanden. Dort mussten Farid und ich uns vor den Kindern in Acht nehmen. Manches Mal ärgerten sie uns, indem sie uns als »Kabulis« bezeichneten. Sie machten sich über unseren städtischen Akzent und die ordentliche Kleidung lustig. Dass wir kaum etwas von Reiten, Viehzucht und Feldarbeit verstanden, traf bei der Dorfjugend auf keinerlei Gnade. Ich fand diese Hänseleien umso ungerechter, weil ich als Erstklässler in Kabul die gleichen Erfahrungen unter vertauschten Vorzeichen gemacht hatte. Dort wurde ich wegen meines Schamali-Akzents ausgelacht und einmal sogar als Bauer beschimpft. Manchmal wusste ich nicht, wohin ich eigentlich gehörte. »Du bist ein Afghane wie alle anderen auch!«, hatte Großmutter einmal gesagt, als sie mich vor Wut über die Sticheleien eines Dorfjungen weinen sah. Damals wollte ich unbedingt reiten lernen, doch Großvater fand selten die Zeit, es mir beizubringen, denn als Regierungsbeamter hielt er sich häufiger in Kabul und den Provinzstädten auf als in Qalai Mirsa Khan.

Die Erinnerungen geben mir Trost und lassen die gelblich-graue Zellendecke zum leuchtend blauen Himmel Afghanistans werden. Selbst Stimmen tauchen aus der tiefen Vergangenheit auf, Habibs Gekicher, wenn er eine »Zigreti« geraucht hatte. Unzählige Abende haben wir beim Friseur verbracht und sind erst kurz vor der Ausgangssperre nach Hause geeilt. Dort trafen sich die Musiker und jene, die Abwechslung im tristen Alltag einer umzingelten Stadt suchten. Momente des Frohsinns und Vergessens haben wir uns in dem kleinen Lädchen gegönnt.

Ich sollte Habib schreiben. Wie konnten wir nur den Kontakt verlieren? Aber niemals darf er erfahren, wo ich bin und was aus mir geworden ist. Nein, ich warte bis zu meiner Entlassung. Er lebt jetzt in Hamburg. Eines Tages werden wir uns wiedersehen.

Nie war die Vergangenheit mir so nah wie jetzt. Und nie hat die Erinnerung mir klarer gezeigt, woher ich komme, wer ich bin und welche Wendungen ein Leben nehmen kann. Immer deutlicher wird mir, wie schnell sich die Richtung ändern, wie schnell die Welt ein hartes und brutales Gesicht zeigen kann. Niemand hier wird sich das Leben in einer belagerten Stadt vorstellen können, die Willkür eines Terrorregimes, den zermürbenden Machtkampf, die nächtlichen Bombardements, die Angst. Ich muss mich den Gedanken allein stellen. Manch alte Bilder mögen vor meinem inneren Auge verblassen, während andere sich besonders scharf zeigen. Den Kampf gegen unerwünschte Erinnerungen verliere ich meistens und finde keinen Ausweg. Mir fehlt der Trost eines vertrauten Menschen. Es gibt keine Nähe, die mich vergessen lässt. Afghanistan und ich, meine

Heimat und meine Erinnerungen, meine Wurzeln und meine Bürde! Es erscheint mir absurd, dass ich erst in der Fremde hinter Gittern landen muss, ohne jeglichen Kontakt zu Landsleuten, um meine Heimat und mein Leben mit anderen Augen zu betrachten.

Der Krieg vor den Toren der Stadt

Die Invasion

Wakil Mirsasadas ausländische Kollegen feierten das Weihnachtsfest. Es waren nicht mehr viele im Land geblieben, aber jene, die es noch in Kabul hielt, überreichten ihm Geschenke für die Kinder. Im Salon schmückte die Mutter den Tisch mit einer festlichen Decke und platzierte die liebevoll verpackten Präsente. Dort mussten sie auf unbestimmte Zeit bleiben, denn allein der Vater wusste, wann der richtige Zeitpunkt zum Öffnen der Überraschungen gekommen war. Als Kind hatte Massud die Geschichten aus der Ferne, wo fliegende Rentiere und Weihnachtsmänner durch einen Kamin ins Haus kommen, in sich aufgesogen. Mittlerweile assistierte er seinem Vater, legte auf dessen Zeichen hin die Musikkassette mit den Weihnachtsliedern von Bing Crosby in den Recorder und freute sich an den aufgeregten Gesichtern seiner jüngeren Geschwister. Roja, Wasime, Wahid und Sahira schauten erwartungsvoll auf ihren Vater, der das Kommando zum Öffnen der Geschenke geben musste.

»Zuerst die Päckchen mit den blauen Schleifen. Die sind von einem deutschen Kollegen, der Kabul vor zwei Tagen verlassen hat.«

Fragend schauten die drei Kleinen zu Roja, damit sie den Anfang mache, doch die Älteste wusste nicht, was sie tun sollte, denn dies war nicht der übliche Einstieg in das Festprogramm.

»Merry Christmas!«, sagte der Vater endlich und strich Sahira über den Kopf. »Die kleine Schachtel ist für dich, Roja.«

Dann nahmen auch die Älteren ihre Geschenke entgegen, aber bei allem guten Willen, der Versuch, mit diesem Fest für ein paar Stunden dem tristen Alltag zu entkommen, misslang. Zu bedrohlich war das Donnern der Jets, die in immer kürzeren Abständen über die Stadt hinwegjagten. Hinzu kam der plötzlich anschwellende Lärm von Helikoptern, die wie hässliche Insekten über ihrem Viertel kreisten. Farid und den Vater hielt es nicht mehr im Salon, und sie eilten die Treppe hinauf, um einen Blick aus der Dachluke zu werfen.

»Da draußen fliegen mindestens fünf Hubschrauber und werfen Flugblätter ab«, rief Farid herunter, und Massud lief auf die Straße.

»Was steht da drauf?«, fragte der Vater, als er ihn mit einigen Blättern zurückkommen sah.

»Wenn es Alarm gibt, müssen wir in unseren Häusern bleiben, die Lichter ausschalten und alle Fenster mit Vorhängen bedecken!«

»Was? Zeig her!«

»Was hat das zu bedeuten, Wakil-dschan?«, fragte die Mutter.

»Besser, wir gehen hinein. Massud, schließ das Tor, und Mariam, zieh alle Vorhänge zu.«

Schon lange vor der Ausgangssperre bewegte sich niemand mehr auf der Straße, die Telefonleitungen waren tot, aber im Fernsehen lief das normale Programm. Mit keinem Wort wurden die massiven Aktivitäten im Luftraum über Kabul erwähnt. Als einer der endlos langen indischen Spielfilme begann, schienen wenigstens die Kleinen Ruhe zu finden. Eng an ihre Puppen aus Deutschland gekuschelt, schliefen Wasime und Sahira auf dem Teppich ein. Wahid hatte einen Teddybären bekommen, den er selbst im Schlaf ganz fest umschlungen hielt. Sie hörten nichts von dem Dröhnen der sowjetischen Transportflugzeuge, die nun im Fünfminutentakt die Stadt überflogen. Roja strich sich verstohlen über die Haarspange, die ihr der unbekannte Professor geschenkt hatte. Sie war mit Perlen verziert.

Am frühen Morgen des 27. Dezembers konnte auch der kalte Wind niemanden davon abhalten hinauszuspähen. Farid öffnete schon im Morgengrauen die Dachluke, aber er konnte nichts entdecken. Allein das ferne Dröhnen und Vibrieren war zu vernehmen, unablässig, schon seit gestern.

Wakil Mirsasada nahm einen Schluck Tee, zog sich hastig den Mantel über und verabschiedete sich. Massud suchte nach seiner warmen Jacke und murmelte etwas von einer Radtour zu Habib. Noch bevor er aus der Garage kam, stand Farid neben ihm.

»Warte, Massud, wir fahren zusammen.«

»Zu Habib?«

»Du willst doch ganz woanders hin.«

»Woher weißt du …? Ich meine … was meinst du?«

»Ich meine, wir sollten an den Stadtrand fahren. Wir schieben die Räder das letzte Stück den Hügel hinauf. Vielleicht kann man von oben etwas sehen.«

»Gute Idee.«

Viele Neugierige hatten den gleichen Einfall, und gemeinsam mit ihnen spähten sie in Richtung Norden, zur Salang-Straße. Die Menschen starrten ungläubig auf die Szenerie, die sich ihrem Blick offenbarte. In der Ferne wand sich ein seltsames Gebilde von gigantischen Ausmaßen, eine endlos scheinende Karawane. Grau hob sie sich vor dem Weiß der schneebedeckten Berge ab und wälzte sich, gefolgt von wirbelnden Staubwolken, auf Kabul zu. Doch schon bald wich dieses Bild den deutlichen Umrissen einer Panzerkolonne, und das Dröhnen der Ketten drang immer deutlicher herüber. Militärfahrzeuge folgten den Stahlkolossen und bildeten eine Formation. Weiter östlich vollzog sich das gleiche Schauspiel. Wie auf ein geheimes Kommando hin stoppten die Züge vor der Stadtgrenze. Soldaten sprangen aus den Fahrzeugen, schlugen Planen hoch und luden Lkws ab. Es waren Tausende junge Männer, und die Ohrenklappen ihrer gefütterten Mützen flatterten im kalten Wind. Blasse Gesichter setzten sich deutlich von dem Grün der Uniformen und Militärfahrzeuge ab. Die gewaltige Ansammlung sowjetischer Soldaten ließ die Passanten vor Angst erstarren.

»Das ist die Rote Armee«, rief ein Mann, der kurz darauf in seinen Wagen sprang und davonraste.

»Was geht hier vor?«, fragte Massud seinen Bruder.

»Ich habe keine Ahnung, aber es ist etwas Gewaltiges.«

»Wem gehorchen die? Gegen wen sind sie aufmarschiert?«

Die Menschen redeten durcheinander. Viele liefen den Hügel hinab zu ihren Wohngebieten, und andere starrten weiter neugierig in die Ebene, die mehr und mehr einem Heerlager glich.

»Wer gibt denen ihre Befehle?«, fragte jemand, »Wer hat sie gerufen?«, ein anderer.

Farid zog Massud am Arm, und sie lösten sich aus der Menge. So schnell wie möglich wollten sie nach Hause, um die Meldungen im Fernsehen oder Radio zu verfolgen. Aber alle Sender hatten ihr Programm ausgesetzt, selbst die BBC empfingen sie heute nicht.

Aus weiter Ferne waren Detonationen zu hören, und bei einem Blick vom Dach ließ sich zumindest erahnen, dass die Explosionen aus südlicher Richtung kamen, vielleicht sogar aus Darulaman, wo der Präsident erst kürzlich sein Quartier bezogen hatte. Dann wurde es gespenstisch ruhig.

Erst viele Stunden später ging das Radio wieder auf Sendung, und eine bekannte Stimme erklang. Es war Babrak Karmal, der Führer der Hesb-e Partscham.

»Karmal!«, rief Massud aufgeregt. »Karmal ist zurückgekommen!«

Wakil Mirsasada registrierte überrascht den Freudenausbruch seines Sohnes und stellte das Radio lauter. Klar und deutlich wandte sich Babrak Karmal an das Volk. In einer ausführlichen Rede verkündete er, der Tag der Freiheit und Wiedergeburt aller brüderlichen Völker Afghanistans sei gekommen. Die blutrünstige Foltermaschinerie Amins und seiner Spießgesellen sei bis zur letzten blutigen Schraube auseinander gefallen, betonte er. Die große Saur-Revolution, die sich nach dem unbeugsamen Willen des heldenhaften afghanischen Volkes sowie mit Unterstützung der revolutionären Armee Afghanistans vollziehe, sei in breiter Front mit allen nationalen und demokratischen Elementen und Kräften des Landes unter Führung der einheitlichen und geschlossenen Partei – der Demokratischen Volkspartei Afghanistans – in eine neue Etappe getreten.

»Amin ist tot!«, sagte Wakil, »sie haben diesen Schlächter liquidiert.«

»Freunde und Genossen«, erklang Karmals Stimme, »vorwärts unter dem Banner der großen Saur-Revolution auf dem Weg zur vollständigen Einheit aller nationalen und fortschrittlichen Kräfte, zum endgültigen Sieg der nationaldemokratischen, antifeudalen und antiimperialistischen Revolution, zur Schaffung eines neuen, stolzen, freien und unabhängigen Afghanistan! Zu welchen blutigen Mitteln die Feinde unserer Freiheit und Unabhängigkeit auch greifen mögen – unser Volk wird siegen!«

Am nächsten Tag stand ein junger Mann vor der Tür, den Massud nie zuvor gesehen hatte. Im Nu verschwand Farid mit ihm im Auto und murmelte nur, er wisse nicht, wann er zurückkomme. Wenig später klopfte es erneut, und Massud war überrascht, als er Rasul vor sich sah. Schnell schob er ihn in die Garage und flüsterte: »Salam, Rasul. Was tust du hier?«

»Das fragst du noch? Mach dich fertig. Wir gehen zur Generalversammlung der Parteimitglieder im zweiten Parteibezirk. Was guckst du mich so an? Du hast richtig gehört. Unsere Partei ist am Ruder. Karmal ist zurück. Jetzt haben wir Partschamis das Sagen.«

Es stimmte also doch. Genau so, wie Karmal es im Radio gesagt hatte. Er war zurückgekommen, und Amin war besiegt. Massud spürte einen mächtigen Stolz. Er stand auf der Seite der Gerechtigkeit und des Sieges. Auch mit seinem Einsatz war die brutale Herrschaft der Khalqis beendet worden.

»Nun mach schon«, drängte Rasul.

Auf den Straßen begegneten ihnen sowjetische Truppentransporter und Jeeps, und an den Kreuzungen waren Posten stationiert.

»Alles voll mit russischen Soldaten«, sagte Rasul, »sie sind uns zur Hilfe gekommen.«

Als sie das Bezirksbüro erreichten, ergriff Massud eine eigenartige Euphorie. Bis gestern durfte sich noch niemand als Partschami zu erkennen geben, und nun belagerten unzählige Anhänger das Gebäude. Waren das alles Mitglieder der verbotenen Partei, die nun die Macht erlangt hatte? Er entdeckte bekannte Gesichter aus der Schule und winkte ihnen zu. Jemand klopfte ihm auf die Schulter.

»Raschid? Du hier? Ich dachte, du bist …«

»Mir geht es wunderbar. Freut mich, dich hier zu sehen. Wie geht es Adschmal? Was macht die Musik?«

»Raschid, ich bin so froh, dass es dir gut geht. Seitdem du nicht mehr da warst, sind wir nur noch selten zur Musikgruppe gegangen. Wir haben uns Sorgen gemacht.«

»Bald geht es weiter. Wir sehen uns.«

Raschid verschwand in der Menge. An der Treppe standen ein paar Mädchen. Es gab sie also tatsächlich, die Aktivistinnen der Partschamis. Die Zukunft erschien Massud plötzlich so einfach. Dann sah er Farid. Er stand direkt an der Bühne, gleich vor dem Rednerpult. Und neben ihm der Junge von heute Morgen.

Massud löste sich von Rasul. »Ich komme gleich wieder«, sagte er und steuerte auf seinen Bruder zu. »Farid!?«

»Massud? Was tust du … Ich meine, du bist doch nicht …?«

»Ganz genau! Ich bin ein geheimes Mitglied. Und du etwa auch?«

»Ja, das bin ich. Aber seit wann …? Ich kann es nicht glauben.«

»Wir haben gesiegt«, sagte Massud und fiel Farid in die Arme.

»Mein kleiner Bruder. Seit wann bist du dabei?«

»Seit letzten Sommer.«

Plötzlich mussten die Brüder laut lachen.

»Unter einem Dach …«, prustete Farid los.

»… im selben Haus …«

»… und nichts gemerkt. Das nenne ich optimale Geheimhaltung.«

»Dafür haben wir einen Orden verdient!«

»Natürlich. Bei der nächsten Parteibezirksversammlung schlage ich dich vor, mein Kleiner.«

»Was heißt hier ›Kleiner‹?«

»Okay, ab heute nicht mehr. Und vorerst kein Wort zu Vater.«

Der Parteibezirksvorsitzende kam auf die Bühne und bat um Ruhe. Er wirkte schüchtern und suchte nach passenden Worten. Endlich hielt er eine kleine Ansprache, aber Massud war so aufgeregt, dass er nur die Hälfte verstand. Es dürfe keine Zeit verloren werden, betonte der Mann. Jedem würde eine Aufgabe zugeteilt.

Farid verschwand mit einer Gruppe Studenten in einem Nebenraum. Massud sollte sich einem Trupp anschließen, der zu einem Lager geführt wurde. Vor einem unscheinbaren Gebäude wartete Rasul auf sie.

»Ihr alle wart in den letzten Monaten vorbildliche Kämpfer für die Ziele der Hesb-e Partscham. Ihr habt euer Leben riskiert, und der Einsatz hat sich gelohnt. Ich teile euch nun in Operationszellen auf. In diesem Gebäude befindet sich ein Waffenlager«, erklärte Rasul, und ein Raunen ging durch die Menge. »Vorab habe ich Empfehlungen für jene ausgesprochen, die zukünftig eine Waffe tragen werden. Sie dient zum eigenen Schutz und zur Erfüllung der Parteiaufgaben.«

Rasul rief Namen auf, und die Genannten erhielten einen Waffenschein. »Mirwais!«, hörte man ihn schließlich rufen. »Mirwais?«

Massud erschrak. Das war doch sein Name.

»Auf dem Waffenschein trägst du deinen richtigen Namen ein. Alles klar?«

»Alles klar!«, sagte Massud und reihte sich, glücklich über Rasuls Vertrauen, in eine Warteschlange ein.

Jemand drückte ihm eine Neun-Millimeter-Mikarow in die Hand. »Dort drüben ist die Einweisung.«

Ein dicker Mann mit grauen Schläfen stand hinter einem Tisch und erklärte, wie die Pistole funktionierte. Die Waffe lag schwer in Massuds Hand, und das Metall fühlte sich kalt und abweisend an. Immer schneller konnte er das Magazin einlegen und die Pistole entsichern. Ein neues Gefühl überwältigte ihn. Die Partei traute ihm die Erfüllung wichtiger Aufgaben zu. Mit einer Mikarow in der Hand! Er erinnerte sich an eine Bemerkung des Großvaters: »Früher trugen fast alle Männer eine Waffe. Jetzt sieht man immer mehr unbewaffnete, glatt rasierte Kerle in europäischer Kleidung. Das sind nicht mehr die Afghanen von damals.« Jetzt hatte Massud auch eine Waffe, und er würde damit für sein Land und den Fortschritt kämpfen.

Als der Vater zu ahnen begann, wo Farid und Massud ihre Zeit verbrachten, nahm er seine Söhne zur Seite. »Was ist eigentlich mit euch beiden los?«

»Wir sind Parteimitglieder. Aktivisten der Hesb-e Partscham«, sagte Farid und schaute ihm dabei direkt in die Augen, »und zwar schon länger.«

»Parteimitglieder? Wie lange geht das schon so?«, fragte der Vater. »Massud, du bist doch viel zu jung. Weißt du überhaupt, was du tust? Und du, Farid!? Was ist bloß in euch gefahren?«

Die beiden schauten sich an und sagten kein Wort.

»Wie könnt ihr euch darüber freuen, dass eine fremde Macht sich in afghanische Angelegenheiten einmischt? Niemals ist unser Land besetzt worden. Merkt ihr denn gar nicht, was vor sich geht? Hier löst ein unfähiger und brutaler Herrscher den nächsten ab. Und jeder hinterlässt eine Spur des Terrors und der Leichen, diesmal mit Hilfe der Roten Armee.«

»Nun wird alles anders«, sagte Farid mit fester Stimme, aber der Vater schüttelte den Kopf.

Die Brüder waren zu euphorisch, um seine Einwände zu bedenken. Er gönnt uns die Freude nicht, dachte Massud.

»Eines möchte ich euch noch sagen: Wenn ihr glaubt, der martialische Aufmarsch der Roten Armee erfolgt zum Wohle unseres Volkes, dann solltet ihr nicht vergessen, dass die Mehrheit dieses Volkes in den Bergen lebt und nicht in Kabul. Sie werden die Kommunisten niemals akzeptieren. Und die Russen schon gar nicht. So, wie sie leben, lebt hier kaum jemand. Was euch hoffnungsvoll erscheint, versetzt die meisten Menschen in unserem Land in Angst. Und verliert niemals eure Skepsis gegenüber den Mächtigen in unserer Heimat. Ihr solltet immer prüfen, ob ihre Ziele dem entsprechen, was ihr euch wünscht. Und macht eurer Mutter keinen Kummer!«

»Aber Vater! Wir haben gesiegt«, sagte Massud.

»Was heißt ›wir‹?«

»Unsere Partei, meine Partei.«

»Ach, Massud, was ist ein Sieg mit dem Geschmack der Niederlage?«

»Die Rote Armee ist nur zu Hilfe gekommen. Und wenn ihre Hilfe nicht mehr notwendig ist, dann werden sie wieder gehen.«

»Das erzählen sie euch also!«

Von der Parteizentrale bekam Massud die Order, mit zwei älteren Genossen in den engen Gassen der Altstadt auf Patrouille gehen. Unzählige dieser kleinen Einheiten waren eiligst eingeteilt worden, um die regulären Einsatzkräfte zu unterstützen. Er gehörte nun zu den Männern mit den weißen Armbändern, die fortan die neue Macht repräsentierten und Verdächtige kontrollieren mussten. In den frühen Morgenstunden kletterte das Thermometer kaum über minus zehn Grad, doch der Stolz auf seine Funktion ließ Massud die Kälte ertragen. Anfangs gab es bei ihren Patrouillengängen durch Deh Afghanan – das alte Stadtviertel – keine Zwischenfälle. Die Menschen senkten ihre Stimmen, wenn ihnen die drei jungen Männer mit den weißen Streifen am Ärmel entgegenkamen. Ängstlich machten sie den Weg frei, und Massud registrierte beklommen, dass eine unsichtbare Grenze zwischen ihnen und diesen Menschen verlief, die sie beschützen wollten. Argwohn und Skepsis schlugen ihnen entgegen, und immer häufiger trafen sie auf Demonstranten, die gegen die »Invasoren« der Roten Armee hetzten. Schon bald marschierten sie zu Tausenden durch die Stadt. Anfangs ließen die Regierungstruppen sie gewähren, und mutig stimmten sie abfällige Sprechchöre an. Das können nur unverbesserliche Traditionalisten sein, die Angst vor Neuerungen und Fortschritt haben, dachte Massud enttäuscht.

Kommentarlos beäugte Wakil Mirsasada den Dienst der Söhne für die Partei, während das Flehen seiner Frau, im Hause zu bleiben, kein Ende nahm. Massud kam zu der Einsicht, es sei unmöglich, seinen Eltern etwas recht zu machen. Das mürrische Gesicht seines Vaters nahm erst versöhnliche Züge an, als die neue Regierung eine Amnestie für alle politischen Gefangenen aussprach und die Gefängnistore öffnete.

Journalisten aus aller Welt, die gleich nach der Roten Armee scharenweise in Kabul eintrafen, wollten sich von der Umsetzung dieser Maßnahme überzeugen. In aller Frühe machten sich Tausende auf den Weg zum Pol-e-Tscharchi-Gefängnis. Aus allen Richtungen strömten sie in den Ostteil der Stadt, in jenes Gebiet, das in den letzten anderthalb Jahren zum Synonym für Willkür und Terrorherrschaft geworden war. Verwandte und Freunde der Inhaftierten belagerten den gewaltigen Gefängniskomplex und hofften auf die Freilassung ihrer Angehörigen. Wie viele mochten noch am Leben sein? Unter Amins Schreckensherrschaft war das allnächtliche Knattern der Kalaschnikows über die hohen Mauern gedrungen. Der Gefängnishof war zu einem Massengrab geworden.

Wakil und Onkel Mahmud begleiteten Frau Popal und ihre Familie. In dem Gedränge der Wartenden entdeckten sie viele Bekannte, und Grußworte machten die Runde. Endlich öffneten sich die Tore. Unbeschreiblicher Lärm setzte ein. Frauen schrien auf. Der Anblick ihrer abgemagerten Männer versetzte ihnen einen Schock, und gleichzeitig weinten sie vor Glück. Manch ein Entlassener konnte sich kaum auf den Beinen halten. Blass und zerschunden schleppten sie sich in die Freiheit. Plötzlich entdeckte Wakil in der Ferne seinen Kollegen Dr. Gul. Er schrie seinen Namen über die Menge hinweg, und Gul verstand. Er war nur noch ein Schatten seiner selbst. Das ehemals dunkle Haar war grau, seine Wangenknochen stachen hervor, und seine Augen lagen in dunklen Höhlen. Bevor die Männer sich erreichten, nahm ein junger Mann ihn in den Arm und schluchzte hemmungslos.

»Baba-dschan!«

Sein Sohn stützte ihn, und Dr. Gul blinzelte mit trüben Augen gegen die gleißende Sonne. Er winkte Wakil zu und verschwand in einem Wagen. Frau Popal drängte nach vorn. Langsam versiegte der Strom der Entlassenen. Kameras liefen, und Mikrofone wurden vor wortlose Münder gehalten. Frau Popal stand jetzt direkt vor dem Gefängnistor. Suchend tastete ihr Blick über die Menge. Stunden später schloss sich das Tor. Als alle Menschen verschwunden waren, brach Frau Popal zusammen. Ihr Bruder trug sie in den Wagen.

»Vielleicht ist er in einem anderen Gefängnis«, hörte Wakil ihn sagen.

Die ausländischen Journalisten fanden lobende Worte für die Partschamis, und Massud war davon überzeugt, dass die Amnestie erst der Beginn einer fortschrittlichen Umgestaltung ihres Landes war. Und auch Vater wird das bald einsehen müssen, dachte er. Am nächsten Tag saß Frau Popal mit seiner Mutter im Esszimmer und weinte.

»Wir gehen zu meiner Schwester nach Kalifornien«, hörte Massud sie sagen. »Hier können wir nichts mehr tun. Sie hat alles arrangiert. Mein Schwager holt uns in Pakistan ab.«

Dann weinte sie wieder, und Mariam versuchte sie mit einer Koransure zu trösten.

Es geschah in Deh Afghanan. Massud war in eine einsame Gasse gegangen, als sich ihm plötzlich ein alter Mann in den Weg stellte. Der Alte blieb regungslos vor ihm stehen. Nur seine dunkelgrünen Augen waren in Bewegung, und eine tiefe Falte vibrierte auf seiner Stirn. Dieser Moment schien eine Ewigkeit zu dauern, und endlich, einer Erlösung gleich, spie der Alte ihm zwei Worte direkt ins Gesicht: »Schäme dich!« Dann verschwand er hinter einem Torbogen. Das Ende seines weißen Turbans flatterte im Wind. Das Gesagte hallte in Massuds Ohren nach. Wie versteinert stand er mitten auf dem Weg und fühlte sich unendlich einsam. Was hätte er tun sollen? Einem alten Mann widersprechen? Einem weißhaarigen Bartträger? Niemals würde er es wagen.

»Warum hast du ihm keinen Tritt versetzt?«, hörte er Genosse Asef fragen, der mit eiligen Schritten zu ihm stieß.

»Einen Tritt?«

»Solche Typen sind rückständig und blockieren die fortschrittliche Umgestaltung unserer Gesellschaft«, belehrte Asef ihn, und Massud kam es so vor, als würde er die Bedeutung der Worte nicht kennen. Dabei hatte er doch in den Sitzungen der Jugendorganisation gelernt, dass religiöse Fanatiker und der amerikanische Imperialismus das Volk gegen die Errungenschaften der Revolution aufhetzten. Womit sie offenbar großen Erfolg hatten.

Aber stimmte all das? Er wollte nur noch weg. Weg von den Patrouillengängen, den Parteisitzungen und raus aus der Schusslinie alter Männer mit weißen Bärten, die genauso aussahen wie sein eigener Großvater. Er wollte wieder zur Schule gehen und am Nachmittag mit Adschmal zur Musikgruppe. Er freute sich schon auf das gemeinsame Üben mit seinem Freund.

Mit Schuljahresbeginn, nahm er sich vor, werde ich mich wieder auf den Unterricht konzentrieren. Die Partei braucht in Zukunft schließlich auch begabte Studenten.

Doch kaum hatte die Schule begonnen, wurde der Unterricht durch zahlreiche politische Veranstaltungen unterbrochen. Eines Morgens mussten sich alle Schüler auf dem Hof versammeln und einen besonderen Gast willkommen heißen. Zuvor hatte Massud mit einem Kameraden von der Jugendorganisation die afghanische und die sowjetische Flagge gehisst. Ein Junge, kaum älter als

Massud, war aus Tadschikistan gekommen. Er erzählte den Schülern von den großen Taten der Sowjetunion. Seine rückständige Heimatprovinz sei dank der Hilfe der Brudervölker und der sozialistischen Ideale entwickelt worden, und der Fortschritt habe Einzug gehalten. Der Junge sprach von dem Kampf, der dafür notwendig sei, und den Opfern, die ein Volk bringen müsse, wenn es den amerikanischen Imperialismus besiegen wolle. Auch in Afghanistan sei die Revolution in Gefahr, zerstört zu werden. Der Junge sagte, er begleite voller Stolz die afghanischen Genossen auf ihrem Weg zur Verwirklichung der Ziele der Aprilrevolution. Der Tadschike wirkte ungeheuer mutig. Er war noch so jung und schon allein in der Fremde. Und er schien genau zu wissen, welcher Aufgabe er sich verschrieben hatte. Als er zu seinem letzten Satz anhob, war unter den vielen hundert Schülern kein Geräusch zu hören. »Auch ich habe eine Mutter, die mich gern in den Arm nehmen würde. Aber sie ist weit weg und schaut jeden Abend vergeblich zur Tür. Sie weiß um den ehrenhaften Kampf für meine afghanischen Freunde fern der Heimat. Jedes große Ziel verlangt Opfer. Eure Mutter hat euch heute Abend wieder.«

Massud schämte sich für seine Zweifel an der Partei.

An einem kalten Freitag Ende Februar marschierten mehr Demonstranten in die Innenstadt als je zuvor, um gegen die Invasion der Roten Armee zu protestieren. Vom Luftwaffenstützpunkt kam ein Rudel Hubschrauber geflogen und kreiste über den Köpfen der aufgebrachten Menge. Immer tiefer senkten sich die dröhnenden Maschinen. Dann flogen sie auf einmal davon, und im nächsten Moment versetzte der ohrenbetäubende Lärm von Kampfjets die Menge in Panik. Die Tiefflieger stürzten in Scheinangriffen vom Himmel, und gleich darauf waren aus der Ferne Schüsse zu hören. Massud verharrte auf dem Dach der Parteizentrale im elften Bezirk, wo sich zahlreiche Partschamis verschanzt hatten. Rasend schnell verbreitete sich die Nachricht, dass die russischen Maschinen das Feuer auf die Menge eröffnet hatten. Ältere Genossen brachten Maschinenpistolen in Stellung. Sie rechneten mit einem Angriff der Demonstranten auf das Parteigebäude. Massud wurde übel, und er hielt Ausschau nach Farid, den er nirgends entdecken konnte. Rasul machte ihm ein Zeichen, in Position zu gehen. Aber wie sollte er das machen? Massud hatte noch nie einen Schuss aus seiner Mikarow abgefeuert. Sie sollte doch nur der Abschreckung dienen. Kopflos rannte er zu einem Mauervorsprung und starrte wie gelähmt auf die panische Menge. Die Menschen hetzten durch die Straßen. Massud sah Verwundete. Ein junges Mädchen war blutüberströmt. An ihrer Stirn klaffte eine offene Wunde. Ihr Blick, eine Mischung aus Schmerz und Verwunderung, schien direkt auf ihn gerichtet zu sein.

»In Deckung!«, schrie jemand. »Oder willst du denen als Zielscheibe dienen?«

»Aber es schießt doch niemand.«

»Verschwinde aus der ersten Reihe!«, schnauzte ein anderer.

Rasul legte die Maschinenpistole an.

»Feuer!«, rief der Bezirksparteivorsitzende.

Der Lärm war unerträglich und hallte von den gegenüberliegenden Gebäuden zurück.

»Was stehst du rum?«, schrie ihn jemand an. »Wo ist deine Waffe?«

»Hier!«

»Wir sind knapp an Munition. Jeder Schuss wird gebraucht. Gib her, und geh mir aus den Augen!«

Was soll ich antworten, dachte Massud, wenn mich einer fragt: »Wo warst du an diesem blutigen Freitag?«

Genosse Said Amanullah wurde zu Massuds Vorbild. Er hatte die Position eines Mittelsmannes zwischen der Polizei und der Staatssicherheit, der KHAD. Er war fast dreißig und schöpfte aus einem enormen Fundus an Erfahrungen, die ihn auf jede Unwägbarkeit vorbereiteten. Sein besonderes Augenmerk galt den Fahnenflüchtigen. Angeblich erkannte er sie schon auf hundert Meter Entfernung. Bei ihm gab es kein Zögern oder langes Abwägen. Zielstrebig ging er den Gerüchten um Deserteure und Konterrevolutionäre nach. Wenn er Verdächtige aufspürte, leitete er sie an die Staatssicherheit weiter. Said Amanullah hielt sich keine unbequeme Angelegenheit vom Leib und folgte jedem Hinweis von Nachbarn und Kollegen auf mögliche Staatsfeinde. Massud empfand sein Vorgehen manchmal als zu hart, und die meisten aufgegriffenen Deserteure taten ihm Leid. Aber wenn Said Amanullah an seinem Schreibtisch saß und mit bewundernswerter Lässigkeit an der Zigarette zog, dann bekam man das Gefühl, er lenke alles in die richtigen Bahnen. In seiner Gegenwart konnte man sich getrost sicher fühlen. Über Politik redete er nur selten, und Massud wusste nicht, ob er ein überzeugter Parteianhänger war oder eher die Macht seiner Position genoss. Genosse Amanullah sprach von sich als Sozialist, der in der Sowjetunion ein Vorbild für die afghanische Gesellschaft sah. Gleichzeitig entdeckte Massud, dass er ein religiöser Mensch war, der manchmal in die Moschee ging und an Ramadan die Fastengebote einhielt. Trotzdem hatte er nichts gegen Alkohol einzuwenden und schwärmte freimütig von dem besonderen russischen Wodka, den sie in rauen Mengen bei den Versammlungen der Bezirksparteiführung tranken. Massud suchte Said Amanullahs Nähe, und manchmal gingen sie nach Dienstschluss noch zusammen in ein Teehaus. Mit ihm konnte man über Musik, Kinofilme und Mädchen sprechen.

Wenn Massud zum Dienst im Bezirksparteibüro eingeteilt war, um die Einlasskontrollen zu übernehmen, dann fühlte er sich in der Partei gut aufgehoben. Diese Aufgabe war einfach, und meistens hatte er nichts weiter zu tun, als die Namen der Besucher zu notieren, ihnen Waffen abzunehmen und beim Verlassen des Gebäudes wieder auszuhändigen. Oft ging er gemeinsam mit Said Amanullah auf Streife. Wenn der Genosse darüber dozierte, dass die Russen bald wieder abziehen würden und Afghanistan seine Geschicke selbst lenken werde, dann schenkte Massud ihm gern Glauben. »Die Partei gewinnt immer mehr Anhänger, und die Konterrevolutionäre bleiben chancenlos«, sagte Amanullah regelmäßig.

Eines Tages erschien ein alter Mann im Büro, den Said Amanullah vorgeladen hatte und Massud stand in einer Ecke vor einem Regal und beobachtete die Vernehmung. Der Mann trug traditionelle Kleidung, und sein weißer Bart verlieh ihm die unantastbare Würde eines betagten Afghanen. Amanullah stellte seine Fragen in ungewohnt scharfem Ton, doch der Alte ließ sich nicht aus der Fassung bringen und beantwortete mit ruhiger Stimme die Fragen nach seiner Identität und bestritt sämtliche Anschuldigungen.

»Du bist einer von diesen Konterrevolutionären«, wiederholte Said Amanullah immer wieder. »Wo ist dein Sohn, dieser Bastard? Wo hast du ihn versteckt?«, schrie er den Alten an. Dabei stützte er sich mit beiden Händen am Tisch ab, und Massud sah, wie seine Knöchel weiß durch die Haut schimmerten. »Das fragt ausgerechnet ihr?«, entgegnete der Alte mit einem kurzen höhnischen Lachen. »Ihr habt ihn doch selbst abgeholt. Eure feine Partei hat meinen Jungen aus der Familie gerissen. Und jetzt fragt ihr mich nach seinem Verbleib. Bestimmt ist er in einem eurer Folterkeller.«

»Willst du mich auf den Arm nehmen? Sag mir, wo er ist! In den Bergen bei den Aschrar oder schon in Pakistan bei einer dieser satanischen Parteien? Antworte mir!«

Der Alte blieb stumm, und Amanullahs Stimme wurde zu einem bedrohlichen Flüstern. »Soll ich dich etwa gleich an den KHAD weiterleiten. Die werden jedes gewünschte Wort aus dir herauspressen. Überleg es dir gut!«

Gerade laut genug, um ihn verstehen zu können, sagte der Alte: »Tu es doch!«

Said Amanullah sprang von seinem Stuhl auf, stand nur noch einen Schritt von dem Mann entfernt und funkelte ihn an. Dann schlug er ihm so kräftig ins Gesicht, dass Blut aus seiner Nase trat und über den weißen Bart tropfte.

Massud tat einen schnellen Schritt auf Said Amanullah zu, wollte etwas sagen, aber das Wort blieb ihm im Halse stecken. Er sah den verächtlichen Blick des alten Mannes und hörte den Genossen ungerührt fortfahren.

»Was ist, Alter? Sagst uns jetzt, wo er ist?«

»Zum Teufel mit euch Ungläubigen!«

Als der Mann endlich gehen durfte, nachdem ihm ein langwieriges Nachspiel angedroht worden war, konnte Massud seine Erregung nicht mehr unterdrücken. »Was hast du getan, Said Amanullah? Bist du verrückt geworden?«

»Sei still! Was fällt dir ein, so mit mir zu reden?«

»Wie kannst du den alten Mann schlagen?«

»Wer stellt hier die Fragen, Massud? Geh auf deinen Posten und reiß dich zusammen.«

»Kennst du keinen Respekt? Was hättest du gemacht, wenn es mein Vater gewesen wäre?«

»Wenn sein Sohn sich den Banditen anschließt, hätte ich mit ihm genau das Gleiche gemacht. Den Sohn des Alten kenne ich persönlich von der Universität. Der ist garantiert ein Konterrevolutionär und irgendwo in den Bergen. Jetzt verschwinde endlich und mach deine Arbeit.«

»Genau das werde ich nicht tun.« Massud zögerte keine Sekunde und legte seine Waffe auf den Tisch. Unbeherrscht zerrte er seinen Parteiausweis aus der Hemdtasche und warf ihn neben die Pistole. »Du und die verdammte Partei können mir gestohlen bleiben! Ich verschwinde! Ich will mit euch nichts mehr zu tun haben!«

Said Amanullah starrte ihn ungläubig an und musste zusehen, wie die Tür vor seiner Nase zuschlug.

Massud zitterte am ganzen Leib. Er lief die Straße hinunter und sprang in einen Bus. Seine Knie waren weich, und er hielt sich an einer Stange fest. An der Haltestelle »Hochtief« stieg er aus. Als er seine Straße erreichte, rechnete er mit dem Schlimmsten. Vielleicht sind sie schon da. Doch niemand wartete auf ihn.

»Farid, ich muss mit dir sprechen«, sagte er nur, und sein Bruder schien dem bleichen Gesicht die schlechte Nachricht schon abzulesen.

Mit dem Führerschein wollte er die Mutter überraschen. Sie hatte in letzter Zeit immer nervöser reagiert, wenn er ohne gültige Papiere mit Vaters Peugeot durch die Stadt fuhr.

»Massud-dschan, hör auf zu fahren oder schaff dir endlich einen Führerschein an«, flehte sie regelmäßig. »Was ist, wenn du in eine dieser vielen Kontrollen gerätst und Ärger bekommst! Wir wollen doch keine Schwierigkeiten mit der Polizei.«

»Ja, Madar-dschan, Sie haben Recht. Vielleicht finde ich einen Prüfer, der ein Auge zudrückt und nicht so genau auf mein Alter schaut.«

Auch Massud waren die ständigen Straßenkontrollen zu riskant geworden. Wenn er von weitem die sandfarbenen Uniformen der afghanischen Soldaten sah, wurde ihm jedes Mal mulmig zumute. Sie suchten nach Deserteuren. Inzwischen flüchteten mehr afghanische Soldaten aus der Armee, als die Regierung Rekruten einziehen konnte. Zwar hatte Massud das wehrpflichtige Alter noch nicht erreicht und war zudem noch Schüler, doch im Zuge der verzweifelten Fahndung nach potenziellen Soldaten konnte sich jeder junge Mann im Netz der Häscher verfangen. Im Kampf gegen die Konterrevolutionäre wurde ständig Nachschub gebraucht.

Nachdem sich Massud das Buch mit den Verkehrsregeln besorgt hatte, paukte er die Bedeutung der Schilder und Bestimmungen und meldete sich zum Test. Er gab ein fiktives Alter an, das offenbar nicht angezweifelt wurde, hatte innerhalb von einer Viertelstunde die gestellten Fragen beantwortet und war bereit für die praktische Prüfung. Zur vereinbarten Zeit erschien er an einem Platz in der Nähe des Verkehrsamtes und hielt Ausschau nach einem Taxi. Die Fahrer stellten den Prüflingen ihre Wagen zur Verfügung und kassierten dafür eine Leihgebühr. An diesem Tag herrschte großer Andrang, und viele junge Männer stürzten sich auf die wartenden Taxifahrer. Offenbar hatten auch andere begriffen, dass das Risiko, ohne gültigen Führerschein zu fahren, zu groß geworden war. Massud hatte Glück und erwischte einen Toyota. Sogleich war er abgelenkt von der bunten Staffage im Fahrzeug. Der Wagen war mit zahllosen Fotos aus Illustrierten und mit Plastikvögeln in schillerndsten Farben dekoriert. Ein Minipfau mit echten Federn wippte unter dem Rückspiegel. Aufnahmen indischer Filmstars schmückten die Sonnenblenden und das Armaturenbrett, und Massud starrte auf das unverkennbare Gesicht von Dilip Kumar.

»Was ist?«, fragte der Taxifahrer. »Fahr schon los, der Prüfer wartet dort am Ende des Platzes. Ich erkläre dir schnell den Wagen.«

Die Gänge ließen sich leicht einlegen, und auch den Blinker fand Massud sofort. Der Wagen war kleiner als der Peugeot des Vaters und in den Ausmaßen wesentlich übersichtlicher.

»Hast du es kapiert?«, fragte der selbst ernannte Fahrlehrer auf der knapp zweihundert Meter langen Strecke bis zur Fahrprüfung.

»Wird schon klappen«, antwortete Massud endlich. Bring mir Glück, Dilip Kumar, dachte er. Oder sollte er lieber die bezaubernde Rekha um Hilfe bitten? Er hatte die Königin des indischen Films in einer aufregenden Szene wie eine Rennfahrerin dahinrasen sehen. Im letzten Moment entschied er sich doch für Kumar und hoffte auf dessen Beistand.

»Ich bleibe hinten sitzen. Der Prüfer gibt dir die Kommandos. Und achte auf den Verkehr, nicht auf die schöne Rekha.«

Einen letzten Blick auf den leuchtend roten Bindi zwischen ihren Brauen konnte er sich nicht verkneifen. Dieses Foto von ihr, mit offenem, welligem Haar, hatte er nie zuvor gesehen. Wie konnte eine Frau nur so schön sein? Schon erreichten sie das Prüfgelände, wo sie in einer Reihe von Fahrzeugen warten mussten. Massud entdeckte ein rechteckiges, von weißen Linien begrenztes Feld, auf dem ein Mercedes hin- und herruckelte. Die Fläche war kaum länger als anderthalb Wagenlängen und höchstens vier Meter breit. Endlich setzte sich der Prüfer neben ihn, notierte Massuds Namen und begann mit den Anweisungen.

»Fahren Sie den Wagen innerhalb der markierten Zone vorwärts an die rückwärtige Linie und dann rückwärts an die vordere Linie. Danach vorwärts aus dem eingezeichneten Feld wieder heraus. Natürlich alles ohne eine der Linien zu berühren. Verstanden?«

»Reinfahren und wenden, oder was soll ich machen?«

»Fahren Sie, und berühren Sie keine Linie.«

Schweißperlen rannen Massud über die Stirn. Im Rückspiegel sah er den Pfau und das Gesicht des Taxifahrers, der ihn mit wirren Gesten zusätzlich irritierte. Der Prüfer war in seine Unterlagen vertieft.

»In Ordnung«, sagte er unvermittelt, »das war einwandfrei. Nun fahren Sie durch die Toreinfahrt nach rechts auf die Straße.«

Massud setzte sogar den Blinker, was in Kabul nur die Fahrschüler taten. Die Straße führte steil bergan, und der Motor heulte auf. Über den zweiten Gang kam er nicht hinaus.

»Vor der nächsten Abzweigung halten, kurz in den Leerlauf schalten und sofort wieder anfahren. Der Wagen darf dabei nicht mehr als zehn Zentimeter zurückrollen. Alles klar?«

»Ja, ich habe verstanden.«

Er bremste vorsichtig, schaltete in den Leerlauf, trat dann mit aller Kraft das Bremspedal und gleichzeitig die Kupplung. Der Toyota stand.

»Na los, junger Mann. Anfahren!«

Massud legte den Gang ein. Die Handbremse war fest angezogen und schien zu funktionieren. Der Motor heulte auf, und endlich traute er sich, die Kupplung zu lösen. Doch dann spürte er den kurzen Rückwärtsruck und gab Vollgas. Aber es war schon zu spät. Er war mindestens zwei Handbreit nach hinten gerollt, und der Prüfer machte eine Notiz auf seinem Zettel.

»Tut mir Leid. So kann ich Ihnen keinen Führerschein geben. Versuchen Sie es später noch einmal. Um fünf Uhr habe ich noch einen Termin frei. In der Zwischenzeit können Sie die Anfahrt am Berg üben. Das Rangieren in der Zone hat ja gut geklappt. Das müssen Sie nicht wiederholen, wenn Sie heute Nachmittag wiederkommen.«

»Und wie viel kostet das?«

»Die gleiche Gebühr wie jetzt.«

Massud zählte seine Afghanis und stimmte zu.

Seine Mutter war die Erste, die von seiner bestandenen Prüfung erfuhr.

Eine Woche später wollte Massud seinen Geburtstag und den Führerschein feiern. In seiner Familie hatte der Vater die Sitte des Geburtstagfeierns eingeführt, und Massud versuchte sie an seinen Freundeskreis weiterzugeben. Er freute sich darauf, Habib, Dschahed und Jasin zu überraschen. Es war ein heißer Spätsommertag, und die jungen Männer hatten sich an der Kreuzung beim Hamam verabredet. Als Massud mit dem Wagen vorfuhr, wedelte er mit dem Führerschein.

»Afarin! Bravo!«, riefen sie, und Habib gab ihm einen dicken Kuss durch die geöffnete Scheibe. »Und herzlichen Glückwunsch zum Geburtstag!«

»Vielen Dank. Steigt ein.«

»Wohin fahren wir?«, fragte Habib.

»Lasst euch überraschen!«

Massud steuerte in Richtung Schar-e Nau und dann weiter nach Pul-e Tscharchi.

»Nun sag schon, wohin die Reise geht!«

»Ich soll in der Afghan-Klimd-Destille zwei Flaschen Brandy für meinen Vater abholen.«

Seitdem es Tausende von Russen in der Stadt gab, war der Alkoholkonsum enorm gestiegen, und der afghanische Brandy namens Nyron fand nicht nur unter den Ausländern reißenden Absatz. Massuds Vater kannte den Firmenleiter der staatlichen Schnapsbrennerei und bekam Sonderkonditionen. Er hatte seinen Sohn telefonisch angekündigt, und die bestellten Flaschen standen schon am Empfangstresen bereit.

»Entschuldigen Sie«, sagte Massud, »aber mein Vater hatte drei Flaschen bestellt.«

»In meiner Bestellung stehen nur zwei Flaschen für Herrn Mirsasada«, sagte der Angestellte und schaute skeptisch über den Tresen. Umständlich blätterte er in einem Registrierblock, während Massud das abgezählte Geld und mit einer eindeutigen Geste einige zusätzliche Afghanis auf den Tresen legte. Ohne größere Umstände erhielt er eine dritte Flasche. Im Wagen brach Jubel aus.

»Was haltet ihr davon, wenn wir nach Qargha hinauffahren und uns die Flasche am See genehmigen«, schlug Massud vor.

»Gibt es auf dem Weg nicht zu viele Kontrollen?«, fragte Dschahed.

»Unsere Papiere sind doch in Ordnung, oder nicht? Heute sogar mit gültigem Führerschein.«

Habib und Dschahed gingen wie Massud noch zur Schule und trugen ihren Armeebefreiungsschein immer bei sich. Nur Jasin war bereits eingezogen und hatte heute einen freien Tag. Dank verwandtschaftlicher Beziehungen zu einem Colonel leistete er seinen Dienst in einer ruhigen Division innerhalb Kabuls ab und konnte jeden Abend nach Hause gehen.

Bald erreichten sie den äußersten Rand der Sicherheitszone. Auf der nächsten Bergkuppe lagen bereits die Mudschahedin in Stellung. Kabul war belagert, und ringsherum tobten die Kämpfe. In der Nacht versuchten die Gotteskrieger strategische Stellungen in der Stadt zu treffen. Doch ihre Raketen waren schwach und nicht immer zielgenau.

Sie parkten den Wagen und suchten sich einen schattigen Platz am Ufer des Sees. Dschahed und Jasin sprangen sofort ins kristallklare Wasser und schwammen so weit hinaus, dass ihre Köpfe kaum noch zu sehen waren.

»Macht ja keine Dummheiten«, rief Jasin. »Wehe, wir bekommen nichts mehr ab.«

Seine Bedenken waren berechtigt, denn Habib und Massud hatten schon zwei Gläser geleert. Der Alkohol brannte in ihren Kehlen. Sie spülten mit Coca-Cola nach, und Massud überraschte seinen Freund mit einem kleinen Picknick. Er hatte frittierte Kartoffeln und Salat mitgebracht, die er neben Melonen und Trauben auf einem Dastarchan ausbreitete.

Habib schaute abwesend auf den himmelblauen See, wo allein die Spuren der beiden Schwimmer die regungslose Ebene kräuselte. Die fast fünftausend Meter hohen Gipfel des Paghman-Gebirges spiegelten ihr Antlitz auf dieser reinen Wasserfläche und strahlten vor kraftvoller Schönheit.

»Ich will weg hier«, sagte Habib unvermittelt.

»Aber wir sind doch gerade erst gekommen.«

»Nicht jetzt, meine ich. Nicht weg von diesem Ort, sondern weg aus Afghanistan. Mir reicht es mit diesem verdammten Krieg. Ich habe es satt, jeden Tag nach meiner Freistellungskarte gefragt zu werden. Wenn den Typen meine Visage nicht gefällt, können sie mich einfach an irgendeine verdammte Front jagen, wo die Banditen mir den Arsch wegpusten.«

»Dafür wird dein Vater schon sorgen, dass dich keiner wegschickt.«

»Noch reicht sein Einfluss so weit, aber vor dem Militärdienst kann mich niemand bewahren. Und überhaupt, das ist doch kein Leben! Jeden Abend noch vor zehn Uhr zu Hause sein, überall Militärs, und diese verrückte Stadt kann man nicht mal verlassen. Wir sind Gefangene im eigenen Land.«

»Was redest du da? Irgendwie muss man sich ja gegen die Angriffe verteidigen. Der Krieg wird uns doch schließlich aufgezwungen.«

»Du redest wie die Partei. Ich dachte, du bist fertig mit denen und hast ihnen den Rücken gekehrt.«

»Habe ich ja auch. Mit dem ganzen Parteikram habe ich nichts mehr zu tun.«

»Was offiziell so alles gequatscht wird, ist sowieso Blödsinn. Vielleicht haben die Mudschahedin sogar Recht. Was machen all die Russen hier? Und ob nun ein Taraki, ein Amin oder ein Karmal an der Regierung ist, macht doch gar keinen Unterschied. Jetzt sind die da oben nur noch Marionetten der Sowjets. Und wer nicht pariert, der lebt gefährlich. Wenn du anderer Meinung bist, dann melde dich doch als Freiwilliger bei der Armee und kämpfe für unsere schöne, neue und fortschrittliche Gesellschaft.«

»Du weißt genau, was ich davon halte. Ich will doch auch nur ein halbwegs normales Leben führen. Aber welche Wahl haben wir schon? Den Turbanträgern in den Bergen werde ich mich jedenfalls nicht anschließen, und zur Armee gehe ich erst, wenn es unvermeidlich ist. Dann mache ich es so wie Farid. Der sitzt in einer Schreibstube und hat einen ruhigen Posten.«

»Ja, ja, und wartest darauf, dass dir irgendwann eine Rakete um die Ohren fliegt. Nein, danke, nicht mit mir. Ich habe einen anderen Plan, der mich so schnell wie möglich von hier weg bringt.«

»Willst du abhauen?«

»Du meinst fliehen? Nein, wie sollte ich das denn anstellen? Etwa als mittelloser Afghane in einem pakistanischen Flüchtlingslager leben? Da sind schon zwei Cousins von mir. Wenn man Pech hat, wird man dort gleich von den islamischen Parteien in Empfang genommen und auf die andere Seite der Front geschickt. Ich habe mir was ganz anderes überlegt. Ich werde wie ein Verrückter lernen und eine Schulklasse überspringen. Im nächsten Jahr mache ich meinen Abschluss und bewerbe mich um einen Studienplatz in der Sowjetunion. Da habe ich meine Ruhe.«

»In Moskau? Und du meinst, das funktioniert?«

»Moskau wäre natürlich toll, aber vielleicht komme ich ja sogar nach Sofia oder Prag. Ich werde es auf alle Fälle versuchen. Die Anforderungen packe ich schon. Und du auch! Aber die Sache bleibt vorerst unter uns, klar?«

Im selben Moment kamen Jasin und Dschahed aus dem Wasser und stürzten sich auf den Brandy und das Geburtstagspicknick.

Massud hatte sich von Adschmal das Harmonium ausgeliehen, und Jasin begleitete ihn mit der Tabla. Er wollte nicht aufhören zu singen und stimmte immer wieder seine Lieblingslieder an. In Gedanken sah auch er sich in einer weit entfernten Stadt ohne Panzer, Bomben und Raketen. Erst als die Sonne den Himmel entflammte und der See wie eine Blutorange schimmerte, machten sich die Freunde auf den Rückweg.

Von jenem Tag an redete Habib in Massuds Gegenwart von nichts anderem als seinem geheimen Zukunftsplan, wie er es nannte. In seiner Fantasie hatte er bereits sämtliche Mädchen Moskaus geküsst und war zum Liebling seines Studentenwohnheims geworden. Er sah sich schon Arm in Arm mit einer Blondine über den Roten Platz bummeln. Ein Cousin, der dort studierte, versorgte ihn regelmäßig mit erregenden Geschichten aus der sittenlosen Sowjetunion, und zusätzlich schürten die Bilder aus Massuds Heft seine Vorstellungen von einem Leben ohne strenges Regelwerk.

Der Plan klang verlockend, das fand auch Massud. Einen Jahrgang zu überspringen war allerdings nicht einfach. Dazu musste man in jedem Fach die volle Punktzahl erreichen. Obwohl er in letzter Zeit nicht gerade zu den Klassenbesten zählte, erschien ihm die Aussicht auf ein Leben in der Fremde nicht minder reizvoll als seinem Freund. Dafür lohnte sich die Anstrengung. Vom Beginn des Herbstes an saßen die beiden Freunde mit ungeahnter Disziplin über ihren Aufgaben und waren zum Ende des Schuljahres bereit für die Prüfungen.

Der Direktor hatte Habib und Massud schon im Flur aufmunternd zugenickt, und beide warteten gespannt auf das Ergebnis.

»Habib Dost! Gratuliere! Mit deinen Leistungen kannst du im Frühjahr in die Abschlussklasse wechseln. Hervorragend!«

Habib stieß Massud freundschaftlich in die Seite und nahm sein Zeugnis entgegen.

»Massud Mirsasada, auch ein sehr gutes Ergebnis. Gratuliere. Mit diesen ausgezeichneten Noten bist du Klassenzweiter. Beinahe hättest du den Sprung in die Abschlussklasse geschafft.«

Das durfte nicht wahr sein! Zwei Punkte! Nur zwei winzige Punkte entfernt von seinem großen Plan. Er blieb auf seinem Stuhl sitzen und sah den Direktor irritiert in die Runde schauen. Köpfe drehten sich um. Habib gab ihm einen Schubs, und mit steinerner Miene nahm er sein Zeugnis entgegen. Im Paschtu-Sprachtest war ihm ein Patzer unterlaufen. Er hatte die Sprache kaum geübt, weil er sie besser beherrschte als die meisten Tadschiken. Stattdessen hatte er Physik und Mathematik gepaukt. Er ging geradewegs zum

Ausgang. Habib rief ihm über den Schulhof hinterher, doch da sprang er schon auf sein Rad und verschwand in den Gassen der Nachbarschaft.

Habib verlor nie ein Wort über die gescheiterten gemeinsamen Zukunftspläne. Er besuchte die Abschlussklasse, und Massud musste ständig daran denken, dass sie niemals gemeinsam über den Roten Platz schlendern und niemals eine Nacht ohne Ausgangssperre genießen würden. Durch das viele Lernen war ihm der Stoff der elften Klasse vertraut, und er ließ mit Beginn des neuen Schuljahres immer häufiger den Unterricht ausfallen. Stattdessen meldete er sich zu einem Englischsprachkurs im ehemaligen American Center an, das jetzt Kabul Center hieß. Die amerikanischen Lehrer hatten schon vor Jahren das Land verlassen, aber es war noch immer die beste Sprachschule der Stadt. Alle Lehrer hatten in den USA studiert und brachten ein wenig amerikanisches Flair in den Unterricht. An den Wänden hingen Poster mit dem Empire State Building und der Golden Gate Bridge. Massud war ein begabter Schüler, und Miss Nasari lobte seine raschen Fortschritte.

Als seine Sprachkenntnisse für eine Anstellung ausreichten, vermittelte der Vater ihm einen Job in einer Im- und Exportfirma. Dort verglich er englische Frachtpapiere mit afghanischen Bestellungen und übersetzte Gebrauchsanweisungen für einfache technische Geräte. Von seinem ersten Lohn legte er das meiste für ein Harmonium zurück und gab den Rest im Billardsalon aus. Inzwischen war er dort Stammkunde geworden und beherrschte zahlreiche komplizierte Stöße und raffinierte Tricks.

Billardspielen wurde immer populärer, und der unscheinbare Raum, in dem zunächst kaum ein einzelner Tisch Platz gefunden hatte, wandelte sich zu einem modernen Treffpunkt der jungen Männer in ihrem Viertel. Bald standen vier Tische in einem neu errichteten Anbau. Wenig später folgten Tischfußballspiele und ein kleiner Imbissbetrieb. Eine automatische Eiscrememaschine vor dem Haus wurde zur Attraktion für die Nachbarkinder. Besonders die vielen Neulinge aus den Dörfern, die in großer Anzahl nach Kabul geströmt waren, bestaunten das Gerät. Fast jede Kabuler Familie hatte Verwandte aus allen Teilen des Landes aufgenommen. Es waren zumeist Frauen und Kinder und einige alte Männer. Manche Dörfler waren sichtlich verwirrt über das Verhalten und vor allem die Kleidung der Städter. Sie starrten die modernen Kabulerinnen in ihren Kostümen und Kurzhaarfrisuren an, und Massud hörte sie manchmal tuscheln. Als hätten sie nie zuvor einen knielangen Rock und unbedecktes Frauenhaar gesehen, blieb manchen sogar der Mund offen stehen. Einfache Frauen aus den Bergen hüllten sich beim Anblick der halbnackten Städterinnen fest in ihre wallenden Tücher und bedeckten ihr Gesicht. In manchen Stadtteilen drohte Kabul vor lauter Zuwanderern aus den Nähten zu platzen, ein Entweichen auf das Umland gab es nicht. Dort lag die Frontlinie, und täglich kamen weitere Flüchtlinge in die Stadt.

Als Habib im folgenden Frühjahr die Abiturprüfungen ablegte, versuchte Massud vergeblich, die Gedanken an sein eigenes Scheitern zu verdrängen. Auch er könnte nun schon so weit sein! Bald bewirbt sich Habib um einen Studienplatz in Moskau, Kiew oder Leningrad, ging es ihm ständig durch den Kopf. Und ich? Wenn es bei ihm klappt, dann werden wir uns so schnell nicht wiedersehen. Mein Weg ins Ausland ist vorerst versperrt.

Am letzten Tag der Prüfungen machte sich Massud rechtzeitig auf den Weg zur Schule. So weh es ihm auch tat, er wollte den großen Tag mit Habib teilen. Bis auf die Abiturklasse waren bereits alle Schüler in den Ferien, und Massud wunderte sich, als er schon aus der Ferne eine große Menschenmenge vor dem Tor warten sah. Am Straßenrand parkten einige Militärfahrzeuge, die er für eine der üblichen Straßenkontrollen hielt. Aber beim Näherkommen entdeckte er zahllose Uniformierte, die das Schulgelände umstellten. Sie wollen doch nicht etwa …? Schon hörte er das Klagen von Müttern und Geschwistern vor dem Tor. Die Schulabgänger befanden sich noch im Gebäude. Auf dem Schulgelände standen zwei Militärlaster bereit. Als die Tür aufging, wandelte sich die Freude auf den Gesichtern der Abiturienten in jähes Entsetzen.

Die Soldaten bildeten ein Spalier und drängten die Schüler zu den Lastern. Mütter riefen die Namen ihrer Söhne, und das Geschrei wuchs zu einem wütenden Wehklagen. Massud blieb in sicherem Abstand, kletterte auf einen Baum nahe der Mauer und spähte über die aufgebrachte Menge. Die Militärs versuchten Angehörige abzuschirmen, und im Tumult ging die blecherne Megaphonstimme eines Offiziers vollkommen unter. Endlich entdeckte er Habib. Der Freund drehte sich immer wieder um, schaute suchend über die Menschenmenge, aber ein junger Soldat wies mit seinem Gewehr unmissverständlich auf die Ladefläche des Lasters. Ein Ruf blieb Massud in der Kehle stecken, und er sah unentwegt Habibs Blick aus den weit aufgerissenen Augen vor sich, hörte das Schreien von Müttern. Ihre Söhne waren in die Falle gegangen. Nach wenigen Minuten fuhren die Militärfahrzeuge an, und nur das Entsetzen der fassungslosen Angehörigen blieb zurück.

Für die Jungen begann mit diesem Tag ihr mehrjähriger Dienst. Wie lange er genau dauern würde, konnte niemand sagen, denn die Zeit des Militärdienstes wurde laufend erhöht. Wohl denen, die einflussreiche Beziehungen hatten und einen sicheren Posten in Kabul bekamen. Das war der sicherste Weg, um die anstehenden Jahre zu überleben.

Viele Träume waren in diesem Moment zerstört worden. Die Suche nach jungen Soldaten nahm immer groteskere Züge an. Diese Form der Zwangsrekrutierung hatte es bisher nicht gegeben. Massud rechnete mit seiner Einberufung, sobald er die Schule verließ. Wozu dann noch lernen?, überlegte er. Warum zur Schule gehen, wenn danach viele Jahre in der Armee folgten. Nichts stellte er sich schlimmer vor, als dort Schulter an Schulter mit den Soldaten der Roten Armee gegen das eigene Volk zu kämpfen. Erst als die Militärlaster schon lange an ihm vorbeigerauscht waren und er fröstelnd an der Straßenecke stand, dachte Massud an sein eigenes Glück im Unglück. Doch freuen konnte er sich darüber nicht. Wegen zwei lächerlicher Fehler in Paschtu durfte er ein weiteres Jahr in der Schule verbringen, während Habib an der Waffe ausgebildet wurde.

Habibs Onkel war Armeeoffizier und sorgte dafür, dass der junge Rekrut einen ruhigen Posten in einer innerstädtischen Kaserne erhielt. Dort saß er den ganzen Tag in der Schreibstube und erledigte die Korrespondenz des Bataillons. Erst nach der mehrmonatigen Grundausbildung sah Massud ihn wieder.

»Ich habe es schon immer gewusst. Diesen Kerlen darf man nicht trauen. Vier verdammte Jahre muss ich Dienst ableisten. Vier Jahre! Und wer weiß schon, was sie sich dann überlegen. Ob ich jemals ins Ausland komme, steht in den Sternen. Es ist zum Kotzen.«

»Tut mir Leid. Mir wird es sicher auch nicht besser ergehen.«

»Verschwinde doch schon vorher.«

»Wie stellst du dir das denn vor? Mit ein paar Kröten in der Tasche auf und davon? Wohin denn überhaupt? Welches Land ist schon scharf auf uns Afghanen?«

»Wir sitzen verdammt tief in der Scheiße. Womit haben wir das nur verdient?«

»Das frage ich mich auch. Vor nicht allzu langer Zeit muss es mal richtig nett gewesen sein in Afghanistan. Wenn ich meinen Eltern manchmal zuhöre oder mich selbst erinnere, dann kann ich es kaum glauben.«

»Kenn ich, das Gefühl. Wir waren zu jung, um es wirklich zu merken. Es muss ein kleines Paradies gewesen sein. Und jetzt kann ich nicht mal die paar Kilometer bis zum Dorf meiner Eltern fahren.«

»Meine Großmutter ist inzwischen auch nach Kabul gekommen. An eine Reise nach Schamali ist nicht mehr zu denken. Sie trauert ununterbrochen«, sagte Massud.

»Hör auf damit. Ich kann keine traurigen Geschichten mehr hören. Heute habe ich meinen freien Tag, und den will ich feiern.«

Nachdem nun seine Grundausbildung beendet war, konnte er abends und am Wochenende nach Chair Chana kommen. Selbst seine Haare durfte er wachsen lassen.

»Was hältst du von einer Zigreti?«, fragte Habib, als sie durch das Viertel spazierten.

»Zigreti? Du meinst Hasch? Seit wann rauchst du?«

»Was willst du denn in der Kaserne schon anderes machen? Viele von den Jungs dort rauchen. Probier es doch mal.«

»Keine Lust.«

Habib zog an der Zigreti und ließ den Rauch in seinen Lungen wirken. Ein süßlicher und schwerer Qualm umnebelte ihn. Sie setzten sich unter einen Baum am Ende der letzten Häuserreihen.

»Freu dich doch, dass du deine Prüfung verhauen hast. In der Armee sind lauter Irre, sage ich dir. Durchgedreht. Besonders die armen Hunde, die von der Front zurückkommen. Und alle rauchen Hasch. Die Russen ganz besonders. Neulich war ich in einer ihrer Kasernen, um Papiere abzuholen. Es gab ein Problem, und ich musste über Nacht dortbleiben. Da rannten ganz junge Typen rum, höchstens siebzehn Jahre alt, und haben kaum begriffen, wo sie waren. Man hatte denen in Russland Quatsch erzählt. Manche wussten vorher nicht, dass sie in Afghanistan eingesetzt werden. Andere dachten, sie müssten hier gegen Amerikaner, Pakistanis und Chinesen kämpfen, die dem sozialistischen Afghanistan einen Krieg aufzwingen. Ist das nicht wahnsinnig? Und dann bekommen sie gesagt, dass die Afghanen in den Bergen allesamt Feinde des sowjetischen Volkes sind.«

Habib nahm den letzten Zug und schloss die geröteten Augen. Er schwieg, und Massud versuchte dem Gesagten einen Sinn zu geben. War es wirklich wahr, was sein Freund da sagte? Oder war sein Verstand nicht mehr intakt? Warum rauchte der Freund nun Haschisch und hielt die Kippe so geschickt zwischen seinen Fingern, als hätte er nie etwas anderes gemacht?

Es blieb ihnen noch eine Stunde bis zur Ausgangssperre, und sie gingen zum Friseursalon an der großen Kreuzung. Hier trafen sich die jungen Männer aus ihrer Gegend, denn der Barbier war gesellig und gönnte sich gern einen Rausch. Nach Geschäftsschluss wurde in seinem Laden Musik gemacht und manche Flasche geleert. Habib und Massud wurden freudig begrüßt und auf zwei Hocker gebeten. Der Friseursalon bot an vielen Abenden den einzigen Ort, der bis kurz vor Beginn der Ausgangssperre ein wenig Vergnügen und vor allem Musik ins Leben brachte. Hier lernte Massud das Harmonium besser kennen und prägte sich unzählige Lieder ein, die zumeist von Liebe, Sehnsucht und Schmerz erzählten. Und hierher kam auch Adschmal. Zusammen bildeten die beiden inzwischen ein passables Duo, das sich beim Singen abwechselte. Adschmal hatte eine tiefe Stimme bekommen, die sehr gut zu manch traurigem Liebeslied passte. Im Stillen träumte Massud noch immer von einer Zukunft als Musiker. Gemeinsam mit Adschmal wollte er eines Tages ein Konzert geben. An einen gemeinsamen Auftritt im Fernsehen brauchten sie allerdings nicht mehr zu denken, denn mit Massuds unrühmlichen Abgang im Bezirksparteibüro und dem Fernbleiben von der Jugendorganisation war diese Chance verwehrt.

Weihnachten hinter Gittern

Jeden Morgen, wenn ich den Computer anschalte, erinnert mich einzig das eingeblendete Datum an den Lauf der Zeit. Ohne diesen Hinweis würde ich die Orientierung verlieren, denn die Tage vergehen im immer gleichen Rhythmus. Die gleichen Räumen mit den immer gleichen Geräuschen und dem undefinierbaren Gefängnisgeruch. Ein paar Sträucher im Gefängnishof geben Aufschluss über die Jahreszeit, und der erste Schnee erinnert an den Winter. Zum wichtigsten Gesprächsthema in dieser Eintönigkeit gehört das Essen. Freitags wird der Kartoffelsalat mit Tapetenkleister verglichen, samstags nach dem Eintopf heißt es immer: »Da haben sie wieder den ganzen Scheiß der letzten Woche reingehauen«, und sonntags sind es die wehleidigen Geschichten über Mutters Kochkünste, die manchmal gar zum Austausch von Rezepten führen.
Eigentlich bin ich durch unseren Zuckerbäcker Andi gut versorgt. Er lässt es sich nicht nehmen, mir regelmäßig ein Kipferl oder ein Stück Kuchen zu schenken. Und Karl aus der Küche zweigt gern mal ein Kotelett für Rudi und mich ab. Und schließlich gibt es noch unseren wöchentlichen Einkauf, mit dem wir den Speiseplan erweitern. Manchmal kann ich mich nicht zur Sparsamkeit zwingen und gönne mir eine Dose Würstchen, frisches Obst und eine zweifelhafte Spezialität: Fischstäbchen.

Für jede weitere Abwechslung im Gefängnisalltag ist die Fantasie gefragt. Besonders schlimm ist es am Wochenende, wenn wir ununterbrochen in der Zelle hocken und die Zeit unendlich langsam vergeht. Wenn ich Glück habe, dann streitet sich Alf, der Vorarlberger, ausnahmsweise mal nicht mit Saif und Nasir. Sie geraten ständig aneinander und nerven alle mit ihrem Gezänk. Den Serben und den Kosovaren lässt Alf meistens in Ruhe. »Mit den Jugos ist nicht zu scherzen«, teilte er mir kürzlich vertrauensvoll mit. »Trau denen niemals über den Weg, die haben alle ein Messer.« Eigentlich redet er sonst nie mit mir, schließlich bin ich in seinen Augen ja auch nur ein Kümmeltürke. Mit den beiden Jugoslawen habe ich nie Probleme. Zudem scheinen sie ohnehin kein Bündnis zu bilden. Nur selten sieht man sie zusammen essen oder Karten spielen. Agim, der Kosovare, geht beim Aufschluss immer zu den Albanern, und Dragan sieht man häufig mit Slatko, dem kroatischen Schnapsbrenner, seine Hofrunden drehen. Angeblich will er ohnehin die Zelle wechseln und wartet auf einen freien Platz.

Jedenfalls bin ich immer froh, wenn am Montagmorgen um sechs das Licht angeht und die Arbeitswoche beginnt, denn die Beschäftigung am Computer macht Spaß und trainiert mein Gehirn. Fast dränge ich mich auf, um über das übliche Maß hinaus mit Aufträgen bedacht zu werden. Verschiedene Schreib- und Grafikprogramme sind mir inzwischen vertraut, sodass die Kollegen mich allmählich als gleichwertigen Mitarbeiter betrachten. Neulich ist Georg nach zwölf Jahren in die Freiheit entlassen worden. Er war mit seinen Gedanken längst in Freiheit gewesen und hatte sich kaum mehr um unsere Gefängniszeitung gekümmert. Das Archiv legt Zeugnis von seiner Einfallslosigkeit ab: Seit drei Jahren erschien der »Häfn-Report« mit dem immer gleichen Titelfoto, das ehemalige Schloss auf einem Stich aus dem achtzehnten Jahrhundert. Die Mitarbeit ist mir so wichtig geworden, dass ich auch am Abend nicht aufhören kann, über mögliche Themen für die neueste Ausgabe nachzudenken. Von nun an verschwindet das Schloss in die obere Ecke der neu gestalteten Kopfzeile, und ein attraktives Foto wird das Zentrum einnehmen. Im neuen Jahr wird auch eine regelmäßige Länderstudie in alphabetischer Reihenfolge erscheinen. Wir beginnen mit Afghanistan.

Das Arbeitspensum ist während der Betriebszeiten kaum zu schaffen, und mein Antrag auf einen eigenen Computer in der Zelle wird derweil geprüft. Mit dem Klappern der Tastatur und Kurtls geschickten Anleitungen komme ich am besten durch die Tage.

»Das erste Weihnachtsfest hinter Gittern ist etwas Besonderes, findest du nicht, Massud? Bei mir ist es jetzt das siebente, aber das erste werde ich nie vergessen«, sagt Kurtl am letzten Arbeitstag vor dem Fest, und aus seinem Tonfall klingt eine Mischung aus Wehmut und Wut.

»Besonders schlimm, oder was meinst du?«

»Wie man's nimmt. Ist halt eins weniger.«

»Mir ist das ziemlich egal, bin ja kein Christ.«

»Aber das hat doch damit nichts zu tun. Merkst du nicht, wie die Stimmung wechselt. Die Vorbereitungen laufen bei manchen schon seit Wochen. Bestellungen werden gemacht, Pakete kommen von draußen, Einkäufe werden gebunkert, und das Weihnachtsessen wird geplant. Ich überlege auch, ob ich mir nicht was Besonderes gönne.«

»Was denn?«

»Etwas zu trinken oder einen Joint. Weißt du, wer zurzeit was hat?«

»Beim Schnaps kann ich dir vielleicht helfen, aber mit Joints will ich nichts zu tun haben.«

»Verstehe. Guck doch mal, was du besorgen kannst. Eine Flasche für Silvester wäre nicht schlecht. Sagst du mir dann Bescheid?«

»Mach ich. Der will aber einige Pakete Tabak dafür sehen.«

»Ich habe noch was anderes anzubieten.«

»Was denn?«

Kurtl macht mir ein Zeichen, näher an seinen PC zu kommen. Der Betriebsleiter ist nebenan, und die anderen sind mit ihren Arbeiten beschäftigt. Er legt eine Diskette ein und drückt auf den Befehl »Öffnen«. Auf dem Bildschirm erscheint ein unzweideutiger Vorspann. Nackte Frauen rekeln sich auf einem Bett und spielen mit Dildos.

»Wow, Kurtl! Wo hast du die denn her?«

»Psst, waren in einer Fachzeitschrift. Haben sie beim Durchschauen wohl nicht gemerkt.«

»Ganz schön aufregend, was die da so machen.«

Kurtl drückt auf »Schließen« und steckt die Diskette in seinen Hosenbund.

»So kommen dann auch bei mir Weihnachtsgefühle auf«, sage ich.

»Witzbold, aber denke an meine Flasche.«

»Wird gemacht.«

»Machst dich übrigens richtig gut im EDV-Betrieb, will ich dir endlich mal sagen. Das Titelblatt vom letzten ›Report‹ ist wirklich gelungen. Die neue Gestaltung ist doch wesentlich besser als die langweilige vom Georg.«

»Du bist auch ein guter Lehrer. Ich habe viel von dir gelernt.«

Die Weihnachtsausgabe der Knastzeitung hatte ich festlich mit Engeln, Weihnachtsmann und Christbaum gestaltet, »Ein gesegnetes Weihnachtsfest« lautete die Überschrift, und an der Seite prangte in dekorativer Form die Zahl 1994. Mein Name stand endlich im Impressum.

»Mit dem Großauftrag für das ›Politische Jahrbuch Österreich‹ sind wir ja fast ins Schleudern gekommen. Mann, was haben wir für Überstunden gemacht! Schickst du die Zulage nach Pakistan?«

»Ja, aber ein paar Schillinge behalte ich für mich. Will mir auch mal was gönnen.«

»Gut so!«

Kurtl hatte Recht, auch mich überkam ein bisschen Wehmut, besonders wenn ich an die Weihnachtszeit in der DDR dachte. Die Magdeburger Freunde hatten sich damals lustig darüber gemacht, wenn ich die offizielle Bezeichnung »Jahresabschlussfeier« benutzte. Als mir das sperrige Wort neulich bei der Vorbereitung für das Betriebsfest rausrutschte, da glotzten mich alle fragend an. Weihnachten bringt alte Erinnerungen zu Tage, und ich schäme mich dafür, keine Grußkarten an die alten Freunde verschickt zu haben. Klara hat bisher immer eine Weihnachts- und Neujahrskarte bekommen. Selbst in der schwersten Zeit. Was mag sie denken? Was soll ich ihr schreiben? Welchen Absender angeben? Jetzt, wo sie in den Westen reisen kann, kommt sie vielleicht noch auf die Idee, mich zu besuchen. Und dann entpuppt sich die Anschrift »Herrgottalmgasse« zwar als Schloss, aber als eines, das verriegelt ist.

Ich muss Kurtl zustimmen, der Knast präsentiert sich an Weihnachten von seiner besseren Seite. An allen drei Tagen ist bis sieben Flügelfreizeit. Die Türen in unserem Trakt stehen offen, und man kann zusammenhocken. Über den Beamten Müller haben wir eine große Fleischportion organisiert. Aus einer richtigen Schlachterei in der Stadt.

An Heiligabend um vier Uhr duftet es bereits köstlich, was Saif und Nasir mit abfälligen Kommentaren über meine wenig moslemischen Essgewohnheiten quittieren.

»Das willst du essen? Weißt du nicht, wie unrein das ist?«

»Wer oder was ist schon rein in unserem Schloss?«

»Für einen Moslem gehört es sich nicht, an einem Schweinefuß zu nagen.«

»Für einen Moslem gehört es sich auch nicht, im Gefängnis zu landen.«

»Was willst du damit sagen, du Angeber. Hältst dich wohl für was Besseres, was? Du Schleimer! Hängst immer nur mit den

Österreichern rum und sprichst dein perfektes Deutsch. Du sitzt genauso in der Scheiße wie wir alle, verstanden?«

»Reg dich ab, Saif, ist doch Weihnachten«, sage ich in möglichst ruhigem Ton.

»Scheiß ich drauf, bete du nur mit den Ungläubigen«, brummt Saif und geht mit Nasir bis zum Einschluss in eine andere Zelle. Diese Art von Auseinandersetzung scheint offenbar keine Rücksicht auf das Weihnachtsfest zu nehmen. Auf dem Tisch brennt eine Kerze, der Vorarlberger und die Jugos verziehen sich ebenfalls woanders hin, und Karl gesellt sich zu uns.

Rudi werkelt seit Stunden in unserer winzigen Kochnische und nötigt der eingeschränkten Wattzahl das Äußerste ab.

»Verdammt, die Soße wird nicht dick, und wir haben kein Mehl. Massud, geh mal rüber zum Andi. Unser Zuckerbäcker hat sicher was.«

»Nein, Rudi, das kannst du nicht verlangen. Auf keinen Fall. Der denkt sonst noch, ich komme als Weihnachtsgeschenk zu ihm.«

»Los, mach ihm die Freude«, drängt auch Karl, »er wird dich schon nicht beißen.«

»Keine Chance, ich gehe nicht.«

»Sei kein Spielverderber. Die Soße ist wässrig, lauf endlich rüber, in einer Minute bist du wieder hier. Oder muss ich alter Mann etwa selber?«

»Lauf du doch schnell rüber, Karl«, schlage ich in meiner Not vor.

»Mich kann er nicht leiden, aber auf dich steht er. Ist doch richtig verrückt nach einem orientalischen Märchenprinzen. Das weiß doch jeder hier. Dir gibt er sofort sein Mehl.«

»Also gut, ich geh. Aber nur, weil Weihnachten ist.«

Die Tür ist angelehnt, und kein Geräusch dringt aus der Viererzelle.

»Andi, bist du da? Hier ist Massud«, rufe ich noch vor dem Eintreten und sehe ihn in der kleinen Zweierzelle auf dem Bett liegen. Er starrt mit leerem Blick an die Decke. Ich habe erwartet, dass er aufspringt, mich mit dem berühmt-berüchtigten tänzelnden Gang umkreist, wie zufällig ein Haar von meinem Kragen streicht und dabei flüchtig meine Wange berührt. Doch er bleibt regungslos liegen.

»Frohe Weihnachten! Ich wollte fragen, ob du Mehl hast. Rudi kocht und braucht für die Soße eine kleine Tasse voll.«

Erst jetzt sehe ich seine feuchten Augen und das Foto in seiner Hand. Eine kleine Frau in altmodischer Kleidung mit einem Jungen an der Hand.

»Wie sieht es aus, Andi? Ich schau mal im Schrank nach, okay?«

»Mach, was du willst.«

»Was ist denn los?«

»Was los ist? Ich halte es nicht mehr aus. Das ist los«, kreischt er plötzlich mit einer Lautstärke, die nicht zu seiner zarten Erscheinung passen will. »Noch mindestens fünf Jahre! Ich will hier raus. Dieses Scheißweihnachten macht mich total fertig.«

»Beruhige dich, Andi. Heute drehen wohl alle durch. Vorhin gab es sogar eine Schlägerei bei den Jugos in Zelle vier. Da ist ein Kroate ausgeflippt. Und die Araber rasten auch aus.«

»Ach, du kapierst gar nichts. Sei erst mal zehn Jahre hier. Zehn Jahre der Reue. Zehn Jahre der Schuld. Und das alles nur wegen der Liebe. Was ist das nur für eine Welt?«

»Tut mir leid. Lch muss jetzt wieder rübergehen. Hab mir was abgefüllt, okay?«

»Schon gut.«

»Kommen auch wieder bessere Tage. Man sieht sich.«

Alles in mir sträubt sich dagegen, ihn allein in der Zelle zu lassen. Ich müsste ihn einladen, unser Festmahl zu teilen, aber hier gelten andere Regeln, und ich denke an die Folgen. Es gibt zu vieles, vor dem man sich hinter Gittern hüten muss. Und Herzen sind hier noch schneller gebrochen als in Freiheit. Einen verliebten Zuckerbäcker kann ich jetzt überhaupt nicht gebrauchen.

»Na, was sagt dein Verehrer? Hast es ihm zur Feier des Tages besorgt?«, empfängt Karl mich amüsiert.

»Halt die Klappe.«

»Oh, der Herr ist beleidigt. Ich mein ja nur, warst ewig weg …?«

»Lassen wir das jetzt, okay? Ich kriege langsam Hunger. Hier hast du dein Mehl, Rudi.«

Als er mit zittriger Hand nach der Tasse greift, schaue ich in sein müdes Gesicht. Seine kleinen grauen Augen sind rot umrandet, und schnell wischt er mit dem Hemdsärmel die Tränen weg. Sein gekrümmter Rücken beugt sich über den Topf mit der dampfenden Soße, und vorsichtig schüttet er Mehl hinzu. Sicher denkt er wieder an seine Frau, die er nie wiedersehen wird, und an die Töchter, die ihn niemals besucht.

Der Tisch ist gedeckt und das Essen fertig, als Rudi hinter der geöffneten Schranktür verschwindet. Er kramt in den Fächern, es raschelt, dann kommt er wortlos in blauem Hemd und mit gebundener Krawatte zurück an den Herd und greift nach den dampfenden Töpfen. Im nächsten Moment stehen sie vor unseren Tellern und lassen mir das Wasser im Mund zusammenlaufen. Keiner sagt ein Wort, und als ich nach unten schaue, entdecke ich einen Fleck auf meinem Pullover, der mir plötzlich wie eine Beleidigung für den alten Mann erscheint. Sein schmaler Hals wirkt über dem perfekten Knoten fast zerbrechlich und sein Kopf mit dem feinen Haar übergroß. Eine Krawatte im Knast! Am Stoff erkenne ich, dass Ali Resa aus der Schneiderei sie für ihn angefertigt haben muss. Wo hatte Rudi sie nur versteckt? Wie konnte sie bei der Schrankkontrolle unentdeckt bleiben? Rudi setzt sein mildestes Lächeln auf, und ich kann ihn vor lauter Rührung kaum ansehen. Er ist stolz auf sein Gebiss, hat er mir mal erzählt. In strenger Disziplin habe er dafür gespart, denn von der Krankenkasse sei ihm nur ein geringer Zuschuss bewilligt worden. Er wollte gute Zähne haben, solche, mit denen man auch Fleisch essen könne, ohne dass sie einem gleich aus dem Mund fielen. Ich versuche mir vorzustellen, wie er seine Gutmütigkeit und Liebe einer Frau gewidmet hat. Er ist der Mensch für so etwas. Warum nur hat er alles zerstört? Rudi! Er tut mir unendlich Leid. Und gleichzeitig verabscheue ich ihn.

»Wie sieht es aus, Rudi? Willst uns nicht was vorsingen?«, fragt Karl über die dampfenden Teller hinweg. »Ich mein ja nur, weil du im Chor bist und bestimmt ein paar Weihnachtslieder drauf hast.«

»Veralbern kann mich selber«, sagt Rudi trocken. »Du kannst morgen um zehn gern in die Kirche kommen und uns singen hören.«

»Jetzt beruhigt euch mal. Schluss mit Sticheleien und Traurigkeit, nun wird gefeiert!« Ich fülle uns Kartoffeln auf.

»Was gibt es eigentlich zu feiern? Mein siebzehntes Fest?«, fragt der alte Mann in gespielter Ernsthaftigkeit.

»Wart's ab, und mach mal die Tür richtig zu, Karl«, sage ich und zaubere unter meinem Bett die Überraschung hervor.

»Das ist doch nicht wirklich wahr, oder?« Rudi strahlt. »Wo kommt die denn her?«

Die Flasche Johnny Walker bringt endgültig einen weihnachtlichen Glanz in ihre Augen. Stumm prosten wir uns zu, aber keinem will ein Trinkspruch einfallen. Karl erzählt von seinen Figurproblemen, nagt an der fetten Stelze und genehmigt sich ein zweites Gläschen. Das Geschirr klappert unter unserer Gier, und ich kann mich nicht erinnern, jemals eine bessere Soße gekostet zu haben.

»Stelzen mochte sie am liebsten.« Die Flasche ist fast leer, als dieses eine Wort in der Zelle hängt: SIE. Ein verbotenes Wort – ein in die Welt gesandtes Bekenntnis ohne Rücknahmerecht. Es war seinem Mund entsprungen, über seine glatten Lippen gehüpft. Nie zuvor hat er von ihr gesprochen. Hat Karl es nicht gehört, oder warum rührt er sich nicht? Wir müssten doch etwas sagen! Aber was?

»Lasst uns Karten spielen«, schlage ich in meiner Not vor, gehe an den Schrank, finde das Spiel und wechsle schnell mein Hemd.

»Kennst du außer Wien und unserem Schloss noch mehr von Österreich?«, will Kurtl am ersten Arbeitstag im neuen Jahr von mir wissen.

»Warum fragst du?«

»Na ja, jetzt, wo wir die Länderstudien im Häfn-Report rausbringen, überlege ich, ob unsere ausländischen Kollegen überhaupt etwas von unserer schönen Alpenrepublik gesehen haben. Vielleicht sollten wir nicht mit ›A‹ wie Afghanistan und Algerien anfangen, sondern mit Österreich.«

»Also, ich habe eine ganze Menge gesehen.«

»Wie kommt denn das? Du bist doch noch nicht lange hier, sagtest du mal.«

»Tja, erstens kannst du dir als Asylsuchender deinen Wohnort nicht aussuchen, und außerdem war ich ein paarmal als Marktfahrer unterwegs.«

»Welche Gegenden kennst du denn?«

»Im Traunsee kenne ich jeden Liter Wasser.«

»Traunsee? Im Salzkammergut!? Erzähl mal, wie bist du denn da gelandet?«

»Das ist eine ziemlich lange Geschichte. Zuerst war ich in Traiskirchen bei Wien, in einem Flüchtlingslager. Das war ein ziemlich rauer Empfang im goldenen Westen.«

Kurtl schaut mich aufmunternd an, er will wirklich alles wissen. Aber wo soll ich anfangen und wo enden? Wie soll er sich das Leben in einem Aufnahmelager vorstellen, wie das Sprachengewirr, die Angst, die Hoffnung und Ungewissheit der Flüchtlinge?

Als ich in Traiskirchen ankam, kündigte sich gerade der Frühling mit seiner europäischen Zurückhaltung an. Zaghaft blitzten die ersten Knospen aus nackten Ästen hervor, und Hunderte von Osterblumen auf den Grünflächen zwischen unseren Flüchtlingsbehausungen verkundeten übermütig das Ende des Winters. Nach dem Mittagessen in der Kantine suchten sich die meisten Heimatlosen ein Plätzchen an der Sonne. Abseits von den kasernenartigen Gebäuden fand ich eine Bank. Es war warm genug, die Jacke auszuziehen, und ich legte sie als Kissen unter meinen Kopf. Wie in Magdeburg, dachte ich. Der gleiche Himmel, die gleichen Bänke – die Sitzfläche leicht nach hinten abfallend, mit einer bequemen Rückenlehne –, ein europäisches Modell. Ich ließ die Arme sinken und die Sonne mein Gesicht bestrahlen. Wie konnte sie nur so kraftlos sein? Verglichen mit der glühenden Scheibe in Islamabad, die den Menschen nur wenige Wochen der Kühlung gönnt, scheint ihr Feuer über Europa beinahe erloschen zu sein. Es war Ende März, und in meiner Heimat hatte ein neues Jahr begonnen, aber ich verscheuchte die Gedanken an unbeschwerte Tage im Schoß meiner Familie. »Naurouz«, »Neuer Tag«, heißt der Beginn des neuen Jahres am 21. März, den ich auf einer schmalen Pritsche mit einer fleckigen Matratze verbrachte. Mein Hab und Gut passte in eine Reisetasche. Mein neues Zuhause war eines von den sechs Betten in einem Zimmer von Haus siebzehn, das ich mit einer vierköpfigen bosnischen Familie, einem jungen Kosovo-Albaner, einem Kurden und einem Iraner teilen musste.

Vom Lager aus ist es nicht weit nach Wien, hatte der Hausmeister gesagt. Das war tröstlich, denn es bedeutete, dass es auch nicht weit war zu Yvonne. Ständig musste ich an meine Geliebte denken und hatte ihr Gesicht vor Augen. Sie wusste noch nicht, dass ich in Österreich war.

Ich ging zur Bushaltestelle vor dem Flüchtlingslager und studierte den Plan der Region. Yvonne wohnte in einem Nachbarort! Ich war siebentausend Kilometer geflogen, hatte einen Asylantrag bei einer österreichischen Behörde gestellt und landete ganz in ihrer Nähe. Aber ich traute mich nicht, sie anzurufen. Was sollte ich sagen? Ich wusste nicht, wie es mit mir weiterging, kannte meine Chancen nicht. Es hieß, man würde von hier in andere Orte verteilt. Ich wollte ihr nicht als ahnungsloser Fremder gegenübertreten, als mittelloser Flüchtling, als jemand, der seine Schlafstätte mit sieben anderen verlorenen Seelen teilt. Zuerst musste ich meine Angelegenheiten klären. Bisher hatte mich noch kein Beamter vernommen. Ob sie mir Asyl gewähren würden. Drei Tage zuvor hatte ich noch in Islamabad gelebt. Auch dort war ich ein Fremder, ein Flüchtling, aber die Heimat war nah, und es lagen vertraute Klänge in der Luft. Und nun war ich in Yvonnes Stadt. Ich hatte es so geliebt, wenn sie mir von Wien erzählte und in der erdrückenden Hitze Islamabads Fotos schneebedeckter Alpengipfel aus ihrem Koffer zauberte. Am liebsten lag sie im weitläufigen Garten ihres Vaters unter einem schattigen Baum. Dort sang ich ihr ein Liebeslied auf Urdu vor, dessen Worte sie auch ohne Übersetzung verstand. Dabei hatte ich den pakistanischen Angestellten im Blick, der auf der Terrasse Tee servierte und mich abschätzig beäugte, wenn ich dicht bei der blonden Tochter des österreichischen Botschaftsangehörigen saß und verbotenen Alkohol trank. Wie um ihn zu ärgern, strich ich ihr manchmal flüchtig durch das Haar.

In den Monaten nach unserer Trennung habe ich oft von Yvonne geträumt. Das letzte Mal im Flugzeug, kurz nach dem erleichternden Start in Dubai. Sie trug ihr blaues Sommerkleid und stand am Flughafen in Wien, gleich neben der Maschine auf dem Rollfeld, und wartete auf mich. Die Türen ließen sich nicht öffnen, und ihr suchender Blick hetzte von Fenster zu Fenster. Ihr Kleid wehte im Wind, und unsere Augen trafen sich nicht. Jetzt verlor ich mich in Tagträumen. Auf der fleckigen Matratze im Haus siebzehn umschmeichelte ihr Duft meine Nase, und ich folgte der Verlockung, die ihr Haar verströmte, griff nach den langen Strähnen, verfing mich in ihren Locken und hielt mitten in der größten Erregung inne. Das Zimmer roch nach Schweiß, und ein grauer Morgen warf einen fahlen Schein auf die Gesichter der schlafenden bosnischen Kinder.

Ich schlenderte durch die Straßen von Traiskirchen und hielt Ausschau nach ihrer schlanken Gestalt und dem Zopf. Wenn sie zufällig meinen Weg kreuzte und ich unverhofft vor ihr stünde? Niemals würde sie ihren Augen trauen. Nein, die Vorstellung wäre allzu abwegig für sie. Massud Mirsasada gehörte auf den Basar von Islamabad, hinter einen primitiven Verkaufstresen mit Silberschmuck und Lapislazuli. Dorthin, wo wir uns zum ersten Mal begegnet sind. Am nächsten Morgen wollte ich sie anrufen, aber wie sollte ich beginnen? »Hallo, hier bin ich, mein Schatz« oder »Rate mal, wo ich bin«? Nein, ich musste behutsam vorgehen und durfte sie nicht verschrecken, aber immer wieder zog es mich zu der von Schicksalsgenossen belagerten Telefonzelle neben Haus eins. Der Hörer dort wurde niemals kalt, es gab immer eine Hand, die ihn umklammerte, und Münder, aus denen unzählige Worte in allen erdenklichen Sprachen in die Muschel geschrien wurden, Lebenszeichen in die Heimat.

Ziellos streifte ich durch Traiskirchen. Der Ort war aufgeräumt wie eine Filmkulisse, und die Stille war durchdringend. Die meisten Geschäfte im Ort waren menschenleer, die Bewohner schienen sich hinter dicken Mauern verschanzt zu haben. Welch leere Welt! In den Schaufenstern studierte ich die Preise, und kleine Schilder erschreckten mich mit ihren vielen Nullen. Ein Dollar waren ungefähr zehn Schilling. Ich hatte nur noch tausend Schilling und musste nach Pakistan telefonieren. Mutter wartete auf meine Nachricht. Nur vorbeifahrende Autos machten vertraute Geräusche. Im ersten Moment dachte ich, es handle sich um Staatskarossen, wie es sie auch in Islamabad gab, aber dann wurde mir klar, dass hier fast alle Autos groß und neu waren.

Am Abend besaß ich nur noch siebenhundert Schilling. Ein kurzer Anruf bei unserem Nachbarn, der versprach, meiner Familie das Gesagte auszurichten, hatte hundert Schilling gekostet. Aus purem Leichtsinn und unbändigem Appetit gab ich ein Vermögen für eine Bratwurst, eine Cola und eine Schachtel Zigaretten aus. Von dem Geld hätte meine Familie einen Tag leben können. Ich musste mir dringend das Rauchen abgewöhnen und durfte nie wieder in einen Imbiss gehen. Der Preis für eine S-Bahn-Fahrkarte deprimierte mich. Aber ich musste nach Wien fahren. Ich träumte von der Stadt, seitdem Yvonne mir zum ersten Mal davon erzählt hatte. Ich wollte die Oper sehen und die Fiaker. Ich liebte die Art, wie sie gerade dieses Wort aussprach und wie sie meine Versuche lobte, es ihr nachzutun. Fieahka.

Beim Heimkommen fand ich einen Zettel auf meinem Bett: »Your interview is tomorrow at 11 hour, house 1, room 32«.

Ich war froh, endlich jemandem erzählen zu können, was mich hierher geführt hatte. Wie schrecklich die Lage in meiner Heimat war, welche Gefahr mir drohte und was sie mit meinem Bruder gemacht hatten. Doch der Beamte unterbrach mich ständig und forderte mich auf, seine Fragen kurz und knapp zu beantworten. Aber ich musste ihm doch zumindest erzählen, was trotz der versprochenen Generalamnestie mit den Mitgliedern meiner Partei in Kabul passierte. Die Anhörung war erstaunlich schnell beendet, und ich konnte nicht einmal einen Bruchteil von dem sagen, was ich für wesentlich hielt. Von Vaters Aktivitäten hatte ich kaum etwas erzählt und auch fast kein Wort über die Taten der Mudschahedin selbst auf pakistanischem Boden. Keine Chance, all das loszuwerden. Ich musste das Protokoll unterschreiben und abwarten: »Sie hören von uns, Herr … äh …«

»Mirsasada.«

»Ja, Herr Mirsa … äh …«

»… sada.«

»Herr Sadeh, Sie werden von uns hören.«

Warum klang das in meinen Ohren wie eine Drohung?

Irgendwann musste ich Yvonne anrufen. Ich überlegte, ob ich ihr am Telefon ein Lied vorsinge. Noch einmal das Liebeslied auf Urdu, so wie an jenem Tag unter dem Maulbeerbaum, als ich einfach nicht anders konnte als singen. In der Nacht hatte sie es mir mit innigen Umarmungen und feuchten Küssen gedankt.

Ihre Mutter war am Apparat und gab den Hörer weiter. Es war so weit.

»Na, erkennst du meine Stimme?«

»Wer ist da?«

»Erkennst du mich wirklich nicht?«

»Massud? Warum rufst du an? Ich meine, von wo rufst du an? Ist etwas passiert?«

»Ich rufe aus Traiskirchen an. Ich bin in Österreich?«

»Wieso? Traiskirchen bei Wien? Was machst du hier?«

»Ich bin abgehauen und habe Asyl beantragt. Ich möchte hier bleiben. Wann können wir uns sehen? Du fehlst mir so.«

»Hier bleiben? Aber wie hast du das geschafft? Geht es dir gut?«

»Ja, es war ganz einfach, kein Problem. Ich habe es in Islamabad nicht mehr ausgehalten. Auf Dauer war es dort nichts für mich. Wann sehen wir uns?«

»Ich weiß nicht … äh, heute ist es schlecht. Wie ist es mit morgen Abend? Von Traiskirchen ist es nicht weit. Du kannst mit der Bahn kommen.«

Morgen? Das schien Jahre entfernt zu sein. Warum nicht sofort? Sicher war sie beschäftigt. Ihr Studium, und wer weiß, was sonst noch alles.

»Yvonne, du hast mir schrecklich gefehlt. Ich freue mich so sehr, dich wiederzusehen.«

»Ja … gut, morgen können wir uns treffen. Findest du den Weg? Ruf am Nachmittag noch einmal an.«

Und dann hatte ich keine Münzen mehr, und das Gespräch endete abrupt.

Ihre Beichte war grausam. Ja, es sei eine sehr schöne Zeit mit mir gewesen. Die drei Monate werde sie nie vergessen. Wie ein orientalisches Märchen komme es ihr vor. Aber nie habe sie damit gerechnet, mich wiederzusehen, schon gar nicht in Österreich. Jedenfalls gehe sie schon bald zum Studieren nach Amerika, und außerdem habe sie dort einen Freund.

»Einen Freund? Aber davon hast du nie etwas gesagt. Ich dachte, du liebst mich?«

»Aber Massud, das war doch nur für eine begrenzte Zeit – und wir haben das beide gewusst.«

»Aber jetzt bin ich hier. Jetzt können wir weitermachen.«

»Massud, verstehe doch. Ich gehe nach Amerika. Zu meinem Freund.«

»Du hattest ihn damals schon, diesen Freund? Und hast mit mir geschlafen? Einfach so, zum Zeitvertreib, ohne Liebe? Oder weil du ein orientalisches Abenteuer erleben wolltest? Yvonne, sag, dass es nicht stimmt. Bitte! Ich dachte, du liebst mich.«

Zukunftspläne

Habib hatte einen freien Tag, und sie schlenderten über die Dschad-e Maiwand. Bis zum Beginn der Nachmittagsvorstellung im Cinema Pamir hatten sie noch über eine Stunde Zeit, und sie beobachteten die Passanten an diesem Freitagnachmittag. Am Wochenende waren viele Familien unterwegs, und die Freunde hielten Ausschau nach hübschen Mädchen. Nur sehr selten hatten sie das Glück, dass ihnen auch nur zwei ohne Familienangehörige im Schlepptau über den Weg liefen. Fast immer bummelten sie in größeren Gruppen durch die Einkaufsstraße, und eine Kontaktaufnahme war unmöglich. Auch im Schutz der Dunkelheit des Kinos, wo sie in der Mitte zwischen Brüdern und Onkeln saßen, blieben ihnen nur die zaghaften Versuche, mit gezielten Blicken Botschaften zu versenden. Wenn Massud es schaffte, wenigstens den verheißungsvollen Augenaufschlag eines einzigen Mädchens zu erhaschen, dann war seine Fantasie bis zum nächsten Freitag ausreichend angeregt und sein Herz voller Hoffnung auf ein Wiedersehen. Aussichtsreicher war der Aufenthalt in der Nähe der Mädchenschulen. Dort wurden sie nicht bewacht von Eltern- und Brüderblicken, und wenn man mutig genug war, konnte man sie sogar ansprechen. Neulich hatte Massud dem hübschen Mädchen aus Herat einen Gruß zugeworfen. Seitdem sie am Ende seiner Gasse wohnte, ging sie ihm nicht mehr aus dem Kopf. Sie hatte seinen Blick nur eine Sekunde lang erwidert und mit keinem Wort geantwortet. Am Abend erwartete seine Mutter ihn bereits und erklärte, das Mädchen habe sich zusammen mit ihrer Cousine über sein aufdringliches Verhalten beschwert. Zum Glück glaubte sie ihm, dass er nichts Ungehöriges getan hatte, und der Vater lächelte.

»Wie schafft man es nur, an ein Mädchen heranzukommen?«, seufzte Habib. »Wir laufen seit Jahren wie die letzten Trottel vor den Schulen und Kinos auf und ab, ohne auch nur ein Wort mit einer zu wechseln.«

»Fängst du schon wieder davon an?«

»Aber es ist doch wahr. Wir haben ja kaum die Chance, den Namen eines Mädchens zu erfahren. Den ganzen Tag bin ich in der Kaserne mit Männern zusammen. Die einzigen Mädchen, mit denen ich rede, sind meine Schwestern.«

»Und deine Cousinen, vergiss das nicht. Naime ist doch wirklich sehr hübsch. Ich versteh gar nicht, warum du dich beschwerst.«

»Was nützt mir das? Ich war noch nie eine Sekunde mit ihr allein. Hab auch gehört, wie meine Schwester gesagt hat, dass sie verheiratet wird.«

»Pech gehabt! Man müsste so ein Glück wie Dschahed haben. In der Arztpraxis seines Vaters gehen die fremden Frauen täglich ein und aus. Außerdem ist er mutig.«

»Glaubst du wirklich, dass er mit einer von denen schon mal … ich meine, richtig?«

»Kann sein, er ist doch so ein Typ.«

»Ich weiß nicht.«

»Doch, doch. Er hat sogar mal was mit einer Cousine gehabt.«

»Dschahed? Woher weißt du das?«

»Hat er mir erzählt. Stell dir vor, die ist schon verheiratet.«

»Wow, er hat sie richtig … du weißt schon?«

»Ja, mit allem Drum und Dran.«

»Ich werd verrückt.«

Habib starrte auf die andere Straßenseite. Sein Körper spannte sich, und kopflos sprang er in den Verkehr. Mit atemberaubender Geschwindigkeit erreichte er den gegenüberliegenden Bordstein, und mit einem gewaltigen Satz stürzte er sich auf den Rücken eines Mannes und riss ihn zu Boden. Im nächsten Moment war er schon wieder auf den Beinen und zerrte an dem langen, schwarzen Haar eines Mädchens, das einen gellenden Schrei ausstieß. Erst jetzt erkannte Massud die Schwester seines Freundes. Ein Faustschlag traf den Fremden, ein Tritt Soheilas Bein. Endlich erreichte Massud die Kämpfenden, sah die zaghafte Gegenwehr des Jungen und schirmte das Mädchen gegen den rasenden Bruder ab.

»Ich bringe ihn um!«, schrie Habib.

Doch der Fremde war davongeeilt, und Soheilas Schreie waren die erbärmlichsten Laute, die Massud je gehört hatte. Schaulustige versammelten sich, und geistesgegenwärtig stoppte Massud ein Taxi und schob Soheila auf den Rücksitz. Wieder wollte Habib sie packen, doch dann besann er sich und setzte sich neben den Fahrer.

»Du Hure!«, zeterte er. »Wer ist dieser Bastard?«

»Habib, beruhige dich«, sagte Massud. Wie konnte der Freund nur so unbeherrscht sein?

»Ich soll mich beruhigen? Wenn meine eigene Schwester in aller Öffentlichkeit mit einem fremden Kerl über die Dschad-e Maiwand flaniert?«

»Er ist ein Kommilitone von der Uni. Er hat mich ein Stück begleitet, damit ich nicht allein gehen muss«, sagte Soheila ruhig und gefasst.

»Es ist mir vollkommen egal, wohin ihr wolltet. Wie kannst du es wagen, dich mit diesem Bastard auf der Straße blicken zu lassen? Kennst du überhaupt keinen Respekt mehr? Was ist in dich gefahren?«

»Ich bin kein kleines Kind mehr, und ich habe ein Recht darauf, auf der Straße spazieren zu gehen. Afghanische Frauen müssen sich nicht mehr unsichtbar machen.«

»Wer erzählt dir den Quatsch? Hast du das von deiner Frauenorganisation? Was heißt überhaupt unsichtbar? Du läufst doch schon immer halb nackt auf der Straße herum. Schau dich doch an, mit deinem Rock. Hast dich doch nie ordentlich angezogen.«

»Das Schleiergebot ist vor fünfundzwanzig Jahren aufgehoben worden, falls du das nicht weißt. Und die Partei unterstützt die Eigenständigkeit der Frauen.«

»Hör mit diesem Gequatsche auf! Will die Partei aus allen Frauen Huren machen?«

»Nein, du hörst mir jetzt mal zu. Rateb ist ein guter Mann. Dein Benehmen ist eine Schande! Wie ein wildes Tier hast du dich auf uns gestürzt. Wo lebst du? In einem afghanischen Bergdorf? Wir sind hier in Kabul, Fortschritt und Gleichberechtigung haben Einzug gehalten. Das solltest du langsam begreifen.«

»Das darf ja wohl nicht wahr sein. Du redest wie eine Kommunistin. Bin mal gespannt, was unser Vater dazu sagt.«

»Wenn du auch nur ein Wort verlierst, dann …«

»Was dann?«

Soheila wirkte ruhig und selbstsicher. Massud war es nie aufgefallen, welche Stärke von ihr ausging und wie schön sie war.

»Dann erzähle ich ihm, womit du deine freie Zeit verbringst. Es wird ihm sicher gut gefallen, wenn sein eigener Sohn den Glauben missachtet.«

Meinte Soheila etwa den heimlich getrunkenen Alkohol oder womöglich gar die Zigretis?

»An deiner Stelle würde ich nicht als Hüter der Sitten auftreten«, fügte sie hinzu. Woher hatte dieses Mädchen nur den Mut, ihrem Bruder zu widersprechen? So etwas hatte Massud noch nie erlebt. Anstatt zu jammern und zu flehen, begehrte sie auf. Andere Mädchen würden mit Selbstmord drohen oder dem Bruder alles versprechen, was er gefordert hätte. Dabei wusste sie doch, was ihr bevorstünde, wenn Habib von diesem Rateb erzählen würde. Soheila könnte ihr Studium vergessen und dürfte sicher nie wieder allein das Haus verlassen.

»Warum vergesst ihr das Ganze nicht einfach? Es ist doch nichts passiert«, schlug Massud hastig vor.

»Tolle Idee, mein Freund. Ich möchte mal sehen, was du tätest, wenn deine Schwester die Ehre deiner Familie in den Schmutz ziehen würde.«

Massud versuchte im Stillen eine Antwort zu finden. Er wusste nicht, was er tun würde. Es war unvorstellbar. In aller Öffentlichkeit mit einem fremden Mann spazieren zu gehen war ein unbegreiflicher Verstoß gegen die Sitten. Hätte sie nicht wenigstens eine Freundin mitnehmen können? Angesichts dieser Ungeheuerlichkeit sollte sie besser schweigen, dachte er, aber schon erhob sie erneut ihre Stimme.

»Wie soll ich Rateb jemals wieder unter die Augen treten? Er dachte, ich komme aus einer fortschrittlichen Familie. Und dann dieses primitive Auftreten. Fehlt nur, dass du ihn niederstichst und dich als Held fühlst.«

»Primitiv? Dieses Wort aus deinem ehrlosen Mund! Vergiss diesen Kerl! Du solltest dir ganz andere Sorgen machen. Wer wird dich noch heiraten, wenn du den Ruf einer Hure hast? Du hast Schande über die ganze Familie gebracht.«

»Die Zeiten haben sich geändert, Habib-dschan. In unserem Land gibt es Dekrete, die die ungerechten patriarchalischen Beziehungen zwischen Männern und Frauen beseitigt haben. Es gibt dank der Partei endlich die Gleichberechtigung.«

Als der Wagen das vertraute Wohnviertel erreichte, bedeutete Massud dem Fahrer, vor seinem Elternhaus zu halten. Die Geschwister schauten ihn fragend an, sodass er die Gelegenheit zu einem Vorschlag nutzte.

»Meine Schwester wird mit dir nach Hause gehen, Soheila. Habib, du bleibst noch ein wenig bei mir.«

»Gute Idee!«, war Soheilas knapper Kommentar, während Habib schweigend zustimmte.

Seit diesem Vorfall betrachtete Massud seine große Schwester mit anderen Augen. Sie war inzwischen ein reifes Mädchen, musste er sich eingestehen. Ob sie vielleicht auch heimlich Dinge tat, die keine Familie je billigen würde? Nein, der Gedanke war abwegig. Nach der Schule traf sie sich manchmal mit Klassenkameradinnen. Was sie gemeinsam unternahmen, wusste er nicht. Weder konnten sie ins Kino gehen noch in ein Restaurant, ganz zu schweigen vom Billardsalon. All das war absolut unvorstellbar.

Massud und Adschmal saßen im schattigen Garten und übten auf ihren Instrumenten. Massud war stolz auf sein neues Harmonium und spielte so lange, bis ihn der Rücken schmerzte.

»Massud, du hast ein schönes Instrument gekauft. Das dunkle Holz gefällt mir sehr gut. Und der Klang ist rein.«

»Danke. Es war zwar eines der billigsten, aber ich bin froh, endlich genug Geld gespart zu haben.«

»Hast viel gearbeitet in letzter Zeit. In der Schule warst du jedenfalls nicht oft zu sehen.«

»Was soll ich da schon? Nächstes Jahr ziehen sie uns sowieso zum Militär ein. Studieren dürfen doch nur noch die Mädchen.«

Adschmal schlug die Tabla, mit einer Hand die große und mit der anderen die kleine. Unter seinen Fingern brachten sie die schönsten Töne hervor. Gute Tablaspieler waren selten, und Adschmal war auf dem besten Wege, einer zu werden.

Wahid setzte sich zu ihnen und beobachtete jeden Tastendruck seines Bruders. Ihn faszinierte der »Wind«, der mittels Pumpen in das Instrument gebracht wurde. Das Vor- und Zurückschieben der vorderen Seite, einem Blasebalg gleich, hauchte dem hölzernen Kasten Leben ein.

Sahira saß auf der Schaukel unterm Kirschbaum und versuchte die Lieder nachzusingen.

Wasime brachte ihnen Tee und schaute schüchtern nach unten, als Adschmal sich bedankte.

Sie probten an einem Stück, dessen Sprache sie nicht verstanden. Sie hatten es in einem indischen Film gehört. Gleich am nächsten Tag waren sie ein zweites Mal ins Kino gegangen und hatten begeistert der Stimme gelauscht. Der Sänger hieß Pankaj Udhas, und in jedem seiner Worte lag vollkommene Weichheit. Sie mochten kaum glauben, dass ein Mann so viel Gefühl in ein Lied bringen konnte.

Bis zur Dämmerung blieben sie im Garten und genossen ihr Spiel.

»In Zukunft können wir nicht mehr so häufig miteinander üben«, sagte Adschmal zu Massud, als sie einen Moment lang allein waren.

»Warum nicht?«

»Ich werde die Schule verlassen.«

»Was meinst du damit?«

»Ich habe mich zur Armee gemeldet.«

»Zur Armee!?«

»Warum soll ich warten, bis sie mich zwangsrekrutieren? Von den zweihundert Afghanis Sold kann meine Mutter nicht mal genug Reis kaufen. Als Freiwilliger bekomme ich über dreitausend. Seitdem mein Vater nicht mehr lebt, haben wir Probleme. Meine Mutter schafft es allein nicht.«

»Und du hast dich schon gemeldet?«

»Nächste Woche geht es los. Ich möchte Pilot werden. Wenn ich den nächsten Test bestehe, dann schicken sie mich zur Ausbildung in die Sowjetunion. Ich habe gute Chancen.«

»Pilot? Aber ich wusste gar nicht, dass du … Wie lange wirst du weg sein?«

»Keine Ahnung. Aber du bist ja vielleicht auch bald weg. Gehst ins Ausland zum Studieren.«

»Davon träume ich nicht mal mehr. Mich werden sie nächstes Jahr von der Schule abholen und in die Kaserne schicken. Dein Plan ist gar nicht schlecht, finde ich.«

»Wer weiß schon, was die Zukunft bringt.«

Im Herbst kam die überraschende Nachricht, dass es dem letzten Jahrgang erlaubt werde, nach dem Abitur ein Examen abzulegen, das zum Studium berechtige. Unter Massuds Klassenkameraden machte sich ein enormes Misstrauen gegenüber dieser Mitteilung der Schulbehörde breit. Niemand vermochte einzuschätzen, ob es sich nicht um eine Falle handelte. Massud fragte seinen Vater um Rat. Wakil Mirsasada hatte in letzter Zeit viel Verständnis für Massuds eigenwilligen Umgang mit den schulischen Anforderungen gezeigt, und die regelmäßige Arbeit für die Transportfirma sah er mit Wohlwollen. Dass sein Sohn insgeheim mit dem Gedanken spielte, auf die Abschlussprüfungen zu verzichten, um nicht sofort in die Kasernen geführt zu werden, ahnte er allerdings nicht. Massud wollte den Moment der Rekrutierung möglichst lange hinausschieben, und am unvermeidlichen Tag der Einberufung seinen Cousin Amir auf den Plan rufen, damit dieser für einen ruhigen Einsatzort innerhalb Kabuls sorgte. Warum sollte er sich also mit Aufgaben quälen, deren Lösungen von keinerlei Nutzen waren? Doch nun sah plötzlich alles ganz anders aus.

»Es sind nur noch wenige Monate bis zur Prüfung. Siehst du überhaupt eine Chance, die Aufgaben zu schaffen? Bei deinen zahllosen Fehltagen?«

»Darum mache ich mir die geringsten Sorgen. Die Prüfung kann ich schaffen, aber ich frage mich, ob es nur eine Falle ist. Vater, was meinen Sie?«

»In der Universität nimmt die Zahl der Mädchen überhand. Unser Land braucht in Zukunft unbedingt fähige Männer, Ingenieure, Techniker, Architekten. Es gibt so vieles aufzubauen. Sonst bricht das ganze System bald zusammen. Sie können doch nicht überall Russen hinsetzen. Und unsere Mädchen studieren meistens andere Fächer oder heiraten noch vor dem Examen.«

»Glauben Sie, wir dürfen wirklich ein Studium aufnehmen?«

»Es sieht ganz danach aus, aber die Prüfungen sind natürlich die gleichen geblieben. Wie willst du das schaffen?«

»Ich werde Tag und Nacht lernen. Es sind noch ein paar Monate bis zum Abitur.«

»Versuch dein Glück. Du hast die Fähigkeiten für ein Studium. Nur, wer fragt in diesem Land heute nach Fähigkeiten?«

Massud nahm die Herausforderung an und belegte verschiedene Nachhilfekurse. Er nutzte jede Minute zum Lernen, und Farid half dem Bruder an den Wochenenden, wenn er keinen Dienst hatte, bei den mathematischen und technischen Fächern. Dank seiner Hilfe begriff Massud nun auch die lästigen Rechenaufgaben. Für ihn bestand das Leben in den folgenden Wochen aus Rechnen, Auswendiglernen, Lesen und Schreiben. Nur selten fand er Zeit, sich mit Freunden zu treffen. Und wenn einer von ihnen überraschend vor der Tür stand und einen Spaziergang vorschlug – so wie Habib an einem Tag im Herbst –, dann war Massud leicht in Gefahr, seine Motivation für das große Ziel zu verlieren.

Habib hatte sich verändert. Sein Gesicht war schmaler geworden, und die Narbe spannte über seinem Wangenknochen. Er grüßte knapp und wirkte übellaunig.

»Übst du schon wieder für die Abiturprüfung? Wenn ich das schon sehe. Wen interessieren heute noch Prüfungen?«

»Was ist los mit dir, Habib? Was hast du auszusetzen? Willst einen Brandy? Ich könnte einen Schluck vertragen. Im Backhaus habe ich eine Flasche deponiert.«

»Ich habe zu gar nichts mehr Lust. Ich will nur noch weg hier. Wenn du wüsstest, was passiert ist!«

»Komm, wir verdrücken uns zum Friseur, und dann erzählst du mir alles.«

»Nein, lass uns allein reden. Gehen wir ins Backhaus. Ein Brandy wäre jetzt wohl doch das Richtige.«

Niemand sah sie durch den Vorbau schlüpfen, und Massud richtete zwei bequeme Plätze her.

»Sie haben sich die Täler vorgeknöpft«, begann Habib nach dem ersten Schluck.

»Wer? Und welche Täler?«

»Die Armee, wer sonst? Zuerst Schakar Dara, das Zuckertal. Ausräuchern wollen sie die Rebellen. Die haben die Nase voll davon, dass ihre Konvois auf der Salang ständig aus den Tälern angegriffen werden. Weißt du, was sie gemacht haben? Alles wahllos bombardiert! Bis hinauf nach Istalef. Da steht nichts mehr. Zweihundertfünfzig Kilo Bomben haben sie auf die Dörfer geworfen.«

»Mein Gott! Woher weißt du das?«

»Erstens bin ich selbst in der Armee, da kriegt man auch in der Schreibstube einiges mit, und außerdem war mein Onkel bei der Offensive dabei. Stell dir das mal vor! Gegen das Dorf seiner eigenen Großeltern musste er vorrücken. Wie gut, dass die schon lange in Kabul sind. Unsere Soldaten haben dann später die zerstörten Häuser durchsucht. Die Banditen waren natürlich längst in den Bergen verschwunden.«

»Und was ist mit den Bewohnern passiert?«

»Wer sich nicht rechtzeitig verstecken konnte, hatte Pech. Sollen überall Leichen und Verletzte herumgelegen haben.«

Massud konnte nicht sprechen. Etwas drückte ihm die Kehle zu. Und der Freund hörte nicht auf zu reden.

»Nichts ist mehr so wie früher. Die Allee ist abgeholzt, und dort, wo die Bauern ihre Obststände an der Straße hatten, sind jetzt Schützenstellungen. Die Dörfer sind verlassen, und statt der Ochsenkarren fahren Panzer über die Felder. Das Haus meiner Großeltern ist eine Ruine. Habt ihr eigentlich noch Leute da oben wohnen?«

»Allerdings, noch zwei Onkel mit ihren Familien. Wir haben lange nichts mehr von ihnen gehört. Verdammt, es ist schon vier Jahre her, seitdem wir das letzte Mal in der Qala waren. Wenn ich nur daran denke, kommt mir die Wut. Ich weiß nur nicht genau, worauf.«

»Worauf wohl! Auf die Kommunisten, die verdammten Russen und diesen beschissenen Krieg.«

»Die Kommunisten haben den Krieg nicht angefangen.«

»Kommt drauf an, wie man es sieht, Massud-dschan. Ich kenne jedenfalls kaum noch jemanden, der zu denen hält. Die angeblich Treuen sind doch alle Radieschenkommunisten: außen rot und innen … du weißt schon.«

»Aber das muss doch irgendwann mal aufhören. Warum geht der Krieg immer weiter, wenn niemand ihn will? Es muss endlich Schluss sein.«

»Wie denn? Die Russen liefern der Regierung die Waffen und die Amerikaner den Rebellen. Das kann noch lange dauern.«

»Und in der Zwischenzeit sterben die Menschen.«

Wie geplant nahm Massud an den Abschlussprüfungen teil. Er versuchte, den Krieg aus seinen Gedanken zu verbannen, aber spätestens die nächtlichen Raketenangriffe auf die Hauptstadt mahnten erneut an die ununterbrochenen Kämpfe und die Lage Kabuls inmitten eines Territoriums, in der die Macht in den Händen der Mudschahedin lag. Sie verstummten erst, als der harte Winter begann. Was blieb ihm anderes übrig, als den eingeschlagenen Weg fortzusetzen? Nur in Kabul, nur im Einflussgebiet der Regierung konnte er ein Fünkchen Hoffnung auf eine halbwegs sichere Zukunft hegen. Gleichzeitig quälte ihn eine immer lauter werdende Angst. Wer konnte schon sicher sein, dass die frisch gebackenen Abiturienten nicht wieder eingefangen würden?

Als die Schüler am letzten Examenstag ihr Zeugnis erhielten, traten sie ein wenig scheu auf den Schulhof, doch es war weit und breit kein Militär zu entdecken. Und als Wakil Mirsasada seinen Sohn überschwänglich zum Abitur mit Auszeichnung beglückwünschte und dabei nicht den geringsten Versuch machte, seinen Stolz zu verbergen, glaubte auch Massud an den geglückten Ausgang des Unternehmens. Auch die Mutter und Farid, Roja und Wahid waren gekommen. Zu Hause erwartete ihn gar ein kleines Fest, und für diesen Abend vergaßen sie alle Sorgen.

Nun sah Massud auch zuversichtlich der nächsten Hürde entgegen: dem Examen zur Aufnahme des Studiums. Für sein Wunschfach Medizin war die höchste Punktzahl erforderlich. Zur Überraschung der Teilnehmer wurde der anberaumte Termin eingehalten, und Massud konnte die gestellten Fragen mühelos beantworteten.

Das Prüfungsergebnis war allerdings nicht ganz nach seinem Geschmack, denn wieder fehlten ihm zwei winzige Punkte, um seinen Traum zu verwirklichen. Statt des Medizinstudiums wurde ihm ein Platz am Polytechnischen Institut gewährt, wo er Bauwesen studieren sollte.

»Gratuliere! Was habe ich gesagt? Einer muss das ja alles wieder aufbauen«, kommentierte Habib die Ergebnisse und Massuds Studienfach. »Sei froh! Ingenieur ist doch nicht schlecht. Spezialisiere dich auf Brücken, die werden ständig in die Luft gejagt.«

»Mich interessieren keine Brücken und Gebäude. Ich möchte mit Menschen arbeiten. Technik ist nicht mein Fall.«

»Jetzt hör bloß auf mit dem Gejammer, sonst kriegst du es mit mir zu tun. Jeder andere giert nach einem Studienplatz. Und wenn du die Prüfungen nicht packst, bist du bald in der Kaserne.«

»Oder an der Front.«

»Eben, also mach das Beste daraus. Bist dort schließlich auch unter vielen Mädchen, so schlimm kann es wohl nicht sein. Ich bin nur noch von Kerlen umgeben.«

»Hast ja Recht.«

»Wo wir grad beim Thema Mädchen sind. Wo ist das Heft mit den Fotos? Du wolltest es mir doch mitbringen, hast du versprochen.«

»Ich habe nichts versprochen.«

»Komm schon, du hast gesagt, ich kann es eine Weile haben.«

»Ansehen kannst du es dir, solange ich dabei bin, hab ich gesagt, sonst nichts.«

»Das ist nicht fair. Ich dachte, du bist mein Freund. Seit Jahren amüsierst du dich damit. Kannst es ruhig mal ein paar Tage ausleihen.«

»Und wenn es wegkommt?«

»Was soll das denn heißen? Glaubst du, ich bin blöd?«

»Kann sein, dass es jemand findet. Ich hab keine Lust drauf, dass es heißt, es kommt von mir.«

»Hast du keine bessere Ausrede? Zeig her, du hast es dabei, das merke ich doch.«

»Okay, aber nur anschauen.«

»Massud, hör zu, ich habe mir was überlegt. Ein guter Plan, wie wir ein bisschen Geld verdienen können. Vielleicht sogar mehr als ein bisschen.«

»Wie denn?«

»Die Russen sind ganz scharf auf solche Bilder. Die zahlen eine Menge dafür. Ich kenne da jemanden. Du gibst mir das Heft, ich regle alles, und wir teilen uns den Gewinn. Was denkst du?«

»Viel zu gefährlich. Wenn jemand merkt, dass es von mir kommt?«

»Wie soll man das merken? Steht ja nicht dein Name drauf.«

»Ich will es nicht hergeben.«

»Du hast doch selbst gesagt, du könntest ein bisschen Geld gebrauchen, für Kino, Billardspielen, Whiskey und so. Vielleicht sogar für ein paar Tablas. Wir könnten zusammen in das Haus mit den Frauen gehen. Du weißt schon, wo man zahlen muss, und dann kann man …«

»Wo soll das Geld herkommen?«

»Wir machen das Geschäft seitenweise. Such dir zwei aus, eine nehme ich, den Rest verkaufen wir.«

»Verkaufen? An wen denn?«

»Das lass meine Sorge sein.«

»Und was wird dabei rausspringen?«

»'ne Menge.«

Die Kontaktaufnahme funktionierte besser, als sie dachten. An einem Spätnachmittag trafen sie sich in der Nähe einer Kaserne am Stadtrand mit einem blonden Russen. Er mochte kaum älter als sie selbst sein, höchstens Mitte zwanzig. Gelassen verhandelte Habib mit dem russischen Soldaten. Massud konnte es kaum glauben, wie gut er sich auf Russisch verständigte. Der Russe bekam leuchtende Augen, als Habib ihm eines der Fotos zeigte. Beim Anblick der Blondine im Minirock auf der Leiter stieß er einen kurzen Pfiff aus.

»Wie viel?«, fragte er.

Habib brach in einen Redefluss aus, der jedoch, soweit Massud verstand, keine Zahlenangaben enthielt. Sicherheitshalber hatten sie nur diese eine Seite mitgebracht. Man könne nie wissen, ob solche Typen einen nicht reinlegten, hatte Habib gesagt. Gestenreich fragte der Russe, ob auf den weiteren Abbildungen entblößte Brüste und Sex zu sehen seien. Habib versprach ihm offenbar den Himmel auf Erden, und die Verhandlungen gingen in eine entscheidende Phase über. Mit keinem Wort wurde Geld erwähnt, es klang eher nach einem Tauschgeschäft. Endlich vereinbarten sie einen Übergabetermin und gingen hastig auseinander.

»Du glaubst nicht, was er geboten hat, Massud. Ein Barrel Benzin. Das sind zweihundert Liter, dazu noch vier Autoreifen und ein Fernglas.«

»Wirklich? So viel? Das ist ja unglaublich.«

»Habe ich doch gesagt, die Russen sind richtig verrückt nach so was. Mein Onkel kennt viele von denen. Die reden in den zwei Jahren, die sie hier ihren Dienst machen, ununterbrochen von Frauen und Wodka. Beides kriegen nur die Offiziere. Da kommen diese Aufnahmen den armen Teufeln gerade recht.«

Der Tausch ging reibungslos vonstatten. Das Benzin lieferten zwei Russen mit einem Transporter und luden es direkt vor der Toreinfahrt eines Freundes von Habib ab, dessen Eltern an diesem Abend bei einer Hochzeit waren. Die Freunde teilten den Gewinn, und Habib verkaufte das Fernglas an einen Bekannten, der es den Mudschahedin-Kämpfern geben wollte.

Im Frühjahr nahm Massud sein Studium am Polytechnischen Institut auf. Hier wimmelte es von Studenten, sowjetischen Spezialisten und russischen Sprachlehrern, deren Sicherheit durch strenge Einlasskontrollen und Patrouillen gewährleistet werden sollte. Erst kürzlich war im Wohnheim vier eine Bombe explodiert. Im Erdgeschoss befand sich das Sprachlabor, und die Attentäter hatten es gezielt auf die Russischlehrer und ihre Schüler abgesehen. Mehrere Menschen waren in den Tod gerissen worden. Aber Bomben konnten an jedem Ort der Stadt explodieren, und Massud hatte sich längst an die Gefahr gewöhnt.

Leidenschaftslos folgte er dem Unterricht, stellte geforderte Berechnungen an, übte sich am Zeichenbrett, lernte komplizierte Formeln und bemühte sich um gute Noten. Leider gab es in seiner Fakultät bei weitem nicht so viele Mädchen, wie er erhofft hatte. Die meisten studierten geisteswissenschaftliche Fächer, und so ging Massud häufig zu den Gebäuden der Juristen und Literaturwissenschaftler. Hier standen die Mädchen in den Pausen beisammen und warfen den Jungen Blicke zu. Die Universität hatte einen Beinamen erhalten. Statt Pahantun, der offiziellen Bezeichnung in Paschtu, wurde sie immer häufiger Fashiontun genannt, in Anspielung auf die modisch gekleideten Mädchen, die hier ihre neuesten Kreationen vorführten. Man sah elegante Garderoben, hinreißend kurze Röcke und aufwändige Frisuren. Kaum eine Studentin war ungeschminkt, und überall strahlten rote Lippen. Die Fashiontun war zu einer Art Heiratsmarkt geworden. Nirgendwo sonst hatten die jungen Männer einen derart freien Blick auf die Mädchen der

Stadt. Bisher war Massud bei der Kontaktaufnahme noch recht erfolglos. Immer hockten die Mädchen in Gruppen beisammen, und unmöglich konnte er eine Einzelne ansprechen. Sein Freund Walid hatte es da einfacher. In seinen Juravorlesungen saß er gemeinsam mit ihnen im Unterricht und konnte später zwanglos über den Lehrstoff diskutieren. Massud suchte immer häufiger seine Nähe.

Als er sich mit seinem Schicksal als angehender Bauingenieur anfreunden wollte, tauchten plötzlich wieder Gerüchte über Auslandsstipendien auf. Die Rede war von Studienplätzen in der Sowjetunion und verschiedenen anderen befreundeten Staaten. Er wurde hellhörig und informierte sich umgehend über die Zulassungsbedingungen, wovon die erste – gute Noten in den letzten drei Schuljahren – kein Problem darstellte. Die größte Hürde war eine ganz andere und wohl kaum zu überwinden: die aktive Mitgliedschaft in der Partei. Eine Wiederaufnahme politischer Aktivitäten kam für ihn nicht in Frage. Jeder würde sofort merken, malte er sich aus, dass es ihm nur um das Auslandsstipendium ging. Tagelang grübelte er über diesem Problem, während die knappe Bewerbungsfrist fast ablief. Bereits im Sommer sollten die ersten Stipendianten das Studium in der Ferne aufnehmen. Ihm wollte keine Lösung einfallen, und auch sein Vater hatte bereits alles versucht und seine Kontakte aktiviert. Bisher ohne Erfolg. Es war hoffnungslos. Ohne eine Parteimitgliedschaft hatte er keine Chance. Als er eines Nachmittags auf dem Heimweg durch die Altstadt schlenderte, traf er zufällig auf einen ehemaligen Parteigenossen, einen der Jungen, mit denen er nach Karmals Rückkehr im Basar auf Patrouille gegangen war. Asef war noch immer im selben Wohnbezirk aktiv und saß dort im Büro der Parteiorganisation. Ohne Umschweife teilte Massud ihm seine Verzweiflung mit. Asef hörte aufmerksam zu und brach dann in einen Redeschwall aus, den Massud ihm niemals zugetraut hätte.

»Weißt du was?«, sagte er. »Auch wenn du nicht im Geringsten für die Partei taugst, will ich dir helfen. Erinnerst du dich an den alten Mann, der damals im Basar sagte, du sollst dich schämen? An deinen Augen habe ich gesehen, dass du viel zu weich für Patrouillengänge und bewaffnete Aktionen bist. Du solltest bei deiner Musik bleiben. Harmonium spielen und Liebeslieder singen, das ist was für dich. Du hast doch mit Politik nichts am Hut. Ist dir im Grunde doch vollkommen egal, hab ich Recht? Hör gut zu, ich mach dir einen Vorschlag. Muss aber unter uns bleiben. Ich stell dir eine Bestätigung aus, dass du seit 1979 aktives Mitglied der Partei bist. Was sagst du nun? Von deinem unrühmlichen Auftritt bei Said Amanullah muss keiner was erfahren. Ich gebe dir schließlich ein echtes Dokument. Es gibt keinen Grund, es anzuzweifeln.«

Ohne eine Reaktion abzuwarten, nahm er Massud mit in sein Büro. Er schloss die Tür und suchte in seinem Schreibtisch nach den passenden Unterlagen.

»Aber Asef, wie soll das funktionieren? Ich bin schon fast vier Jahre nicht mehr dabei.«

»Das lass mal meine Sorge sein!«

Er spannte ein kleines Formular in die Schreibmaschine, ein so genanntes Tarefa, das seine Tätigkeiten für den örtlichen Bezirk bestätigte. Damit wurde er als ordentliches Mitglied an den neuen Bezirk, die Universität, überwiesen. Asef setzte seine Unterschrift darunter und hielt Massud das Dokument unter die Nase.

»Na, wie gefällt es dir? Hier unten kommen noch ein paar Stempel drauf, und die Sache ist geritzt. Ist doch alles nur Papier. Bei deinem Alter sind fast fünf Jahre Parteimitgliedschaft geradezu vorbildlich.«

Massud war sprachlos und wusste nicht, ob er seinem alten Genossen Glauben schenken sollte.

»Und wenn es rauskommt?«

»Dann setzen sie dich per Fallschirm in einem Rebellennest ab«, sagte Asef und klopfte Massud auf die Schulter. »Überleg's dir. Hier hast du das Papier, und grüß mir den Roten Platz, wenn es klappt.«

Asef wollte nicht einmal Geld. Seine Beweggründe sollten Massud auf ewig schleierhaft bleiben. Werde ich mit dem manipulierten Papier erwischt, dann ist mein Leben ruiniert, warnte eine Stimme in seinem Kopf. Aber will ich wirklich Bauwesen studieren, mein Leben in Kabul verbringen und eines Tages Brücken konstruieren oder gar doch noch an einer der Frontlinien landen? Ich muss das Risiko eingehen!

In aller Eile bewarb er sich um einen Auslandsstudienplatz und übergab Asefs Dokument der Parteiorganisation am Polytechnischen Institut. Augenblicklich galt er dort als Genosse mit langjähriger Erfahrung. Man teilte ihn einer Brigade zu, die für die Überwachung der Studentenwohnheime zuständig war. Wieder erhielt er eine Pistole und musste des Nachts auf Patrouille gehen. Zur Sicherheit der Studenten wurden die Papiere der Besucher streng kontrolliert. Man hielt gezielt Ausschau nach verdächtigen Personen. Immer wieder kam es zu Anschlägen der Konterrevolutionäre auf staatliche Einrichtungen. Ihr brutales Treiben wurde an vielen Orten in der Stadt durch Wandmalereien dargestellt, durch die das Regime seine eindeutigen Botschaften verkündete. In grellen Zeichnungen wurde die Grausamkeit der Führer der islamischen Parteien angeprangert. Ein besonders aufwändig gestaltetes Wandbild prangte im Zentrum der Stadt und zeigte Hekmatyar, den Kopf einer fundamentalistischen Partei, wie er einen Säbel zwischen den Zähnen hält und mit teuflisch funkelnden Augen begierig seine Opfer auf einem Metzgerblock abschlachtet. Der Maler hat die Gestalt dieses Banditen sicher richtig getroffen, dachte Massud, denn jemand, der Bomben in der Universität explodieren lässt, der kann nur wie ein schrecklicher Dämon aussehen. Massud kannte ihn und die anderen islamischen Führer einzig durch derartige Darstellungen, und er konnte sich beim besten Willen keine menschlichen Gesichter für sie vorstellen. Sein Vater erzählte gern, dass er die Flucht Hekmatyars aus der Universität von Kabul mit eigenen Augen gesehen hatte. Als man ihn aufgrund seiner islamistischen Aktivitäten habe verhaften wollen, sei er rechtzeitig aus einem Fenster gesprungen und über das Universitätsgelände entwischt. Aber das war noch lange, bevor die DVPA die Macht übernommen hatte.

An vielen Orten in der Stadt und in den Zeitungen kursierten jetzt die Karikaturen der islamischen Parteiführer, die allesamt von Pakistan aus den Widerstand der Mudschahedin organisierten. Wenn Massud in der Nacht seinen Rundgang machte, dann waren es jene Fratzen, die er sich als vermeintliche Angreifer vorstellte. Doch zum Glück kam es zu keinem Vorfall, und als eine Studentenbrigade unversehens zur Verstärkung an die Front abberufen wurde, schützte ihn der Hinweis auf seine laufende Bewerbung um ein Auslandsstipendium. Nichts sehnte er mittlerweile so sehr herbei wie ein Studium in einem friedvollen Land, möglichst weit weg von Afghanistan.

Leben in Frieden:
Studienjahre in der DDR

In einer anderen Welt

Fliegen. Über den Wolken einer Welt aus Krieg, Zerstörung, Angst und nächtlichen Ausgangssperren entfliehen. In der Ferne sein, auf sich selbst vertrauen: Bedeutet das Fremde? Massud war nervös, fühlte sich aber bereit für das kleine Land in Europa, das auf ihn wartete. Die Maschine stand im gleißenden Sonnenlicht, und das Rollfeld flimmerte verheißungsvoll. Das Flugzeug wurde betankt und startklar gemacht – wie auf jedem anderen Flughafen der Welt, wäre da nicht die Zerstörung gewesen, die die gestrige Explosion hinterlassen hatte.

Eine Bombe war im Terminal detoniert: Ein Teil der Abflughalle war nur noch ein Trümmerhaufen. Stahlträger ragten aus geborstenen Betonpfeilern, und die seltsam verbogenen Streben erinnerten an Adern, die aus offenen Wunden klaffen. Wo gestern noch ein Warteraum mit Sitzbänken gewesen war, zeigten sich nun die Spuren von Verwüstung und Hass. Die Bombe hatte siebenundzwanzig Menschen – überwiegend Studenten, wie Massud auf dem Weg ins Ausland – in den Tod gerissen, andere für immer verkrüppelt oder schwer verletzt. Selbst an so schreckliche Terroranschläge wie diesen kann man sich gewöhnen, dachte er. Auch die zahlreichen Sicherheitskräfte machten ihm keine Angst. Er wollte weg, und es würde gelingen! Russen waren hinter der Absperrung mit der Spurensicherung beschäftigt. Ihre Untersuchung galt der Menge und Art des Sprengstoffs, sagte ein Passant, aber all das interessierte Massud nicht wirklich, und er vertiefte sich weiter in das beschämende Glücksgefühl, das von Minute zu Minute stärker wurde. Am liebsten hätte er laut herausgeschrien, dass er noch heute diesem Land, diesem Chaos den Rücken zukehren und ganz weit in Richtung Westen reisen werde. Seine Mutter starrte auf den rot gefärbten Schutthaufen, der sich dort auftürmte, wo bis gestern eine Fensterfront die Halle vom Gehsteig getrennt hatte. Und dann küsste sie Massud, wischte ihre Tränen mit den Zipfeln des Kopftuches von den Wangen und ließ sich von ihm in den Arm nehmen. Der Vater drückte seine Wange an Massuds Kinn und lehnte sich einen kurzen Moment lang an seine Schulter.

»Mach es gut, mein Sohn!«

Das Gepäck verschwand im Bauch der Maschine, und Massud ging die Gangway hinauf. Ein Blick zurück. Unzählige Hände winkten den hoffnungsvollen Studenten hinterher. Der blauweiße Jet erhob sich träge in die Lüfte. Mit einem letzten Blick durch das Fenster sagte er seiner Heimatstadt auf unbestimmte Zeit Lebewohl.

Noch immer hielt er seinen Pass in der Hand, den man ihm erst am Flughafen ausgehändigt hatte. Nicht viele Menschen in Afghanistan besaßen dieses begehrte Dokument, und für einen wehrfähigen Mann war es wie eine Trophäe. »Valid only for travel to the GDR via USSR« war in fetten Lettern auf die Seiten gestempelt. Der so genannte Dienstpass galt für die Dauer seines Auslandsaufenthaltes und gab ihm in der DDR den Status eines vom afghanischen Staat delegierten Studenten.

Er atmete tief durch. Das Wechselbad der Gefühle, in das er seit der letzten Woche gestürzt war, steckte ihm tief in den Knochen. In der Nacht, bevor die Namenslisten der Auserwählten für ein Studium in der Sowjetunion bekannt gegeben worden waren, hatte Massud keinen Schlaf gefunden. Mit offenen Augen hatte er sich auf der Matte gewälzt und in die Dunkelheit gestarrt. Seine Gedanken waren Karussell gefahren. Da war die Hoffnung auf ein neues Leben in der Fremde, und gleichzeitig überkam ihn eine große Traurigkeit: Zu gern wäre er gemeinsam mit Habib auf Reisen gegangen. Auf dem Weg zum Ministerium hatte er ständig das Gesicht des Freundes vor Augen, denn schließlich war es sein Plan gewesen, im Ausland zu studieren.

Vor dem Anschlagbrett mit den Listen drängten sich die Bewerber. Massud war davon überzeugt, zu den Auserwählten zu gehören, und verscheuchte seine Gedanken an die Vergangenheit. Er kämpfte sich durch die Menge und hörte den Jubel einiger Glücklicher. Doch mancher trottete mit hängendem Kopf von dannen. »Nur nach Duschanbe!«, hörte er jemanden sagen. »Was soll ich in Taschkent?«, fragte ein anderer. Auch beim dritten Durchschauen der Liste konnte Massud seinen Namen nicht entdecken. Ein kalter Schauer durchlief ihn, Panik stieg in ihm auf. Was war da los? Wieso war sein Name nicht aufgeführt? Aufgeregt suchte er nach jemandem, der ihm Auskunft geben konnte, aber niemand fühlte sich zuständig. Er grübelte über mögliche Verwechslungen oder Versäumnisse nach, rief seinen Vater im Büro an und hatte am Abend noch immer keine Klarheit. Am nächsten Morgen fragte er sich über die Institutsverwaltung bis zum Planungsministerium durch, wo er mehrmals sein Anliegen wiederholte und die Vermutung aussprach, vielleicht sei es zu einem Fehler bei der Studienplatzvergabe gekommen. Man schickte ihn von einem Beamten zum nächsten. Die Suche dauerte Tage, aber er gab nicht auf.

»Wie waren Ihre Noten in den letzten drei Schuljahren?«, fragte schließlich der soundsovielte Mitarbeiter im Ministerium.

»Sehr gut. Ich gehöre seit Jahren zu den Klassenbesten.«

»Dann sollten wir vielleicht einmal in den Ordnern mit den anderen befreundeten Staaten nachschauen.«

Er blätterte in den Unterlagen: Indien, Bulgarien, Polen, Tschechoslowakei. Nichts. Er suchte vergeblich.

»Na, dann bleibt nur noch dieser eine übrig.«

Mit großen Buchstaben stand dort »Aleman-e Scharq«, »Ostdeutschland«, geschrieben. Massud gab alle Hoffnung auf. Studienplätze in diesem Land waren doch nur für Kinder und Angehörige des Präsidenten, der Minister und hochrangiger Regierungsmitglieder und Armeegenerale reserviert.

»Hier, junger Mann, hier ist doch Ihr Name, Massud Mirsasada. Und das hier ist doch auch Ihr Bewerbungsformular, nicht wahr? Sie sind unter den zwanzig besten Studenten von einer deutschen Kommission für das Studium in der DDR ausgewählt worden. Gratuliere! Am Montag um neun Uhr ist Abflug.«

»In drei Tagen?«

»Genau!«

Im Licht des anbrechenden Tages setzte die Maschine auf. Massud trat auf die Gangway, atmete tief durch und sog den Geruch der fremden Stadt in sich auf.

»Freiheit – sie beginnt hier«, dachte er und setzte ganz langsam den Fuß auf die Erde. Kein Panzer war zu sehen, und alle Gebäude standen unversehrt am Rand der Piste.

In der Halle wurden die Ankömmlinge von einem Empfangskomitee begrüßt, und soweit Massud den zweisprachigen Erklärungen folgen konnte, waren es Vertreter der afghanischen Botschaft in Ostberlin, afghanische Studenten und Mitarbeiter des Ministeriums für Fach- und Hochschulwesen, die sich in dieser frühen Morgenstunde zu ihrer Begrüßung eingefunden hatten. Lässig vergrub er die rechte Hand in der Hosentasche seines neuen Anzugs und kreuzte das rechte Bein über das linke, wie er es von Alain Delon gelernt hatte.

Die Neulinge wurden in Gruppen eingeteilt und afghanischen Betreuern zugeordnet, die sie an ihre Zielorte bringen sollten. Massud, vier anderen jungen Männern und einer Frau wurde eine Stadt namens Köthen genannt. Es musste ein kleiner Ort sein, den er im Weltatlas des Vaters nicht entdeckt hatte. Ihr Landsmann erklärte, dort gebe es eine Ingenieurhochschule, die zum Herder Institut Leipzig gehöre. Dort würden spezielle Deutschkurse für angehende Ingenieure, Ärzte und Ökonomen angeboten. Endlich verließen sie den Flughafen.

Berlin. In seiner Vorstellung bestand diese Stadt aus Gebäuden, die in den Himmel wuchsen, vielspurigen Straßen, schnellen Autos und edlen Geschäften. Doch zunächst war nichts dergleichen zu entdecken. Er sah kleine Wagen mit rasselndem Motorgeräusch, die einen grauschwarzen Qualm ausspuckten. Die Häuser in den Straßen ähnelten den Wohnblocks, die die Russen in Kabul errichtet hatten. Sie wurden zu einem Bahnhof gefahren, und Massud sah zum ersten Mal in seinem Leben einen Zug. Die vielen Waggons waren riesig, und die eisernen Räder liefen auf schnurgeraden Schienen. Er wusste nicht, wohin er zuerst schauen sollte. Sein Blick wurde schließlich von einem jungen Pärchen angezogen, das schräg gegenüber im Abteil saß. Sie hielten sich an den Händen. Auch drei anderen afghanischen Studenten war dieses höchst ungewöhnliche Verhalten aufgefallen. Verschämt schauten sie immer wieder auf die sich streichelnden Hände und lauschten dem ungehemmten Lachen der Frau. Ihre langen Haare trug sie offen, als wäre sie gerade aus dem Bett aufgestanden. Im nächsten Moment gab sie dem Mann an ihrer Seite einen Kuss auf die Wange, und als dieser sogar ihren Mund mit seinen Lippen berührte, war die Spannung nicht mehr auszuhalten. Massud wurde von seinem Sitznachbarn angestoßen: »Guck dir das an!«

Auch wie in den Filmen, dachte Massud, ein Mann, eine Frau, ein Kuss, und das alles vor den Augen wildfremder Menschen – welch ein Land!

Am Fenster zog eine liebliche Landschaft vorüber. Die Felder und Wiesen waren riesig, und auf den satten Böden wuchsen Mais und Getreide. Kein Berg begrenzte die Ackerflächen. Den hiesigen Bauern musste es gut gehen. Selbst im Hochsommer war die Landschaft grün. Woher kam das Wasser? Wo waren die wilden Flüsse?

Dann erreichten sie Köthen. Auf den ersten Blick wirkte die Stadt klein und einladend. Die Menschen auf den Straßen strahlten Sorglosigkeit aus. Niemand starrte sie an, obwohl sie Fremde waren. Niemand rief »Charcdschi«. Die meisten hatten helle Haare, und viele Frauen trugen bunte Kleider, die ihre Knie umspielten.

Massud musste sich sein Zimmer mit zwei Landsleuten teilen. Er überlegte, in welcher Verbindung zu den Regierungsmitgliedern sie wohl standen und welcher Beziehung sie ihren Studienplatz verdankten. Gut möglich, dass er der Einzige war, der sein Stipendium allein aufgrund seiner schulischen Leistungen bekommen hatte.

Am Abend ging er mit seinem Zimmergenossen Jahma, der schon seit einer Woche hier lebte, nach draußen, um eine Zigarette zu rauchen. Vor dem Gebäude standen gewaltige Bäume, deren üppiges Laub den ganzen Platz beschattete.

»Komm, wir gehen ein Stück«, schlug Jahma vor, und sie machten sich auf den Weg in den kleinen Park, der das Wohnheim umgab. Die Baumriesen bildeten ein Dach, sodass der Himmel kaum noch zu sehen war. Die Natur hat dieses Land reich beschenkt, dachte Massud. Selbst im Sommer leuchtet das Laub wie an einem Frühlingstag.

»Hier ist alles ganz anders. Du wirst schon sehen. Das Essen, das Wetter, das Fernsehprogramm und vor allem die Menschen«, dozierte Jahma. »Hier trinken selbst die Frauen Alkohol, und das auch noch vor aller Augen.«

»Wirklich?«

»Ja, sie sitzen an einer Theke und trinken Whiskey.«

»An einer Theke?«

»Du wirst schon sehen.«

Sie hatten sich gerade auf eine Bank gesetzt, als sie prompt von zwei jungen Mädchen angesprochen wurden. Massud erschrak. Wie konnten sie es wagen? Was wollten die beiden? Sie lächelten, zeigten auf ihre Zigaretten, und eine fragte: »Do you have fire for us, please?«

»Yes«, sagte er, und zum Glück fand Jahma Streichhölzer in seiner Tasche.

»Where you come from?«, fragte die Kleinere der beiden. Massud wurde verlegen, weil ihm nicht sofort die richtigen Worte einfielen. Die Mädchen schauten ihnen direkt in die Augen und lachten. Wenn sie miteinander sprachen, verstand er kein Wort. Die Haare der einen waren lang und blond, und ihre Augen blitzten wie

Gebirgsseen in der Sonne. Beide trugen enge Hemden, weite Hosen und Schuhe mit hohen Absätzen. Deutlich konnte man ihre Brüste sehen, die sich unter dem dünnen Stoff abzeichneten, aber das schien ihnen nichts auszumachen. Sie sind höchstens sechzehn, überlegte er. Woher nehmen sie ihren Mut?

»Where do you live? In the … Wohnheim?«

»Yes, we live there«, bestätigte Massud und deutete zu ihrer Unterkunft hinüber.

»What room? What number?«

Er konnte nicht glauben, dass die Blonde all das einfach so fragte. Ohne Scheu stand sie vor ihm, und er war hingerissen. Jahma bot der Dunkelhaarigen eine weitere Zigarette an und ging mit ihr ein Stück den Weg hinauf. Das Mädchen mit den Gebirgsseeaugen, das sich nun neben ihn setzte, senkte niemals ihren Blick. Sie schien Massud zu mögen. Als ihre Zigaretten aufgeraucht waren, wusste er nicht, was er mit seinen Händen machen sollte. Ihm wurde heiß, und er löste einen Knopf an seinem Hemd. Sie lachte und sagte etwas über die weinrote Farbe. Er musste sich bewegen, musste etwas tun, und so stand er auf und zog auch das Mädchen mit einem sanften Griff hoch. Woher nahm er nur diese Kühnheit? Sie folgte ihm, dann blieben sie schweigend stehen. Grenzenlose Neugier sprach aus ihren Blicken, die sich nun an ihm emportasteten, als habe sie noch nie einen derart großen Mann gesehen. Während er noch immer ihre weiße Hand hielt, dachte er wieder an die ausländischen Filme und daran, was Habibs Cousin über die Frauen in der Sowjetunion erzählt hatte. Die weiblichen Wesen außerhalb seiner Heimat schienen wirklich von einem anderen Stern zu kommen und kannten überhaupt keine Angst. Er sah Jahma am Ende des Weges mit der Dunkelhaarigen scherzen. Offenbar hatte sein neuer Freund hier schon einige Erfahrungen gesammelt. Massud legte kurz entschlossen seinen Arm um die Schulter des Mädchens, und sie lachte.

»Tomorrow«, sagte er und wollte sichergehen, dass sie auch verstand, »next day, you come and visit me?«

»Yes, I come. What room?«

»303, in third floor.«

»I understand.«

Etwas später verabschiedete sie sich, und Massud erinnerte sich an einen der wenigen deutschen Sätze, die er schon auswendig gelernt hatte.

»Gute Nacht, schlafe gut«, sagte er seine ersten fehlerfreien Worte auf Deutsch.

»Du auch. Bis morgen.«

»Sorry, what is your name, please?«

»Ach ja, ich hab ganz vergessen, ihn zu sagen.«

»Achjah?«

»Nein, Susanne. Susanne ist mein Name.«

»Massud ist mein Name.«

»Wie? Masud?«

»Mass'ud, with a strong ›s‹.«

»Schreib doch mal auf«, sagte sie, machte eine entsprechende Handbewegung und kramte Zettel und Stift aus ihrer bunten Umhängetasche. »Auch in deiner Schrift! Schreib Afghanisch, bitte.«

»Dari, my language is Dari«, sagte er, schrieb in formvollendeten arabischen Buchstaben seinen Namen von rechts nach links und ebenso darunter die sechs Buchstaben von Susannes Namen.

»This is your name – SUSANE.«

»Very nice, thank you very much. Bis morgen! Tschüs!

»Auf Wiedersehen.«

Es war schon halb zehn und noch immer nicht dunkel. Welch komisches Land! Er atmete tief durch, fühlte Glück in sich aufsteigen und konnte nicht aufhören zu grinsen.

Der Tag war überladen mit neuen Eindrücken, und Massud hatte ständig das Gefühl, er könne nur einen Bruchteil in sich aufnehmen. Auf dem Gelände und in den Wohnheimen wimmelte es von Studenten aus allen Teilen der Welt, deren Sprachen sich zu einer seltsamen Melodie vermischten. Da war das Spanisch der Kubaner, es klang fröhlich und temperamentvoll, und ein paar Oktaven tiefer die sprudelnden, trommelnden Stimmen der Afrikaner, die beim Reden den ganzen Körper benutzten und ausgelassen aufeinander einredeten. Schüchtern hingegen wirkten die Vietnamesen und Kambodschaner, die in kleinen Gruppen zusammenstanden und nur die höheren Töne zu diesem Lied beisteuerten – alles Übrige ging im allgemeinen Stimmengewirr unter. Im Gras saßen kubanische Studentinnen, die so laut sprachen und lachten, wie er es noch nie zuvor von Frauen gehört hatte. Eine klopfte sich kräftig auf ihren üppigen entblößten Schenkel und rief etwas, das wie »porco dio« klang. Dabei zeigte sie ihre makellos weißen Zähne und lachte. Die Sonne schien, das Leben wirkte auf einmal so unbeschwert. Und er gehörte dazu!

Jahma führte ihn in die Mensa, in der es sehr laut zuging. Geschirr klapperte, und Stühle wurden geräuschvoll über den glatten Boden gerückt. Studenten standen mit Tabletts in den Händen vor der Essensausgabe. Als Massud an die Reihe kam, verstand er nicht, was die Frau im weißen Kittel ihn fragte. Verunsichert zeigte er auf ein blasses Stück Etwas. Die Frau tauchte eine Kelle in eine cremefarbene Brühe, und Massud glaubte, darin Kartoffeln schwimmen zu sehen. Er stellte den Teller aufs Tablett.

»Frag dich nicht, was das ist!«, riet ihm Jahma. »So sieht das Essen hier meistens aus.«

»Kein Reis?«

»Bisher noch nicht.«

Die Speisen wirkten befremdlich farblos. Mutig stieß Massud in den Klumpen auf seinem Teller, woraufhin sich die Gabel verbog. Erschrocken versuchte er den Schaden zu beheben, doch bei einem Blick zur Seite entdeckte er sehr viel verbogenes Aluminiumbesteck. Er dachte an das feine Silber zu Hause, und wie stolz die Mutter darauf war. Man hatte ihn vor dem Essen im Ausland gewarnt.

Er spazierte über das Gelände, und staunend betrachtete er jedes Gebäude, jeden Weg, jedes Fahrrad, jedes Auto und vor allem die Menschen. Alles, was er sah, machte ihn neugierig. Alles war anders und aufregend. Aleman-e scharq, dachte er, Ostdeutschland: mein neues Zuhause! Hätte er doch nur früher gewusst, dass er hier landen würde. Drei Tage waren selbst für eine oberflächliche Vorbereitung viel zu wenig gewesen. Er wusste kaum etwas über sein Gastland. Die DDR war sozialistisch, nannte sich aber demokratisch, die andere Hälfte Deutschlands war anders – kein befreundeter Staat. Nach der Machtübernahme der DVPA waren die Kollegen des Vaters aus der BRD allmählich abgezogen und an ihre Stelle manchmal Ostdeutsche getreten. Die Teilung Deutschlands schien in seiner Heimat kaum jemand zu begreifen. Ob Ost- oder Westdeutsche – wer konnte das schon unterscheiden? Und irgendwie spielte es ja auch gar keine Rolle. Ingenieure waren Ingenieure, und Lehrer waren Lehrer. Die berühmte deutsche Schule in Kabul war bis vor kurzem von Westdeutschen geführt worden. Karmal selbst hatte unter ihnen seine schulische Ausbildung erhalten – und später als Präsident höchstpersönlich die Leitung den Ostdeutschen übergeben. Landwirtschaftliche Bewässerungsprojekte im Süden des Landes, das große Wasserkraftwerk in Wardak, das Telefonnetz in Kabul, all das hatten Deutsche gebaut, manches davon zu einer Zeit, als die Teilung in Ost und West noch nicht existierte. Er war verwirrt.

Ab fünf Uhr wartete er ungeduldig auf Susanne. Ob sie wirklich kommen würde? Sie hätten eine Uhrzeit abmachen sollen. Unzählige Male war er schon von seinem Zimmer in den Gemeinschaftsraum gegangen, um einen verstohlenen Blick auf die große Glastür am Ausgang des Flures zu werfen. Nach einem Blick in den Spiegel beschloss er, sich zu rasieren, aber aus Angst, seine Besucherin zu verpassen, war er unkonzentriert und schnitt sich in die Haut. Blut tropfte auf sein Hemd. Hastig durchwühlte er seinen Koffer und fand endlich einen leichten Pullover. Der Duft des Aftershave erfüllte den Raum. War er zu stark? Er riss das Fenster auf, schob seine Schuhe unters Bett und setzte in der Küche Wasser auf. Ein Tee wäre jetzt genau das Richtige. Was sollte er machen, wenn sie kam? Was erzählen und was fragen? Er strich die Bettdecke glatt. Ob er sie küssen durfte? Richtig küssen? Wie im Film? Wie die beiden im Zug?

Dann stand Susanne im Türrahmen. Sie trug einen rosafarbenen Nicki mit Streifen. Wie gebannt starrte er auf den weißen Balken über ihrer Brust. Er wusste, dass er woanders hinschauen sollte, doch sein Blick fand keinen Ausweg, denn schon klebte er an ihren nackten Beinen. Endlich schaute er in ihre grünblauen Augen.

»Hallo, wie geht's?«, fragte sie kurz.

»Very good. Please come in. Wie geht es dir?«

»Gut, danke. Oh, du hast schon ein wenig Deutsch gelernt?«

Sie war tatsächlich gekommen. Allein. Er saß allein mit einem Mädchen in seinem Zimmer! Was sollte er tun? Es musste etwas passieren.

»You want tea, or coffee?«

»Nein, you have Cola?«

In der Küche traf er Jahma, der ihm das Gesuchte reichte und ihn fachmännisch aufmunterte. »Geh ran! Mit den Mädchen hier kannst du alles machen.« Ein anderer fragte, woher er sie kenne. »Du bist doch erst gestern gekommen, oder?«

Er wusste keine Antwort. Wichtig war jetzt einzig, sich um Susanne zu kümmern. Er legte eine Kassette in den Recorder und überlegte, ob ihr afghanische Musik überhaupt gefiel.

»Ja, es ist gut.«

Ohne zu überlegen, setzte er sich zu ihr aufs Bett. Es gab drei Betten und drei Stühle, aber warum sollte er auf einem anderen

Platz – weit entfernt von ihr – sitzen? Sie schlüpfte aus ihren Schuhen und winkelte die Beine an. Ihre Wade berührte sein Hosenbein. Wie glatt und zart ihre Haut war. Sie nahm seine Hand, und wieder kam Massud sich riesig vor. Ihre Finger waren klein und weiß und die Nägel rosafarben lackiert. Eine Hitzewelle durchfuhr ihn.

»You have big hands. Long fingers. Very nice.«

»I love your blue eyes«, flüsterte er.

Susanne musterte aufmerksam sein Gesicht. Wie eine Forscherin betrachtete sie seine Züge.

»How are you?«, fragte er sie endlich.

»Gut, mir geht es gut. Wie geht es dir?«, sagte sie laut und betonte dabei jedes einzelne Wort, als sei er schwerhörig. Im selben Moment brachen beide in Lachen aus.

Wie konnte sie ihn derart ungeniert mustern? Ihren Blicken standzuhalten forderte seine ganze Kraft. Er musste etwas tun. Aber was? Susanne zog ihn ein wenig zu sich heran, und er fühlte die Wärme ihrer Beine. Mutig berührte er ihr Knie, strich über ihre Wange, und im nächsten Moment fühlte er ihre Lippen auf seinem Mund, ihre weichen Lippen und ihren Duft so nah. Sollte er nicht lieber die Tür abschließen? Aber wie konnte er jetzt aufstehen? »Susanne!«

Sie sprang vom Bett auf, drehte den Schlüssel um, lachte ihn an saß schon wieder neben ihm. Wo war er nur gelandet? Wer war dieses Mädchen? Wieso führte sie seine Hand an ihre Brüste? Der weiße Balken verrutschte. Höher und höher schob er den Nicki, sie hob ihre Arme, er zog ihn über ihren Kopf, und sie ließ es geschehen.

Erregt zerrte an seinem Gürtel, öffnete hastig Knopf und Reißverschluss. Susanne war klein, fast verschwand sie unter seinen Armen, aber sie strahlte eine unbekannte Kraft aus. Wieder küsste sie ihn. Er fühlte ihre Zunge. Irgendwie antwortete er und spürte ein Zittern, das seinen ganzen Körper erfasste. Er zerrte an ihrem Höschen, streifte es über ihre Beine und schob seine Jeans nach unten. Seine Nacktheit irritierte ihn. Er sah die dunklen Haare zwischen ihren Schenkeln. Sie schmiegte sich an ihn. Er wollte sie berühren, das Geheimnis unter den dunklen Haaren ertasten, doch er traute sich nicht. Seine Lust tat beinahe weh, als sie ihn auf sich zog. Ihre Hände führten ihn. Eine feuchte Wärme umfing ihn, eine neue Welt. Das Zittern wollte nicht aufhören, während ihn liebliche Schauer durchfuhren. Er streichelte ihr langes Haar, seine

Hand verfing sich zwischen den blonden Strähnen. Dann hörte er ihr Schluchzen. Weinte sie? Er starrte in ihr Gesicht, aber es strahlte sanft, und ihre Augen blieben geschlossen. Die Lippen waren halb geöffnet, und wieder stieß sie dieses schluchzendes Geräusch aus.

Der Rausch verflüchtigte sich. Ihm war heiß, erschöpft rollte er sich zur Seite. Er wollte sich abtrocknen, doch womit? Alles war feucht. Kein schönes Gefühl. Ihr erhitzter Körper klebte an seinem, aber sie war weit weg. Er traute sich nicht, sie zu küssen. Seine Hand lag reglos auf ihrem Bauch. Wieder sah er das dunkle Haar über ihrer Scham. Warum war es nicht blond? Wie mochte es sich anfühlen? Wie der feuchte, enge Einschnitt ihrer … Gottesgabe? Ja, so nannte man diesen Teil einer Frau, und er versuchte zu begreifen. Susanne zündete sich eine Zigarette an. Woher hatte sie das Päckchen mit der simplen Aufschrift F6 gezaubert? Er beeilte sich, eine Decke über seine Blöße zu ziehen. Schweißperlen standen auf ihrer Stirn, und ihr Daumen wischte über seine feuchte Oberlippe. Dann küsste sie ihn, zog sich an und führte, an ihrer Cola nippend, das Gespräch fort, als sei nichts geschehen.

»Where do you come from?«, fragte sie.

»Kabul. My city is Kabul.«

»Do you have a girlfriend?«

»No, never.«

»Ach, du lügst doch.«

»What?«

»It's okay, nothing. You look like a prince.«

»A prince?«

»Your skin, your eyes and your … ich weiß nicht, wie das heißt.« Mit ihren Fingern malte sie die Linie seiner Augenbrauen nach. »This is so beautiful! Like a prince.«

Es wurde dunkel. Sie stand auf und schloss die Tür auf.

»I have do go. Tschüs.«

»Tschus.«

Überall waren Mädchen. Mädchen, die laut sprachen, laut lachten und sogar laut gingen. Sie saßen an der Theke und tranken. Sie tanzten, und jeder konnte das Wiegen ihrer weichen Körper sehen. Massud war verwirrt. Susanne tanzte mit anderen Männern, und er musste zusehen. So war es in diesem Land. Das hatte er schnell begriffen. Anfangs konnte er an nichts anderes denken als an den Moment der ersten Begegnung in seinem Zimmer. Ständig sah er sie vor sich, in ihrem engen T-Shirt mit dem Streifen über der Brust. Manchmal ließen die Gedanken sein Herz so kräftig klopfen, dass es ihm Angst machte. War das Liebe? Wie fühlte sich Liebe an? Wie sollte er sich verhalten? Musste er sie heiraten? Er dachte an ihre weiche Haut, die wohlige Wärme zwischen ihren Schenkeln und die Art, wie sie an der Zigarette zog. Immer wenn sie unverhofft auftauchte, fielen sie übereinander her, aber wenn es vorbei war, lag eine beklemmende Stille im Raum. Die Momente der Lust berauschten Massud, und gleichzeitig hatten sie etwas Flüchtiges und Unwirkliches, und das beschämte ihn. Dieses Mädchen hatte sich ihm offenbart, aber was bedeutete das in dieser Welt? Er hatte sie geküsst, ihren Körper gesehen, ihn berührt, mit ihr geschlafen, und nach allem, was er darüber wusste, war dies ein immens gravierender Akt. Aber sie war keine afghanische Frau. Sie war Deutsche, hatte sich sozusagen in sein Bett gelegt und war daraus auch auf eigenen Wunsch wieder entschwunden.

Dann hörten die Besuche auf. Er sah sie manchmal abends im Studentenkeller. Sie lächelte ihn an, hauchte einen Kuss auf seine Wange und trank hin und wieder einen Wermut mit ihm. Es war ihr egal, wenn er mit den anderen Mädchen im Klub redete und tanzte. Letzte Woche hatte er sie im Park mit einem kubanischen Studenten gesehen. Dann hatte er Peggy kennen gelernt, die wunderbar tanzte und dabei ihren Kopf an seine Schulter legte. Sie roch nach Lavendel oder Jasmin, jedenfalls nach Blumen, und er zitterte nicht mehr, als er unter ihrer Bettdecke lag und eine unbändige Lust auf ihren Körper verspürte.

An seinem neunzehnten Geburtstag wurde er mit einer Feier überrascht. Die Sekretärin des Büros für Internationale Beziehungen hatte einen Kuchen gebacken. Zum ersten Mal trank er Sekt, und alle sagten »Herzlichen Glückwunsch« zu ihm. Auf der Flasche stand der seltsame Name »Rotkäppchen«, und es sprudelte in Mund und Magen. Sekunden später fühlte er eine beschwingte Leichtigkeit.

Jahma war irritiert, und einige andere afghanische Studenten standen mit verwunderten Mienen in der Küche. Ihnen war dieser Brauch unbekannt. Meist mussten sie in ihren Pässen nachschauen, wenn sie nach ihren Geburtsdaten gefragt wurden. Massud war froh, dass er Bescheid wusste. Wie gut, dass der Vater ihn mit internationalen Bräuchen vertraut gemacht hatte. Seine afghanischen Landsleute hockten beisammen, als seien sie aneinander gekettet, und tuschelten. Ein Junge aus Badachschan spukte seinen Sekt ins Waschbecken, und die anderen lachten. Er spülte seinen Mund mit Wasser aus und murmelte eine Koransure.

Dem Rat des Vaters, seine Freizeit nicht ausschließlich mit Afghanen zu verbringen, verstand Massud, und er befolgte ihn. Dass sich seine Landsleute über ihn wunderten, störte ihn nicht. Er genoss es, sich mit Einheimischen und Ausländern auf Deutsch zu unterhalten. Den anderen Afghanen war er in der Fremdsprache sehr schnell überlegen. Er schenkte weiteren Sekt ein und reichte Peggy ein Glas. Lächelnd beugte er sich zu ihr hinunter und gab ihr einen Kuss.

Massud bummelte mit Tomas aus Sambia und Dolores aus Kuba durch die Stadt. Sie waren die einzigen Kursteilnehmer, die ein ähnlich schnelles Lerntempo vorlegten. Es machte den dreien Spaß, sich fließend auf Deutsch zu unterhalten. Die raschen Fortschritte verdankten sie ihrer Lehrerin, Frau Döhring. Sie brachte ihnen die unaussprechlichen Klänge und verwirrenden Regeln samt unzähliger Ausnahmen mittels einleuchtender, charmant vorgetragener Anekdoten nahe. Massud verliebte sich regelrecht in diese Sprache und konnte das Klagen und Stöhnen seiner Mitschüler nicht begreifen.

Tomas hatte eine deutsche Mutter, die aber schon vor vielen Jahren gestorben war. In Sambia hatte sie ihm auf Deutsch Geschichten erzählt und deutsche Lieder vorgesungen. Er hatte keine Probleme mit der Aussprache. Dolores konnte offenbar jede Sprache der Welt erlernen. Neben Russisch beherrschte sie auch noch Englisch und Französisch. Fluchen tat sie jedoch am liebsten auf Spanisch. Besonders über das Wetter. Seitdem der Sommer vorbei war, froren seine beiden Klassenkameraden, und offenbar konnte sie nichts erwärmen.

»Was sollen wir machen in Winterzeit?«, wollte Dolores wissen.

»Ich bleibe in Haus«, meinte Tomas.

»Aber das ist kein kalt hier. In Afghanistan ist viel Schnee.«

»Ich habe Angst, wenn Schnee kommt. Schau, diese Baum! Alles fällt runter. Er ist kalt«, kommentierte Dolores das Herbstlaub. Die bunten Blätter wirbelten über menschenleere Straßen. Die Stadt war am Samstagnachmittag wie ausgestorben. Ein Trabbi rumpelte auf dem Kopfsteinpflaster vorbei und spuckte stinkende Wölkchen aus. Manche Häuser grenzten direkt an den Gehweg.

Hauchdünne Gardinen verdeckten den Blick ins Innere. Manchmal sah man eine Blume vor der Scheibe stehen. Es gab viele alte Gebäude, deren Putz von den Mauern bröckelte. Sie stammten aus einer anderen Zeit, als sich die Menschen noch die Mühe gemacht hatten, die Fassaden mit Figuren, Löwen, Engeln und maskenhaften Fratzen zu verzieren. Es gab sogar Säulen und geschwungene Balkone.

»Wie in Havanna, alte Häuser«, sagte Dolores. »Aber da ist immer warm. Alle Menschen sind auf Straße. Hier sind alle weg, in Haus.«

Ein anderer Straßenzug erinnerte Massud an Mikrorojan, das von den Russen erbaute Stadtviertel in Kabul.

»Plattenbau«, sagte Tomas. »Alles Platten aus Fabrik, alle eine Größe, in Berlin, Leipzig, Dresden, Moskau und Köthen.«

»Und Kabul.«

Die Geschäfte waren geschlossen. Sie versuchten sich an den komplizierten Worten »Boulevard Schalaunische Straße«. So hieß die Hauptstraße, und Massud wunderte sich, dass ihm die Aussprache kaum noch Probleme bereitete. Sie standen vor der Kaufhalle. Vor kurzem hatten sich hier alle Kursteilnehmer ein paar Winterschuhe und eine warme Jacke aussuchen dürfen. Die Mädchen waren über die wenigen modischen Modelle in Streit geraten, aber Massud hatte sofort etwas Passendes gefunden. Eine rotgelb karierte Jacke mit hellem Futter, »Teddyfell«, hatte die Verkäuferin gesagt.

»Es ist nichts los hier«, beschwerte sich Dolores. »Was hat Frau Döhring gesagt: ›Kothen hat 35000 Einwohner und beeindruckt mit alte Geschichte und lebendige Gegenwart‹, oder?«, fragte Dolores. Sie konnte ihre Lehrerin fast perfekt imitieren. »Wo ist lebendige Gegenwart? Alles tot hier.«

»Köthen, unsere Stadt heißt Köthen«, verbesserte Massud sie, »du weißt, das ›o‹ mit die zwei Punkte.«

»Gracias! Johann Sebastian Bach war hier vor vielen Jahren Hofkapellmeister«, sagte sie trotzig.

»Wer ist das, und was ist eine Hofkapelle?«, fragte Massud sie.

»Das weißt du nicht? Hast du nicht aufgepasst, was Frau Dohring sagt? Er war Musiker. Aber er ist tot, schon viel Zeit.«

»Oh, interessant. Ich bin auch Musiker.«

»Es verdad?«

»Das war nicht Deutsch, oder?«

»Nein, aber sag, was spielst du?«

»Harmonium. Ich zeige dir mal ein Foto.«

»Sing für uns! Bitte.«

»Jetzt?«

»Ja, warum nicht?«

Massud wählte sein Lieblingslied von Ahmad Zahir, sang es mitten auf der Straße, und Tomas und Dolores klatschten. Später sprachen sie wieder über den Unterricht und tauschten ihre Erfahrungen mit ihrem fremdartigen Gastland aus. Während Dolores immer wieder die Stimme ihrer Lehrerin annahm, versuchte sich Massud am gestelzten Stil ihrer Lehrbücher.

»Okay, Dolores, weißt du, dass die Produktionsprofil der Stadt von den metallverarbeitenden und chemischen Industrie sowie auch die Land- und Nahrungsgüterwirtschaft geprägt ist?«

»Was redest du da, Massud? Willst du albern?«

Im Fach Landeskunde verstand Massud anfangs kaum mehr als die Wörter »Sozialismus«, »Marxismus« und »Internationalismus«. Regelmäßig erinnerte die Lehrerin sie an die Ziele ihres Studiums in der DDR. Die klangen vertraut, und viele Schüler nickten. Als ausländische Studenten könnten sie mit eigenen Augen sehen, was die Menschen dieses Landes geleistet und geschaffen hätten, sagte sie. Antrieb und Ziel der Menschen sei die Gestaltung der entwickelten sozialistischen Gesellschaft. Als besondere Gäste im Lande werde ihnen die Aufgabe anvertraut, die technischen, wissenschaftlichen und vor allem die gerechten sozialistischen Ideen in ihre Heimat zu tragen und ihrem Volk die Augen und das Bewusstsein für eine bessere Zukunft der Menschheit zu öffnen. Es seien wahrhaft noble Ziele, denen es zu folgen gelte. Vieles kam Massud bekannt vor. Das Parteiprogramm der DVPA, die Parolen auf den Spruchbändern und die Vorträge in der Jugendorganisation waren aus ähnlichen Worten gemacht. Anders als in seiner Heimat schienen die Ideale hier zu funktionieren. Gegen die Bedingungen, unter denen die DDR ihm Gastfreundschaft bot, hatte Massud jedenfalls nichts einzuwenden.

Im Keller seines Wohnheims hatten die Studenten der Ingenieurhochschule einen Klub. Alle nannten ihn VT-Klub, weil er zur Sektion Verfahrenstechnik gehörte. Massud hatte einige Male gehört, wie dort im Klub gesungen wurde. Eines Abends war er so neugierig, dass er hinunterging.

»Wir sind die Singegruppe der FDJ an der IHS«, versuchte jemand ihn aufzuklären.

»Wie bitte?«, fragte Massud.
»Bist wohl neu hier, was?«, meinte eine junge Frau.
»Ich bin im Deutschkurs vom Herder Institut.«
»Schon klar. FDJ ist die Freie Deutsche Jugend, und IHS ist die Ingenieurhochschule. Wir treffen uns hier einmal in der Woche zum Musizieren.«
»Das gefällt mir. Ich singe auch.«
»Super. Dann mach doch bei uns mit.«
Massud dachte an die Musikgruppe in der Jugendorganisation. Das schien ihm auf einmal ferne Vergangenheit. Wie gut, dass diese Zeit vorüber war. Von Parteiprogrammen mochte er nichts mehr hören. Es ging ihm einzig um die Musik, wie damals, und er nahm von nun an regelmäßig an den Proben teil. Die Gruppe hatte ein ausgiebiges Repertoire an antifaschistischen und antirassistischen FDJ-Liedern. Massud war stolz, als er das Hiroschima-Lied zum ersten Mal auswendig und fehlerfrei singen konnte. Bei einem Festauftritt hatte er sogar einen Soloeinsatz mit einem afghanischen Lied. Die Melodie hatte er auf dem Akkordeon eingeübt. Auch wenn kaum jemand seine Worte verstand, so legte er doch sein ganzes Gefühl in die heimatlichen Verse. Das deutsche Instrument ähnelte im Klang zumindest ein wenig dem seines Harmoniums in Kabul, und die Tasten wurden ihm schnell vertraut.

Massud schaute aus dem Fenster. Seit über zwei Wochen hatte er keine Sonne mehr gesehen. Er sehnte sich nach dem blauen Himmel über Kabul. Hier war das Wetter unergründlich. Mitte November hatte es geschneit, und er deutete die dicken Flocken, die unablässig vom Himmel fielen, als Winteranfang. Doch dann stieg das Thermometer wieder auf vierzehn Grad, und der Himmel wurde zu einer grauen, undurchdringlichen Masse. Es war nicht zu erkennen, an welcher Stelle hinter der Wolkendecke die Sonne sich versteckte. Jedes Mal schaute er verwirrt auf die Uhr, wenn es bereits um halb fünf dämmerte und wieder ein Tag ohne Licht und Schatten vorüberging.

Er setzte sich an seinen Schreibtisch und versuchte Briefe zu schreiben: an seine Familie, an Habib, an Adschmal. Es fiel ihm schwer, die passenden Worte zu finden. In Kabul konnte sich ohnehin niemand vorstellen, in welch eine Welt er geraten war und was für ein Leben er führte. Über die Friedlichkeit des Ortes mochte er nicht berichten. Wie schon zuvor füllte er zwei Seiten mit guten Nachrichten über seine Leistungen und die Freundlichkeit der Menschen. Das würde der Mutter sicher gefallen. Er stellte sich vor, wie sie seinen Brief immer wieder las. Wie sie die Seiten mit seiner Handschrift allen Besuchern zeigte und stolz betonte, welch guter Schüler er in Deutschland sei. Zu gern hätte er ihr dabei zugeschaut. Und Farid? Was mochte er denken? Sicher wäre er auch gern im Ausland, aber seinem Jahrgang war diese Chance verwehrt.

Er faltete die Seiten, schob sie in den Umschlag und klebte die Fünfunddreißig-Pfennig-Marke darauf, die Gebühr für Briefe in Länder, die nicht auf der Liste der sozialistischen Staaten standen. Das hatte er bei seinem ersten Besuch im Postamt gelernt und war beinahe beleidigt, dass sich Afghanistan nicht in die Riege der Auserwählten einreihen durfte. Der Postangestellte hatte ihn belehrt, indem er lauthals die Länder aufzählte, für die zwanzig Pfennig Porto genügte, darunter so exotische Staaten wie die Volksdemokratische Republik Laos und die Mongolische Volksrepublik.

Habib und Adschmal erwarteten keine großen Worte. Eher etwas Aufmunterndes. Der Brief an Adschmal ging in die Sowjetunion, wo der Freund zum Piloten ausgebildet wurde. Wie mochte es ihm ergehen? Nur sehr knapp hatte er mitgeteilt, die hohen Anforderungen seien nicht nach seinem Geschmack und ihm bleibe zum Musizieren keine Zeit. Massud konnte sich ihn unmöglich im Cockpit eines Hubschraubers vorstellen. In seinen Gedanken saß der Freund hinter einer Tabla, und seine Finger rasten über die Trommeln. Massud hätte einiges dafür gegeben, einen Abend mit ihm und Habib im Friseursalon zu verbringen. Nur dort gab es die vertraute Atmosphäre, die in der Fremde nicht aufkommen wollte. Und nur dort schmeckte der Tee nach Zuhause, und jeder Satz konnte eine vieldeutige Anspielung oder ein Scherz sein. Wie weit und unerreichbar es doch auf einmal war.

Habib hatte beim Abschied gesagt, er hasse das Schreiben. Außerdem gebe es aus seinem Leben ohnehin nichts Interessantes zu berichten. Von ihm durfte Massud nichts erwarten. Über einen Brief aus der DDR würde der Freund sich allerdings freuen.

Sollte er etwas über die Mädchen schreiben? Über seine Erlebnisse? Besser nicht, überlegte er, vielleicht liest ein anderer die Zeilen. Er schrieb Habib von den Fernsehprogrammen aus dem Westen, von den vielen amerikanischen Filmen, und dabei deutete er geschickt die freizügigen Szenen in manchem Spätprogramm an, »so ähnlich wie in unserer Lieblingslektüre«, formulierte er. Das war sicher nach seinem Geschmack.

Es dunkelte schon, als er die drei Umschläge beschriftet hatte. Er nahm sein Wörterbuch zur Hand und wollte sich an der Übersetzung von Zeitungsartikeln üben. Das machte er gern. Gewissenhaft schrieb er unbekannte Worte in ein Vokabelheft.

Fassungslos starrte er auf das Foto: Ein afghanischer Junge! Ihm fehlte ein Bein! In traditioneller Kleidung saß er, das unversehrte Bein angewinkelt, auf einem Teppich und blickte aus kohlegeschwärzten Augen ausdruckslos in die Kamera. Ein Junge aus dem Dorf, keine zehn Jahre alt. Massuds Hände zitterten. Unter dem Bild stand ein Satz, der ihm einen weiteren Stich versetzte: »Dieser Junge fand eine von Konterrevolutionären als Spielzeug getarnte Bombe.«

Das Wort »getarnte« musste er nachschauen, und er wollte nicht glauben, was er auf dem Foto sah und was der knappe Satz suggerierte. Die Vorstellung von Minen, die einem Spielzeug ähneln und Kinder verkrüppeln, konnte er nicht ertragen. Wer sollte so etwas machen? Die Konterrevolutionäre? Gegen die Kinder des eigenen Volkes? Unvorstellbar! Er musste an seinen Bruder Wahid denken. Der ist genauso alt, schoss es ihm durch den Kopf. Wo existieren diese schrecklichen Minen? Aus welchem Dorf mag der Junge stammen? Er trug eine bunte Kappe. Wie die Usbeken? Ist es oben im Norden passiert? Wie viele von diesen Minen gibt es? Wie vielen Menschen ist schon ähnlich Grausames passiert? Er dachte an das Tal bei der Qala und bekam Angst. Nicht mehr über die Felder laufen können, weil dort Minen lagen? Nein, sicher bezog sich die Meldung auf andere Gebiete, auf Regionen, wo gekämpft wurde, vielleicht im Pandschir-Tal, wo Kommandant Ahmad Schah Massud mit seinen Truppen verbissen Widerstand leistete. Immer wieder lief in seiner Vorstellung diese schreckliche Szene ab. Kinder, die ein vermeintliches Spielzeug anfassen, das im nächsten Moment explodiert! An welchem Punkt sind die Kriegsherren angekommen? Wie weit werden sie noch gehen? Er sprach mit niemandem darüber, und niemand fragte ihn danach. Niemand schien die Zeitung gesehen zu haben. Oder glaubte niemand daran? So wie er?

Massud widmete sich den Deutsch-Lehrbüchern. Lange bevor es in seinem Kurs auf dem Lehrplan stand, hatte er das weiterführende »Deutsch komplex« durchgearbeitet. Er war fasziniert von der deutschen Grammatik und dem Aufbau des umfangreichen Werks. Darin gab es zahlreiche Merksätze, die er sich wunderbar einprägen konnte. Zur Regel bei Attributsätzen erinnerte er sich immer an das Beispiel »Die DDR ist ein Staat, der von Arbeitern und Bauern regiert wird.« Die Stellung des Kommas vor dem Nachsatz hatte er damit ein für alle Mal gelernt. Bei der Regel für Zwischensätze dachte er einfach: »Dieser Staat, der als Staat des Friedens bekannt ist, besteht seit 1949.«

Wenn er abends im VT-Klub mit den deutschen Kommilitonen ein Bier trank, dann gab er manchen Beispielsatz zum Besten. Meistens schauten sie ihn befremdet an. Nur Peggy verstand und fand es lustig. Sie erzählte den anderen von seinem Lehrbuch. Das schien sie zu beruhigen.

»Und so lernt ihr Deutsch?«, wollte Ronny wissen.

»Am besten gefallen mir die Ergänzungsaufgaben«, sagte Massud und war ganz in seinem Element.

»Ergänzungsaufgaben?«

»Man liest einen Text, zum Beispiel über das Produktionsprofil einer bestimmten Stadt oder die Errungenschaften der sozialistischen Gesellschaft.«

»Verstehe!«

»Dann bekommt man einen Text mit Lücken und setzt die richtigen Lösungsworte ein.«

»Aha, und das macht dir Spaß?«

»Es ist eine tolle Methode!«

Am nächsten Abend hatte Massud für seine deutschen Freunde im Klub einen kleinen Test vorbereitet. Alle waren schon ein wenig angeheitert, als er seine Zettel aus der Tasche zog.

Weil sie Deutsche waren, musste es auch ohne vorherigen Lesetext klappen.

Die erste Aufgabe lautete: »Die Menschen in den sozialistischen Ländern leben frei von … und …«

»Meinungsfreiheit und Reisefreiheit«, schlug Kathrin vor. »Pressefreiheit und Parteienfreiheit«, sagte Silvio. »Bohnenkaffee und Wranglerjeans«, meinte Nadine. »Richtigen Autos und richtigen Wohnungen«, sagte Peggy. Die Freunde amüsierten sich, und jedem fielen weitere Beispiele ein.

»Ihr seid alle durchgefallen«, sagte Massud mit todernstem Gesicht. »Ihr scheint euer tolles Land wohl nicht besonders zu mögen, was?«, fragte er, und wieder lachten alle los.

Silvio bestellte eine Runde Bier und legte einen Arm um Massud. »Du brennst darauf, uns die richtige Lösung zu präsentieren, nicht wahr?«

»So macht das jedenfalls unsere Lehrerin im Sprachkurs.«

»Ich schlage vor, wir geben auf ›drei‹ gemeinsam die richtige Antwort«, sagte Kathrin. »Eins, zwei, drei!«

»Ausbeutung und Unterdrückung«, posaunten alle gemeinsam los und bogen sich vor Lachen.

»Aber … ich verstehe nicht ganz, warum … ich meine, es ist doch nicht schlecht hier«, sagte Massud.

»Nee, nur ein bisschen eng«, sagte Kathrin.

»Zu viele Mauern«, ergänzte Ronny. »Aber vergessen wir den ganzen Kram. Lasst uns feiern. Noch fünf Cognac!«

Die Deutschen waren manchmal rätselhaft. Oft strahlten sie Unzufriedenheit aus, konnten aber im nächsten Moment herzhaft lachen. Sie waren sehr direkt, verletzend direkt, drehten einem den Rücken zu, brachen Gespräche abrupt ab, wenn eine interessantere Person auftauchte, und taten später so, als sei nichts gewesen. Manchmal vergaßen sie sogar zu grüßen. Außerdem verständigten sie sich in einer Art Geheimsprache, die in keinem Lehrbuch stand. Sie kürzten alles Mögliche ab oder erfanden ständig neue Wörter, die Massud interessiert aufschnappte. Sehr oft sprachen sie über den Westen, schauten Westfernsehen, wünschten sich Westkleidung. Jeder schien Familienangehörige »drüben« zu haben. Sie vertraten eine andere Meinung als die Lehrbücher, die Dozenten im Landeskundeunterricht und die Sprecher in den DDR-Fernsehprogrammen.

Ein unbekannter Afghane aus Berlin stand mit einem Briefumschlag vor der Tür. »Von deinem Onkel Said Ahmad aus Hamburg.«

»Onkel Said Ahmad?«

»Mehr weiß ich auch nicht. Ist ein Freund meines Schwagers im Westen. Der hat mir den Brief gegeben. Deine Anschrift habe ich vom Botschaftssekretär.«

»Vielen Dank, aber ich kenne ihn überhaupt nicht.«

»Wirst du schon herausbekommen. Ich hatte zufällig in Köthen zu tun. Also dann: Choda hafes.«

»Willst du nicht wenigstens einen Tee trinken. Setz dich hin, mach es dir bequem. Ich setze schnell Wasser auf.«

»Entschuldige, es wird nicht gehen, im Auto wartet jemand auf mich.«

»Wie du willst. Ba aman-e Choda.«

Wir Afghanen werden aber schnell zu Deutschen, überlegte

Massud und öffnete das Kuvert. Er traute seinen Augen nicht. Dreihundert Westmark. Er nahm die drei blauen Scheine in die Hand. So viel Geld! Er war ein reicher Mann! Auf dem beigefügten Briefbogen stand die kryptische Botschaft: »Im Gedenken an die Hilfe deines Vaters. Sei gegrüßt aus Hamburg. Dein Onkel Said Ahmad«.

Das Geld hatte den Gegenwert von 1500 Ostmark. Er konnte sein Glück kaum fassen. Das war ein Vielfaches seines monatlichen Stipendiums. Am nächsten Tag lief er zu Peggy. Sie hatte ein Auto, und gemeinsam mit Kathrin fuhren sie zu einem Intershop an der Transitautobahn. Massud staunte über das Warenangebot und hätte am liebsten gleich alles gekauft. Zunächst griff er nach einer Stange Westzigaretten. Peggy mochte Marlboro. Zwei Flaschen Johnny Walker und Krimsekt landeten in ihrem Einkaufskorb. Kathrin stand lange vor den internationalen Kosmetika, und er kaufte Lippenstifte und Damenstrumpfhosen für seine Begleiterinnen. Am Abend feierten sie ein Fest, und Massud stimmte ein Loblied auf die afghanischen Familienbande an. Vorsorglich reservierte er eine Flasche Whiskey für den Wohnheimleiter. Massud hatte erfahren, dass eines der ganz wenigen Einzelzimmer frei geworden war, und treu den Gepflogenheiten seiner Heimat reichte er Herrn Hagen die kleine Aufmerksamkeit und gab ihm zu verstehen, dass er sich auch in Zukunft immer dankbar zeigen werde.

»Weil du es bist. Ist ja auch nur für eine kurze Zeit.«

Endlich ungestört! Niemand, auf den er Rücksicht nehmen musste, wenn er eine Studentin mit aufs Zimmer nehmen wollte. Der Zugang zu Westgeld war ein enormes Privileg: Nur wenige Menschen kamen an harte Devisen heran, und der Schwarzmarktkurs war hoch. Erst später erfuhr Massud, dass Said Ahmad ein Halbbruder seines Vaters war und dass dieser ihm vor vielen Jahren Geld nach Hamburg überwiesen hatte, um ihn beim Medizinstudium zu unterstützen. Inzwischen arbeitete er als Chirurg in einem großen Universitätskrankenhaus. Jedenfalls war Massud durch die späte Dankbarkeit von Said Ahmad zu einem Stammkunden im »Delikat« geworden und ließ stets die begehrten Marlboro aus seiner karierten Jacke blitzen.

Magdeburg hieß das Ziel. Dort sollte er studieren. Schweren Herzens stieg er in den Zug. Als die sommerliche Landschaft am Fenster vorüberzog, stieg Heimweh in ihm auf. Heimweh nach Köthen.

Er war der Einzige aus seinem Kurs, der an die Technische Hochschule Otto von Guericke geschickt worden war. Damit stand fest, dass er etwas Technisches studieren musste. Genaueres hatte man ihm noch nicht mitgeteilt, aber er konnte sich seine Studienfächer ohnehin nicht aussuchen. Sein Heimatland schickte junge Leute ins Ausland, damit sie als dringend benötigte Fachkräfte zurückkamen. Die Auswahlkriterien waren undurchsichtig. Manche bekamen ihr gewünschtes Fach, doch viele mussten studieren, was eine Kommission, auf welche Art auch immer, für sie beschlossen hatte. Das Ministerium für Fach- und Hochschulwesen der DDR wies den Betroffenen die entsprechenden Studienplatz zu.

Pünktlich lief der Zug in den Bahnhof ein. Massud nahm die Linie 6 der Straßenbahn, so wie es die Sekretärin ihm zum Abschied gesagt hatte. Die Straßen waren breit, die Kaufhalle riesig, gegenüber stand ein prächtiges Gebäude. »Alter Markt« stand an der Haltestelle, aber schon fuhr die Bahn weiter. Hochhäuser säumten die Karl-Marx-Straße, und in den unteren Geschossen reihten sich die Geschäfte. In gelben Lettern stand »Universitätsbuchhandlung Otto von Guericke« an einer Fassade. Dort gab es sicher die Fachbücher, die er für sein Studium brauchte. Als er ein Schild sah, das auf die Hochschule verwies, stieg er aus. Vor ihm stand ein sehr hohes Gebäude. Fünfzehn Etagen! Es schien ein Studentenwohnheim zu sein. Vielleicht durfte er dort einziehen. Auf dem Dach des Nachbarhauses zeigte ein gewaltiges digitales Thermometer die Temperatur an. Fünfundzwanzig Grad.

Zu seiner Enttäuschung war für ihn eine Unterkunft am anderen Ende des weitläufigen Campus vorgesehen. Sein Wohnheim hatte die Nummer 9 und nur fünf Etagen. Unterwegs begegnete er niemandem. Das Gelände und die Flure waren wie ausgestorben. In seiner Etage sei er der einzige Bewohner, gab ihm der Wohnheimleiter zu verstehen. »In der Ferienzeit sind hier nur ein paar Ausländer. Die anderen haben sich alle verzogen.«

Massuds Zimmer war voll gestellt mit drei Betten, drei Kleiderschränken, drei Schreibtischen und drei Bücherregalen. Stundenlang starrte er an die Decke. Kein Geräusch war zu hören. Es war unheimlich. Manchmal sprach er einige Sätze in seiner Muttersprache, laut und deutlich, als müsse er sich vergewissern, dass er dieser Worte noch mächtig war. Er wollte mit jemandem reden, etwas sagen, albern sein, in Gesellschaft Bier trinken, lachen und sich freuen. Aber das schien in weite Ferne gerückt. Er suchte in seinem Koffer nach den wenigen Fotos, die er aus Afghanistan mitgenommen hatte. »Warum habe ich nur so wenige dabei? Im nächsten Brief bitte ich um weitere Fotos. Sie sollen mir die lustigen schicken. Die von unserem Ausflug an den Qargha-See. Vater in seiner halblangen Hose mit freien Knien. Das fanden wir alle lustig. Und die Abbildungen von Farid und mir auf der Terrasse soll auch dabei sein. Sie ist an dem Tag aufgenommen, als wir entdeckten, dass ich größer bin als er. Nein! Das werde ich besser nicht verlangen. Mutter wäre beunruhigt. Sie wird merken, dass mir etwas fehlt«, sprach Massud traurig in den leeren Raum hinein.

Jeden Morgen schaute er in sein Postfach. Aus Köthen sollte ihm die Post nachgeschickt werden. Aber es kam nichts. Er las die alten Briefe, bis er sie auswendig konnte. Voller Bewunderung schaute er auf die bunten Marken aus Afghanistan. Die hatte bestimmt Wahid ausgesucht. Sie waren wunderschön, besonders die mit den Buskaschie-Reitern, die um einen Kadaver kämpfen. Unter den stampfenden Hufen ihrer Vollblüter wirbelt der Staub. Auf einer anderen Briefmarke waren zwei Ringer abgebildet, deren knappe Trikots sich über ihren kräftigen Muskeln spannten. Am besten gefiel ihm die Hundert-Afghani-Marke mit dem Nomadenmädchen im Festtagsgewand, die ein Kamel führt, beladen mit dem Hausstand der Sippe. Manchmal küsste er eines der Kuverts und bildete sich ein, der Duft der Heimat steige ihm in die Nase. Auf den eng beschriebenen Seiten hatte jeder aus der Familie seine Grüße hinterlassen. »Wir alle vermissen Dich«, stand im letzten Brief. Und dann, vollkommen überraschend, einige Zeilen seiner Mutter: »Massud-dschan, wann kommst Du zurück nach Hause, mein Sohn?«

Er zog die Gardinen auf, und Sonnenlicht durchflutete das Zimmer. In der Küche am Ende des Flurs setzte er Wasser auf, und endlich roch er das vertraute Aroma der grünen Teeblätter. Er war machtlos gegen seine Gefühle, die ihm das Lachen und die Kraft raubten. Er stellte den Kassettenrecorder an, lauschte den tausendmal gehörten Liedern seines Landes und entdeckte in den vertrauten Versen plötzlich eine neue Bedeutung. Die Sänger formten seinen eigenen Schmerz in Worte und erhoben ihre Stimmen voller Mitgefühl. Er nahm sich einen Stuhl, benutze ihn wie eine Trommel und begleitete die Musiker mit rhythmischen Schlägen. Dann war die Kassette zu Ende, und eine beängstigende Stille erfüllte das Zimmer. Wann war er je ohne ein Geräusch gewesen, ohne die Atemzüge eines anderen in seiner Nähe? Wenn er doch nur zu Hause anrufen könnte.

Das Alleinsein wurde zur Qual. Manchmal streifte er durch die Gegend und wunderte sich über die flache Landschaft. Auf Dauer muss es doch schrecklich langweilig sein, überlegte er. Wie findet der Blick in dieser Weite Orientierung? Wo ist die erhabene Sicht von einem Berg hinunter ins Tal?

Am Traunsee

Das Einschlafen fällt mir immer schwerer. Die Geräusche der anderen machen mich wütend und aggressiv. Meine Zellengenossen erkenne ich an ihrem Schnarchen. Rudi würde ich gern seine schlurfenden Pantoffeln von den Füßen reißen. In manchen Nächten krieche ich in die hinterste Ecke des Etagenbettes und schreibe stundenlang Erinnerungen und Erlebnisse auf. Der Schein einer winzigen Lampe fällt auf unzählige Seiten wahllos festgehaltener Gedanken.

Oft denke ich an Liebesnächte, versuche mir die Gesichter einzelner Frauen in Erinnerung zu rufen, denke an ihre Namen und an die erlebte Lust. Wie flüchtig die meisten Begegnungen doch waren! Und wie selbstverständlich der Genuss zu mir kam! Dann traf ich auf die erste Liebe. Und selbst für sie habe ich nicht wirklich gekämpft. In Zukunft werde ich nie wieder leichtfertig eine Verbindung lösen. Und ich werde jede Liebesnacht als Offenbarung zelebrieren.

Klaras Hände fallen mir ein, wie sie mir durch das Haar und über den Bauch strich. Wenn ihre Finger langsam meine Hüfte und dann meinen Bauchnabel berührten. Ich wurde jedes Mal verrückt vor Erregung. Ich schrie vor Lust, wenn ihre feuchten Lippen meine Brust liebkosten. Viel zu schnell war alles vorbei. Sie verschwand, und andere Frauen küssten mich.

Mit Yvonne war es anders. Ich erwartete nicht viel. Sie war meine erste Frau unter orientalischer Sonne. Mit ihr schlenderte ich durch Islamabad, fuhr in die Berge und schaute sehnsüchtig nach Westen, wo meine Heimat – in Sichtweite, und doch unerreichbar – unter Kämpfen litt. Es ist kaum zwei Jahre her, als sie mich zu ihrem Liebhaber erwählte und ich überglücklich in die Arme einer schönen Europäerin fiel. Es gab kein Wiedersehen. Schon wenige Tage nach ihrem schmerzhaften Geständnis in Wien kam die Mitteilung: Transfer an einen anderen Ort. Dieser Akt galt der Verteilung der Asylbewerber über die gesamte Alpenrepublik.

Die Fahrt im Kleinbus dauerte lange. Franzl, der Hausmeister des Flüchtlingslagers Traiskirchen, Fahrer und Ansprechpartner in allen Lebenslagen, hatte mir den Beifahrersitz reserviert. In den letzten Wochen hatten wir uns näher kennen gelernt. Ich sei der erste Flüchtling, mit dem er sich »normal« unterhalten könne, behauptete er immer. Täglich hatte Franzl meine Sprachkenntnisse bei diversen Gelegenheiten genutzt. Ob Iraner, Kurden mit Farsi-Kenntnissen, Inder, Pakistaner oder englischsprachige Afrikaner: Ich übersetzte für ihn. Zwei Monate war ich im Flüchtlingslager gewesen, hatte nicht einen einzigen Schilling verdient und war verzweifelt. Bei Yvonne abgeblitzt, unfähig, meiner Familie Geld zu schicken, wurde ich nun auch noch – Krönung des Dilemmas – in die Provinz geschickt. Von der Autobahn aus warf ich einen letzten Blick auf Wien. Aus dem Radio plärrte ein Hit.

»Don't leave me this way! I can't survive, I can't stay alive, I can't exist, I will surely miss your tender kiss.«

»Was heißt eigentlich ›tender‹?«, schrie Franzl über die Musik hinweg und stimmte in den Refrain ein: »Baby, my heart is full of love and it's all for you …«

»Verdammt, kannst du nicht einen anderen Sender einstellen?«, rief ich ihm zu, und ein Blick in den Rückspiegel zeigte mir die verdutzten Gesichter der anderen Flüchtlinge.

»Der Song ist doch super: Baby, my heart is full of love and it's all for you.«

»Bitte! Ich kann es jetzt nicht hören.«

»Was ist denn los? Gefällt es dir nicht?«

»Doch, schon, aber nicht jetzt.«

»Hab kapiert. Liebeskummer, was?«, brüllte er. »Kenne ich. Hast dich in Traiskirchen verliebt?«

»Quatsch. Jetzt mach es endlich leiser.«

»Okay, aber erst wenn du mir sagst, was ›tender‹ heißt.«

»Was weiß ich? Zärtlich oder so ähnlich.«

Franzl suchte ein anderes Programm. Sprachlos starrte ich auf die Fahrbahn und fühlte in mir eine dumpfe Gleichgültigkeit aufsteigen. Der Radiosprecher berichtete von einer Schönwetterfront, und Franzl schien es zu freuen. Beim nächsten Lied spitzte ich die Ohren. Wie im Rausch sog ich die Silben auf.

»… with tears in my eyes. I wonder why, we hold on, we have to break down to make things alright …« Ich kämpfte mit den Tränen und starrte wieder aus dem Fenster. »Yeah, we have to break down to make things alright.«

Diese verdammten Musiker!, dachte ich. Müssen sie ständig mein Inneres an die Oberfläche zerren und mich an meine Misere erinnern? Ich horchte genau hin, sann jedem Wort nach, und plötzlich gab der Rhythmus mir neuen Mut. Mit den Fingerspitzen trommelte ich auf die Konsole im Führerhaus.

»Yeah, we have to break down to make things alright«, stimmte ich ein.

Nach einer Weile wurde ich mir der Landschaft gewahr und ahnte, warum alle Österreicher, denen ich in Islamabad begegnet war, immer so überschwänglich von ihrer schönen Heimat geschwärmt hatten. Das Grün der Wiesen konnte kaum saftiger sein, und die sanften Hügel, die sich in der Ferne zu schneebedeckten Gipfeln türmten, schienen einer Traumwelt entsprungen. Flieder erblühte in schweren Dolden und weckte mit seinem Duft liebliche Erinnerungen an Magdeburg.

Wir fuhren durch kleine Ortschaften, und es war, als sei ich zwischen die aufgeschlagenen Seiten eines Bilderbuches geraten. Alles würde gut werden, sagte ich mir beim Anblick weißbrauner Kühe auf einer blühenden Weide. Zum Teufel mit Yvonne, und zum Teufel mit Wien.

Nach stundenlanger Fahrt verließ der Wagen die Autobahn, und einige Minuten später gelangten wir in ein weites Tal. Es grenzte an einen schmalen See, der sich an einen grauen Berg schmiegte. Franzl fuhr am Ufer entlang und hielt nach einigen Kilometern vor einem freistehenden Gebäude. »Engelhof« war in großen Lettern an der Fassade zu lesen: ein dreistöckiges Hotel mit hölzernen Balkonen. Zarte Geranienpflänzchen streckten sich über die Brüstung der Sonne entgegen.

»Da wären wir, meine Herren«, sagte Franzl scherzhaft. Er wusste, dass nur ich ihn verstand.

»Hübsch ist es hier. Hast uns was Nettes ausgesucht.«

Noch einmal schaute ich auf das geschwungene Wort über dem Eingang und nahm es als ein gutes Omen. Die Herberge lag direkt am Traunsee, und aus meinem Zimmer konnte ich mit einer gewissen Akrobatik über einen Mauervorsprung hinweg aufs Wasser und bis zum alles überragenden Traunstein blicken. Fünfzig Flüchtlinge lebten hier und bewohnten das obere Stockwerk und ein Hinterhaus. »In der Hochsaison kommen noch genau so viele Urlauber hinzu«, sagte Franzl. »Fesche Katzn« seien dabei, verkündete er mit einem Augenzwinkern. Ich teilte mein Zimmer mit vier Iranern und freundete mich schnell mit Behrus an. Wieder gab es keine Landsleute in der Unterkunft.

Unsere Verpflegung wurde in der Hotelküche gekocht, und zu den festgelegten Zeiten der Essensausgabe ging ich mit Behrus ins Untergeschoss, wo wir uns in die Schlange der Wartenden einreihten. Danach begann das Gedränge in unserem kleinen Zimmer. Ursprünglich war es sicher ein normales Doppelzimmer gewesen, doch nun mussten zwei Etagenbetten, ein Einzelbett, fünf schmale Militärschränke und ein Tisch darin Platz finden. Das Hotelrestaurant, wo ich meine Beine bequem unter dem Tisch hätte ausstrecken können, war für die zahlenden Gäste reserviert. Bei schönem Wetter nahmen Behrus und ich unsere Mahlzeiten auf einer Mole am Seeufer ein, wunderten uns über die österreichische Küche und sehnten uns beide nach Reis. Bei der ersten Gelegenheit würden wir ihn kiloweise verschlingen, mit »Tadigh«, der typischen am Topf angesetzten Kruste. Behrus erzählte, wie seine Mutter immer Kartoffelscheiben in den Topf legte, bevor sie den vorgegarten Reis einfüllte. »Tadigh« sei doch nichts gegen »Qabili Palau«, entgegnete ich und schwärmte von dem aufwändigen afghanischen Reisgericht, das er nicht kannte.

»Ihr Iraner fühlt euch immerzu überlegen, dabei kennt ihr noch nicht einmal Qabili Palau«, neckte ich meinen Freund.

»Reis mit Rosinen?«, entgegnete dieser. »Ihr seid ja halbe Inder.«

Behrus und ich teilten unsere abgezählten Zigaretten, den Luxus einer Dose Bier an einem besonders schönen oder besonders schlechten Tag, und wir überlegten verbissen, wie wir mit unseren wenigen Schillingen möglichst lange auskommen könnten. Manchmal spürte ich die abschätzenden Blicke der anderen Iraner, die nicht mir, sondern Behrus galten. Offenbar konnten sie nicht akzeptieren, dass er die Gesellschaft eines Afghanen der seiner eigenen Landsleuten vorzog. Doch als ihnen meine Sprachkenntnisse auffielen, wurde ich zu ihrem allzeit gefragten Dolmetscher in allen Lebenslagen.

Einem iranisch-österreichischen Liebespaar musste ich bei ihrer ersten ernsthaften Kommunikation Dienste leisten. Der junge Mann in Not hieß Resa, und seine Angebetete stellte sich als Rosemarie, kurz Rosie, vor. Resas deutscher Wortschatz war derart beschränkt, dass ich mir beim besten Willen nicht vorstellen konnte, worüber die beiden sich jemals unterhielten. Er war dunkel und schmächtig, Rosie dagegen hell und füllig. Ihre Bluse spannte beängstigend über einer mächtigen Oberweite. So saßen wir am Traunsee.

»Sie fragt, ob du sie liebst«, begann ich das gewagte Unternehmen mit einer ersten Übersetzungshilfe. Daraufhin reagierte Resa keineswegs einsilbig, was Rosie wiederum ungeduldig machte.

»Was sagt er?«, unterbrach sie unseren Dialog schließlich.

»Resa sagt: Ja. Er liebt dich.«

»Und was gab es da so lange zu reden?«

»Wie soll ich sagen? Er hatte die Frage nicht ganz verstanden.«

»Was heißt das?«

»Na ja, er sagte, ihr beide seid, äh, schon, na ja, intim gewesen.«

»Und, was hat das damit zu tun?«

»Das hat er als Liebeserklärung aufgefasst. Ich habe ihm erklärt, dass es hier ganz normal ist, wenn ein Mann und eine Frau … ich meine, auch so zum Spaß.«

»Was willst du damit sagen? Dass alle Frauen sofort mit einem Ausländer ins Bett gehen?«

»Nein, nein. Keineswegs.«

Jetzt unterbrach Resa das Gespräch und wollte wissen, was los sei. »Sag ihr endlich, dass ich sie liebe, dass ich sie vom ersten Augenblick an geliebt habe, als ich sie an der Bushaltestelle sah. Da trug sie dieselbe Bluse wie jetzt.«

»Also, Rosie, ich soll dir sagen, dass Resa dich liebt. Es war Liebe auf den ersten Blick.«

»Wirklich? Das sagt er? Wie süß. Sag ihm, ich liebe ihn auch.«

Das Pärchen lächelte, und Resa errötete.

»Er möchte dich noch etwas fragen, Rosie. Das wollte er schon lange fragen, sagt er. Es ist sehr wichtig.«

Wieder redete Resa auf mich ein, bis ich abwehrend die Hände hob und mich Rosie zuwandte.

»Resa will wissen … warte noch mal kurz, ich frag nach, ob ich auch wirklich alles richtig verstanden habe.« Ein bestimmtes Nicken von Resa und ein wiederholtes »Baleh, baleh, ja, ja« bestätigten das Gehörte. »Er will wissen, ob du ihn heiraten willst.«

»Was? Heiraten? Jetzt schon? Wie niedlich. Übersetze das nicht! Sag, ich muss es mir überlegen.«

»Resa hat irgendwie ein schlechtes Gewissen, weil ihr, äh, du weißt schon, ich meine, was miteinander hattet. Er würde dich nie sitzen lassen, sagt er.«

»Das ist gut.«

Behrus war immer gut gelaunt. Unbelastet von Trübsinn und Zukunftsängsten versuchte er sein Leben zu genießen. Immer zu Scherzen aufgelegt, machte er sich gern über seine Landsleute lustig. Besonders auf Resa hatte er es abgesehen, der für ihn nichts weiter als ein hinterwäldlerischer Kleinstadtperser aus der Wüste war. Er glaubte, dass Resa nie zuvor eine Frau berührt hatte und deshalb von Rosies weiblichen Reizen derart in Trance versetzt wurde.

Behrus. Ohne ihn wäre ich jetzt nicht im Gefängnis. Und trotzdem kann er nichts dafür. Er ist reingelegt worden, genau wie ich. Zurück in Freiheit, werde ich gern wieder mit ihm befreundet sein. Aber bis dahin ist es noch weit. Und selbst bis zum nächsten Morgen dauert es noch eine Ewigkeit. Wenn ich nur schlafen könnte. Kein Licht dringt in unsere Zelle. Langsam kriecht die Müdigkeit in mir hoch, und ich schließe die Lider. Ich berühre meine Brust, schiebe die Hand hinunter zu meinem Bauch und entscheide mich dann, es lieber zu lassen. Denn auch das mildert die Einsamkeit nicht.

Endlich kommt der Schlaf. In der Ferne tauchen schneegekrönte Gipfel auf, Haare wehen in mein Gesicht, so lang wie die Mähne eines wilden Pferdes. Oder ist es ein Schleier? Das Wesen ist zart, aber kräftig, es hält meine Hände, kratzt über meine Brust. Ich bäume mich auf. Es ist eine Frau. Ich greife nach ihrer Taille, werfe sie herum und starre auf ihre weißen Brüste. Ist ihr Haar schwarz oder blond? Warum kann ich es nicht erkennen? Sie lacht, und ihre Schenkel öffnen sich, schimmern feucht unter dem Beben ihrer Lust. Ich will sie küssen, doch wo ist ihr Gesicht? Die Brüste sind fest, und ich sauge an ihren kleinen dunklen Spitzen. Endlich nimmt ihre feuchte Wärme mich auf, ohne meine Lust ganz zu umschließen. Ich stoße in ein Nichts, und grelles Licht blendet meine Augen. Ein Schlüssel dreht sich im Schloss, und ich verfluche diesen Moment. An die Wonnen der Nacht will ich mich klammern und reibe mich doch nur an einem lästig feuchten Laken.

An einem bitterkalten Samstagnachmittag im Februar kommt Karl mit einer Papiertüte in die Zelle und schaut auf die vielen leeren Betten.

»Hallo, Massud, alle anderen ausgeflogen? Ich habe hier ein Kotelett für unseren Schlachtermeister. Wo ist der Alte denn? Heult der sich schon wieder beim Pastor aus?«

»Kann sein. Hat so was angedeutet. Probe mit dem Kirchenchor.«

»Hört das denn nie auf? In den ersten fünf Jahren ist es bei solchen Typen wohl normal, aber irgendwann reicht es, finde ich. Die meisten Psychos wie er verkriechen sich doch nur in ihren Zellen.«

»Kann man ja auch irgendwie verstehen. Werden ja oft genug angefeindet von den anderen.«

»Manche verdienen es aber auch nicht anders. So wie der Neue in 423. Wenn es nach mir ginge, würde der gleich zwei Jahre Gangverbot kriegen. Bei Sittichen, Kinderfickern und Leichenschändern hört das Verständnis auf.«

»Woher willst du wissen, was der gemacht hat?«

»Hat mir jemand geflüstert. War ein ganz übles Ding. Eine Elfjährige. Und für Halsabschneider habe ich kein Verständnis. Ich finde, die sollen sich alle nicht so haben. Wer Leute abmurkst und dann hinterher noch diesen Zirkus anstellt, der muss auch was einstecken können. Was geht bei denen überhaupt ab? Irgendwie müssen die doch vollkommen durchgedreht sein.«

»Was fragst du mich? Glaubst du etwa, ich rede mit einem von denen darüber?«

»Das nicht, aber du hängst doch dauernd mit Rudi am Herd rum.«

»Ich weiß nicht viel über ihn, will ich auch gar nicht. Würde nie danach fragen. Ich höre nur, was die anderen hier so quatschen.«

Und dabei denke ich an Karls eigene Vergangenheit, die ihm im Schloss den legendären Ruf eines Panzerfausträubers eingebracht hat. Ihm sollen spektakuläre Überfälle auf Geldtransporter gelungen sein, und angeblich hat er irgendwo Millionen gebunkert. Zudem ist er der beste Fußball- und zweitbeste Billardspieler im Häfn. Solche Typen sind beliebt im Knast. Es gibt einige, die sich bei ihnen anbiedern, sie zum Essen einladen oder ihnen Zigaretten schenken. Besonders die zart besaiteten Wirtschaftsverbrecher und Finanzbetrüger suchen den Schutz solcher Haudegen.

»Als ich Rudi mal gefragt habe, warum er so oft in die Kirche und zum Pastor geht, da hat er nur gesagt, wir sitzen doch schließlich alle wegen unserer Glaubensfragen im Knast.«

»Wie meint er das denn?«

»Wir haben alle nicht geglaubt, dass man uns erwischt.«

»Echt witzig, muss ich mir merken. Der Mann ist drollig. Vielleicht trifft er ja seine Alte im Himmel wieder. Die wird ihm schön die Hölle heiß machen.«

Die Vorstellung, dass sich Mörder und Opfer im Jenseits begegnen, war mir bisher nicht gekommen. Aber Karl wird wohl genügend Gründe haben, sich darüber Gedanken zu machen.

»Weißt du was, Massud«, sagt er im Gehen, »ich hab unseren Verein so verdammt satt.«

»Kenn ich, das Gefühl.«

»Aber ich brauch zum Glück nur noch neun Tage abzusitzen.«

»Neun Tage?«

»Neujahrstage, Mann!«, grölt er in den Gang hinein. »Dich kann man so richtig geil verarschen.«

Am 18. März ist die Entscheidung gefallen, und diesmal habe ich das Glück auf meiner Seite. In den ersten warmen Tagen des Frühjahrs darf ich umziehen und bekomme eine kleinere Zelle in einem anderen Trakt. Der Abschied von Rudi fällt mir nicht ganz leicht, und auch er scheint sich an meine Gesellschaft gewöhnt zu haben. Meinen neuen Zellengenossen kenne ich schon vom Hofgang. Er ist so etwas wie eine Berühmtheit in unserem Schloss. Alle nennen ihn »Promi«. Sogar das Fernsehen hat über ihn berichtet, die Klatschpresse sowieso. Seine regelmäßigen Besucher kommen aus den feinsten gesellschaftlichen Kreisen, wie es heißt. Angeblich schreibt er sogar an einem Buch über sein ehemals aufregendes Leben. Offenbar ist im Zuge seiner Ausschweifungen etwas Entscheidendes schief gelaufen.

Im neuen Trakt wohnen außerdem Kurtl und einige andere Kollegen aus meinem Betrieb. Hier sind vierzehn Zellen mit zwei bis sieben Insassen um einen quadratischen Innenhof gruppiert, in dessen Mitte eine Tischtennisplatte steht. Es gibt sogar einen Billardraum und eine winzige Bibliothek mit zwei Regalen voller abgegriffener Bücher.

Für meinen Umzug hat mir die Gefängnisleitung einen Tag freigegeben. Als ich in meine neue Zelle komme, ist der Promi in seinem Betrieb. Der Raum strahlt einen Hauch von Luxus aus. Allein die Ruhe und der Geruch sind schon ein Erlebnis. Die Ecke des Prominenten ist penibel aufgeräumt. Unzählige Nachrichtenmagazine und Tageszeitungen liegen in exakten Stapeln auf seinem Schreibtisch, und das gemachte Bett zeigt keine Falte. Einzig ein Sortiment an Stecheisen, Feilen und Schleifpapier neben einem halb fertigen Holzkasten, der an den Rohbau eines Vogelhauses erinnert, bringt ein wenig Unordnung in die Zelle. Das hat sicher etwas mit seiner Arbeit im Kunstbetrieb zu tun. Der Fernsehapparat ist so aufgestellt, dass ich auch von meinem Bett aus eine gute Sicht habe. Am Abend rücke ich den Kleiderschrank mit der Längsseite als Raumteiler gleich neben die Tür. An die Rückwand kommt mein Schreibtisch, und so bleibt noch ein schmaler Durchgang vor dem Bett. Über ihm bringe ich ein Hängeregal an, und ans Fußende stelle ich einen kleinen Tisch. So sieht es fast wie ein eigenes Zimmer aus, und vor allem kann mich beim Reinkommen niemand sehen. Und morgen kommt dann noch ein Computer dazu. Für meine Überstunden. Der kostenlos bereitgestellte IBM ist ein wahrer Segen für mich.

»Hast dir eine Barrikade gebaut?«, kommentiert der Prominente mein abendliches Schaffen.

»Stört es dich?«

»Nein, überhaupt nicht, find ich Klasse. Im Kühlschrank ist ein Fach für dich frei. Ich habe übrigens keine Lust auf irgendwelchen Schmutz in der Zelle. Dein Vorgänger hat fast nie sauber gemacht. Deshalb mussten wir uns auch trennen.«

»Keine Panik, mir gefällt es sauber auch viel besser«, antworte ich und ahne Schlimmes, denn schließlich führt das Personal strenge Reinlichkeitskontrollen durch, sodass Schlampereien fast ausgeschlossen sind.

»Ich heiße übrigens mit richtigem Namen Patrick.«

»Ist schon klar. Ich lese schließlich auch Zeitung.«

»Ich mein ja nur, weil die anderen mich nur Promi nennen.«

»Ja, ich weiß. Du machst den Rundlauf, oder?«

»Genau, lebenslang, und du?«

»Noch fast zwei.«

»Und dafür stellst du die ganze Zelle auf den Kopf?«

Erst am nächsten Nachmittag bemerke ich die Südwestlage unseres Domizils. Als wir uns um halb fünf für eine halbe Stunde zum Abzählen in die Zelle begeben müssen, scheint die tief stehende Sonne durch das Fenster, und ich spüre ihre zaghafte Wärme. Mein dritter Frühling in diesem Land. Ich setze mich mit einem Notizheft auf die Fensterbank.

»Was schreibst denn da?«, fragt Patrick, als er mich in der sonnigen Nische sitzen sieht.

»Nichts Besonderes, irgendwelche Erinnerungen.«

»Auf Deutsch?«

»Ja, auf Deutsch kann ich es am besten.«

»Du sprichst auch verdammt gut. Ohne Akzent. Bist in Deutschland aufgewachsen? Diplomatensohn oder so was?«

»Nein, ganz und gar nicht.«

Wie in unserem Schloss üblich, stellt er keine weiteren Fragen und überlässt es mir, mit Erklärungen aufzuwarten. Aber mich zieht es schon wieder in die Welt der Erinnerungen, in der Namen und Gesichter durcheinander wirbeln und mir den Spiegel meines Lebens vorhalten.

Freude und Heimweh

Im Postkasten lag ein Umschlag. »Ministerium für Hoch- und Fachhochschulwesen« lautete der Absender. Mein Studienfach!, dachte Massud sofort. Mein weiteres Schicksal! Im Stillen betete er für ein erträgliches Los. Vorsichtig löste er den Klebestreifen und zog das Schreiben heraus: Konstruktionstechnik!

»Was ist das denn?«, fragte er am nächsten Tag im Büro für Internationale Beziehungen.

Die Angestellte bemühte sich um eine interessante Umschreibung, die Massud wenig sagte. Er ließ den Kopf hängen. Konstruktionstechnik!? Gab es denn nichts anderes für ihn? Dafür hatte er kein Talent. Mathematische Probleme zu lösen interessierte ihn nicht, das geeignete Baumaterial für ein Hochhaus ebenso wenig. Er wollte aus den Fenstern dieser Häuser auf die Welt hinabschauen, sie aber nicht konstruieren.

Auf dem leeren Schreibtisch in seinem leblosen Zimmer lag der Brief. Er musste etwas tun, bevor es zu spät war. Er setzte sich auf den Stuhl und schrieb auf ein Blatt Papier: An die Afghanische Botschaft, Otto-Grotewohl-Straße, Berlin. Wie redete man die dortigen Sekretäre an? Zumindest hatte er eine schöne Schrift. Sein Anliegen garnierte er mit Erklärungen und Darstellungen seiner persönlichen Lage. Er wies auf die Auszeichnung hin, die er als bester Sprachschüler vom Herder Institut erhalten hatte, betonte seine sprachlichen und musischen Fähigkeiten und fügte höfliche Bitten an. Er wünschte sich ein anderes Studienfach und hoffte innig auf ihre Hilfe. Das müsste den Herren doch einleuchten!

Die Antwort kam schneller als erwartet: Er solle das studieren, was für ihn bestimmt worden sei, andernfalls würde er nach Afghanistan geschickt und unverzüglich in die Armee eingezogen.

Die drastische Konsequenz machte ihm Angst. Der Dienst in der Armee war das Letzte, was er wollte. Konstruktionstechnik oder Fronteinsatz: welch eine Wahl!

Die Ferien waren vorbei. In den gestern noch leeren Fluren des Wohnheims pulsierte das Leben. Taschen wurden die Treppen hinaufgetragen, und Stimmen hallten über den Hof. In der Küche klapperte das Geschirr, und fremde Gesichter nickten ihm zu. Wie aus einem tiefen Winterschlaf erwachten die Studentenklubs. An allen Ecken des weitläufigen Hochschul- und Wohnheimgeländes wurden Begrüßungsfeste gefeiert. Ein kleines Flachdachgebäude zwischen den Abteilungen für Maschinenbau und Physik entpuppte sich als Diskothek. »Baracke« lautete die schlichte Bezeichnung, und Massud dachte bereits nach dem ersten Abend an der Theke, dies könnte sein Lieblingsort auf dem Hochschulgelände werden. Mehrmals in der Woche fanden in der »Baracke« Tanzabende statt. Die Studenten drängten zum Eingang, und gegen Mitternacht war es rammelvoll unter der leuchtenden Diskokugel. Die Mädchen waren hier mindestens genauso schön und kontaktfreudig wie in Köthen. Schnell vergaß Massud die Zeit der Einsamkeit.

Auf dem Weg zur Vorlesung sprach ihn ein junger Mann an.

»Hallo, du bist neu hier, nicht?«

»Hallo, ja ich habe gerade an der TU angefangen.«

»Ich heiße Sanjay.«

»Massud ist mein Name.«

»Welches Fach studierst du, Massud?«

»Konstruktionstechnik.«

»Gefällt es dir?«

»Ich weiß nicht mal, was das ist. Konnte ich mir ja nicht aussuchen.«

»Verstehe. Du spricht verdammt gut Deutsch. Wo hast du vorher studiert?«

»Nirgends. Ich war ein Jahr im Herder Institut.«

»Gratuliere! Erst ein Jahr, und dann solche Sprachkenntnisse. Du hast ja kaum einen Akzent. Ich bin schon fünf Jahre hier. Habe gehört, du kommst aus Afghanistan.«

»Ja, stimmt.«

»Von euch gibt es hier nicht viele.«

»Und du bist Inder, nehme ich an.«

»Genau. Aus Delhi.«

»Namaste.«

»Namaste. Kannst du Hindi?«

»Nur das, was ich aus Filmen aufgeschnappt habe.«

»Klasse. Woher kennst du indische Filme?«

»Die zeigen sie in Afghanistan oft im Kino und im Fernsehen.«

»Ich habe indische Videos.«

»Videos?«

»Ich habe einen Videorecorder.«

»Wow, welch ein Luxus.«

»Ja, ich weiß. Mein Bruder lebt im Westen.«

»Da bist du bestimmt der Einzige hier mit so einem Gerät, was?«

»Kennst dich ja schon gut aus. Es gibt noch einen Bolivianer mit Video und Farbfernseher. Wenn du Lust hast, können wir zusammen indische Filme anschauen.«

»Sehr gern.«

»Freut mich, dich kennen zu lernen. Wollen wir heute Abend ein Bier … ich meine, etwas zusammen trinken.«

»Schon okay, gern ein Bier. Ich habe nichts gegen Alkohol. Freut mich auch, Sanjay.«

»Kennst du die ›Baracke‹?«

»Klar.«

»Dann also bis später.«

Sanjay war Vorsitzender im Internationalen Studentenkomitee. Er erzählte von den Treffen und Veranstaltungen, wo Menschen aus aller Welt zusammenkamen. Sanjay schien alle Ausländer an der TU zu kennen und versuchte jeden zur Mitarbeit im Komitee zu bewegen. Er machte seine Sache gut, fand Massud, der nun regelmäßig zu den Sitzungen ging.

»Es wird Zeit, dass wir mal wieder ein Fest organisieren«, sagte Sanjay eines Abends, als er mit Massud bei einem Bier zusammensaß.

»Warum nicht!«

»Das Problem ist leider, dass es immer zu wenig Helfer gibt. Die meisten sind eifrig mit ihrem Studium beschäftigt oder haben kein Organisationstalent. Feiern wollen alle, aber niemand will vorbereiten und aufräumen.«

»Ich helfe mit! Was hältst du von einem afghanischen Abend?«

»Afghanischer Abend? Wie stellst du dir das vor?«

»Afghanisches Essen und afghanische Musik, am besten Livemusik.«

»Und wie sollen wir das alles organisieren?«

»Ich kenne zwei Medizinstudentinnen, die können richtig gut kochen. Sie wohnen in Leipzig. Wir fragen sie, ob sie Lust und Zeit haben. Kannst du große Töpfe besorgen?«

»Kein Problem, zur Mensa habe ich beste Kontakte.«

»Das mit der Musik regle ich.«

»Super! Und wann?«

Die beiden fanden einen Termin und waren tagelang mit den Vorbereitungen beschäftigt. Dann war es so weit. Einige Afghanen kamen sogar aus anderen Städten nach Magdeburg. Endlich konnte Massud wieder an einem Harmonium sitzen. Ein Tablaspieler aus Berlin begleitete ihn. Der Abend wurde ein Erfolg, und Sanjay war glücklich. Massuds Engagement gefiel ihm. Zur Vorbereitung weiterer Liveauftritte legte sich Massud ein Liederbuch an, in das er laufend neue Texte schrieb. Immer wieder hörte er sich seine Lieblingskassetten an und übertrug die Verse in sein Buch.

Bald organisierten Sanjay und Massud regelmäßig Länderabende. Sie forschten nach Nationalfeiertagen in aller Welt und fanden immer einen Anlass für ein Fest. Die Veranstaltungen des Komitees erfreuten sich großer Beliebtheit unter den in- und ausländischen Studenten. Den Deutschen gefiel die fremdartige Stimmung, die exotische Musik und ganz besonders das Essen. Die Abende begannen mit Ansprachen über die Verständigung der Völker, die Angriffslust des Imperialismus, den Kampf um die Überwindung der Kolonialherrschaft und die Tugenden des sozialistischen Weltsystems. Dann folgte der ausgelassene Teil des Abends. Das Bankett wurde eröffnet, und die Gäste füllten ihre Teller mit den fremdartigen Speisen. Oft griff Massud zum Mikrofon und sang afghanische oder auch einige deutsche Lieder. Wenn das letzte Lied erklungen war, blieb er selten allein. Meistens landete er mit Sanjay und zwei Mädchen in einem Wohnheimzimmer, wo sie bis zum Morgengrauen weiterfeierten.

Sanjay wechselte ständig sein Aussehen. Mal ließ er sich einen Schnurrbart wachsen, dann nahm er plötzlich einige Kilo ab und wirkte zart, fast mädchenhaft. Erstaunlich schnell legte er wieder zu, trainierte im Kraftsportraum und zauberte unter seinen T-Shirts muskulöse Oberarme hervor. Er ahmte indische Filmhelden nach, kämmte sein Haar nach Art der jeweiligen Stars und sprach Englisch mit einem ausgeprägten Hindiakzent. Wenn er mit frisch gebügeltem Hemd und enger Jeans aufkreuzte, nahm ihm jeder den Auftritt als Filmgröße ab. Gemeinsam mit Munir, der mit seinen fein geschnittenen Gesichtszügen und der dunklen Haut die Schönheit der Ostafrikaner verkörperte, bildeten sie ein attraktives Trio. In der »Baracke« waren sie Stammgäste, und ihr ausgelassenes Treiben hatte ihnen den Ruf geselliger Zeitgenossen eingebracht.

Massud vernachlässigte die Konstruktionstechnik. Wenn er nicht mit Sanjay und Munir unterwegs war, schaute er stundenlang Westfernsehen. Er verpasste keine Übertragung von Tennisspielen mit Boris Becker und ließ dafür sogar manche Vorlesung ausfallen. Der junge Tennisprofi begeisterte ihn, und Massud verfolgte mit Spannung, wie er eine ganze Nation in Euphorie versetzte. Zu gern hätte er ihn einmal live gesehen. Es waren nur zweihundert Kilometer bis Hamburg, wo er am Rothenbaum spielte, aber der Weg dorthin war versperrt. Die Transitautobahn führte nah an Magdeburg vorbei und direkt zum Grenzübergang Marienborn mit der unüberwindbaren Mauer. Ein paarmal war er mit Sanjay zum Intershop an die Transitstrecke gefahren und hatte das üppige Warensortiment bestaunt. Noch größeres Interesse weckten in ihm die westdeutschen Autos auf dem Parkplatz. Manchmal sprach er die Fahrer an, und meistens gaben sie ihm bereitwillig Auskunft über die PS-Zahl und den Hubraum ihrer Fahrzeuge. Einige Westler waren zurückhaltend und schienen sogar Angst vor einem Gespräch zu haben. Ohne ein Wort gingen sie weiter, schlugen ihre Autotüren zu und brausten davon.

Massud verstand die Teilung des Landes nicht. Keine Erklärung leuchtete ihm ein. Er versuchte sich vorzustellen, Afghanistan sei zweigeteilt: Eine Mauer verliefe durch die Berge, Hochebenen und Täler. Wie furchtbar! Die Bezeichnung »antifaschistischer Schutzwall« für das graue Ungetüm mit dem verminten Sicherheitsstreifen und dem Stacheldraht konnte er schwerlich nachvollziehen. Sanjay behauptete, er habe bei seinen Westbesuchen bisher keine Faschisten bemerkt. Die deutsche Geschichte war furchtbar kompliziert. Trotz aller Propaganda gegen den Teil Deutschlands, der hinter der Mauer lag, schauten alle deutschen Freunde – genau wie er – neugierig nach »drüben« und sogen jede Neuigkeit aus dem kapitalistischen Ausland gierig auf. Wenn er nur einmal ins andere Deutschland könnte, so wie Sanjay und einige afrikanische Studenten! Sie hatten die entsprechenden Pässe und pendelten ungehindert zwischen den Welten. Ob er ewig ein Mensch ohne diese Freiheit sein würde?

Beim Programmwechsel stieß er auf eine Nachrichtensendung im Ersten-West. Er traute seinen Augen nicht. Auf dem Bildschirm sah er den Führer einer der sieben afghanisch-islamischen

Widerstandsparteien. Der Mann wurde hoch offiziell in Bonn empfangen und interviewt. Es war Gailani, dessen Gesicht Massud bisher nur von den fratzenhaften Wandbildern in Kabul kannte. Doch weder hatte dieser so genannte Konterrevolutionär einen Säbel zwischen den Zähnen, noch trug er einen blutverschmierten Turban. Im Gegenteil, er wurde von hochrangigen Politikern des Deutschen Bundestags angehört und sprach zu ihnen. Aus dem Hintergrund konnte Massud seine Originalstimme hören, die sogleich ins Deutsche übersetzt wurde: »Im Namen des allmächtigen Gottes! Herr Vorsitzender! Exzellenzen! Verehrte Damen und Herren! Erlauben Sie mir, heute zu Ihnen von der größten Tragödie im zwanzigsten Jahrhundert zu sprechen, die eine Nation in Blut ertränkt und an den Rand der totalen Zerstörung gebracht hat. Ihnen möchte ich die Gefühle der Millionen von Menschen übermitteln, die seit mehr als sieben Jahren aus ihrem Land vertrieben werden, weil sie einen religiösen Glauben vertreten und weil sie ihre kulturellen Werte und ihre Identität wahren wollen.«

Massuds Herz schlug bis zum Hals. Nie zuvor hatte er einen Mudschahedin reden gehört. In Kabul sprach man nur mit verächtlichen Worten über sie. Die Russen nannten sie »Basmatschi«, »Banditen«. Und hier stand einer vor dem westdeutschen Parlament und durfte vom Leiden des afghanischen Volkes und vom Kampf der Mudschahedin berichten. Neben Gailani saß ein beinamputierter Junge, der schüchtern in die Kamera blickte. »Dieser Junge ist das Opfer einer als Spielzeug getarnten sowjetischen Mine«, sagte eine Stimme. Sein Bein war oberhalb des Knies abgetrennt, und die Journalisten drängten mit ihren Kameras nach vorn und fotografierten den kahlen Stumpf. Es gebe Tausende dieser Minen – von der Roten Armee gestreut –, die täglich unschuldige Opfer forderten.

Ein weiterer Mudschahedin kam zu Wort. Er übermittelte die Grüße von Hekmatyar. Ausgerechnet von Hekmatyar, dem geächteten Führer der Hesb-e Islami, einem Radikalen. Der Redner sprach von über einer Million Menschen, die von den bewaffneten Truppen der Sowjetunion getötet worden seien. Fünf Millionen Afghanen seien nach Pakistan und in andere Länder geflohen. Welch gigantische Zahlen! In Kabul hieß es offiziell, es gebe keine Flüchtlinge. Die Afghanen in Pakistan seien Nomaden, die schon immer zwischen den beiden Ländern hin und her gezogen seien. Natürlich wussten es alle besser und schenkten der Propaganda keinen Glauben. Fast jeder hatte doch eigene Verwandte in den unzähligen Flüchtlingslagern. Aber diese unvorstellbaren Massen! Konnte das wirklich wahr sein? Wer hatte Recht?

»Fährst du diesen Sommer nach Hause«, fragte Sanjay so unvermittelt, dass Massud erschrak.

»Nach Afghanistan? Nein.«

»Aber du bist letztes Jahr auch nicht gefahren, oder?«

»Nein, bin ich nicht. Ich kann es mir nicht leisten. Die Reise ist viel zu teuer.«

»Verstehe. Würdest aber sicher gern, nicht?«

»Wer will das nicht.«

»Sicher klappt es nächstes Jahr.«

»Bestimmt.«

Massud traute sich kaum darüber nachzudenken, so sehr wünschte er sich, nach Kabul zu fahren, und so genau wusste er auch, dass es unmöglich war. Insgeheim wartete er auf eine weitere Geldanweisung seines Onkels aus Hamburg. Je näher die Ferien kamen, desto aufdringlicher wurden die Gespräche. Es gab nur noch ein Thema: die Heimreise. Unter den Ausländern kursierten Tipps über günstigste Flüge und beste Reiserouten. Wenn Massud mittags in die Mensa ging, dann mied er die Tische der ausländischen Studenten, die immer die gleichen Fragen stellten: »Fährst du? Wann fährst du? Hast du schon ein Ticket? Wie teuer? Wie lange bleibst du? Wie lange warst du nicht mehr zu Hause?«

Und immer musste er antworten: »Ich fahre dieses Jahr nicht.«

Ihrem Mitleid wollte er aus dem Weg gehen. Er war pleite. Von seinen dreihundertzwanzig Mark monatlich konnte er nichts sparen. Ein Flugticket über Taschkent nach Kabul würde das Stipendium eines halben Jahres kosten. Said Ahmad meldete sich nicht, und seine Eltern konnte er auch nicht fragen. Es machte ihn krank, dass seine Sehnsucht am fehlenden Geld scheiterte, an bunt bedrucktem Papier und Aluchips. Dagegen standen Menschen aus Fleisch und Blut, mit einer Seele, die seiner verwandt war. Wenn er noch länger in der Ferne blieb, vergaßen die Lieben daheim ihn womöglich. Seine Geschwister wurden erwachsen, ohne dass er es miterlebte. Er hätte alles dafür gegeben, ein paar Wochen mit ihnen zu verbringen.

Mit Schrecken dachte er an das verwaiste Hochschulgelände während der Sommerferien. Die deutschen Freunde wollten zu ihren Eltern in alle Teile des Landes fahren. Auch Sanjay und Munir packten ihre Koffer. Die Tickets nach Delhi und Khartum lagen bereit. Das alleinige Zurückbleiben sollte ihm nicht wieder passieren, schwor sich Massud.

Massud besann sich und folgte einem ganz persönlichen Jahresplan. Er mied unnötige Ausgaben und legte jeden Monat Geld zurück. Eisern sparte er, so gut er konnte. Er brauchte nur das Geld für die Hinfahrt, alles andere ließe sich in Kabul regeln. Im Frühjahr suchte er sich einen Job und landete schließlich über die studentische Arbeitsvermittlung bei der Mitropa. Seine Schicht begann abends um zehn, und er musste auf dem Bahnhofsgelände Personenzüge reinigen. Wenn er mit Müllsäcken, Eimern und Wischtuch durch die Abteile ging, konnte er es selbst kaum fassen, sich in einer solchen Position wiederzufinden. Er räumte den liegen gebliebenen Dreck anderer Leute weg, kämpfte bis zum Morgengrauen gegen seine Müdigkeit und tröstete sich mit dem Lohn. In Kabul wäre eine derartige Arbeit für jemanden wie ihn unvorstellbar gewesen. Solche schmutzigen und schlecht bezahlten Jobs erledigten dort einfache Leute, oftmals Zugezogene aus den Dörfern. Aber das war ihm in der jetzigen Situation gleichgültig. Außerdem sah ihn ja niemand. Rechtzeitig zum Ferienbeginn hatte er genug Geld, um Geschenke und eine Fahrkarte zu kaufen.

Er verbrachte die letzte Nacht mit Sanjay und Munir in der »Baracke«. Diesen Sommer konnte er mitreden über Reiserouten und Ticketpreise. Er hatte einen günstigen Flug nach Moskau gebucht und hoffte, von dort aus zum Inlandstarif nach Tadschikistan zu kommen. Billiger ging es kaum noch.

Alles klappte wie geplant, und schon beim Einchecken in Moskau hörte er die tadschikischen Passagiere Dari sprechen. Heimat! Am liebsten wäre er einem alten Mann um den Hals gefallen. Nichts konnte Massud schnell genug gehen, und er wartete bereits vor der Ausstiegsluke der Iljuschin, als sie am Rande des Rollfelds endlich zum Stehen kam. In der Frühe des Morgens fuhr er per Taxi ins Zentrum und wusste kaum, wohin er zuerst schauen sollte. Auch wenn er diese Stadt nie zuvor gesehen hatte, waren ihm das Licht der aufgehenden Sonne, der Strom von tausend Düften und das singende Stimmengewirr, das der Fahrtwind in den Wagen wehte, vertraut.

Er nahm sich ein Zimmer im Hotel Tadschikistan und machte sich auf die Suche nach Freunden. Jasin, Dschahed und einige andere studierten hier und mussten irgendwo untergekommen sein.

Auch ohne jegliche Adressenangabe finden Afghanen an jedem Ort der Welt zueinander, wie Massud bereits in der DDR gelernt hatte. Gleich der erste Landsmann half ihm weiter, und am frühen Nachmittag stand er den Freunden gegenüber. Schnell war der Entschluss, gemeinsam heimzureisen, gefasst, und nachdem Jasin seine letzte Prüfung abgelegt hatte, setzten sie sich in den Zug nach Termes. Das usbekische Städtchen liegt nahe der afghanischen Grenze und bildet den Endpunkt der sowjetischen Eisenbahnlinie. Eine Busladung afghanischer Auslandsstudenten erreichte am frühen Abend den Amudarja, den sowjetisch-afghanischen Grenzfluss. Eine gewaltige Stahlbrücke verband seit einigen Jahren die beiden Länder und bildete den entscheidenden Transportweg für alle zivilen und militärischen Güter. »Brücke der Freundschaft« hatte man sie getauft, und bunkerartige Alarmposten sowie einige Panzer bewachten das strategisch wichtige Objekt. Von oben sah man zahlreiche Lastkähne, die entweder am Anleger vertäut waren oder mit Schlagseite und deutlichen Explosionsspuren am sandigen Ufer lagen. Der Krieg war also bereits bis in diese sensible Grenzregion vorgedrungen. Auf der anderen Seite lag ihre Heimat. Dort gab es seit dem letzten Jahr einen neuen Präsidenten. Nadschibullah hatte Karmal abgelöst. Angeblich bemühte sich Nadschibullah um »nationale Aussöhnung« mit der Opposition. Er wende sich offen zum Islam hin, erzählte Jasin, lasse Oppositionsparteien zu und hebe die sozialistischen Reformen auf.

Nachdem sie den Posten passiert hatten, gelangten sie auf heimatliches Territorium. Der Ort hieß Hairatan, und in ihrer Naivität wollten die Studenten die knapp hundert Kilometer weite Fahrt mit dem Bus nach Masar-i Scharif fortsetzen.

»Mit einem Bus?«, fragte der junge Zollbeamte. »Nach Masar? Hier gibt es schon lange keinen Busverkehr mehr. Was glaubt ihr, was hier in den letzten Monaten los war? Hier ist alles vermint, und die gesamte Grenzregion besteht nur noch aus verbrannter Erde. Geht zum Schlafen ins Teehaus oder in die Moschee und hofft auf ein Militärfahrzeug, das euch morgen mitnimmt.«

Er deutete auf einen fensterlosen Lehmbau und verschwand dann hinter der windschiefen Tür der Zollbaracke. Zur allgemeinen Überraschung hatte jemand das Wort »private« auf das brüchige Holz geschmiert.

»Welcome to Afghanistan«, sagte Jasin, und ihnen blieb das Lachen im Halse stecken.

Welch gottverlassener Ort. Unten am Fluss wurden ein paar Container gelöscht und zu verstaubten Lagerhäusern geschafft, in denen weitere Lasten auf den Weitertransport nach Kabul warteten. Ein paar trostlose Lädchen an der einzigen Straße und ein bewaffneter Stützpunkt waren alles, was Hairatan zu bieten hatte. Notgedrungen verstauten sie ihr Gepäck im Teehaus, breiteten ein paar Decken auf dem Lehmboden aus und versuchten ein wenig Schlaf zu finden.

Eine glühend heiße Sonne weckte die jungen Männer. Gegen Mittag fanden sie einen Militärlaster, und verschwitzt erreichten sie Masar-i Scharif. Und obwohl es von hier bis nach Kabul kaum mehr als vierhundert Kilometer waren, hatten sie ihr Ziel noch lange nicht erreicht. Am Schalter der Fluggesellschaft wurden ihre Namen hinter zweitausendfünfhundert anderen eingetragen, was eine zwei- bis dreiwöchige Wartezeit bedeutete. Massud war verzweifelt. Dann blieb kaum noch Zeit für die Familie übrig. Es gab nur eine wahnwitzige Alternative, sich nach Kabul durchzuschlagen: auf der Salang-Straße. Keiner der vielen hundert Studenten verschwendete auch nur einen Gedanken an ein solches Himmelfahrtskommando. Jeder wusste, dass die Lebensader aus der Sowjetunion, der Tropf, an dem Kabul und der Nachschub hingen, ständigen Übergriffen ausgesetzt war. Sie zu durchtrennen war das oberste Ziel der Mudschahedin. Die Armeekonvois passierten sie nur schwer bewaffnet und mit Hubschrauberbegleitung. Manch ungenügend gesicherter Transport mündete in einer verbissenen Schlacht um jeden Meter Straße und jeden Frachtcontainer. War ein Tross aus Hunderten von Fahrzeugen vorüber, kehrten die Rebellen aus ihren Unterschlüpfen zurück und wurden zu den Herrschern über die Salang. Einen nennenswerten Privatverkehr gab es schon lange nicht mehr, und potenzielle Gegner der Rebellen hatten kaum eine Chancen durchzukommen. Anhänger der afghanischen Regierung, zu denen Massud allein schon aufgrund seines Auslandsstudiums zählte, mussten lebensmüde sein, wenn sie sich auf diesen Weg machten, und so erklärten ihn Jasin und Dschahed für verrückt, als er ihnen von seinem Plan erzählte. Dennoch – wie unter Zwang versuchte Massud, eine Busfahrkarte zu kaufen. Er besprach sein Vorhaben mit dem Fahrer, der sofort abwinkte.

»Zu riskant, mein Junge. Wie siehst du überhaupt aus? Schau dich an! Auf zwei Kilometer sieht man dir doch an, dass du einer von der Regierung bist.«

»Das lässt sich ändern.«

»Ich kann für nichts garantieren.«

Massud legte einen stattlichen Batzen Afghanis auf die Summe für die Fahrkarte und hoffte auf den Schutz des Fahrers.

»Überleg es dir gut. Ich kenne nicht alle Posten. Die wechseln ständig. Manche lassen nicht mit sich reden.«

»Wir werden sehen.«

»Gut, wie du willst. Dann morgen früh um sechs.«

Massud ging zum Friseur, ließ seine europäische Frisur nach Landessitte schneiden und verkleidete sich als Landarbeiter. Wie gut, dass er sich seit mehreren Tagen nicht rasiert hatte. Sein Äußeres glich nun zumindest annähernd dem eines traditionellen Afghanen. Aber dieser Aufzug war nichts weiter als eine oberflächliche Tarnung, die keiner genaueren Überprüfung standhalten konnte.

Pünktlich stieg er in den Bus nach Kabul und suchte sich eine freie Sitzbank zwischen den überwiegend älteren und bäuerlichen Fahrgästen. Kurz nachdem sie die Stadt verlassen hatten, passierten sie den Sicherheitsgürtel der afghanisch-russischen Armee. Damit lag der Machtbereich der Regierung hinter ihnen. Massud befand sich nun im Feindesgebiet. Ungeachtet dieses beängstigenden Umstands fühlte er sich so heimisch wie schon lange nicht mehr. Der Anblick der Steppen, Täler und wilden Flüsse erfüllte ihn mit dem sonderbaren Gefühl der Geborgenheit. Es galt den Hindukusch zu durchqueren. Der Name des Gebirges bedeutete nichts anderes als »Hindumörder« und erinnerte an das Schicksal der unzähligen indischen Sklaven, die vor langer Zeit ihr Leben in den unbarmherzigen Gewalten der Sechstausender verloren hatten. Silbergrau und unbezwingbar wuchs das Massiv in den afghanisch-blauen Himmel. Wo sonst gab es solche Farben?

Auf der Bank hinter ihm saßen zwei betagte usbekische Buskaschi-Reiter, deren kräftige Körper kaum genügend Platz auf den engen Sitzen fanden. »Hast du Papiere?«, zischelte einer von ihnen Massud zu. »Da vorn ist die erste Kontrolle.«

»Ja, selbstverständlich«, stammelte er und wusste nur zu genau, dass er nichts Vorzeigbares bei sich trug. Weder konnte er sich als Mitglied einer der vielen Rebellengruppen ausweisen noch besaß er Empfehlungsschreiben oder Passierscheine von Rebellenkommandanten, die man sich für solch eine Reise unbedingt besorgen, ja kaufen musste. Im Gegenteil, am Körper trug er den Reisepass der afghanischen Regierung, einen deutschen Führerschein, einen

Studenten- und einen afghanischen Personalausweis, alles völlig unbrauchbare und höchst gefährliche Dokumente. In seinem Gepäck befanden sich Alkohol und zwei Alben voller Fotos aus der DDR. Ihm fielen die Aufnahmen mit Sanjay und Jutta am Neustädter See ein, und Angstströme durchfuhren ihn.

Am Straßenrand standen drei schwer bewaffnete Mudschahedin. Trotz der Hitze trugen sie Nuristani-Kappen und strahlten unter ihren dichten Bärten etwas Unbezwingbares aus. Im Dialekt der Region rief einer dem Fahrer unverständliche Worte zu. Er antwortete in einer Art Code und wurde von den Läufen ihrer Maschinenpistolen zur Weiterfahrt dirigiert.

Als die Usbeken hörten, wie Massud tief durchatmete, beugte sich einer der Alten zu ihm vor. »Junge, das war doch erst der Anfang. Bis Kabul halten sie uns noch mindestens zehnmal an«, sagte er, und es wollte ihm offenbar kein aufmunternder Tonfall gelingen.

Es gab kein Zurück, kein Versteck, keinen Zauber, die ihn unsichtbar machte. Er verfluchte sich, seinen Leichtsinn, seine Dummheit und betete um Hilfe. Das Fahrzeug kroch die Serpentinen hinauf, und in manch einer Schlucht zeugten demolierte Panzer und zerschossene Lastwagen von erbitterten Kämpfen. Woher nahmen die Mudschahedin den Mut, sich mit einer Weltmacht anzulegen? Vor wenigen Jahren waren sie nichts weiter als Bauern, Händler und Viehhirten gewesen, und nun holten sie gar Kampfjets vom Himmel. In einem Taleinschnitt lag das ausgebrannte Gerippe eines Hubschraubers. Die verkohlten Rotorblätter hatten ein Muster in die Erde gebrannt, und die geborstenen Frontscheiben wirkten wie tote Augenhöhlen in einem verkrüppelten Wesen. Die Kommandanten waren sicher mächtig stolz auf diesen Treffer, machten sie doch dem Ruf der freiheitsliebenden Afghanen, die sich niemals unterjochen lassen, alle Ehre. Aber was war mit ihren Terrorakten in Kabul, denen unschuldige Landsleute zum Opfer fielen? Und ihrem rückständigen Denken, das sich allein auf den Islam und uralte Stammesriten berief? Wer waren diese Männer, und warum waren sie ihm so fremd und faszinierten ihn zugleich? An einem Talausgang sah er ein großes Zelt und entdeckte beim Näherkommen weitere Behausungen und eine Vielzahl bewaffneter Männer.

»Ein Hauptquartier«, tönte die Stimme des Nachbarn, und Massud sank in den Sitz. Der Bus hielt, ein kleiner Mann stieg ein und tastete mit flinken Blicken die Gesichter der Reisenden ab.

Massud war so ruhig, dass er seinen eigenen Atem nicht mehr spürte. Langsam schritt der Rebell durch den Gang und studierte jede Reaktion. Dann stieg er, ohne ein Wort zu sagen, aus und nahm den Fahrer mit. Erst jetzt entdeckte Massud, dass ihm die linke Hand fehlte und ein vernarbter Stumpf aus seinem Hemdsärmel lugte. Als der Chauffeur nach einigen Minuten zurückkam, forderte er von jedem Reisenden fünfhundert Afghani. Andernfalls dürften sie nicht weiterfahren. Ohne Einwände suchten die Reisenden in ihren Taschen nach den entsprechenden Scheinen, und eine stattliche Summe landete in der Kasse des Kommandanten. Als der Motor aufheulte und die Zelte im Staub verschwanden, sprach Massud ein stilles Dankgebet und schwor, sich nie wieder auf ein derartiges Abenteuer einzulassen.

Nach einigen ähnlichen Aufenthalten, die einzig der Finanzierung der Kommandantenbudgets dienten, erreichten sie den Salang-Tunnel. Wenigstens einen rühmlichen Weltrekord halten wir Afghanen, ging es Massud beim Anblick der Tunneleinfahrt durch den Kopf. Dreitausenddreihundert Höhenmeter!, erinnerte er sich. Im Jahr seiner Geburt war diese »Meisterleistung«, wie der Vater immer sagte, von sowjetischen Ingenieuren vollbracht worden. Früher, vor dem Krieg, war die Familie auf dem Weg nach Masar-i Scharif mindestens einmal im Jahr, zum Nauruz, hindurchgefahren. Die Mutter hatte vor jeder Fahrt gebetet und bei der Durchquerung unablässig Koransuren vor sich hin gemurmelt, bis der Vater sie eines Tages, vor lauter Nervosität inmitten des Tunnels, barsch unterbrochen hatte. Alle waren stets froh gewesen, wenn die Fahrt durch den Tunnel überstanden war. Bevor es ihn gab, konnte eine Reise von Kabul bis zur sowjetischen Grenze Wochen dauern. Inzwischen waren die knapp sechshundert Kilometer an weniger als einem Tag zu schaffen.

Der dunkle Tunneleingang wirkte wie das Tor zur Hölle. Es war kalt in der finsteren Röhre, und in den nächsten zehn Minuten waren sie von Abgaswolken eingehüllt. Sehnsüchtig erwarteten die Passagiere den Ausgang, und nicht wenige dankten Allah beim Anblick des Sonnenlichts. Selbst im Hochsommer wehten hier oben die rauen Winde des Hindukusch. Auf der rechten Seite wuchs der Fels in den Himmel, und linkerhand klaffte der unermessliche Abgrund. Allmählich schlängelte sich das Band der Salang in die Tiefe, und ein weiterer Rebellenposten an der Sohle wirkte wie eine Spielzeughütte.

Hier beginnt mein Zuhause, dachte Massud, als er die ersten

vertrauten Täler entdeckte. Doch was er aus der Nähe zu sehen bekam, hatte nur wenig Ähnlichkeit mit den lieblichen Erinnerungen aus vergangenen Zeiten. Zu beiden Seiten der Straße wuchs kein Baum und kein Strauch mehr, die Allee war abgeholzt, und die nahe gelegenen Ortschaften boten ein Bild der Verwüstung. Hier gab es keine üppigen Gärten mehr, keine Stände mit Trauben und Melonen am Straßenrand. Was ist aus den Töpfermeistern in Istalef geworden? Wo sind sie geblieben? Und die Menschen aus dem Zuckertal? Was wächst nun im Blumental?

Es war nicht mehr weit bis nach Kabul, und immer häufiger stoppten Rebellen den Bus. In Stichproben wurden nun auch die Dokumente der Reisenden kontrolliert. Einmal stand ein Bewaffneter so nah an Massuds Sitz, dass ihm der Geruch seiner eingefetteten Kalaschnikow in die Nase stieg und der Druck in seinem Magen ihn fast zum Erbrechen reizte. Doch er saß teilnahmslos in seinem Sitz und ahnte mehr, als dass er sah, wie der Mann sich umdrehte, den Bus verließ und das Zeichen zur Weiterfahrt gab.

Als sie nach zwölfstündiger Fahrt Kabul erreichten, konnte sich Massud kaum noch auf den Beinen halten. Er wollte so schnell wie möglich nach Chair Chana. Dreimal musste er wählen, bis er sein Zittern bezwang und die richtigen Ziffern auf der Scheibe fand. Dann hatte er seinen Cousin Amir am Apparat, den Leiter der Kriminalabteilung im Innenministerium. Ohne Armeebefreiungsschein wagte er sich nicht in die Stadt. Auf den letzten Kilometern wollte er kein Risiko eingehen. Die Fahrt durch Kabul erlebte er unter äußerster Anspannung. Er versuchte alles gleichzeitig zu sehen, hielt Ausschau nach Vertrautem und nach Neuem und konnte das langsame Tempo des Wagens kaum ertragen. Am liebsten hätte er sich selbst ans Steuer gesetzt. Wieso machten sie diesen Umweg?

»Weißt du das etwa nicht? Die alte Straße existiert nicht mehr«, sagte Amir. »Es gab ein riesiges Feuerwerk, spektakulär, sag ich dir. Ein Munitionsdepot ist komplett zerstört worden. Der Feuerball war Hunderte von Metern hoch. Die Banditen hatten ausnahmsweise mal perfekt gezielt. Viele Soldaten sind dabei ums Leben gekommen.«

Aus den Augenwinkeln sah er die Baustelle für das Ministerium der Telekommunikation. Mit sechzehn Etagen sollte es zum höchsten Gebäude der Stadt werden, aber die fünf Etagen von vor drei Jahren waren gerade mal um eine weitere gewachsen. Davor flatterte ein rotes Spruchband quer über die Straße: »Wir wollen

Frieden auf der ganzen Welt«. Die Straßen waren voller Menschen, an jeder großen Kreuzung standen Armeeposten und kontrollierten verdächtige Personen. Woher kamen all diese Leute? Endlich tauchte das vertraute Wohnviertel auf, das Hamam an der Kreuzung, die Gasse, das Tor und Fäuste, die mit aller Kraft dagegenhämmerten. Niemand wusste von seinem Eintreffen.

Im nächsten Moment war er umringt von seinen Liebsten, die Mutter fiel ihm in den Arm. »Massud-dschan, mein Massud, mein Junge, mein Leben«, schluchzte sie. Er roch den vertrauten Duft ihres Kopftuchs und fühlte sein Zittern. Er musste sich setzen.

Der Vater drückte die Schultern seines Sohns und schaute verwundert auf Massuds Kleidung.

»Mein Junge. Willkommen daheim.«

»Massud-dschan, Massud-dschan«, riefen seine Schwestern.

»Mit welchem Flugzeug bist du gekommen?«, fragte der Vater über den Lärm hinweg.

»Mit der letzten Maschine aus Masar, äh, ich hatte Glück … jemand hat mir sein Ticket verkauft.«

Er nahm Wahid in den Arm, der ihn mit großen Augen anstarrte. Wie groß der Bruder geworden war! Seine Stimme hatte sich verändert. Sahira stand schüchtern im Türrahmen. Er hätte sie kaum wiedererkannt. Ihre Haare waren viel dunkler geworden, keine Spur mehr von blond. Im Nebenraum entdeckte er Onkel Ahmad aus Schamali. Er wirkte fremd in Kabul. Nach dem ersten Tee klopfte es an das Tor, und Onkel Mahmud und Onkel Nadschib kamen herbeigeeilt. Massud erschrak. Onkel Nadschib hatte seine Haare verloren, und tiefe Schatten lagen unter seinen Augen. Onkel Mahmud war dick geworden und trug einen eleganten Anzug. Massud hatte gehört, er betreibe florierende Geschäfte. Auf seinem Grundstück hatte er ein zweites Haus bauen lassen, in dem nun die Großeltern lebten.

Endlich öffnete Massud seinen Koffer und suchte die Mitbringsel heraus. Es waren leider viel zu wenige, denn inzwischen lebte der Bruder des Vaters mit seiner Familie im Haus. Ein Teil der Bibliothek war ins obere Stockwerk verfrachtet worden, und die Gäste hatten im Salon und Esszimmer Quartier bezogen. Das Leben in den Bergen war zu gefährlich geworden, und die Verwandten suchten Zuflucht in Kabul. Die Stadt platzte aus allen Nähten. Die Einwohnerzahl hatte sich verdoppelt.

Die jüngeren Geschwister drängten sich um den heimgekehrten Bruder und blickten neugierig auf die bunten Verpackungen in seinem Gepäck. Massud versuchte die begehrten Dinge aus dem fernen Europa möglichst gerecht aufzuteilen. Der Mutter schenkte er eine Uhr, die sie nie wieder ablegen wollte. Stolz deutete sie auf die lateinischen Buchstaben: »Made in GDR«, stand dort – für sie ein besonderes Gütezeichen. »Alman-e Demokratic«, sagte sie und lächelte Massud an. Immer wieder küsste sie ihm die Wangen und hielt seine Hände.

Roja traute ihren Augen nicht, als ihr Bruder ein paar rote Pumps hervorzauberte. Das Wort »Salamander« war in das Leder gedruckt, und sie hatten die richtige Größe. Von diesem Moment an brauchte Massud sich keinen Tee mehr selbst einzuschenken, und auch sein Teller wurde stets von neuem gefüllt. Roja versprach, ihn während seines Besuches wie einen Prinzen zu verwöhnen.

»Wie einen Prinzen?«, fragte er und schmunzelte. »Sehe ich denn so aus?«

Seine Schwester schaute schüchtern zu Boden.

Wakil Mirsasada staunte über eine Dreiliterflasche Whiskey namens Queen Elizabeth und stellte sie sofort in seinen Schreibtisch. Einige Krawatten, Hemden, Blusen und Kleider hatte Massud vorsorglich schon damals nach der Westgeld-Überraschung gekauft. Andere Dinge hatte Sanjay ihm aus Berlin-West mitgebracht. Ach, es war ein prächtiges Gefühl, unter seinesgleichen zu sein! Die jüngeren Geschwister waren kaum wiederzuerkennen. Wasime war eine junge Dame geworden, Wahid wuchs ein zarter Flaum, und Sahira war fast so groß wie die Mutter. Der Heimkehrer konnte keine Minute stillsitzen, sich nicht satt sehen an der Familie und dem vertrauten Haus. Er lief durch die Zimmer und bewunderte den üppigen Garten. Die große Fensterfront hatte Farid mit Klebestreifen gesichert, »wegen der Detonationen«, wie er lapidar erklärte. Die Hitze umschmeichelte Massud, und er roch die lang ersehnten Düfte würziger Speisen mit unbändigem Appetit. Seine Mutter klagte darüber, wie dünn er sei, doch betrachtete sie mit Wohlwollen sein blasses Gesicht und konnte nicht aufhören, seinen Arm zu streicheln.

Jedes Wort sog Massud in sich auf, genoss den laut gestellten Fernsehapparat und die sich überschlagenden Stimmen. Bis zum späten Abend wurde er über das erstaunliche Leben im fernen Deutschland ausgefragt.

»Aber nun müsst ihr mir was erzählen«, sagte Massud. »Was gibt es Neues? Wie läuft es in Schamali?«

Niemand schaute ihm ins Gesicht.

»Was ist los? Wollt ihr es mir nicht sagen?«, beharrte er. »Warum sagt keiner was?«

Die Wahrheit war erschreckend: Vier Cousins, die gemeinsam im Pandjschir-Tal als Mudschahedin gekämpft hatten, waren bei einer Armeeoffensive im letzten Sommer gefallen. Onkel Ahmad sprach über sie als Märtyrer. Zwei Kinder aus Chair Chana hatten ihr Leben durch den Einschlag einer fehlgeleiteten Rakete verloren. Und den Nachbarn vom Ende der Gasse, einen Offizier der Staatssicherheit, hatte dessen eigener Bruder, ein Mitglied einer islamischen Partei, vor den Augen der gesamten Familie erschossen.

»Morgen wirst du unsere kleine Laila sehen«, sagte die Mutter, der plötzlich die Tränen in den Augen standen.

»Laila-dschan ist nicht in der Qala? Was ist passiert? Wie ist sie nach Kabul gekommen?«

»Sie musste in ein Krankenhaus.«

»Mein Gott. Was ist mit ihr?«

»Im Tal bei der Qala gab es Fliegerangriffe«, sagte Farid. »Die Kampfflugzeuge hatten auf dem Weg zur Pandjschir-Offensive ziellos einige Bomben abgeworfen.«

»Ist sie getroffen worden?«

»Nein, es sah so aus, als sei alles glimpflich verlaufen. Das Anwesen hat nichts abbekommen«, stockte der Bruder.

»Nun sprich endlich, was ist mit Laila-dschan?«

»Erst einige Wochen später, während der Erntezeit im letzten Jahr, hatte ich sie mit auf die Felder genommen«, erzählte nun Onkel Ahmad. »Laila-dschan hatte sich zum Spaß in den Büschen versteckt und muss dabei etwas gefunden haben. Sie spricht kaum darüber, hat nur gesagt, da saß ein Vogel. Es war eine dieser teuflischen Spielzeugminen. Sie ist in ihrer Hand explodiert.«

»Nein!«

Mariam weinte, und Massud ging durch die Hintertür auf die Terrasse. Er zog eine F6 aus der Schachtel, verschwendete nur einen kurzen Gedanken an diese Respektlosigkeit im Haus seiner Eltern und nahm einen kräftigen Zug.

»Onkel Naim hat sie in die Berge gebracht. Bei den Mudschahedin gibt es eine Sanitätsstation französischer Ärzte. Sie haben ihr geholfen. Später ist sie nach Kabul gekommen. Es geht ihr jetzt schon wieder viel besser«, sagte Farid und legte eine Hand auf die Schulter seines Bruders. »Seit wann rauchst du eigentlich?«

»Wie sieht sie aus?«

»Nicht so schlimm, im Gesicht hat sie fast nichts abbekommen. Sie muss die Hand nach der Mine ausgestreckt haben. Ihr Kopf war weit genug entfernt. Die Augen sind – Gott sei Dank – auch in Ordnung.«

»Laila-dschan. Ich habe ihr deutsche Schokolade mitgebracht, westdeutsche Kinderschokolade.«

»Denk jetzt nicht weiter darüber nach. Es hätte viel schlimmer ausgehen können. Komm, wir gehen nach oben. Ich möchte dir noch was anderes erzählen. Die anderen haben sich schlafen gelegt. Wir breiten unsere Matten auf dem Dach aus.«

Einen Moment lang war es wie früher, als die beiden Brüder unterm Sternenhimmel lagen und bis tief in die Nacht miteinander tuschelten.

»Vater ist sehr besorgt über die derzeitige Lage«, setzte Farid das Gespräch fort. »Die Kämpfe sind stärker geworden, und es sieht nicht nach einem baldigen Ende aus. Onkel Ahmad ist aus Schamali geflohen, weil es dort schon viele Tote gegeben hat. Sie sind wahllos abgeschlachtet worden.«

»Was sagst du da? Und Onkel Naim?«

»Einer muss doch dort bleiben. Auch wenn er nicht für die Mudschahedin kämpft, lassen sie ihn in Ruhe. Sie brauchen seine Dienste als Tierarzt. Ihre Raketen transportieren sie mit Eseln und Pferden. Aber unzählige einfache Bauern sind von der afghanischen Armee und den sowjetischen Verbündeten umgebracht worden. Manchmal taucht Onkel Walid hier auf, du weißt schon, Vaters Cousin, der Armeeoffizier, und sie debattieren über den Kriegsverlauf. Der Onkel erzählt schlimme Dinge. Außerdem trifft Vater sich wieder regelmäßig mit einer Runde gleichgesinnter Männer. Nadschibullah hat Parteien zugelassen, und Vater scheint etwas zu planen. Sieht aber so aus, als trauten er und seine Freunde dem ehemaligen Geheimdienstchef nicht. Sie vertreten die Theorie, dass die Amerikaner Afghanistan zu einem sowjetischen Vietnam machen wollen.«

»Spricht Vater mit dir darüber?«

»Nicht richtig. Er will die Familie raushalten, aber einmal haben sie sich hier getroffen.«

»Was meinen sie mit ihrer Theorie?«

»Na ja, die Sowjets haben damals die Vietkong mit Waffen beliefert, um die Amerikaner zu besiegen. Und jetzt machen die USA dasselbe mit den Mudschahedin im Kampf gegen die Rote

Armee. Du kennst doch Vater. Er kennt alle Details aus dem Vietnamkrieg.«

»Und denken viele so wie diese Gruppe?«

»Fest steht jedenfalls, dass die Rebellen eine verdammt große Menge an Waffen haben. Jetzt auch diese Wunderwaffe, die Stinger. Und die kommt nun mal eindeutig aus Amerika. Das ganze Gerede von Nadschibullah über eine nationale Aussöhnung interessiert sie nicht. Die haben die Macht über drei Viertel des Landes. Denen fehlt doch nur noch Kabul und die anderen Großstädte. In den Bergen horten sie Waffen aus aller Welt. Sogar aus Israel. Das alles verschlingt Milliarden Dollar.«

»Milliarden?«

»Was denkst du denn?«

»Ist das nicht alles ein Wahnsinn, Farid? Die Amerikaner sind in den Augen der Mudschahedin Ungläubige, aber helfen lassen sie sich gern von ihnen«, sagte Massud. Er schüttelte traurig den Kopf. Politik war ihm zuwider geworden.

»Es läuft nicht direkt. Die Amerikaner zahlen und schicken die Waffen nach Pakistan. Da werden sie dann vom Geheimdienst an die islamischen Parteien der Mudschahedin verteilt.«

»Sag, Farid, woher hast du die vielen Informationen? Bist du in irgendetwas verwickelt?«

»Nein, Brüderchen, keine Sorge. Ich will auch nur meinen Arsch retten. Auf geheime Aktivitäten oder Kämpfe bin ich nicht scharf. Ich bin zufrieden mit meinem Job. Wir bekommen unsere Bauaufträge von der Staatssicherheit. Da gibt es genug zu tun. Fehlt nur noch eine Frau. Aber die findet sich sicher bald.«

»Du willst heiraten?«

»Irgendwann will doch jeder heiraten. Aber keine Angst, du wirst es rechtzeitig erfahren. Bei der ganzen Trauer und den vielen Toten ist ohnehin niemandem nach einer Hochzeitsfeier zumute.«

»Farid, versprich mir eins: Sollte jemandem aus unserer Familie etwas zustoßen, dann musst du es mir mitteilen. Es ist unerträglich, wenn ich im fernen Deutschland ständig daran denken muss, dass hier etwas passiert und ich nichts davon erfahre. Ich verlasse mich auf dich.«

»Wird gemacht. Aber uns wird nichts passieren! Versprochen!«

Noch vor Mitternacht setzte das allabendliche Spektakel ein. Mit Raketenwerfern begannen die Rebellen von den nahe gelegenen Bergen hinunter in die Stadt zu schießen. Dabei wählten sie überwiegend militärstrategische Ziele, aber es gab auch manchen Fehlschuss. Mit Suchscheinwerfern und Raketen- und Artilleriefeuer beantwortete die Armee die Angriffe und schien dabei aus einer nie versiegenden Munitionsquelle zu schöpfen, sodass der Beschuss die Stadt lautstark in Atem hielt. Im Morgengrauen schwärmten dann Kampfhubschrauber und Jagdbomber aus, um Vergeltungsschläge gegen mögliche Mudschahedin-Stellungen zu führen. In den Sommermonaten war die Kampfsaison, und Mariam Mirsasada wartete sehnsüchtig auf den ersten Schnee im Dezember, wenn die Stellungen der Mudschahedin verstummten, denn selbst die Krieger Gottes konnten die eisige Kälte in den Bergen nicht ertragen. Es hieß, sie würden dann zu ihren Familien in die Flüchtlingslager nach Pakistan gehen und erst mit der Schneeschmelze den Kampf wieder aufnehmen.

Habib war noch immer in der Armee, und ein Ende war nicht abzusehen. Es kursierten Gerüchte über eine Verlängerung der Dienstzeit. Der Freund sah wesentlich älter aus, fand Massud, wie ein richtiger Mann. Sein Gesicht war noch kantiger geworden, und seine Narbe schimmerte hell auf seinen gebräunten Wangen. Zur Feier von Massuds Ankunft schlug er einen Ausflug an den Qargha-See vor. Endlich waren auch Jasin und Dschahed mit dem Flugzeug eingetroffen. Massud erhielt vom Vater den Wagen, und in letzter Sekunde, bevor er die Freunde abholen wollte, kam ihm die Idee, auch Adschmal einzuladen. In seinem letzten Brief hatte er geschrieben, er habe seine Ausbildung beendet und sei auf dem Luftwaffenstützpunkt Bagram bei Kabul stationiert. Jede freie Minute verbringe er in der Stadt, und er lebe bei seiner Mutter. Vielleicht hatte er heute keinen Dienst und konnte mitkommen. Oben am See würde er die Tabla spielen. Massud hatte das Harmonium im Kofferraum verstaut. Sie würden zusammen singen, und alles wäre ein bisschen wie früher, als Raschid ihnen das gemeinsame Spiel beigebracht hatte. Der Freund wohnte in einem einfachen Lehmhaus am Rande der Altstadt. Als er dort vor der Tür stand und ungeduldig klopfte, sah er Adschmal schon im Geiste vor sich und freute sich auf sein verdutztes Gesicht. Es war Wochenende und noch dazu früh am Morgen. Als sein jüngerer Bruder das Tor öffnete und ihn anstarrte, erschrak Massud. Erkannte er ihn denn nicht?

»Salam, Ali-dschan, wie geht es dir? Ich bin zu Besuch in der Stadt und möchte Adschmal treffen.«

Warum sagte der Kleine nichts? Warum stand er da und gab keinen Ton von sich?

»Komm rein«, murmelte Ali schließlich.

Auf dem Boden saß Adschmals Mutter mit gesenktem Kopf. Ein Mädchen lief in den Nebenraum und weinte. »Weißt du es denn nicht?«, schluchzte die Mutter. »Mein Adschmal lebt nicht mehr. Sie haben seinen Hubschrauber abgeschossen. In Schamali, im Frühjahr.«

Massud brachte kein Wort heraus. Deshalb war sein letzter Brief unbeantwortet geblieben! Adschmal tot! Unvorstellbar! Adschmal, der so schön singen kann und immer gute Laune hat. Warum?

»Es tut mir Leid …«, stammelte er. Tränen erstickten seine Stimme. »Ich hatte keine Ahnung, mir hat niemand etwas gesagt. Ist er …? Ich meine, hat man ihn …?«

»Nein, wir haben nicht mal ein Grab. Er liegt irgendwo in einem Tal in der Nähe von Pandjschir.«

Er hupte vor Habibs Tür und wartete im Auto. Die Straße verschwamm vor seinen Augen.

»Du bist spät dran. Warum kommst du nicht rein?«, rief der Freund aus dem Fenster herunter. Massud antwortete nicht und blieb sitzen. Endlich erschien Habib im Tor. Massud wischte sich die Tränen aus dem Gesicht.

»Warum hat mir keiner was gesagt? Ihr wusstet doch, dass Adschmal umgekommen ist.«

»Adschmal? Ich dachte, du hast schon lange keinen Kontakt mehr zu ihm. Dschahed meinte auch, es reicht, wenn du es kurz vor deiner Abreise erfährst.«

»Wie rücksichtsvoll. Verdammt! Ich habe ihm Briefe in die Sowjetunion geschickt. Adschmal wird vom Himmel geschossen, und ihr wollt mir schöne Ferien bereiten!«

»Es sterben so viele, Massud-dschan. Kaum vergeht ein Monat, in dem man nicht von Verwandten und Bekannten hört, die verschwunden sind, ermordet, von Minen in Stücke gerissen oder auf der Flucht umgekommen. Jetzt beruhige dich. Adschmal hatte sich schließlich freiwillig als Hubschrauberpilot gemeldet.«

»Als ob das ein Trost ist.«

»Komm, wir holen die anderen Jungs ab und fahren rauf zum See. Da reden wir über alles. Schau, was ich besorgt habe.«

Tief unten in Habibs Tasche verbargen sich eine Flasche afghanischer Brandy und andere Zutaten für ein Picknick unter Freunden.

»Los, Langer, rutsch rüber, ich fahre«, sagte Habib. Oben am See suchten sie sich einen schattigen Platz. Sie waren die einzigen Besucher am See. Früher einmal war hier ein beliebtes Ausflugslokal. Das Lokal war in traditioneller Art gebaut, mit einer überdachten Terrasse, bunten Teppichen und Kissen in den Sitznischen und qualmenden Wasserpfeifen auf den Tischen. Früher! Damals waren am Wochenende Hunderte hier heraufgekommen und hatten die Aussicht genossen, unter ihnen auch viele Ausländer. Wie lange war das her? Es musste in einem anderen Leben gewesen sein, in einer anderen Zeit, in einer anderen Welt. Nach einigen Gläsern Brandy löste sich Massuds Zunge.

»Ich kann es nicht ertragen, wenn man mir nicht die Wahrheit sagt«, stieß er hervor.

»Was heißt hier Wahrheit? Darum geht es doch gar nicht. Keiner hat dich angelogen.«

»Die Wahrheit ist das, was nicht gesagt wurde.«

»Dann besteht unser ganzes Leben aus Lügen.«

»Ich hasse Lügen!«

Habib drehte eine Haschischzigarette, und zum ersten Mal nahm auch Massud einen Zug. Er ließ den Rauch eine Weile in seinen Lungen wirken. Regungslos starrte er in den Himmel und rätselte über das tiefe Blau. Woher kommt diese Farbe?, dachte er. Warum ausgerechnet Blau? Warum nicht Grün oder Gelb? Was verbirgt sich dahinter? Ist es so, wie man in Deutschland sagt, dass die guten Menschen nach ihrem Tod in den Himmel kommen? Nicht eine Wolke zog vorüber. Bewegte sich überhaupt noch etwas? Oder stand die Welt still? Jemand stimmte ein Lied an, er hörte Wasser plätschern und meinte das Lachen einer Frau zu hören. Schließlich ging er zu einem Boot, und mit Habib ruderte er am Ufer entlang. In weiter Ferne schwammen Dschahed und Jasin im kristallklaren See.

Der Schuss kam wie ein Donnerschlag aus den nahen Bergen. Die Rakete nahm eine bogenförmige Bahn, und ihr zischender Lauf kündigte die unabwendbare Explosion an. Ein Schrei sollte Jasin und Dschahed warnen. Im selben Moment peitschte das Geschoss ins Wasser, und eine Fontäne spritzte in die Höhe. Er konnte die beiden nicht mehr sehen, Wellen nahmen die Sicht, das Boot schaukelte, doch dann wirbelten Arme in verzweifelten Schwimmzügen auf das Boot zu. Massud paddelte wie ein Besessener. Sie können schwimmen, dachte er, es ist ihnen nichts passiert. Habib half Dschahed, während sich Jasin allein nach oben hievte. Mit Händen und Rudern kämpften sie sich voran und schauten erschrocken zu den Bergen hinauf. Vor dem Ufer sprangen sie ins flache Wasser und suchten hinter einem Felsen Deckung. Keuchend starrten sie sich an. Habib verzog sein Gesicht zu einem schiefen Grinsen, und wie auf ein geheimes Kommando hin brachen die Freunde in ein unwirkliches Gelächter aus.

»Solche Ausflüge können die Genossen in der DDR dir sicher nicht bieten«, japste Dschahed.

Massud nickte. »Da ist es verdammt langweilig, keine Bomben, keine Raketen. Da kannst du stundenlang im See rumschwimmen, und dir friert höchstens der Schwanz ab.«

»Den mutigen Kriegern in den Bergen haben unsere Visagen wohl nicht gepasst«, prustete Habib los, »aber nicht mal zielen können die. Hier kriegen sie uns jedenfalls nicht mehr, aber ich schlage trotzdem vor, dass wir uns verziehen.«

»Gute Idee«, sagte auch Jasin. »Gehen wir lieber zum Friseursalon.«

Auf dem sicheren Parkplatz leerten sie die Brandyflasche, rauchten noch eine Zigreti, und Massud steuerte den Wagen trotz seiner Trunkenheit in die Stadt.

»Warum kommt ihr überhaupt noch zurück?«, durchbrach Habib die Stille während der Rückfahrt. »Wie kann man nur so blöd sein und sich freiwillig aus dem sicheren Ausland in diesen Wahnsinn begeben. Das würde mir nie passieren.«

»Du hast doch keine Ahnung, wie ein Leben ohne richtiges Zuhause ist«, entgegnete Massud.

»Was heißt schon Zuhause, wenn einem die Bomben um die Ohren fliegen?«

»Es gibt keinen einzigen Tag in Duschanbe, an dem ich nicht an meine Familie denke«, sagte Jasin. »Immer habe ich Angst um sie. Und auch ein schlechtes Gewissen, dass ich in Sicherheit bin.«

»Genauso geht es mir auch«, pflichtete ihm Massud bei, »die Angst hört nie auf.«

»Euer Gerede macht einen ja ganz fertig. Was soll ich denn sagen? Soll ich etwa froh sein, in diesem Kessel zu leben?«

Sie breiteten ihre Schlafmatten aus und schauten in den Sternenhimmel. Immer wieder trat Adschmals Gesicht vor Massuds Augen. Wie waren die letzten Minuten seines Lebens abgelaufen?

Hatte er den Tod vor Augen gehabt oder war er abrupt aus dem Leben gerissen worden? Hatte er sehr gelitten? Massud konnte sich nicht vorstellen, dass der Freund nicht mehr lebte. Gern hätte er noch mit Habib darüber gesprochen, aber der wollte nichts davon hören und hatte wieder einmal andere Dinge im Kopf.

»Massud-dschan, du hast bestimmt reichlich Erfahrungen gemacht und kennst dich aus, nehme ich an. Erzähl doch mal, wie sind die Blondinen?«

»Die Blondinen?«

»Na, in Aleman-e Scharq.«

»Ach, lass mich damit in Ruhe.«

»He, he, was ist denn los mit unserem kleinen Massud? Haben die deutschen Mädchen dich etwa nicht rangelassen?«

»Du hast doch überhaupt keine Ahnung. Ich hatte so viele Blondinen in meinem Bett, dass ich mich kaum an alle erinnern kann.«

»Na also, gönn mir doch die Freude und plaudre ein wenig darüber.«

»Da gibt es nicht viel zu plaudern.«

»Nun erzähl schon!«

»Die Frauen da sind unberechenbar. Sie machen, was sie wollen. Du kannst ihnen niemals trauen. Wenn du denkst, sie gehören dir, dann sind sie schon wieder weg.«

»Ist doch egal. Das interessiert mich nicht. Wie läuft es mit … na, du weißt schon.«

»Das ist ein Kinderspiel. Kannst jede Nacht eine andere haben.«

»Ist das wahr? Übertreibst du auch nicht? Erzähl mir keine Märchen! Ich bin dein bester Freund.«

»Es ist wahr. Du lässt dir die Haare wachsen, ziehst dir was Nettes an, gehst in die Disko und quatschst die Mädchen an.«

»In die Disko?«

»Ja, da wird Musik gespielt, das Licht ist dunkel, und es gibt jede Menge Frauen.«

»Wow! Und dann?«

»Was, und dann? Dann geht es zur Sache.«

»Mit allem? Ich meine … so ganz?«

»Ganz und gar! Ich hatte mal zwei in einer Nacht.«

»Du machst mich ganz verrückt, Massud. Gibt es da denn keine Männer? Halten sie ihre Mädchen nicht in Schach, oder haben die deutschen Genossen nichts in der Hose?«

»Ach, jetzt lass mich endlich in Ruhe. Ich will nicht mehr darüber reden.«

»Spielverderber. Hast du dich jedes Mal verliebt?«

»Du hast echt keine Ahnung.«

»Dann erklär es mir!«

»Ich sag doch, denen kannst du nicht trauen. Von Liebe ist keine Rede. Ziehen gleich mit dem Nächsten los oder hauen einfach ab.«

»Aber Spaß macht es doch, oder? Heiraten kannst ja später ein afghanisches Mädchen.«

»Heiraten! Daran denke ich nicht mal.«

»Wollen die Deutschen was dafür haben?«

»Spinnst du? Das sind doch keine Huren, sondern intelligente Mädchen. Sie studieren an der Universität. Aber sie sind eben frei. Nichts und niemand kann sie halten. Männer und Frauen sind da gleich. Du darfst dich nur niemals auf sie verlassen.«

»Alle sind so?«

»Keine Ahnung. Jedenfalls habe ich noch keine anderen kennen gelernt.«

»Weißt du was? Wenn ich den verdammten Armeedienst überstanden habe, dann bewerbe ich mich sofort um ein Auslandsstipendium und schau mir die Mädchen mal selber an.«

»Okay, dann sehen wir uns also in Berlin, und du zeigst mir, wie man es am besten anstellt.«

Mit der einen Hand klopfte er an das Tor, in der anderen hielt er die Schokolade. Tante Farsana machte auf, sah den Ausdruck in Massuds Gesicht und deutete ohne viele Worte auf das neue Haus im Garten. Weinreben rankten die Mauer hinauf, wanden sich über ein hölzernes Gitter und beschatteten einen kleinen Hof. Ein Teppich und bunte Kissen zeugten von der Mittagsruhe des Großvaters. Die Großmutter stand in der Tür. Wie winzig sie doch war!

»Bibi-dschan. Salam alaikum, seien Sie gegrüßt. Wie geht es meiner lieben Bibi?«

»Massud-dschan, meine Junge!« Und schon verschwand sie in seinen Armen.

Dann sah er sie. Halb verdeckt von den weiten Hosenbeinen und dem langen Hemd des Großvaters. Sie reichte ihm bis zur Brust. Ihre zarte Haut schimmerte dunkel. Unverwandt sah sie ihn aus ihren leuchtend grünen Augen an. Er nickte zum Gruß und fühlte sich hilflos. Er konnte ihrem Blick kaum standhalten und musste endlich etwas sagen. Schnell nahm er die Hände des Großvaters, beugte sich zu ihm hinunter und führte sie an seine Stirn.

Wie ernst ihr Gesicht doch war, alterslos, weder Kind noch Mädchen oder Frau.

»Laila-dschan, Ich habe dir etwas mitgebracht.«

Kannte sie ihn überhaupt noch? Es waren so viele Jahre vergangen. Sie ging einen Schritt auf ihn zu, ihre Augen ließen nicht von ihm ab, und ihr Gesicht blieb unverändert. Er streckte ihr die Tafel hin, und ihre linke Hand nahm das Geschenk entgegen.

»Vielen Dank, Massud-dschan.«

Der rechte Ärmel war hochgeschoben, und wo ihr Ellenbogen hätte sein müssen, war Leere. Jetzt sah er die Narben an ihren Schläfen und die dunklen Flecken an ihrem Hals. Er biss sich auf die Lippen.

»Hast du das aus Deutschland mitgebracht?«, fragte sie mit fester Stimme.

»Ja, aus einer großen Stadt, aus Berlin.«

»Gefällt es dir dort?«

»Ja, aber hier gefällt es mir besser.«

»Hier ist deine Familie.«

»Genau.«

»Aber hier ist auch der Krieg.«

Massud wusste nicht, was er sagen sollte. Seine Cousine war anders als alle anderen Mädchen. Am liebsten hätte er sie an sich gedrückt. Der Armstumpf trat aus dem leeren Ärmel hervor, streckte sich nach oben und strich eine Haarsträhne aus dem Gesicht. Schon war ihr Blickfeld wieder frei.

»Ich wohne jetzt auch in Kabul, hier bei Großvater und Bibidschan.«

»Ich weiß. Es ist schön hier bei euch. Bibi-dschan freut sich bestimmt, dass du bei ihr bist.«

»Ich lese ihr aus Büchern vor.«

Laila ging in die Küche.

»Sie ist unser Sonnenschein«, sagte der Großvater. »Ich habe ihr die alten Geschichten aus den Bergen erzählt, uralte Märchen und Sagen. Sie vergisst nie etwas und erzählt sie Jussefs kleinem Sohn weiter. Und kochen kann sie auch schon. Unsere Kleine nimmt Großmutter sehr viel Arbeit ab.«

Bibi-dschan hielt Massuds Hand und führte ihn zu den Sitzkissen. Schon kam Laila mit Teegläsern und Süßigkeiten in den Wohnraum. Geschickt balancierte sie das Tablett und lächelte. Als sie Massud den dampfenden Tee reichte, war sie einen Moment lang das kleine Mädchen aus den Bergen, das nie etwas Böses gesehen oder erlebt hatte, das selbstverständlich in seine Rolle als junge Braut hineinwuchs und seinen Blick geziemend senkte. Ein Mädchen, das zur Erntezeit die Weizengarben band.

»Wie lange kannst du bleiben, mein Junge?«, wollte Bibi wissen.

»Ein paar Wochen, dann muss ich wieder an die Universität.«

»Sind die Menschen gut zu dir, da, wo du bist?«, fragte Laila.

»Ja, sie sind gut.«

»Ist es nicht schwer so ganz allein in der Fremde, ohne Familie?«

»Es ist nicht leicht.«

Es war heiß, als Massud am späten Nachmittag von einem Besuch aus dem Billardsalon nach Hause kam. Er freute sich auf den kühlsten Platz im schattigen Garten und wollte sich unter den Baum legen und von Roja Tee servieren lassen, wollte die vertrauten Geräusche aus der Küche hören, das Lachen der Geschwister. Diese Augenblicke gaben ihm die Kraft zurück.

Als er die Haustür öffnete, hörte er unbekannte Stimmen im Salon. Dort saßen zwei fremde Frauen. Sie hatten es sich auf den Sofas bequem gemacht und plauderten mit seiner Mutter, die einen merkwürdig förmlichen Gesichtsausdruck zeigte. Sie waren im mittleren Alter, und an ihren fein frisierten, halblangen Haaren und der eleganten Kleidung sah man sofort, dass es sich um Frauen einer wohlhabenden Familie handelte. Auf dem Tisch lag eine fein bestickte Decke, und Teller mit Gebäck, in festen Puderzucker getunkte Mandeln, Rosinen und Pistazien zeugten von der Wichtigkeit der Gäste. Roja brachte die Teekanne und füllte ungewohnt schüchtern die Gläser der Besucherinnen. Massud grüßte mit dem formelartigen Singsang der Kabuler und wurde den beiden Damen vorgestellt. Mariam rühmte die Leistungen ihres Sohnes und prahlte mit seinem Studienplatz im Ausland. Wer waren diese Frauen? Ihre Namen hatte er nicht verstanden.

»Willkommen in unseren Haus«, sprach Massud ein drittes oder viertes Mal. »Lassen Sie sich nicht stören. Gott schütze Sie«, verabschiedete er sich und ging in die Küche. Wasime und Wahid lehnten im Türrahmen.

»Was ist da los? Wer sind die beiden?«, fragte er.

»Keine Ahnung«, sagten sie wie aus einem Munde und kicherten. Roja kam mit geröteten Wangen und der Teekanne in die Küche.

»Was geht da vor?«, wiederholte Massud.

»Ach, ich weiß nicht.«

Massud zwickte seine Schwester in die Seite. »Warum bist du so streng angezogen und schaust im Wohnzimmer schüchtern nach unten. Was ist los?«

»Sie fragen um ihre Hand«, prustete Wasime los, und schon hatte ihre Schwester ihr eine Ohrfeige verpasst.

»Wie? Was heißt das? Wer fragt um ihre Hand?«

»Ich weiß es doch auch nicht«, sagte Roja noch einmal und ordnete ihre Frisur. Eine Strähne hatte sich aus ihrem dichten Zopf gelöst. Sie öffnete die Spange und strich in Windeseile das Deckhaar glatt. Dann legte sie den durchscheinenden Schal um ihre Schultern und war auch schon wieder aus der Küche verschwunden.

Wieso hatte ihm niemand gesagt, dass seine Schwester verlobt werden sollte? Mit wem denn überhaupt? Er wartete in der Küche, bis sie zurückkam.

»Verloben wollen sie dich? Wer ist der Junge?«

Roja schaute ihn erschrocken an. Stumm türmte sie Kuchen und Kekse zu einer imposanten Pyramide und ging wieder hinaus.

Endlich verabschiedeten sich die Besucherinnen, und Massud bestürmte seine Mutter mit Fragen.

»Hab Geduld, mein Sohn.«

»Ich werde es auch nicht weitersagen. Versprochen. Worum ging es bei dem Besuch?«

»Sie haben das Thema nur angedeutet.«

»Das Thema?«

»Du weißt schon, es geht um deine Schwester. Sie haben Roja bei der Hochzeit von Fatimah und Jussef gesehen.«

»Bitte, Mutter, so lassen Sie mich doch nicht um jedes Wort betteln.«

Roja stand sprachlos in der Nähe und beobachtete ihren Bruder.

»Sie waren vor einigen Wochen schon einmal hier, allerdings ohne zu sagen, was sie wollten. Ich habe es mir aber gleich gedacht. Sie haben furchtbar viel gefragt. Es handelt sich um eine gute Familie. Wenn euer Vater kommt, werde ich alles mit ihm besprechen. Er kennt den Hausherrn.«

»Welche Familie? Wie heißen sie?«, bohrte Massud nach.

»Naseri, mir sagt das nicht viel.«

»Mir auch nicht. Warum waren sie bei der Hochzeit von Fatimah?«

»Sie sind mit Jussef bekannt. Der Vater ist Pilot.«

»Pilot?« Endlich löste sich Rojas Starre.

»Haben sie gesagt. Ach, Kinder, lasst mich jetzt. Ich muss mich erst mit eurem Vater beraten.«

Roja brannte darauf, weitere Fragen zu stellen, aber das gehörte sich nicht.

»Welche von beiden war die Mutter?«, fragte Massud.

»Die mit dem dunklen Kleid. Die andere ist ihre Schwägerin.«

»Was haben Sie den Frauen gesagt, Mutter?«

»Was wohl? Das, was man in solchen Situationen eben sagt.«

»Na, was denn?«

»Dass Roja noch zu jung ist und keine gute Hausfrau abgeben wird und ohnehin erst noch studieren will. Glaubt ihr, man gibt ein junges Mädchen einfach her? Farid muss sich unbedingt nach dem jungen Mann erkundigen. Und du kannst auch deine Ohren aufhalten, Massud. Geh gleich morgen zu Fatimah und versuche etwas über die Naseris herauszubekommen.«

»So gut, wie ihr sie bewirtet habt, müssen sie denken, dass ihr einverstanden seid.«

»Schließlich sind wir keine Bauern. Soll ich ihnen nur ein Glas Wasser vorsetzen?«

Bald folgte ein weiterer Besuch der Damen, und in aufwändig verschlüsselten Worten wurden die Konditionen einer eventuellen Eheschließung verhandelt. Wakil Mirsasada – typisch für seine moderne Einstellung – verlangte vor der Verlobung ein Zusammentreffen der jungen Leute. Er wollte das Urteil seiner Tochter hören. Massud brannte darauf zu erfahren, um wen es sich handelte. Mit Farid machte er sich auf die Suche nach ihrem Schwager in spe. Von Jussef hatten sie erfahren, dass er Polizeioffizier war, wie er aussah und wo man ihn finden konnte. Die Brüder hatten Glück und sahen ihn um die Mittagszeit aus der Polizeistation kommen. Im Peugeot des Vaters folgten sie behutsam seinem Wagen.

»Findest du das richtig?«, fragte Farid.

»In ein paar Wochen bin ich wieder verschwunden. Bei meinem nächsten Besuch ist er vielleicht schon unser Schwager. Da darf ich doch wohl mal gucken, wer der Kerl ist. Und wenn er uns nicht passt, dann müssen wir schließlich was unternehmen.«

»Da hast du Recht. Was glaubst du, wo der hinfährt?«

»Wollen wir wetten?«

»Du meinst auch, er …«

»Genau, der ist auf dem Weg zu Rojas Schule!«

»Dann kennt er sie also schon.«

»Wir werden sehen.«

Der Polizist parkte in sicherem Abstand zur Schule und wartete in seinem Auto auf die Mädchen. Nach einer Weile kam die erste Gruppe. Farid entdeckte Roja, die mit drei Freundinnen zur Bushaltestelle ging. Von ihrem Verehrer auf der anderen Straßenseite wusste sie offenbar nichts, denn sie schenkte dem Wolga keinen Blick. An der Haltestelle sammelten sich immer mehr Mädchen, und man hörte ihr Geplauder. Der Polizist fuhr an der Gruppe vorbei.

»Er ist weggefahren. Komm, wir holen Roja ab, bevor der Bus kommt«, schlug Massud vor.

»Wie gefällt er dir?«

»Scheint ganz in Ordnung zu sein. Vielleicht ein bisschen alt. Der ist doch bestimmt schon Ende zwanzig.«

Kurz vor Massuds Heimreise kam es zu einem ersten Treffen des zukünftigen Paares. Vielleicht ein wenig überstürzt, aber die Mutter hatte wegen Massuds baldigem Abflug ein wenig gedrängt. Er sollte bei dem wichtigen Ereignis dabei sein. Vater hatte mit Herrn Naseri telefoniert, der die gleiche moderne Einstellung hatte und eine solche Zusammenkunft begrüßte. Nach den traditionellen Regeln konnte dieses Treffen als Besiegelung der Hochzeit ausgelegt werden. Die Familien wollten den jungen Leuten jedoch die Gelegenheit geben, sich in Augenschein zu nehmen, und bei gegenseitiger Ablehnung einen Rückzug ohne Gefährdung des Ansehens der Braut ermöglichen. Roja bereitete mit Hilfe ihrer Cousine ein prächtiges, jedoch nicht übertrieben opulentes Mahl. Besonderen Wert legte sie dabei auf ein perfektes Qabili Palau. Die Gäste saßen im Wohnzimmer, und Tante Farsana schickte Roja nach oben, wo sie sich zurechtmachen sollte. Am Morgen hatte sie ihr das Haar mit Leinenbändern aufgedreht, und nun zeigte es eine wellige Fülle. Noch hatte sie den Bräutigam nicht zu Gesicht bekommen. Die tiefen Stimmen der Männer drangen bis in die Küche. Offenbar hatten sie ein kurzweiliges Thema gefunden. Auch Farid und Massud warfen das eine oder andere Wort in die Runde, und langsam verschwand die Zurückhaltung des Bräutigams. Er entspannte sich und plauderte über seine Stellung als Polizeioffizier. Massud hatte richtig geschätzt. Er war Ende zwanzig, und an seinen Schläfen zeigten sich bereits vereinzelte graue Haare. Nasrat sah wirklich nicht schlecht aus, befand er. Die beiden Väter redeten über die USA, ein Lieblingsthema der beiden, wie sich schnell zeigte.

»Früher bin ich öfter dorthin geflogen. Über London oder Frankfurt ging es nach New York. Jetzt endet der Horizont in Moskau oder Delhi«, sagte Herr Naseri.

»Ich war einige Jahre in Washington. Eine beeindruckende Stadt, aber leben möchte ich dort drüben nicht. New York habe ich nur einmal besucht«, erwiderte Wakil und fügte dann ein überraschendes Bekenntnis hinzu. »In diesen unruhigen Zeiten fragt man sich manchmal doch, ob es dort nicht besser ist. Aber wer will schon die Heimat verlassen.«

»Wie Recht Sie haben, Herr Mirsasada. Jedenfalls fallen in Amerika keine Bomben, soviel ich weiß.«

Dann trat Mariam Mirsasada in den Raum und bat die Männer zu Tisch. Das silberne Besteck glänzte im Licht. Farsana brachte eine Schale Qormah, und Roja hatte ihren ersten Auftritt, indem sie eine Platte mit wunderschön aufgetürmtem Reis hereintrug. Aus dem Gelbbraun des mit kandiertem Zucker angemachten Gerichts blitzten orangefarbene Möhrenspalten, weiße Mandelkerne und dunkle Rosinen hervor. Den Rand hatte sie mit tiefroten Berberitzenbeeren verziert und die Mitte mit einem Streifen weißen Reises, in dessen Mitte safrangelbe Körner leuchteten. Roja wusste nicht, wohin sie schauen sollte, erreichte zum Glück unbeschadet den Tisch, setzte die Platte in der Mitte ab und verschwand schnell wieder in der Küche.

Nach dem Essen reichten Wasime und Roja den Gästen Tee, und Wakil Mirsasada schaute seine Älteste aufmunternd an.

»Bleib doch bei uns sitzen, damit die Herren Naseri dich kennen lernen.«

Nach dieser Aufforderung nahm sie auf dem Rand des Sofas neben dem Vater Platz und versuchte daran zu denken, was die Mutter ihr aufgetragen hatte: »Hüte deine flinke Zunge und sprich nur, wenn du gefragt wirst. Einer angehenden Braut steht es nicht zu Gesicht, mutig oder gar vorlaut mit Fremden zu sprechen.«

»Sie möchten im nächsten Jahr Ihr Abitur machen, junge Dame?«, fragte der Bräutigamvater.

»Ja, im Frühjahr wird es hoffentlich so weit sein. Und dann möchte ich zur Universität.«

»Sie haben also schon genaue Zukunftspläne?«

War es etwa falsch, so zu antworten?

»Wenn die Umstände es erlauben«, fügte sie einschränkend hinzu.

»Das ist gut. Was möchten Sie studieren?«

»Geschichte und Literatur. Ich möchte später als Dozentin arbeiten.«

»Sehr gut. Meine jüngste Tochter ist in Ihrem Alter. Es gefällt mir, wenn Mädchen wissen, was sie wollen. Die Zeiten sind doch vorbei, in denen Frauen nur im Haus sind.«

Roja wusste nicht, was sie darauf antworten sollte, und warf einen blitzschnellen Blick auf Nasrat. Der nippte an seinem Tee, räusperte sich, und endlich war auch seine Stimme zu vernehmen: »Der Meinung bin ich auch. Bildung sollte selbstverständlich allen Frauen offen stehen.«

Wieder wusste Roja nichts zu erwidern, und Nasrat kam auf seinen Dienst als Polizeioffizier zu sprechen, erwähnte mit bewusst bescheidenen Worten seine bisherige Karriere und ließ erkennen, dass er des Junggesellendaseins überdrüssig war. »Aber irgendwann erreicht man das Alter, in dem man seine eigene Familie gründen will.« Dabei schaute er prüfend zu Wakil Mirsasada hinüber, der milde lächelte.

Der Besuch führte zum gewünschten Erfolg. Roja gefielen das schwarzgraue Flechtwerk seiner Schläfen, die vollen Lippen und seine sanfte Stimme, und auch seine modernen Ansichten waren ganz nach ihrem Geschmack. Sicher würde er ihr das Studium nicht verbieten. Zum Abschied überreichte Frau Naseri ihr ein Päckchen, und Rojas Wangen glühten.

Widerwillig packte Massud seine Koffer. Er hatte zwei schöne Karakulmäntel gekauft, die er in Deutschland mit gutem Gewinn verkaufen wollte. Übermüdet von den schlaflosen Nächten in vertrauter Runde, den festlichen Essen, unzähligen Gläsern Wodka, dem Spiel auf dem Harmonium, den Gesängen im Friseursalon, den Gesprächen auf dem Dach und dem Einschlag ferner Raketen, musste er sich schließlich auf den Rückweg machen.

Zu seinem Erstaunen kam er auf den ersten Etappen recht zügig voran. Als es in Duschanbe jedoch hieß, er müsse zwei Wochen auf einen Weiterflug nach Moskau warten, half ihm der Rat eines afghanischen Studenten. Und so legte er am nächsten Morgen einen Zwanzig-Rubel-Schein in seinen Pass, bat um die Bestätigung seines Rückflugs und konnte bereits am Tag darauf Tadschikistan verlassen. Rechtzeitig zum Beginn seines dritten Studienjahres erreichte er Magdeburg.

Endlose Tage

Wochenenden im Gefängnis sind eine zusätzliche Strafe. Jede Stunde ist endlos, und unweigerlich kommen die quälenden Fantasien über verpasstes Leben. Hatte ich diese Lage meiner Dummheit, der Schwäche oder dem reizenden Funken des Risikos zu verdanken? Der Hoffnung auf einen schnellen Coup und eine Periode verminderter Sorgen? Ich bin ein Krimineller unter Kriminellen, aber diese Tatsache verblasst hinter der Routine im Gefängnisalltag. Ich habe hier Männer kennen gelernt, die Grausames und Bestialisches angerichtet haben, aber ich merke es kaum jemandem an. Meine Mitmenschen sind Mörder, Vergewaltiger und Betrüger, und doch sind die meisten nicht anders als die Menschen außerhalb der Mauern. Manch einer ist mir sympathisch, und ich empfinde freundschaftliche Gefühle. Jeder von uns hat seine eigene dunkle Vergangenheit. Rudi, der einst unbescholtene Schlachtermeister und erfolgreiche Betreiber einer Ladenkette, hat seine Frau mit einem gezielten Stich ermordet, zerteilt und im Kühlhaus aufgehängt. Nie habe ich ihn danach gefragt. Der Beamte Müller hat von dieser unbegreiflichen Tat erzählt, die innerhalb von wenigen Stunden ein Leben vernichtet und ein anderes zerstört hat. Rudi, der sanfte und zerbrechliche Greis. Vielleicht wird er eines Tages entlassen, aber ein Leben außerhalb der Zelle kann er sich schon lange nicht mehr vorstellen.

Warten auf den Montagmorgen! Um Punkt sieben erreiche ich den Betrieb, und Kurtl sitzt schon am Rechner. Auf seinem Bildschirm flimmern die Abrechnungen auswärtiger Druckaufträge. Manchmal kommt es einem vor, als sei Kurtl der Chef im Häfn. Ohne ihn würde unsere Abteilung zusammenbrechen. Kaum ein Tag, an dem er nicht von einem der hohen Herren ins Büro zitiert wird und bei ihren Fachsimpeleien einen kräftigen Mokka gereicht bekommt. Auch Pastor Heyland besucht regelmäßig den EDV-Betrieb und tauscht Ideen und Pläne mit ihm aus. Neulich ließ er sich von Kurtl ein Notenprogramm erklären und Kopien für den Kirchenchor ausdrucken.

Wie an jedem Morgen ist er glatt rasiert und ordentlich frisiert. Auch die vielen Jahre der Haft haben ihm nichts von dem Äußeren eines hoch gebildeten und hoch dotierten Topmanagers der österreichischen Wirtschaft genommen. Was fehlt, ist eine teure Uhr an seinem feingliedrigen Handgelenk. Dort hing früher sicher eine und glitt elegant ein Stück hinunter, wenn er zum Telefonhörer griff und mit Millionenbeträgen an den Börsen dieser Welt spekulierte. Nun ist er hier der Chef, und niemand zweifelt seine natürliche Autorität an. Nicht einmal die Beamten, wie es scheint.

»Du musst heute übrigens mit dem neuen Job anfangen, sagt der Alte. In der Bibliothek wartet dein Helfer auf dich. Viel Spaß«, begrüßte er mich.

Ich soll die Literaturbestände per EDV erfassen und ein neues System der Katalogisierung einführen. Wenn mein Vater mich sehen könnte! Auch wenn es nicht ganz freiwillig ist, so habe ich nun doch den Weg zu den Büchern gefunden. Fast muss ich lachen, als ich mich zwischen den Regalen wiederfinde. Der »Bibliothekar« hat ganze Arbeit geleistet und den Bestand hervorragend geordnet. Kein Wunder, denke ich, schließlich wohnt er sogar hier, ein weiterer Prominenter, den angeblich jeder Österreicher kennt. Sein Prozess und das harte Urteil waren wochenlang Medienereignis. Er muss sich abends nicht in eine Zelle einschließen lassen und hat einen kleinen Büroraum bei der Bibliothek zu seinem Domizil gemacht. In die Regale hat er eine perfekte Ordnung gebracht, und die Erfassung ist ein Kinderspiel. Ich habe den Computer neben dem Karteikasten aufgestellt, und Ulli arbeitet sich die Bücherborde entlang. Er nennt mir die Verfasser, Titel und Signaturen, ich vergleiche sie mit den Karten und tippe die Angaben schließlich ein.

»So, nun zu den Franzosen«, ruft er und beginnt mit einer Reihe unaussprechlicher Namen, die er mir allesamt buchstabieren muss.

»Die Elenden«, klingt es plötzlich aus der hintersten Ecke des Raums herüber.

»Was?«

»›Die Elenden‹, Hugo wie Hugo, Victor mit c, Signatur lautet ROM, HU … was ist, Massud, warum tippst nicht weiter? Dachtest du, ich meine unsere Kommandanten?«

»Zeig mal her. ›Die Elenden‹? Was bedeutet das genau?«

»Die, denen es beschissen geht. ›Les Misérables‹, im französischen Original, kennst du den alten Schinken? Hier stehen mehrere Bände.«

Ich hatte den deutschen Titel nie gehört. Natürlich, es ist das gleiche Buch! Mein erstes Buch!

»Ist schon verrückt. Ich hab grad vor kurzem daran gedacht. Es war damals mein erster Roman. Als ich vierzehn oder fünfzehn war, hat mein Vater ihn mir in die Hand gedrückt.«

»Dein erster Roman? In Afghanistan habt ihr so etwas gelesen?«

»Es gab eine persische Übersetzung, ›Benawiane-e‹. Das Buch war sehr bekannt. Na ja, jedenfalls bei denen, die lesen konnten.«

Rotes Leinen umhüllt das Exemplar, und zum ersten Mal sehe ich das Werk in deutscher Sprache. Mit den lateinischen Buchstaben kommt es mir fremd vor. Damals hatte ich mich durch die Seiten gequält und versucht, Vater von meinen Eindrücken zu erzählen. Am besten gefiel mir die Liebesgeschichte zwischen Cosette und Marius. Ich träumte sogar von der jungen Französin. Und Marius beeindruckte mich als überzeugter Revolutionär und Barrikadenkämpfer. Revolution! Dieses Wort hatte mir damals viel bedeutet. Aprilrevolution. Wie niederträchtig diese Bezeichnung angesichts des Putsches durch eine Hand voll Männer, der folgenden Grausamkeiten an der Bevölkerung und der Zerstörung meiner Heimat jetzt auf mich wirkt!

»Die richtige Literatur für uns Knackis«, sagt Ulli. »Dieser Jean Valjean war doch auch verdammt lange im Gefängnis, oder?«

»Ich hasse dieses Wort. Sag es bitte nicht wieder.«

»Welches Wort?«

»›Knacki‹. Mir läuft es kalt den Rücken runter, wenn ich es höre.«

»Ach, Massud, sei nicht so empfindlich. Du weißt selbst am besten, wer du bist. Welche Rolle spielen da schon Worte?«

»Vielleicht weiß ich es selbst gar nicht so genau. ›Knacki‹ klingt furchtbar abwertend. Aber das Buch nehme ich mal mit.«

»Du schreibst ein bisschen, habe ich gehört«, sagt Ulli unvermittelt.

»Seitdem ich hier bin, muss ich sehr viel an früher denken, an meine Heimat und wie ich eigentlich hier gelandet bin. Manches davon schreibe ich auf.«

»Sind es gute oder schlechte Erinnerungen?«

»Es ist alles dabei. Die ganze Palette.«

»Hast auch schon einiges mitgemacht, was?«

»Wer hat das nicht in unserem Schloss?«

»Da hast du Recht. Ich habe auch mal ans Schreiben gedacht,

schließlich leben wir hier drinnen doch alle mehr in den Erinnerungen als in der Wirklichkeit. Ich lasse mein Leben Revue passieren und möchte es an manchen Stellen einfach anhalten und die Richtung wechseln, verstehst du? Einen anderen Weg einschlagen. Aber das geht nun mal nicht.«

»Das Gefühl kenne ich verdammt gut. Es ist komisch, aber in letzter Zeit traue ich meinem Gedächtnis nicht mehr ganz. Manche Momente erscheinen so deutlich vor meinen Augen wie eine Filmszene, dabei sind seitdem Ewigkeiten vergangen. Es ist fast unwirklich. So als wären es nicht Jahre, sondern nur Tage. Und es gibt hier niemanden, den ich nach bestimmten Dingen aus meiner Heimat fragen kann. Keiner hat Ähnliches erlebt.«

»Aber du bist ja bald wieder draußen. Nicht so wie ich, der noch eine zweistellige Zahl von Jahren vor sich hat.«

Schicksale. Erinnerungen. Zweifel. Bedauern. Hier ist der Ort für diese großen Worte. Persönlichkeiten! Ja, es ist wirklich alles dabei. Einfache Ganoven und die gehobene Gesellschaft. Wie Patrick und Ulli. Die beiden hätten sich bestimmt auch nie träumen lassen, hinter Gittern zu landen und das Leben tagein, tagaus mit anderen Kriminellen zu teilen und sich an einen Rhythmus zu gewöhnen, der fernab des Normalen zur Normalität reift. Wie schnell es doch eine Selbstverständlichkeit ist, sich nach getaner Arbeit in die Zelle zu verziehen und den Feierabend zu planen.

Ich sitze gern in der sonnigen Fensternische. Manchmal sehe ich die Gitterstäbe nicht einmal mehr und tauche ein in meine eigene Welt. Wenn die Sonne hinter dem Verwaltungsgebäude verschwindet, setze ich mich an meinen IBM und experimentiere mit den Programmen.

»Was tippst du eigentlich stundenlang am Computer?«, fragt Patrick an einem endlosen Sonntag. »Wird das nicht mal langweilig? Das machst du doch schon die ganze Woche im Betrieb.«

»Auf Schwimmen und Radtour habe ich heute keine Lust.«

»Sehr witzig. Mal ehrlich, was schreibst du die ganze Zeit?«

»Es geht um einen kleinen Nebenverdienst. Du bastelst ja auch ständig an deinen Weihnachtskrippen.«

»Ich habe bald eine Ausstellung. Aber was ist das für ein Nebenverdienst?«

»Ich entwerfe Weinetiketten für den Müller.«

»Etiketten, für den Traktkommandanten, hier bei uns?«

»Genau, für den. Er hat einen Weinberg und seine Frau eine

Weinhandlung in der Stadt. Und diese Etiketten kommen auf die Flaschen.«

»Zeig mal. Wow, sieht gut aus. Was der Kasten alles kann. Ich staune. Und was zahlt der Müller?«

»Das ist Ehrensache.«

»Schon gut, aber beeile dich, gleich beginnt die Übertragung.«

»Ich bin fast fertig.«

Inzwischen habe ich zahlreiche Auftraggeber unter den Gefangenen und dem Personal. Ob dekorierte Liebesbriefe, Karten für diverse Anlässe, Kopien von Buchhaltungsprogrammen oder Werbezettel, meine Kundschaft hält mich in Trab. Dafür komme ich in den Genuss zusätzlicher Einnahmen und Vergünstigungen, die mein Leben erleichtern.

Heute ist einer der guten Tage, wie an jedem zweiten Sonntag während der Saison. Die Übertragung der Formel-1-Rennen. Seitdem Patrick mir erzählt hat, dass er sogar mit einem ehemaligen Formel-1-Fahrer befreundet ist und schon viele Rennen live miterlebt hat, ist er zu meinem bevorzugten Gesprächspartner geworden. In Monaco, wo Patrick ein Appartement hatte, konnte er vom Balkon aus den Rennverlauf verfolgen. Ich bekomme nie genug von seinen Geschichten, und er wird nicht müde, mit seinen vielen prominenten Bekannten und dem ausschweifenden Leben in Monaco zu prahlen. Wir verfolgen den Großen Preis von Ungarn. Das Rennen besteht aus siebenundsiebzig Runden. Michael Schumacher ist unser gemeinsamer Favorit, und er fährt auf Siegerkurs. Wenn er durchhält, werden wir uns zur Feier des Tages eine gute Mahlzeit kochen. Und bis zur dreiundsiebzigsten Runde gibt es auch keinen Grund, an seiner Überlegenheit zu zweifeln. Wir lehnen uns in die Kissen zurück und fächern uns Luft zu. Plötzlich stockt er. Es scheint etwas mit dem Motor seines Renaults nicht zu stimmen. Die Konkurrenten rasen an ihm vorbei. Dann sieht man, wie er fluchend das Rennen aufgibt. Unsere Stimmung sinkt in den Keller. Schumacher wird Elfter, und Damon Hill siegt einige Sekunden vor David Coulthard. Patrick schimpft auf die Konstrukteure von Benetton, und ich fürchte um die Weltmeisterschaft unseres Helden. Viel zu schnell ist unsere liebste Ablenkung vorbei. Bis zum Großen Preis von Belgien sind es vierzehn lange Tage und ebenso viele trostlose Nächte.

Ich nehme mein Notizbuch und gebe mich den Erinnerungen hin. Immer wieder denke ich an den Traunsee. Seitdem ich Kurtl von Behrus und dem Engelhof erzählt habe, spuken der Freund und das Hotel in meinen Gedanken umher.

Schon in der zweiten Woche im Engelhof stellte ich mich morgens um halb sechs an die Straße vor den Parkplatz. Ich wartete darauf, dass jemand einen Helfer fürs Holzfällen, zur Gartenpflege, Hausrenovierung oder für was auch immer brauchte. Um neun Uhr setzte der Pensionsbetrieb ein, dann musste ich dort verschwinden – Flüchtlinge durften nicht arbeiten. Ich hatte dreitausend Dollar Schulden bei Karim, und noch schwerer lastete die Sorge um meine Familie auf mir. In Pakistan stellte man sich vor, es sei in Europa kein Problem, genügend Geld zu verdienen. Sie waren von meinen Dollaranweisungen abhängig. Mutter brauchte Medikamente. Ihre Operation durfte nicht mehr länger aufgeschoben werden. Aber der Eingriff war teuer. Wer sollte für sie sorgen? Mein kleiner Bruder, noch keine zwanzig Jahre alt, hatte kein Geschick als Schmuckhändler, fand nicht den richtigen Umgangston, um ausländische Kunden anzulocken. Und nur mit ihnen, den Mitarbeitern der ausländischen Vertretungen und Hilfsorganisationen sowie den Touristen, war Geld zu verdienen. Meine Schwestern hatten keine Chance, eine Arbeit zu finden, sie trauten sich ja kaum allein auf die Straße. Roja hatte das Baby. Nasrat lebte noch irgendwo versteckt in Kabul. Unzählige Flüchtlinge bevölkerten Islamabad und waren bereit, jede erdenkliche Arbeit anzunehmen. Meine Familie war dort fremd, und sie fühlte sich unsicher. Selbst Vater lebte weitgehend isoliert. Einzig mit Onkel Nadschib, Asisullah und einigen wenigen Freunden aus Kabul, die auch geflüchtet waren, traf er sich manchmal. Die Landessprache, Urdu, versuchte er gar nicht erst zu lernen. Doch wenigstens sein Antrag auf politisches Asyl beim UNHCR wurde geprüft, und er setzte alle Hoffnungen auf eine positive Antwort aus Holland. Noch steckte ihm der Verlust seines gesamten Vermögens in den Knochen, und die Sorge um seine Familie raubte ihm die letzte Kraft. Ihr Unterhalt lastete auf meinen Schultern, auf den Schultern eines Asylbewerbers ohne Arbeitserlaubnis in einem kleinen Alpendorf. Doch in Traiskirchen am Traunsee mit Blick auf den Traunstein gab es nicht einmal für Menschen mit Arbeitserlaubnis genügend Beschäftigung.

Nach drei Wochen des Wartens in aller »Herrgottsfrüh«, wie die Pensionsköchin immer sagte, hatte ich zwar noch keinen Schilling verdient, kannte aber ihr Pflegeprogramm für Petunien. Noch vor dem Frühstück füllte sie eine exakt dosierte Wassermenge in den Topf, betrachtete jedes einzelne Blatt und redete sogar mit den Pflanzen. Kinder, Hunde und Katzen verscheuchte sie, sobald sie nur in der Nähe des kleinen Hofes auftauchten. Die würden ihr nur die Blüten ruinieren und Blätter abzupfen.

Endlich, an einem sonnigen Morgen, hielt ein Kleinlaster. Der Fahrer lehnte sich aus dem Fenster.

»Verstehen bissl Deutsch?«

»Ja, sicher«, antwortete ich.

»Du auch können arbeiten, schleifen, zuapockn?«

»Ganz bestimmt. Worum geht es denn?«

»Steig zeaschd amoi ei. Ich habe ein Boot, verstehen? Ein Holzboot.«

Soweit ich Alois verstand, handelte es sich um Schleifarbeiten am hölzernen Rumpf eines Segelbootes. Im Nachbarort wohnte er direkt am See, und sein Boot hatte ein eigenes Häuschen. Auch hier quollen Petunien, Geranien und üppiger Oleander, vor Frische und sorgsamer Pflege strotzend, aus Kästen und Töpfen. Das »Land der Blumen« sollte man Österreich taufen. Drei Tage, von früh bis spät, dauerte die Arbeit. Ich spürte jeden einzelnen Muskel und war froh. Endlich verdiente ich Geld. Alois schien zufrieden und vor allem überaus angetan von meinen Deutschkenntnissen.

»Du redtst bessa ois wia i, wie gschriebn redst du. Woasd amoi in Deitschland?«

Ich erzählte von meinen Jahren in der DDR und musste ihm viele Fragen über die »Kommunisten« beantworten.

Durch meinen ersten Job hatte ich mehr verdient als das zweimonatige Taschengeld vom Bundesasylamt. Von den fünfzehnhundert Schilling, die Alois mir gab, wechselte ich dreizehnhundert in einen Hundert-Dollar-Schein, der möglichst sicher und kostengünstig nach Pakistan verschickt werden musste. Eine Anweisung hätte zweihundert Schilling gekostet und war ohnehin aus keinem der umliegenden Dörfer möglich. Endlich hatte ich die rettende Idee. Ich kaufte einige Ansichtskarten vom Traunsee, griff zu einer Rasierklinge und trennte in Feinarbeit das Deckblatt von der Rückseite. Dann legte ich den Schein zwischen die Blätter und verklebte die Seiten. Es war mir schon beim ersten Versuch nicht schlecht gelungen, und in der Hoffnung auf nichts ahnende und pflichtbewusste Postboten warf ich sie in den Briefkasten. Von diesem Schein, sollte er denn sein Ziel in Islamabad erreichen, könnte meine Familie eine Weile leben.

Meine Hoffnungen und Pläne wurden an einem trüben Freitagvormittag im Juni jäh durchkreuzt. Als das Schreiben eintraf, stand Behrus neben mir an der Postausgabe. Der offizielle Umschlag und die Aufforderung, den Erhalt per Unterschrift zu quittieren, verhießen nichts Gutes. Statt das Kuvert zu öffnen, schob ich es in meine Hemdtasche und ging vor die Tür.

»Mach schon auf«, sagte Behrus, »ist vielleicht deine Anerkennung.«

»Lass mich erst ein wenig Luft holen.«

Zu viele Briefe, die denselben Absender trugen, hatte ich in den letzten Wochen übersetzt, als dass der Inhalt mir nicht schon klar war.

Später gingen wir wortlos die Hauptstraße entlang und ließen den Engelhof hinter uns. Heute war uns der Steg vor dem Hotel zu eng, wir brauchten Platz und vor allem Ruhe. Wie ein Fremder betrachtete ich die vertraut gewordene Umgebung. Weiße Segeljachten schmiegten sich eng aneinander, und ihre Takelage klimperte an den Masten. Das Aluminium gab bei jedem Schlag der Seile einen klingenden Ton, dessen Rhythmus einzig vom Wind abhing. Die Bräuwiese war bei diesem Wetter menschenleer, und auf unserem Weg über das feuchte Gras zum Ufer verflüchtigte sich schon bald das Rauschen der vorbeirasenden Autos auf regennasser Fahrbahn. Zwei orangefarbene Schwimmringe hingen an einem Pfahl und erinnerten mich an mein eigenes Bedürfnis nach Rettung. Hießen sie nun Schwimm- oder Rettungsringe? Ich konnte mich nicht mehr erinnern. Dann kam mir das Wort »Rettungsanker« in den Kopf, und ich überlegte, was es bedeuten könnte. Ein Anker zieht nach unten, stellte ich mir vor. Ich hatte manches Mal bei den Fischern vom Traunsee beobachtet, wie sie den Anker warfen und die Leine hinabgezogen wurde, womit das Boot Halt fand, gebremst wurde. Einen Rettungsanker brauchte ich nicht, es musste weitergehen. Eher einen Rettungsring, der mich über Wasser hielt. Ob dieses Wasser jemals warm genug sein wird, um sich darin wohl zu fühlen? Ein Schwan versank kopfüber im See, sodass nur noch sein halber Körper mit der in den Himmel ragenden Schwanzspitze zu sehen war.

Wir fanden ein trockenes Plätzchen unter einem Baum und legten unsere Jacken aufs Gras. Am anderen Ufer ragte der gewaltige Traunstein in die Höhe. In der Ferne brach der Himmel auf, und die Sonne tauchte Gmunden in warmes Licht. Niemand in dem idyllischen Städtchen wusste etwas von mir, keiner hatte auch nur eine Ahnung, was das Schreiben in meiner Hemdtasche bedeutete: Ablehnung!

Das Loch in den Wolken zog herüber, vor die Sonne, die uns mit wohltuender Wärme beschenkte. Wir zogen die Schuhe aus und benetzten unsere Füße mit Wasser. Keiner sagte ein Wort. Wir lauschten dem zaghaften Spiel der Wellen mit den Kieselsteinen am Ufer. Endlich öffnete Behrus die Flasche, und der Wein roch nach Verheißung.

Als sich die Sonne wieder hinter den Wolken versteckte, fröstelte es mich. Die zurückliegenden Sommertage hatten mich gebräunt, und Mutter würde schimpfen, mich so dunkel zu sehen. »Wie ein Pakistani«, würde sie sagen. »Halte dich von der Sonne fern, mein Junge!« Doch ich genoss die wärmenden Strahlen und ertappte mich manchmal dabei, wie ich mich nach der quälenden Hitze Islamabads sehnte. Drei Monate war ich nun schon hier, und fast immer war das Wetter für hiesige Verhältnisse mild, doch richtig gewärmt hatte es mich selten. Meistens waren meine Hände kalt, und nur in der letzten Woche hatte ich meine lange Hose einmal ausgezogen. Wenn alle anderen im Badezeug am Ufer lagen, dann war es mir immer noch nicht wohlig genug. Die brütende Hitze Islamabads hatte meine einst so robuste Natur offenbar verdorben.

»Was willst du jetzt machen, Massud?«

»Trinken, was sonst? Reich die Flasche rüber.«

»Ich meine, mit deiner Ablehnung.«

»Frag mich morgen.«

Die Wolken verzogen sich, und ehe die Sonne hinter den Gipfeln verschwand, entflammte sie den Himmel.

Verliebt

Seine Leistungen wurden immer schlechter. Konstruktionstechnik interessierte ihn nicht. Er hatte einfach kein Talent für technische Fächer. Als er am Abend mit hängendem Kopf an seinem Schreibtisch saß, stand Sanjay plötzlich neben ihm.

»Massud, alter Junge, was ist los mit dir?«

»Sanjay! Hast du mich erschreckt!«

»Die Tür stand offen. Ist was passiert?«

»Ich schaff es nicht! Dieses Studium macht mich fertig. Meine Noten sind schlecht, und ich sehe keinen Ausweg mehr. Wenn es so weitergeht, dann schmeißen sie mich noch raus, und ich lande beim Militär.«

»Nun mach doch keine Panik. Hast du schon mal mit deiner Botschaft geredet?«

»Ich habe ihnen einen Brief geschrieben, aber das interessiert die doch alles nicht.«

»Vielleicht solltest du es mal persönlich versuchen.«

Daran hatte Massud auch schon gedacht. Ein Besuch in Berlin konnte zumindest nicht schaden. Sanjay wollte ihn sogar begleiten und einen Tagesausflug in den Westen machen. Am Alexanderplatz stiegen die Freunde aus dem Zug.

Verwirrende Gänge führten zu Verkehrslinien, die sich in alle Richtungen der Stadt ausbreiteten. Wie ein Netz überzogen sie Berlin, auf dem Stadtplan sah es so aus, als würden einige abrupt im Nichts enden. Menschen drängten zu Treppenaufgängen und verschwanden im Bauch dieses gewaltigen Bauwerks. Massud fühlte sich der geschäftigen Menge zugehörig und sog jedes Detail in sich auf. Sanjay führte ihn eine Treppe hinunter.

»Ach, Sanjay, ich liebe Großstädte. Es gibt so viel zu sehen.«

»Komm, ich zeig dir noch was.«

Es war Punkt elf, als sie vor der Urania-Weltzeituhr standen.

»Hey, das ist ja Klasse. Hier kann man die Uhrzeiten aus aller Welt sehen. In Kabul ist es jetzt schon halb drei, da oben steht's.«

»In Delhi auch. Die Uhr erinnert mich immer an eine Torte. Vierundzwanzig Stücke, eines für jede Stunde.«

Sanjay und Massud umrundeten den Sockel und schauten nach oben, dorthin, wo sich am Rand der Torte der mittlere Teil im Uhrzeigersinn drehte. Darauf standen die Zahlen, und über wie unter ihnen waren Weltstädte rund um den Globus aufgeführt.

»In Havanna ist es jetzt vier Uhr«, sagte Massud.

»Vier Uhr was?«

»Morgens. Die Sonne geht im Osten auf. Havanna liegt im Westen. Hier ist es also später.«

»Verstehe, vielleicht solltest du Meteorologie studieren.«

»Verdammt, erinnere mich nicht daran. Aber bis um zwei habe ich noch etwas Zeit. Was schätzt du, wie spät es in Rio de Janeiro ist?«

»So spät wie in Havanna.«

»Falsch, es ist dort sechs Uhr.«

»Da schlafen sie jetzt noch. Aber hier wird es auch immer später, ich muss mich langsam auf den Weg machen. Ich nehme die S-Bahn zur Friedrichstraße und verdrücke mich in den Westen. Treffen wir uns also um sieben wieder hier?«

»Ja, alles klar.«

»Bis später und viel Glück in der Botschaft!«

»Danke, drück mir die Daumen.«

»Du immer mit deinen deutschen Sprüchen.«

»Okay, Inschallah.«

»Inschallah!«

In der schier endlosen Fensterfront des Palastes der Republik spiegelte sich der Dom. Geschwärztes Mauerwerk ließ Massud an den Krieg denken. Ob sie damals hier gekämpft hatten? Im Deutschunterricht war über den Zweiten Weltkrieg gesprochen worden und darüber, wie die Rote Armee das deutsche Volk vom Joch des Nationalsozialismus befreit hatte. Die genauen Zusammenhänge des grausamen Krieges hatte er nie ganz begriffen. So viele Völker hatten gegen die Deutschen gekämpft, und trotzdem hatte es Jahre gedauert, sie zu besiegen. Zwanzig Millionen Sowjetbürger und sechs Millionen Juden, hieß es, waren von den Deutschen ermordet worden. Unvorstellbar! Aber das sei lange her, hatte der Lehrer erklärt. Und so etwas könne nie wieder passieren. Die Freundschaft der Völker war der beste Beweis. In Deutschland lebten jetzt alle friedlich zusammen. Der Sozialismus sei gerecht und hier bereits hoch entwickelt! So hatten es die Studenten gelernt, und bei einem Blick auf diese prachtvolle Stadt wollte er gern zustimmen. Warum konnte es in seiner Heimat nicht auch so sein?

Schon als Massud noch ein kleiner Junge war, hatte der Vater ihm von König Amanullah erzählt, der die Deutschen bewunderte. In den zwanziger Jahren war er nach Berlin gereist und bestimmt auch an diesem Dom vorbeigefahren. Bei seiner Rückkehr hatte der Monarch Techniker mitgebracht, die Afghanistan in die moderne Zeit führen sollten. Massud dachte an den Moment im Deutschkurs, als er die Wörter »hoch« und »tief« gelernt hatte. Die deutsche Baufirma Hochtief war allen Afghanen ein Begriff. Selbst seine Bushaltestelle in Chair Chana wurde so genannt, nach einem modernen Betonbau der Firma. Dass der Firmenname eine Bedeutung hatte, lernte er erst hier. In der DDR konnte er den Namen jedoch nie entdecken. Afghanistan hatte seit dem Besuch Amanullahs regelmäßig Unterstützung aus Deutschland bekommen. Jetzt, dank der sowjetischen Freundschaft, wurde seiner Heimat durch die DDR geholfen. Kein anderes europäisches Volk hatte in Afghanistan einen besseren Ruf als die Deutschen.

Als Massud an der Straße »Unter den Linden« aus dem Bus stieg, sah er an deren Ende das Brandenburger Tor. Dahinter beginnt das »kapitalistische Ausland«, dachte er. Keinen Steinwurf entfernt. Er war neidisch auf Sanjay, der jetzt durch indische Geschäfte bummelte und nach Videos Ausschau hielt. Sicher brachte er wieder Musikkassetten, exotische Gewürze, Kaffee, Zigaretten und eine Flasche Whiskey mit.

Schon stand er vor dem schlichten Gebäude in der Otto-Grotewohl-Straße und war enttäuscht. Nicht mal eine anständige Botschaft können wir uns leisten. Als er dann auch noch feststellen musste, dass die Vertretung seines Landes gerade mal eine Etage besetzte und sich den Komplex mit anderen Konsulaten teilte, war seine Hoffnung gedämpft. Viel Einfluss auf das deutsche Bildungsministerium konnte er von dieser kümmerlichen Institution nicht erwarten.

Der Sekretär griff nach einer Mappe, auf der Massuds Name stand. Dort war alles dokumentiert. Sogar die schlechten Zensuren seiner letzten Klausuren. Sie wussten offenbar alles über ihn. Sicher stand dort auch, dass er fast jeden Abend in die »Baracke« ging.

Massud kannte die Mitarbeiter. Sie hatten seine Übersetzungsdienste bereits mehrfach in Leipzig und Magdeburg in Anspruch genommen. Beim Empfang neuer Studenten und während der

Leipziger Messe war er als Dolmetscher aufgetreten, und sie hatten seine Fähigkeiten überschwänglich gelobt. Mit zigmal geprobten Sätzen versuchte Massud seinen Wunsch zu formulieren, aber er wurde sofort abgewürgt.

»Herr Mirsasada, mit Ihren Leistungen geht es rapide bergab. Und nun glauben Sie, mit einem Studienfachwechsel werde alles besser? Sie sollten sich anstrengen und in Ihre Fachbücher schauen. Sie sind doch nicht dumm. Es wurden keine Mühen und Kosten gescheut, Sie in der DDR studieren zu lassen.«

»Dafür bin ich sehr dankbar. Mit der Sprache habe ich keinerlei Probleme, wie Sie wissen. Meine Leistungen in der Schule und im Herder Institut waren immer sehr gut.«

»Na also, was hält Sie nun vom Lernen ab?«

»Das Fach liegt mir nicht. Es entspricht nicht meinen Neigungen, wie ich Ihnen bereits schriftlich mitgeteilt habe. Ich habe alles versucht.«

»Neigungen!? Was heißt hier Neigungen? Es entspricht auch nicht unseren Neigungen, dass wir einen unerklärten Krieg führen. Jeder muss auf seine Art etwas für die Heimat tun. Sie sind hierher geschickt worden, um als Ingenieur nach Afghanistan zurückzukehren. Oder wollen Sie lieber sofort zurück und in der Armee dienen?«

»Ich möchte selbstverständlich mein Studium abschließen, aber wenn ich das Fach wechseln könnte, wären meine Leistungen viel besser.«

»Sie sind von einer Kommission als angeblich begabter Student ausgewählt worden, man hat Ihnen eine Fachrichtung zugewiesen, und Sie haben sich zu bewähren.«

»Aber warum können Sie nicht mit dem deutschen Ministerium Rücksprache halten? Vielleicht gibt es einen freien Platz in einem anderen Fach, oder jemand möchte tauschen.«

»Wollen Sie mir nun auch noch sagen, was ich zu tun habe? Das war mein letztes Wort. Fahren Sie zurück nach Magdeburg und werden Sie endlich ein ordentlicher Student! Ihre Auszeichnungen für engagierte Mitarbeit im Internationalen Studentenkomitee in allen Ehren, aber wenn Ihre Zensuren in der Konstruktionstechnik weiterhin mangelhaft sind, dann sind wir gezwungen, Sie heimzuschicken. Choda hafez – Gott schütze Sie!«

»Aber ich bitte Sie. Geben Sie mir eine kleine Chance.«

»Ich habe alles gesagt. Gehen Sie jetzt.«

»Ba aman-e Choda. Seien Sie im Schutze Gottes!«

Kalter Wind fuhr ihm ins Gesicht, als er das Gebäude verließ, und er schlug den Kragen hoch. Seine Beine waren müde. Er wollte sich setzen, doch wo fand sich in dieser Gegend ein Ort zum Verweilen? Die Kälte missachtend, setzte er sich schließlich auf eine einsame Bank beim Kupfergraben. Die Bäume waren genauso farblos und nackt wie das Mauerwerk, auf das sein Blick fiel. Er überlegte, wie man eine solche Nichtfarbe bezeichnete: Staubgrau, schmutziges Sandfarben, verwaschenes Braun oder einfach nur trostlose Hässlichkeit in der Fremde? Die Farben von Berlin? Selbst der Himmel gesellte sich im selben Ton der Tristesse zu diesem Anblick. Kein Berg, der in der Ferne Hoffnung versprach, kein Sonnenstrahl, der Wärme und Farbe spendete. Nichts als Häuserschluchten, bröckelnder Putz, löchriger Asphalt, Schienenstränge, rumpelnde Straßenbahnen, knatternde Trabanten, ein paar Westautos und der Gestank rußender Kohleöfen.

Als er die Karl-Marx-Allee erreichte, stellte er fest, dass sie die breiteste Straße war, die er je gesehen hatte. Beängstigend breit. Hochhausblöcke reihten sich aneinander, und durch gläserne Türen drängten Menschen in die Wärme eines Kinofoyers. »International« stand in großen Buchstaben an dem würfelartigen Bau. Er vergrub seine Hände tief in den Manteltaschen und ging noch einmal zur Weltzeituhr. In Kabul ist es jetzt schon halb acht, verriet sie ihm. Er fühlte sich unendlich verlassen. Es würde niemanden interessieren, wenn die vorbeifahrende Straßenbahn ihn erfasste. Auf der Botschaft kennen sie meine Noten, ging es ihm durch den Kopf, aber sie wissen nichts über meine Gefühle, Hoffnungen und Pläne. Es ist mein Leben und nicht ihres. Wie können sie mich derart zwingen?

Er sollte seine Kräfte sammeln und sich zum Studium disziplinieren. Stattdessen lag er stundenlang auf dem Bett, starrte an die Decke und entwickelte einen regelrechten Hass auf Mathematik, Physik und die gesamte Konstruktionstechnik. In seinem Kopf breitete sich ein stechender Schmerz aus, den er nur ertragen konnte, wenn er sich ein Tuch ganz fest um die Stirn band. Mit dieser Bandage schleppte er sich sogar über das Hochschulgelände und ertrug die belustigten Blicke und Scherze der Mitstudenten. Wenn er endlich einmal wieder Post aus der Heimat bekam, dann schnupperte er an dem Umschlag und hatte einen einzigen Wunsch: nach Hause! Er kam nur noch aus seinem Zimmer, um Sanjay nicht zu enttäuschen, der sich beharrlich um ihn bemühte.

»Hast du Heimweh?«, fragte der Freund, als er die vielen beschriebenen Seiten sah, die den gesamten Schreibtisch bedeckten.

»Ach, Sanjay, was heißt Heimweh? Bei mir läuft alles schief. Das Studium ist verpatzt. Ich habe hier doch keine Zukunft. Und ich mache mir Sorgen um meine Familie. Die Lage in Afghanistan ist dramatisch. Jederzeit kann ihnen etwas zustoßen.«

»Du darfst nicht ständig daran denken. Wenn deine Mutter dich sehen könnte! Deine Haare sind strähnig, du bist abgemagert. Sie will, dass es dir gut geht, dass du dir keine Sorgen machst. Jetzt komm schon, ich spendiere uns ein paar Drinks.«

»Hast ja Recht.«

»Und ab morgen studierst du fleißig und engagierst dich wieder im ISK. Als zweiter Vorsitzender müsstest du mir ein bisschen mehr unter die Arme greifen.«

Sie tranken Gin Tonic, und endlich kam auch Massud ein wenig in Stimmung. Sanjay reichte ihm einen weiteren Drink, und im nächsten Moment fanden die beiden Freunde sich auf der Tanzfläche wieder. Mit seinen orientalisch beeinflussten Schritten zog Massud viele Blicke auf sich. Er streckte die Arme zur Seite, ließ seine Hände elegant kreisen und hielt seinen Oberkörper gerade. Aus den Augenwinkeln sah er, wie die Mädchen ihn beobachteten. Viele der deutschen Lieder, die in der Disko gespielt wurden, kannte er auswendig, und manche sang er inbrünstig mit:

»Einmal wissen, dieses bleibt für immer,
ist nicht Rausch, der schon die Nacht verklagt,
ist nicht Farbenschmelz noch Kerzenschimmer,
von dem Grau des Morgens längst verjagt.«

Über ihm drehte sich die Kugel, das Licht funkelte in den Spiegeln und raste über die tanzende Menge. Er streckte einen Arm in die Höhe, wiegte die Hüften und feierte den Moment. Manchmal wünschte er sich vom Diskotheker seine Lieblingssongs. »Every Breath You Take« gehörte dazu, und das Gedränge auf der Tanzfläche wurde noch größer. Es ist eines der schönsten Liebeslieder, fand er. Inzwischen hatte er fast alle Kassetten von Police, Sanjay brachte sie ihm aus dem Westen mit. Der Kirschwhiskey war billig und der Spaß in der »Baracke« garantiert. Wenn am späten Abend die Schmuselieder gespielt wurden, dann bewegten sich die Paare eng umschlungen unter dem flackernden Licht, und schon lange vor dem letzten Tanz fand sich meistens eine attraktive Studentin, die den Rest der Nacht mit ihm teilen wollte. Nichts war einfacher als mit den jungen Frauen zu flirten und ihnen nahe zu kommen. Massud genoss ihre selbstbewussten Blicke und lockeren Sprüche und fühlte sich geschmeichelt, wenn sie seine Gesellschaft suchten. Sie machten, was ihnen gefiel.

Eines Abends stand ein Mädchen in der »Baracke«, das er noch nie zuvor gesehen hatte. Sie war sehr schlicht in Jeans und Bluse gekleidet, trug fast kein Make-up und hatte ihr langes Haar zu einem einfachen Zopf gebunden. Im Gedränge vor der Theke versuchte sie etwas zu bestellen. Schnell machte sich Massud seine Kontakte zunutze und orderte mit den Fingern aus der Ferne zwei Gin Tonic. Als er die Fremde erreichte, standen die beiden Gläser direkt vor ihm, und er sprach sie an.

»Darf ich dich einladen?«, fragte er und reichte ihr ein Glas.

»Nein danke, ich habe mir gerade etwas bestellt.«

»Hast du nicht!«

»Woher …? Wieso?«

»Ich habe dich beobachtet. Du versuchst schon seit fünf Minuten ein Getränk zu bekommen.«

»Verstehe. Und du bekommst auf Kommando gleich zwei. Gratuliere! Der Herr hat beste Verbindungen.«

Mit diesen Worten drehte sie sich auf dem Absatz um und verschwand in der Menge. Massud eilte ihr hinterher.

»So warte doch. Wie heißt du denn überhaupt?«, rief er, doch sie gönnte ihm keinen Blick.

»Entschuldige. Bitte! Ich will mich nicht … äh, aufdrängen«, stammelte er, als er sich endlich vor sie stellen konnte.

»Tust du aber.«

»Ich heiße Massud. Bitte trink etwas mit mir.«

»Klara. Gin Tonic schmeckt mir nicht.«

Und wieder war sie verschwunden. Eine derart kalte Abfuhr hatte er selten erlebt. Klara? Den Namen hatte er noch nie gehört. Das Mädchen gefiel ihm. Ihre abweisende Art machte ihn neugierig.

Es dauerte fast eine ganze Woche, bis er sie endlich wiedersah. Sie ging zum Wohnheim der Pädagogischen Hochschule, und Massud konnte ihr gerade noch rechtzeitig den Weg abschneiden.

»Klara! Schön, dich zu treffen.«

»Bitte?« Sie schaute ihn überrascht an. »Ach so, verstehe. Der Junge mit dem Gin Tonic.«

»Ah, du erinnerst dich. Wohnst du hier?«

»Was glaubst du denn, was ich hier mache?«

»Ich wohne da drüben, in Nummer neun.«

»Ach ja?«

»Darf ich dich einladen? Ich meine, wie wäre es mit heute Abend? Kommst du in die ›Baracke‹?«

»Ich habe zu tun.«

»Oder am Samstag zu unserem Länderabend im ISK-Club.«

»Länderabend?«

»Zu Afghanistan, meiner Heimat. Es wird leckeres Essen geben und Livemusik.«

»Vielleicht. Ich muss jetzt gehen. Tschüs.«

»Tschüs«, sagte er leise, und schon schlug die Tür zu ihrem Wohnheim zu. Wie konnte sie nur so kühl sein? Sie sah sehr sportlich aus. Massud konnte sie sich als Tennisspielerin oder Handballerin vorstellen. Er liebte es, wenn Frauen ihre Kraft im Spiel zeigten. Nie hätte er gedacht, dass Mädchen so viel Energie haben können! Massud hatte Klaras lange schmale Hände bewundert und gesehen, wie sie sich das Haar aus der Stirn strich. Wenn sie ihm doch nur ein Lächeln schenkte.

Die Tage bis zum Samstag wollten nicht vergehen, und seine Hoffnungen ließen ihn kaum schlafen. Ständig hielt er Ausschau nach ihr und wählte mehrmals täglich den Umweg über die Auffahrt des Pädagogenwohnheims.

Der Länderabend nahm seinen üblichen Lauf, und als die Ansprachen schon lange beendet und die Reisgerichte verspeist waren, ging Massud auf die kleine Bühne und griff zum Akkordeon. Im Nu erfüllte der warme Klang des Instruments den Raum, und er stimmte ein afghanisches Liebeslied an.

Er sang von der Sehnsucht nach der einen, die ihm keinen Blick gönnt. Dabei schaute er unablässig zur Tür. Endlich trat sie in den Saal. Er hob seine Stimme und freute sich an ihren suchenden Blicken, die über die Gäste hinweg ihn endlich auf der Bühne entdeckten. Er lächelte ihr zu, und sie schaute ihn verwundert an. Die Melodie gewann an Tempo, und ein letztes Mal sang er den Refrain über die Sehnsucht nach der Auserwählten, die ihm doch ein Zeichen geben möchte. Nachdem der Applaus vorüber war, ging er direkt auf sie zu.

»Guten Abend, Klara. Wie schön, dass du gekommen bist.«

»Hallo. Ich hatte keine Ahnung, dass du singen kannst und heute Abend hier aktiv teilnimmst.«

»Hat es dir gefallen?«

»Ja, es war sehr schön. Worum ging es in dem Lied?«

»Um die unerwiderte Liebe eines Jungen zu einem wunderschönen Mädchen.«

»Du machst Scherze.«

»Nein, ganz ehrlich.«

»Und warum erwidert sie seine Liebe nicht?«

»Vielleicht ist sie schüchtern, oder sie liebt einen anderen.«

»Interessant. Heute würde ich übrigens gern etwas trinken.«

»Entschuldige, Klara. Ich habe dich noch nicht gefragt, was du möchtest. Gin Tonic schmeckt dir nicht – wie wäre es mit Cognac?«

»Ein Bier wäre gut.«

Er konnte ihrem Blick kaum standhalten, als er ihr das Glas reichte.

»Danke, Massud«, sagte sie, und am liebsten hätte er sie in den Arm genommen. Sie war groß, und ihre blauen Augen schauten ihn fast auf gleicher Höhe offen an, während er nach passenden Worten suchte. Nie war es ihm so schwer gefallen, ein Mädchen zu unterhalten. Am Ende des Abends brachte er sie zu ihrem Wohnheim und gab ihr zum Abschied die Hand.

Massud war verliebt. Er stellte sich Klara an jedem Ort in der Stadt vor. Er glaubte, ihre Stimme zu hören, ihren blonden Zopf in der Menge zu sehen. Wenn sie auf einmal vor ihm stünde und lächelte, er wäre der glücklichste Mensch. Er rasierte sich jeden Abend, wählte seine Kleidung mit Bedacht aus und starrte in der Disko stundenlang zur Tür. In der dritten Nacht schmiedete er bereits Pläne für einen Besuch in ihrem Wohnheim am nächsten Tag und wäre sogar das Risiko eingegangen, sich lächerlich zu machen. Doch dann stand sie neben ihm und reichte ihm einen Gin Tonic.

»Hallo, Massud. Ich möchte mich revanchieren für deine Einladung am letzten Samstag. Es hat mir gut gefallen.«

»Klara, endlich!«

»Endlich?«

»Ich meine, ich warte schon seit … äh, ich hatte gehofft, dich mal wiederzusehen.«

»Das war doch wohl nur eine Frage der Zeit. So groß ist es hier ja nicht. Machst du schon lange Musik?«

»Seitdem ich dreizehn oder vierzehn bin.«

»Ich höre sehr gern Akkordeon, auch wenn es ein wenig altmodisch ist. Es erinnert mich immer an französische Filme.«

»Mich auch.«

Massud nahm seinen Mut zusammen und forderte sie zum Tanzen auf. Der Diskotheker hatte Karat aufgelegt, und die Paare schoben über die Tanzfläche. Nie zuvor war die Sehnsucht nach der Wärme des fremden Körpers so stark gewesen, und nie zuvor hatte er es als so schwer empfunden, ihm näher zu kommen. Schüchtern legte er seinen Arm um ihre Taille und achtete auf Abstand. Sie tanzte in weichen Bewegungen. Ihr Kopf war ganz nah an seiner Schulter, aber er traute sich nicht, ihr Haar zu berühren.

»Du bist ganz anders, als ich dachte«, sagte Klara.

»Wie meinst du das?«

»Na ja, man hört so einiges. Du scheinst ein ziemlicher Draufgänger zu sein.«

»Draufgänger?«

»Einer, der sich gern mit Mädchen amüsiert.«

»Ich hoffe nicht, dass du Schlechtes über mich gehört hast.«

»Es geht mich ja nichts an, aber du bist wohl selten allein.«

»Nein, das stimmt nicht. Ich habe keine Freundin. Ich habe mich nur ein wenig den Landessitten angepasst und meinen Spaß gehabt. Bisher hat sich noch niemand bei mir beschwert.«

»Es ist auch gar nicht wichtig. Nur bin ich keines von den Mädchen, die flüchtige Abenteuer suchen. Verstehst du?«

»Das verstehe ich sehr gut. Und ich finde es wunderbar. Wann darf ich dich wiedersehen?«

»Wie wäre es mit Samstag im ›Pferdestall‹. Kennst du den Klub?«

»Sicher. Soll ich dich abholen?«

»Sehr gern. Um acht?«

»Ich werde da sein.«

Er schwebte nach Hause, stellte den Kassettenrecorder an und tanzte bis zum Morgengrauen zu den Liedern seiner Heimat. Die Sänger sprachen ihm aus der Seele, und er sang Silbe für Silbe vollmundig mit.

In der Samstagnacht blieben Massud und Klara den ganzen Abend auf der Tanzfläche, und diesmal legte sie wie selbstverständlich ihren Kopf an seine Schulter. Ganz vorsichtig strich er über ihr Haar, und sie lächelte. Später brachte Massud sie nach

Hause und wollte sich vor ihrem Wohnheim verabschieden. Klara räusperte sich.

»Massud … es war ein sehr schöner Abend. Vielen Dank. Ich … wie soll ich sagen? Ich kann dich leider nicht zu mir bitten. Du verstehst!«

»Natürlich, kein Problem. Aber hoffentlich darf ich dich bald wiedersehen.«

»Es ist nur … weil, du weißt … ich habe zwei andere Mädchen in meinem Zimmer.«

»Ja, sicher, äh … soll das heißen … du würdest mich sonst … bitten, ich meine, zu dir bitten?«

»Du bist doch sonst nicht so schüchtern. Du stotterst sogar«, lachte Klara.

»Ja, nein, ich meine, möchtest du mit zu mir kommen? Darf ich dich zu mir einladen. Dort sind wir ungestört.«

Die Frau, von deren Existenz er bis vor wenigen Tagen nichts gewusst hatte, die allenfalls ein wirres Traumbild sein konnte, schlief in seinen Armen. Wie zart ihre helle Haut neben seinen dunklen Schenkeln schimmerte. Nichts Fremdes lag in ihrer Gegenwart, sondern pure Vertrautheit. Sie schienen sich in tiefsten Innern zu kennen. Ihre Leben waren so viele Jahre getrennt verlaufen, doch ihre Vereinigung musste vorherbestimmt gewesen sein. So fühlte er, in jener ersten Nacht. Die Flamme der Kerze flackerte, und Klaras Konturen verschwammen im Dämmerlicht. Ganz sanft zog er die Decke über ihren Rücken und bettete ihren Kopf in das Kissen. Er konnte sein Glück nicht fassen.

»Massud, weißt du was?«

»Schläfst du noch nicht, Asisam?«

»Asisam? Was bedeutet das?«

»Mein Schatz oder auch meine Liebste. Du kannst dir etwas aussuchen, oder nimm am besten beides.«

»Wie romantisch du bist! Und so lieb.«

»Du auch!«

»Vorhin, als du mich geküsst und gestreichelt hast, da ist mir etwas aufgefallen.«

»Was denn, Asisam?«

»Wenn deine Lust nach mir wächst, dass kraust du deine Nase.«

»Ich tue was?«

»Du ziehst deine Nase kraus. Deine Nasenflügel heben sich ein klein wenig, und du bekommst da oben lustige Fältchen.«

Sie tippte auf seinen Nasenrücken, schmiegte sich an ihn und biss vorsichtig in sein Ohr.

»So wie jetzt, Asisam. Sage ich es richtig?«

»Ganz genau, Dschaneman.«

»Und was bedeutet das?«

»Mein Leben.«

Es regnete, und der Fernseher lief. Massud und Klara hatten sich die Decke bis zu den Schultern gezogen und schauten nicht hin. Sie hatten es sich behaglich gemacht in einer »neuen Welt«, wie Massud es im Stillen formulierte. Ja, es war eine neue Welt, in der er lebte und in der er die alte manchmal vergaß. Klara war zum Mittelpunkt geworden und alles andere nur noch Nebensache. Wenn sie ihn ansah, aus ihren blauen Augen in seine schaute, ihren Mund zu einem Lächeln formte und mit langen Fingern über seine nackte Haut strich, dann schloss er die Augen und wähnte sich im Paradies. Ihre feuchten Lippen tasteten sich von seinem Hals über die Brust, verweilten dort einen Moment, wanderten zu seinen Hüften, wo ihre Zunge an seinem Bauchnabel spielte. Er wurde verrückt vor Erregung, versuchte sich zu beherrschen, um Klaras Liebkosungen so lange wie möglich auszukosten. Sie kannte jede Stelle, wusste um seine empfindsamen Punkte und zog sich rechtzeitig zurück, bevor er nicht mehr an sich halten konnte. Solch eine Zärtlichkeit hatte er nie zuvor erlebt. Jede Berührung war nur für ihn gemacht und beschenkte ihn mit größter Wonne. In dieser Geborgenheit war jede Minute kostbar und jede Stunde ohne die Geliebte verlorene Zeit. An ihrer Schulter ruhte er aus und vergaß seine Sorgen. Sie hatte ein Gefühl in ihm erweckt, das ihn überwältigte. Manchmal kamen ihm vor Glück die Tränen. Sein Bett war zu ihrem gemeinsamen Zuhause geworden.

»Ich koche uns jetzt einen Tee«, sagte Massud. In der Küche war es ungemütlich, und er überlegte, ob er nicht lieber neben Klara unter der Decke warten sollte, bis das Wasser kochte.

»Massud, komm schnell her!«, hörte er Klara über den langen Flur rufen. »Schau dir das an, die sagen etwas über Afghanistan.«

Im Fernsehen lief die Tagesschau. Die Worte des Sprechers elektrisierten ihn sofort.

»Nach langwierigen Verhandlungen ist das Abkommen über den Truppenabzug der Roten Armee aus Afghanistan unterzeichnet worden. Vertragspartner sind Afghanistan, Pakistan, die Sowjetunion und die USA.«

Massud drehte den Ton lauter und starrte auf die Bilder. Nadschibullah lächelte und schüttelte Hände. Als Zeitspanne für den Abzug waren nur neun Monate vorgesehen, vom 15. Mai 1988 bis zum 15. Februar 1989. Endlich! Seit Jahren wurde darüber geredet. Der Vertrag sollte der Roten Armee einen geordneten Rückzug ermöglichen – »Hoch erhobenen Hauptes wollen die sowjetischen Truppen aus Afghanistan abziehen, nicht als besiegte Armee«, wie es der Kommentator ausdrückte. Was hat das zu bedeuten?, dachte Massud. Wie kann man erhobenen Hauptes gehen, wenn man die Mitverantwortung für den Tod von Hunderttausenden trägt?

»Es gibt etwas zu feiern, was?«, sagte Klara.

»Das ist zu schön, um wahr zu sein, meine Liebe.« Er nahm sie in den Arm und drückte sie so fest, dass sie kaum noch Luft bekam. In der Küche pfiff der Kessel.

»Was wird geschehen?«

»Ich weiß es nicht, Asisam.«

Massud malte sich aus, wie die Mudschahedin über die geschwächten Reste der Roten Armee herfielen. Und dann?

»Lass uns zu Sanjay gehen und es ihm sagen«, schlug er vor. Und wenn sie die afghanische Armee überwältigen und Kabul einnehmen?

»Prima. Hast du noch eine Flasche Sekt?«

»Na klar.« Was wird dann? Er traute sich keine Einschätzung zu. Viel zu verworren war die Lage.

Als sie spät nachts beschwipst in Massuds Bett landeten, fragte Klara auf einmal: »Nimmst du mich mit nach Kabul?«

Wie kam sie auf die Idee? Ihm fiel keine Antwort ein. Er sah die Mutter vor sich, ihren entsetzten Blick, stellte sich Klara mit kurzen Hosen und knappem Nicki auf der elterlichen Terrasse vor und suchte nach Worten. Wo sollte sie überhaupt schlafen? Unmöglich!

»Natürlich nehme ich meine Prinzessin mit nach Afghanistan«, flüsterte er schließlich. »Ich zeige dir Kabul. Wir werden durch die Basare schlendern, und du wirst von allen bewundert.«

»Und auf Kamelen reiten?«

»Auch das, meine Prinzessin. Jetzt schlaf.«

Später vermied er das Thema. Unmöglich konnte er Klara sagen, dass keine afghanische Familie eine derartige Verbindung tolerieren würde. Und wenn ihr dort etwas zustieße? Auf der Straße würde man sie für eine Russin halten. Man hörte von Vorfällen im Basar, wo selbst am helllichten Tage so genannte Ungläubige ermordet wurden. Und überhaupt: Sämtliche Voraussetzungen verhinderten einen gemeinsamen Aufenthalt. Selbstverständlich müssten sie verheiratet sein, und für die Eheschließung war seine Familie zuständig. Außerdem hatte er bisher nicht ans Heiraten gedacht. Zunächst war ohnehin Farid an der Reihe. Schließlich war er der Ältere. Und er selbst? Nein, er konnte nicht einfach vor der Tür stehen. Und wie sollte sie sich an die fremden Sitten gewöhnen? Allein sein Vater kannte das andersartige Verhalten westlicher Frauen aus eigener Anschauung und würde vielleicht Verständnis für ihre lockeren Umgangsformen haben. Aber die Vorstellung, Klara würde womöglich vor aller Augen Alkohol trinken … Nein, das war ausgeschlossen.

Wenn seine Liebste auf die Sommerferien zu sprechen kam, dann lenkte er mit Scherzen von der Problematik ab. Manchmal erzählte er ihr, sie müssten in einer Lehmhütte ohne Toilette und fließendes Wasser leben, und sie reagierte mit den absurdesten Vermutungen. Am Ende sei er schon verheiratet und habe mehrere Ehefrauen, zog sie ihn auf. Ein anderes Mal stellte sie sich vor, er sei ein Abkömmling der Königsfamilie und habe seinen Prinzenstatus nur verheimlicht. Massud fragte sich, ob sie denn nicht im Westfernsehen die Bilder aus dem Krieg, von den Mudschahedin und den großen Flüchtlingslagern gesehen hatte. Oder glaubte sie der ostdeutschen Propaganda über das kommunistisch gesinnte afghanische Volk, das sich seine Regierung selbst ausgesucht hatte? Aber wie sollte Klara die verschiedenen Nachrichten aus der BRD und DDR auch einordnen, wo ihm das doch selbst schon immer schwerer fiel?

Die ersten Sonnentage ließen Klara aufblühen. Im kurzen Sommerkleid stand sie vor ihm, und er konnte sich nicht satt sehen an ihren langen Beinen.

»Ich habe eine Überraschung«, sagte sie und strahlte wie ein kleines Mädchen. »Ich zeige dir das Meer.«

»Das Meer?«

»Pack deine Tasche. Ich habe alles arrangiert. Wir wohnen bei meiner Tante, direkt am Strand.«

»Klara! Aber wohin … ich meine, wann?«

»Jetzt sofort. Hier sind die Fahrkarten, und jetzt scheint die Sonne. Also, beeil dich. Sonntagabend sind wir wieder zurück. Es wird Zeit, dass der afghanische Bergziegenbock endlich mal ans Meer kommt.«

»Zu Befehl.«

Endlich sah er das Meer, leckte verwundert das Salz von ihren Lippen und schrie seine Freude in den Wind. Ziellos wanderten sie am Ufer entlang. Vier Füße gruben sich in den feuchten Sand, doch gleich darauf verwischten sanfte Ostseewellen diese Spur. Wie klein ihr Abdruck neben seinem doch war! »Riesenfüßler« hatte sie ihn getauft und ihm dabei ein paar Tropfen Sekt über die Stirn gegossen. Der Horizont war so weit und klar, wie er es nie zuvor gesehen hatte. Im Schatten des Wachturms küsste sie ihn.

»Aber Klara, die sehen uns doch.«

»Hören wahrscheinlich auch.«

»Lass uns weitergehen.«

»Spielverderber, nur hier ist es nicht zu heiß zum Küssen.«

»Du kannst in meinem Riesenschatten wandeln.«

»Du meinst, in deinem schmalen.«

»Hättest lieber einen breiten?«

»Ist schon okay.«

Schweigend gingen sie weiter, und doch hörte er ihre Stimme. Sie sprach von Liebe, von ihrer Liebe zu ihm. Seit Monaten waren sie nun schon unzertrennlich, und Massud konnte sich kaum noch an die Zeit ohne sie erinnern. Auf dem Wasser tanzte ein Schuh, wirbelte herum und wurde von der nächsten Welle ans Ufer gespült.

»Immer wenn ich einen einzelnen Schuh am Strand sehe, werde ich traurig.«

»Traurig, meine Prinzessin? Warum? Was ist mit dem Schuh?«

»Sieh ihn dir an«, sagte Klara und griff nach dem schwarzen Pumps mit der zierlichen Schleife.

»Ich stelle mir immer die dazugehörige Frau vor. Wie sie an Deck eines großen, weißen Schiffes die Sonne genießt, sich in einen Liegestuhl lehnt und nach Schweden reist.«

»Nach Schweden?«

»Ja, sie kommt aus Lübeck und reist nach Trelleborg in Schweden. Einfach so. Weil es ihr Spaß macht. Weil sie Ferien hat und sich Stockholm ansehen will.«

»Was redest du da? Was ist das Besondere an diesem Schuh?«

»Eine Windböe hat ihn vom Promenadendeck geweht. Die Wellen haben ihn an den Strand der Deutschen Demokratischen Republik gespült. Sie wird ihn niemals wiedersehen.«

»Klara, was ist los mit dir? Vielleicht ist der Schuh auch einfach nur am Strand liegen geblieben.«

Wie zum Beweis drehte sie ihn herum und starrte auf die Sohle.

»Siehst du: ›Made in Italy‹, das haben wir hier ja wohl nicht.«

»Ist doch auch egal.«

»Wirklich? Aber die Frau wird den Schuh ohnehin nicht vermissen, denn längst hat sie sich in Stockholm ein neues Paar gekauft hat, hat sich die Stadt angeschaut und ist von dort nach London geflogen.«

»Klara, du weinst ja. Lass doch diesen verdammten Schuh. Komm, wir essen ein Eis.«

»Meine Schwester hat einen Antrag gestellt. Sie will rüber.«

»Rüber? Wohin?«

»Verstehst du denn gar nichts? Wohin wohl? Sie hat die so genannte Entlassung aus der Staatsbürgerschaft der DDR beantragt. Sie will in die Freiheit.«

»Was sagst du da? Katja will in den Westen? Aber wieso denn?«

»Welch eine Frage! Für dich mag es hier ganz toll sein, im Vergleich zu Afghanistan vielleicht sogar das Paradies, aber wir haben genug von dieser ewigen Bevormundung und Einschränkung.«

»Und da kann man einen Antrag stellen? Wann wird sie gehen?«

»Niemand weiß, wie lange es dauert. Vielleicht darf sie gar nicht gehen. Es heißt, nur wenigen wird stattgegeben. Jedenfalls darf sie jetzt auch nicht mehr studieren. Aber ich bewundere ihren Mut. Sie versucht es zumindest.«

»Willst du etwa auch …?«

»Ich habe andere Pläne.«

»Klara! Was für Pläne?«

»Ich gehe nach den Sommerferien nach Moskau zum Studieren. Das heißt, wenn sie mich jetzt noch lassen. Bei der Schwester.«

»Asisam! Nach Moskau? Du willst mich verlassen?«

»Es ist nur für ein Semester, ein paar Monate. Es ist wichtig für meinen Beruf.«

»Aber du hast nie etwas davon gesagt.«

»Ich will auch etwas von dieser Welt sehen. Nach Afghanistan nimmst du mich ja nicht mit. Nun fahre ich eben nach Russland.«

Mitten in der Prüfungsphase klopfte es spät abends an Massuds Tür, und ein Landsmann stand vor ihm. Er stellte sich als Walid aus Berlin vor und behauptete, er sei erst kürzlich in Kabul gewesen. Er habe ihm etwas mitgebracht. Auf dem Umschlag, den der Fremde ihm reichte, erkannte er die gleichmäßige Handschrift seines Bruders. Ein Schrecken durchfuhr ihn. Warum ein Kurier?

»Vater ist verhaftet worden«, begann das Schreiben. »Wir kennen die Anschuldigungen nicht und dürfen ihn auch nicht besuchen. Wir wissen, dass er gesund ist. Unser Onkel hat mit einem Wachmann gesprochen. Wenn es mir gelingt, halte ich dich auf dem Laufenden.«

Der Vater im Gefängnis? Was hatte das zu bedeuten? Farid hielt immer sein Wort. Entgegen jeder orientalischen Schonungsstrategie hatte er ihm die schlechte Nachricht übermittelt. Oder war dies nur die halbe Wahrheit und die Lage in Wirklichkeit viel schlimmer? Dem offiziellen Postweg schien er zu misstrauen. Was war geschehen? Hatte sich sein Vater gegen die Regierung ausgesprochen? Steckte die berüchtigte Staatssicherheit dahinter? Was hatte er angestellt? Und wie mochte es der Mutter gehen?

Er stürzte den Flur entlang, rannte über das Gelände und hämmerte an ihre Tür.

»Klara? Wo ist Klara?«

»In einer Vorlesung, um sechs will sie wieder hier sein«, sagte ihre verdutzte Mitbewohnerin.

»Sag ihr, dass ich sie dringend sprechen muss. Hörst du? Dringend!«

»Ja, schon gut. Aber ich dachte, bei euch ist Funkstille.«

Kopflos rannte er zum Wohnheim vier. Die Tür war angelehnt.

»Sanjay! Es ist etwas Schreckliches passiert.«

Massud war zu keinem klaren Gedanken mehr fähig. Wenn er doch nur wüsste, was das alles zu bedeuten hatte.

»Du kannst nichts tun«, sagte Sanjay schließlich, und Massud empfand es als Demütigung. Er musste etwas tun! Endlich war es sechs. Klara kam pünktlich.

»Was ist passiert?«

»Ich muss nach Kabul. Sofort. Mein Vater ist verhaftet worden.«

»Verhaftet? Aber warum?«

»Ich habe keine Ahnung. Ich weiß nur eines: Wenn ich hier bleibe, werde ich verrückt.«

»Du meinst, du willst einfach abhauen?«

»Was heißt abhauen? Ich will zu meiner Familie. Sie brauchen mich jetzt.«

»Für wie lange?«

»Aber Klara, das weiß ich doch nicht.«

»Und was wird aus uns?«

»Das fragst du? In einem Monat willst du doch sowieso nach Moskau verschwinden. Aber das spielt jetzt keine Rolle. Es geht um meinen Vater. Die Regierung ist unberechenbar.«

»Kommst du wieder?«

»Ich weiß es wirklich nicht. Ich gebe dir Bescheid.«

»So einfach ist das?«

»Seit unserem … Streit weiß ich nicht mehr, woran ich bin. Du lebst dein eigenes Leben, hast eigene Pläne, da ist kein Platz für mich.«

»Aber so ist es doch gar nicht. Du bist es, der nie an die Zukunft denkt. Du tust so, als würden wir ewig Studenten sein.«

»Warum ist das alles so kompliziert? Ich weiß nicht mehr, wo mir der Kopf steht. Morgen setze ich alle Hebel in Bewegung und mache mich auf den Heimweg. Das andere können wir jetzt nicht klären. Bitte sag niemandem etwas. Ich werde einfach verschwinden.«

»Massud! Überleg es dir noch mal. Warte wenigstens bis zu den Ferien. Leg erst deine Prüfungen ab.«

»Prüfungen! Immer nur Prüfungen. Es geht hier um etwas Wichtigeres als Prüfungen.«

»Wie du meinst.«

»Klara, versuch mich zu verstehen! Bitte!«

»Ich wünsche dir viel Glück!«

»Ist das der Abschied?«

Sie biss sich auf die Lippen, und Massud sah Tränen in ihren Augen. Er nahm sie in den Arm und strich ihr übers Haar.

»Danke für alles, Asisam.«

»Lebe wohl!«

Ohne ein weiteres Wort, ohne einen Abschied und ohne eine offizielle Abmeldung kehrte er seinem Leben in der DDR den Rücken. Zum Teufel mit dem Studium!, sagte er sich. Ich werde bei meiner Familie gebraucht. Klara hinterließ er seine Kabuler Adresse.

Nach einer zermürbenden Reise und dem unerträglichen Warten auf ein Ticket von Masar-i Scharif nach Kabul konnte er endlich die letzte Etappe der Reise antreten. Schon eine halbe Stunde später tauchte die Hauptstadt unter ihm auf. Wie vertraut ihr Anblick doch war! Gerahmt von hohen Gipfeln, schmiegte sie sich friedvoll an die Hänge und in die Ebenen. Das blaue Band des Kabulflusses half bei der Orientierung, und Massud erkannte das verwirrende Muster von Deh Afghanan. Die Gassen wanden sich die steilen Hänge des Asmaie-Berges hinauf, und die Siedlung erinnerte mit ihren Lehmhäusern an Sandburgen. Schon erkannte er den Bala Hissar, die alte Festung, und dann den scheußlichen Gefängniskomplex Pul-e Tscharchi weiter östlich. Sein Blick fiel auf den schnurgeraden Einschnitt der Dschad-e Maiwand. Er hielt gerade Ausschau nach dem Cinema Pamir, als dicht neben der Maschine zwei Helikopter auftauchten. Eine Angstwelle durchfuhr ihn. Erst dann erinnerte er sich an den Grund dieser Maßnahme. Die Hubschrauber sicherten die Einflugschneise, indem sie die ankommenden Flugzeuge in Empfang nahmen und Leuchtkugeln abwarfen, um die Wärmesensoren an den Raketen der Mudschahedin abzulenken. Es war unheimlich, sie in der Nähe der Boeing wie finstere Raubvögel kreisen zu sehen und auf ein Gelingen ihres Manövers zu hoffen. Routiniert zogen sie ihre Kreise, und Massud wünschte sich nichts sehnlicher, als endlich festen Boden unter den Füßen zu haben. Er musste an Adschmal denken. Ihn hatten die Mudschahedin mit einer einfachen Flugabwehrrakete vom Himmel geschossen. Aber seit zwei Jahren bekamen die Krieger von den Amerikanern die Stinger, die Wunderwaffe. Früher fehlten ihnen häufig die Zielrohre für ihr Waffensammelsurium aus aller Welt. Nun waren sie technisch aufgerüstet und die Russen auf dem Abmarsch.

Die Landebahn war gesäumt von Kampfjets und Hubschraubern, die allesamt den vertrauten roten Sowjetstern trugen. Als er die Gangway hinunterschritt, nahm eine gleißende Sonne ihm die Sicht. Sie war so grell wie eh und je im Hindukusch, nur seine Augen waren nicht daran gewöhnt. Jeder Blick schmerzte, und erst nach einigen Minuten wurde es erträglicher. Der zerbombte Teil der Abflughalle war noch immer eine Ruine, umgeben von einem simplen Absperrband. Noch am Flughafen erhielt er nach penibler Prüfung einen Armeebefreiungsschein und konnte sich endlich auf den Weg zu seiner Familie machen.

Vollkommen erschöpft stand er vor dem Eingangstor in Chair Chana und hoffte auf das Unmögliche. Die Mutter fiel ihm in die Arme, bestaunte ihn, als sei ein Verschollener wieder aufgetaucht, und streichelte sein langes Haar. »Massud-dschan, ich habe gebetet, dass du kommst.«

Die Lage war ernster, als Massud befürchtet hatte. Wakil Mirsasada war nicht allein wegen seiner Kritik an der Regierung, sondern zudem aufgrund aktiver Unterstützung, ja sogar Führung einer politischen Partei verhaftet worden, einer jener politischen Untergrundgruppierungen in Kabul, die aus Mitgliedern der geistigen Elite – soweit sie nicht schon lange geflohen war – und Geschäftsleuten bestanden. Ihre Arbeit war enorm gefährlich, und jedes Agieren innerhalb der Bevölkerung konnte den Geheimdienst auf den Plan rufen. Tausende Oppositionelle, gleich welcher Couleur, waren bereits in den Folterkellern gequält oder gar hingerichtet worden. Trotz seiner Angst um den Vater und der Wut darüber, dass sich dieser ohne Rücksicht auf die Familie auf ein derartiges Risiko eingelassen hatte, war Massud stolz auf ihn. Offenbar gehörte er bereits seit Jahren zur Führungsspitze in einer Gruppe von gleichgesinnten Professoren, Ärzten, Ingenieuren, Lehrern und Intellektuellen – und nicht einmal seine eigenen Söhne hatten etwas davon gemerkt.

Man hatte ihn in Schaschdarak inhaftiert, was allemal besser war als im Pul-e-Tscharchi-Gefängnis. Aber die Familie konnte nichts für in tun. Alle einflussreichen Verwandten und hochrangigen Freunde betonten ihre Machtlosigkeit gegenüber der Staatssicherheit. Mutter weinte immer wieder hemmungslos und zuckte bei jedem unerwarteten Geräusch zusammen. Roja entwickelte sich zur starken Frau in der Familie und erhielt tatkräftige Unterstützung von Wasime und Sahira. Onkel und Tanten gingen ein und aus und nahmen Anteil an Mirsasadas ungewissem Schicksal. Farid und Massud setzten alle Hebel in Bewegung, um eine Besuchserlaubnis zu erhalten.

An einem heißen Sommertag war es endlich so weit. Vor dem vergitterten Eisentor der Staatssicherheit warteten Mariam Mirsasada, Farid und Massud in einer Menschenmenge. Stunden vergingen, ehe ihnen eine halbe Stunde Besuchszeit gewährt wurde. Nach einigen gründlichen Kontrollen führte man sie zu ihm. Der Vater wirkte erstaunlich gefasst. Selbst in diesem kargen Raum war er der würdevolle Literaturprofessor. Größtes Erstaunen zeigte er allerdings bei Massuds Anblick. Die knappe Besuchszeit musste genutzt werden, und es galt, Wakils Lage zu besprechen. Offenbar gab es eine Reihe von Gesprächen mit der Nadschibullah-Regierung über eine Zusammenarbeit mit seiner Partei. »Sie wollen uns benutzen«, flüsterte er. »Wenn wir in die Regierung einsteigen, dann sieht es so aus, als gäbe es eine freie Meinungsäußerung unter Nadschibullah. Wir sind uns noch nicht einig, wie es weitergeht. Der Abzug der Russen bringt die Regierung aus dem Konzept. Sie macht den Mudschahedin laufend neue Angebote, aber die lehnen kategorisch ab. Schon bald wird sich entscheiden, was aus uns Inhaftierten wird. Ganz bestimmt kommt es zu einer einvernehmlichen Lösung.«

Mariam Mirsasada versuchte ihre Tränen zu unterdrücken. Über Politik wollte sie nichts hören. »Wakil-dschan, wann kommst du nach Hause?«, fragte sie.

»Schon bald, Mariam-dschan, sehr bald. Mach dir keine Sorgen. Man hat uns versichert, dass die Familienangehörigen unbehelligt bleiben. Wie ich sehe, entspricht das der Wahrheit.«

Es blieb nicht viel Zeit, und Massud musste ihm vom Abbruch seines Studiums berichten.

»Das ist doch wohl nicht dein Ernst!« Erregt sprang der Vater auf. »Du ruinierst deine Zukunft. Auf der Stelle fährst du zurück in die DDR und widmest dich deinem Studium!«

»Aber Vater, ich schaffe es nicht. Und hier werde ich gebraucht.«

»Gebraucht? Als Ingenieur wirst du gebraucht und nicht als Versager. Was hast du all die Jahre dort gemacht? Wie ist es möglich, dass du es nicht schaffst? Du bist ein intelligenter Mann. Von diesen Flausen will ich nichts mehr hören. Kümmere dich um deine Rückfahrt! Auf der Stelle! Ich will dich hier nicht mehr sehen!«

Massud blieben die Worte im Halse stecken. In der jetzigen Situation, an diesem Ort, der Besucherzelle eines Gefängnisses, versagte seine Gegenwehr. Was bedeutet mein Schicksal auch angesichts von Vaters Lage?, dachte er. Die Besuchszeit war abgelaufen.

»Farid, ich verlasse mich auf dich«, sagte der Vater, bevor er abgeführt wurde. Massud wäre am liebsten im Erdboden versunken. Wie ein Schuljunge hatte er dagesessen und gestottert. Er hatte nicht das Recht, dem Vater zusätzlichen Kummer zu bereiten.

Er suchte Trost bei Habib. Gemeinsam gingen sie in einen kleinen Park, und Habib füllte eine geleerte Zigarettenhülse mit Tabak und harzigem Haschisch.

»Du solltest jetzt erst mal in aller Ruhe ein paar Züge nehmen. Dann wirst du dich beruhigen.«

»Es ist alles wie verhext. Warum kann ich über mein Leben nicht selbst entscheiden?«

»Welch eine Frage? Hast du die aus der DDR mitgebracht?«

»Was heißt mitgebracht? Ich bin ein erwachsener Mann, und mein Vater schickt mich zurück wie einen kleinen Jungen.«

»Kennst du jemanden, bei dem es anders läuft? Vielleicht hat dein Vater sogar Recht. Er ist ein kluger Mann. Du setzt deine Zukunft aufs Spiel.«

»In Magdeburg ist alles falsch, da habe ich keine Zukunft. Ich schaffe das alles nicht, und hier kann mich keiner verstehen.«

»Massud-dschan, wenn alles gut geht, dann bin ich bald bei dir.«

»Was? Wieso?«

»Jetzt, wo ich das Studium aufgenommen habe und meine Leistungen hervorragend sind, da habe ich mich beworben. Verstehst du? Um ein Auslandsstipendium. Als besonderen Wunsch habe ich Almane-scharq angegeben. Meine Chancen stehen gut.«

»Wirklich? Seit wann laufen die Bewerbungen? Wann wird entschieden?«

»Das kann alles ganz schnell gehen. Vielleicht bin ich schon bald in der DDR. Und dann zeigst du mir, wie es so läuft mit dem Leben in Freiheit, ohne Ausgangssperren, ohne Raketen und Bomben und ohne nörgelnde Väter.«

»Das wäre wunderbar. Zuerst schicken sie dich bestimmt nach Leipzig. Dann komme ich am Wochenende und besuche dich.«

»Das hört sich gut an.«

Es war Nacht, als er mit dem letzten Zug aus Berlin in Magdeburg eintraf. Die Straßenbahn brachte ihn zum vertrauten TU-Gelände. Im Wohnheim neun brannten noch einige Lichter.

»He, Massud, wo kommst du denn her?«, rief ihm Helmut durch den langen Flur entgegen. Er studierte im selben Semester und hatte ihm schon einige Male Nachhilfeunterricht gegeben. »Du bist doch ge-ixt.«

»Ge-was?«

»Exmatrikuliert! Was machst du hier? Ich dachte, du bist zurück nach Afghanistan.«

»Erst mal ›Hallo‹ und dann die schlechten Nachrichten«, sagte Massud mit letzter Kraft, ließ die Taschen fallen und spürte einen metallischen Geschmack im Mund. Den Geschmack der Angst und Niederlage. In Helmuts Worten steckten Scheitern und Schwäche, Schmach und Schande, Bodenlosigkeit und ungewisse Zukunft. Exmatrikuliert!

Er drehte den Schlüssel im Schloss, doch die Tür war offen. Am Schreibtisch saßen zwei deutsche Studenten, und auf seinem Bett stapelten sich Kartons und Kisten.

»Was macht ihr in meinem Zimmer?«, fragte Massud die beiden Unbekannten.

»Wir wohnen hier. Bist du nicht der verschwundene Afghane?«

»Ich bin nicht verschwunden, wie ihr seht. Dies ist mein Zimmer.«

»Tut mir Leid«, sagte der eine. »Eddi hat uns hier einquartiert. Ist ein Drei-Mann-Zimmer, kannst dein Bett ja freiräumen.«

Kopflos trommelte Massud an Klaras Tür. Eine junge Frau machte auf. »Klara ist in Moskau.«

Im Wohnheim klopfte er vergeblich an Sanjays Tür. Er rannte zur »Baracke«, wo er die Wartenden grob beiseite drängte. Verzweifelt suchte er nach vertrauten Gesichtern. Endlich sah er Munir, der mit Jutta tanzte, und griff nach seinem Handgelenk.

»Massud? Wieso bist du wieder hier? Was ist los mit dir?«, schrie Munir gegen die Musik an. »Du siehst aus wie ein Geist.«

»Ich bin am Ende.«

Der Freund zog ihn von der Tanzfläche, und gemeinsam gingen sie vor die Tür.

»Mein Bett ist heute nacht frei, schlaf dich erst mal aus. Morgen wird sich alles regeln lassen«, schlug Munir vor, nachdem Massud ihm die Lage in groben Zügen geschildert hatte.

Das Register der Vorwürfe war lang und begann mit dem Versäumnis zweier wichtiger Semesterabschlussprüfungen und endete bei seiner heimlichen Abreise. Als undisziplinierter und nachlässiger Student habe er nichts anderes als die Exmatrikulation verdient, erklärte der Rektor, und genau das habe er auch dem Ministerium für Hoch- und Fachschulwesen mitgeteilt. Die Angelegenheit sei abgeschlossen, und er könne sich wieder auf den Heimweg begeben.

Am liebsten hätte Massud sich wochenlang versteckt und die Seele aus dem Leib geheult, doch er musste handeln. Was blieb ihm anderes übrig, als auf der Stelle nach Berlin zur Botschaft zu fahren? Er flehte den zuständigen Sachbearbeiter an und schämte sich gleichzeitig wegen seiner Unterwürfigkeit. Zumindest sagte man ihm zu, man werde mit dem Ministerium Kontakt aufnehmen, wenn er verspreche, keinerlei Schwierigkeiten mehr zu machen und das Studium gegebenenfalls ordnungsgemäß und diszipliniert fortzusetzen. Er gelobte Besserung. Im Stillen betete er um Beistand. Mit einer endgültigen Entscheidung müsse er sich allerdings gedulden.

Zurück im Wohnheim suchte er zunächst den Hausmeister auf, denn schließlich musste auch noch die Unterkunftsfrage geklärt werden.

»He, Massud, mein Freund«, begrüßte Eddi ihn.

»Wieso Freund? Gibt ein Freund etwa das Zimmer eines Freundes an andere ab?«

»Dich haben sie doch ge-ixt, wurde mir gesagt.«

»Nun bin ich aber wieder hier und will mein Zimmer zurück.«

»Wie stellst du dir das denn vor? Was ich die ganzen Jahre für dich gemacht habe, war ohnehin das Äußerste. Wir haben hier offiziell keine Einzelzimmer. Und jetzt gibt es nicht mal mehr einen freien Platz in einem Zweier. Du musst zu den beiden Jungs ziehen, ob du willst oder nicht.«

»Die beiden lernen Tag und Nacht. Wie stellst du dir das vor?«

»Ich weiß, die machen beide das Diplom. Deshalb habe ich sie ja zusammengelegt. Such dir doch eine hübsche Braut.«

»Hör bloß damit auf.«

»Bist du überhaupt wieder immatrikuliert?«

»Noch nicht.«

»Und dann spielst dich hier so auf? Sei froh, dass du ein Bett hast.«

Trotz allem gab Massud ihm eine Flasche Johnny Walker, die er sich im Grunde gar nicht leisten konnte. Aber Eddi hatte Recht. Das alles war schließlich seine eigene Schuld.

Mit den beiden Diplomanten verstand er sich bald wider Erwarten gut, und manchmal spielten sie zusammen Karten. Nachdem die Studenten sicher waren, dass Massud keiner von den Vorzeigerevolutionären aus den unterentwickelten Ländern war, entspannte sich ihr Verhältnis merklich. Sie teilten seine Vorliebe für Boris Becker und schnelle Autos, und Ralf hatte sogar ein fast aktuelles Formel-1-Magazin aus Westdeutschland. Frauenbesuche wurden nun allerdings zu einem komplizierten Manöver, doch für besondere Fälle hatten die drei ein Lichtzeichen vereinbart. Massud machte allerdings kaum davon Gebrauch. Er war nicht in Verführerlaune, und außerdem erlaubte ihm sein kläglich zugeteiltes Taschengeld kaum einen Ausflug in die »Baracke«. Oft dachte er an den Vater, dessen Lage weiterhin unklar war. Zweimal hatte Farid ihm geschrieben, und zwischen den Zeilen las er nichts weiter heraus als den Zustand vom letzten Sommer.

An den Wochenenden war er allein. Dann rührte er sich nicht von seinem Bett. Wieder setzte der heftige Kopfschmerz ein, und wieder band er sich ein Tuch um die Stirn. Auch die Mitteilung, er habe eine letzte Chance, sein Studium fortzusetzen, riss ihn nicht aus seiner Lethargie. Nur wenn ein Brief von Klara im Postfach lag, klopfte sein Herz. Unzählige Male las er dann ihre Zeilen aus Moskau und fand doch in keiner etwas anderes als das Ende ihrer Liebe. Es gehe ihr gut, Moskau sei eine beeindruckende Stadt, es gebe Mitstudenten aus aller Welt, und alle seien sehr nett. Leider sei der Sommer schon vorbei, und es werde täglich kälter. Dass er ihr fehle, schrieb sie nur selten.

Auch Sanjay vermochte ihn kaum aus der Einsiedelei zu befreien. »Frauen sind es nicht wert, sich so zu grämen«, sagte der Freund.

»Ach, Sanjay, wenn es nur Klara wäre. Bei mir läuft doch alles schief.«

»Immerhin lassen sie dich weiter studieren.«

»Und du weißt, unter welchen Bedingungen: Ich muss alle Prüfungen auf Anhieb bestehen! Ich muss noch eine Menge Stoff vom letzten Semester nachholen. Das werde ich niemals schaffen.«

»Du schaffst es. Aber leicht ist es nicht.«

»Schlimmer noch sind die Sorgen um meinen Vater. Die machen mich ganz krank. Wie soll ich nur aus diesem Schlamassel herauskommen?«

»Jedenfalls nicht, indem du hier auf dem Bett herumliegst.«

»Lass mich einfach.«

Es schneite seit Stunden. Hätte es den flimmernden Fernsehapparat nicht gegeben, wäre die Ruhe um ihn herum vollkommen gewesen. Alle Bewohner seines Flurs waren über das lange Wochenende in ihre Heimatorte gefahren. Es war ein Tag für amerikanische Filme oder Tennisspiele. Boris Becker war ihm inzwischen vertrauter als jeder andere Sportler, Schauspieler oder Sänger aus Afghanistan. Über jedem gelungenen Aufschlag des Idols freute er sich, und ein spannender Tie Break war für ihn ein kaum erträglicher Nervenkitzel. Mitten im fünften Satz klopfte es an der Tür.

»Wer ist denn das jetzt?«, sagte er wie zu sich selbst. »Komm schon rein! Die Tür ist offen.«

Es klopfte wieder, Massud stellte den Fernseher leise und ging zur Tür.

»Guten Tag, Herr Mirsasada. Darf ich reinkommen?«

»Ja … bitte, kommen Sie.«

Er hatte den Mann noch nie gesehen. Für einen Studenten war er viel zu alt. »Was kann ich für Sie tun?«

»Störe ich Sie beim Fernsehen? Ist das nicht Erstes West?«

»Ein Tennisspiel.«

»Dieser Becker, BRD, nicht wahr?«

»Genau, ein spannendes Spiel. Sind grad im fünften Satz.«

»Wenn es Ihnen nichts ausmacht, möchte ich mich gern ein wenig mit Ihnen unterhalten, Herr Mirsasada.«

»Bitte, worum geht es?«

Der Fremde schaltete das Fernsehgerät mit einer resoluten Handbewegung ab. »Es ist sicher nicht ganz einfach für Sie, mit diesen Temperaturen zurechtzukommen«, sagte er.

»Warum? Wie kommen Sie darauf?«

»Na, Sie stammen doch aus dem Süden, aus einem warmen Land, nicht wahr?«

»Bei uns ist es im Winter viel kälter als hier.«

»Ach sicher, Sie haben dort hohe Berge. Ein schönes Land, nehme ich an, aber leider noch ein wenig rückständig, wie ich gehört habe.«

»Wir entwickeln uns.«

»Die sozialistische Staatengemeinschaft ist dabei bestimmt eine große Hilfe, was?«

»Ja, sicher.«

»Nun, Herr Mirsasada, ich will Sie nicht lange aufhalten. Sie haben bestimmt sehr viel zu arbeiten, ich meine, für Ihr Studium zu tun. Nur kurz eine kleine Anregung unsererseits. Wir wissen, dass Sie gewisse Schwierigkeiten haben.«

»Welche Schwierigkeiten?«

»Nun ja, Sie scheinen nicht ganz glücklich mit Ihrer Fachrichtung zu sein. Offenbar liegen Ihre Interessen in anderen Bereichen.«

»Wer behauptet das?«

»Lassen Sie mich bitte ausreden. Ihre Besuche in Berlin waren wenig erfolgreich. Die afghanische Vertretung ist nicht auf Ihre Wünsche eingegangen, unser Bildungsministerium ebenso wenig, und Sie stecken in der Klemme. Ihre Leistungen sind schlecht, und die anstehenden Prüfungen werden Sie kaum schaffen können. Sie dürfen sich keinen Patzer erlauben, dann ist es aus mit Ihrem Studium. Vom Frühjahrssemester müssen Sie noch zwei Prüfungen nachholen, die Sie durch Ihre überstürzte Abreise verpasst haben. Ich möchte einen kleinen Vorschlag machen. Ihre Kontakte zu den anderen ausländischen Studenten sind sehr ausgeprägt, Sie sind ein aktives Mitglied des Internationalen Studentenkomitees und genießen Vertrauen. Verstehen Sie mich nicht falsch. Wir sind hoch erfreut über die zahlreichen jungen Menschen aus den befreundeten Staaten, die zu uns kommen. Wir unterstützen sie gern beim Aufbau einer sozialistischen Gesellschaft in ihren Heimatländern. Aber leider gibt es unter den fleißigen und hoffnungsvollen Gästen auch einige problematische Personen. Verstehen Sie mich, Herr Mirsasada?«

»Ich weiß nicht, was ich für Sie tun kann.«

»Sehen Sie, Sie haben ein Problem mit Ihrem Studium, und wir sind ein wenig verärgert über den Missbrauch unserer Gastfreundschaft durch gewisse Kreise. Es gibt Studierende, die enge Kontakte zum kapitalistischen Ausland unterhalten. Diese Personen führen bestimmte Waren und sogar Rauschgift vom Klassenfeind in die DDR ein.«

»Aber damit habe ich nichts zu tun.«

»Eben, das ist uns bekannt. Aber Sie wissen möglicherweise auch, welche Personen in derartige Geschäfte verwickelt sind und einen schlechten Einfluss auf unsere Jugend ausüben. Das Verhalten dieser Subjekte widerspricht unserer Weltanschauung. Sie sorgen für Unruhe und vernachlässigen das Ziel ihres Aufenthaltes in unserem Land. Insbesondere unter den afrikanischen Studenten scheint es einige schwarze Schafe zu geben. Denken Sie über meinen Vorschlag nach, und rufen Sie mich an. Hier haben Sie meine Nummer.«

Massud vergrub sich noch tiefer unter seine Decke und sprach mit niemandem über den seltsamen Besuch in seinem Zimmer. Wenn er auf den Vorschlag einginge, hätte er eine Chance, sein Leben in den Griff zu bekommen. Aber zu welchem Preis? Natürlich wusste er, wer auf dem Gelände mit verbotenen Dingen handelte und wo man einen Brocken Haschisch bekam. Aber die Vorstellung, seine Kenntnisse diesem düsteren Herrn ins Ohr zu flüstern, damit er die »schwarzen Schafe« aussortieren konnte, war ihm zuwider. Wie würde er dastehen? Vor sich selbst, vor den Freunden? Nein, das kam nicht in Frage. Ganz schnell wollte er es vergessen.

Irgendwann bildete er sich sogar ein, von dem Auftritt des Unbekannten nur geträumt zu haben.

Die Anschrift auf dem Kuvert war nicht ganz korrekt, die übliche Reihenfolge von Namen, Straße und Ort nicht eingehalten, und die Zwanzig-Pfennig-Marke war in die linke obere Ecke geklebt. Ein Landsmann! Hastig riss er den Umschlag auf.

»Massud-dschan! Es hat geklappt. Ich bin in Leipzig. Komm vorbei. Dein Freund Habib … und noch was: Tolle Mädchen hier. Ba omid-e didar.«

Auf der Rückseite stand Habibs Wohnheimadresse.

An eine Fahrt nach Leipzig durfte er nicht einmal denken. Das Herbstsemester ging zu Ende, und seine Kopfschmerzen raubten ihm den Verstand. Wenn er morgens in den Spiegel schaute, erschrak er. So durfte Habib ihn nicht sehen! Der Freund ahnte nichts von seiner hoffnungslosen Lage. Nach den Vorlesungen schleppte er sich zurück auf sein Krankenbett und malte sich die bevorstehenden Prüfungen aus. Die letzte Gelegenheit, sein Studium zu retten. Und die letzte Chance, den Vater nicht zu enttäuschen. Er durfte jetzt nicht schwach werden. Die nächste Woche war die entscheidende.

Aber alle Anstrengungen waren vergeblich. Anfang Februar folgte die unwiderrufliche Exmatrikulation. Er schrieb Habib einen Brief. Ohne große Worte, nur in der Hoffnung auf ein Wiedersehen. Irgendwann. Irgendwo. Niemand konnte ihm nun noch helfen. Er musste sich endgültig von seinem Leben in der DDR verabschieden und zurück in die Heimat reisen. Sanjay brachte ihn zum Zug.

»Wer weiß, mein Freund, wo unsere Wege sich wieder kreuzen werden«, sagte er und reichte Massud zum Abschied ein Foto aus guten Tagen. Von Gin Tonic beseelt schaut Massud lächelnd in die Kamera, während Sanjay ihm einen Kuss auf die Wange drückt.

»Bestimmt sehen wir uns wieder. Unkraut vergeht nicht, oder wie heißt das doch gleich?«

»Du verdammter deutscher Afghane. Hättest so gut hierher gepasst.«

»Es lief alles nicht ganz nach Plan. Lebe wohl, und danke für deine Freundschaft.«

»Lass dich noch einmal drücken.«

Blitzschnell leckte Sanjay ihm über die Wange.

»Du verdammtes Ferkel!«

»So einen Schmatzer bekommst du so schnell nicht wieder.«

Am Flughafen Berlin-Schönefeld waren die Vorbereitungen zum vierzigsten Jahrestag der Republik in vollem Gange. Ihn interessierte das nicht. Das Bild von Honecker würde er so bald nicht wiedersehen. Für ihn gab es nur noch die Heimreise als Versager.

Rückkehr
nach Afghanistan

Die Verlobung

An dem Tag, als Generalleutnant Boris Gromow feierlich über die »Brücke der Freundschaft« schritt, landete Massud unsanft mit einer Maschine aus Duschanbe in Kabul. Es war kalt. Er wusste nicht, was ihn erwartete. Von einem Freudentaumel angesichts des Abzugs der Truppen konnte keine Rede sein. Seit einem Monat war Kabul komplett von den Mudschahedin eingeschlossen und wurde über eine sowjetische Luftbrücke versorgt. Massud rief seinen Cousin Amir an, der kurz darauf am Flughafen erschien. Der Wagen eines Polizeioffiziers war ein sicheres Transportmittel.

»Einen besseren Zeitpunkt für einen Urlaub konntest du dir wohl nicht aussuchen, was?«, fragte Amir.

»Das ist kein Urlaub, sondern eine Rückkehr.«

»Eine Rückkehr? Willst du mich auf den Arm nehmen?«

»Nein, ich bin wieder zurück in Kabul.«

»Und das ausgerechnet jetzt?«

»Ist doch genau richtig, finde ich. Die Russen verschwinden, und ich komme wieder.«

»Nicht nur die Russen sind weg. Viele westliche Botschaften haben ihre Tore geschlossen, und die Diplomaten sind auf und davon. Auch die Amerikaner sind abgezogen. Man könnte meinen, sie seien bis gestern von der Roten Armee beschützt worden.«

»Die trauen der Lage eben nicht.«

»Wer tut das schon?«

»Und die islamischen Parteien? Was planen sie?«

»Solange sie sich untereinander streiten, sind wir sicher, denke ich. Deren Bosse hocken in Pakistan und teilen den Kuchen schon mal auf, und das Fußvolk kämpft genau so weiter wie in den letzten zehn Jahren.«

»Vielleicht kommt es ja doch noch zu einer Versöhnung aller Kräfte.«

»Du meinst mit Nadschibullah und der Armee?«

»Das hätte er doch gern.«

»Der hat nur Angst um seinen eigenen Arsch. Und wer weiß schon, was hinter verschlossenen Türen verhandelt wird? Mir reicht es jedenfalls allmählich mit dem Krieg. Meinetwegen könnte jetzt alles wieder so werden wie früher, vor diesem ganzen Quatsch mit Kommunismus und Fortschritt.«

»Amir-dschan, du bist ja ein richtiger Träumer!«

»Solange es Träume gibt, ist nicht alles verloren. Was hast du eigentlich vor? Willst du wirklich bleiben?«

»Hier ist meine Heimat. Und eine andere Wahl habe ich nicht. Mit dem Studium in der DDR ist es aus. Ich bin sozusagen gefeuert. Also muss ich versuchen, hier mein Studium fortzusetzen.«

»Das wird schwierig. Sie rufen jeden Mann zu den Waffen. Es gibt noch mehr Kontrollen als früher. Mindestens drei Straßensperren vom Flughafen bis Chair Chana. Ohne diesen Dienstwagen wärst du jetzt schon an der Front, mein Freund. Du hast doch nicht einmal deinen Armeedienst geleistet!«

»Danke, dass du mich gleich daran erinnerst. Meinen Pass haben sie mir eben am Flughafen abgeknöpft. Bin ja kein Student mehr. Ich habe nicht ein einziges brauchbares Dokument und muss schleunigst alle Hebel in Bewegung setzen, damit sie mich nicht einziehen.«

Die Mutter war furchtbar dünn geworden, und in Massuds Armen versank sie wie ein kleines Mädchen.

»Massud-dschan, mein Sohn! Ba Choda! Jetzt, in diesem Moment, habe ich von dir gesprochen. ›Wenn er doch nur hier wäre‹, habe ich gesagt. Endlich bist du wieder daheim.«

Wasime und Sahira drängten herbei, drückten sich an den Bruder, und Farid und Wahid küssten seine Wangen.

»Und Vater? Was ist mit ihm?«

»Keine Veränderung«, sagte Farid, »aber dafür bist du immer für eine Überraschung gut. Wo kommst du jetzt überhaupt her?«

Auch Farids Wangen wirkten hohl, und ein dunkler Schatten lag unter seinen Augen. Er sah viel älter aus als im Sommer, und Massud sah in seinen Zügen die Ernsthaftigkeit eines Familienoberhaupts. Das gesamte Haus strahlte die Traurigkeit seiner Bewohner aus, und Kälte zog durch die Fensterritzen. Das Heizmaterial reichte nur für das Wohnzimmer, und in einer Ecke stapelten sich die Schlafmatten.

Nach einigen Tagen stellte Amir ihm eine Dienstbestätigung aus. Ohne auf ein persönliches Risiko zu achten, überreichte ihm der Leiter der Kriminalabteilung das begehrte Dokument. Trotz dieser Sicherheit traute Massud sich kaum auf die Straße und entschloss sich erst kurz nach Naurus, den Vater im Gefängnis zu besuchen.

Der geriet außer sich vor Wut, als Massud ihm das Ende seines Studiums beichtete. Seine Machtlosigkeit gegenüber dem Sohn schien ihn in größere Verzweiflung zu stürzen als seine eigene prekäre Lage als politischer Häftling. Nach einer ausgiebigen Schimpftirade hielt er endlich inne. Massud schaute zu Boden und flüsterte: »Es tut mir Leid.«

»Was machen wir nur mit dir? Du musst vor dem Armeedienst bewahrt werden. Was hast du in dieser Angelegenheit bisher unternommen?«

»Amir hat mir eine Dienstbestätigung ausgestellt.«

»Das ist nur ein vorübergehender Schutz. Gleich morgen gehst du zu Dr. Wardak in meiner Fakultät. Er soll sehen, was sich für dich machen lässt, ob du dein Studium fortsetzen oder etwas Neues anfangen kannst.«

Noch bevor Massud die ersten Schritte an der Universität einleiten konnte, geriet er in eine Generalrazzia, bei der das ganze Wohnviertel Haus für Haus durchkämmt wurde. Die Militärs schoben den überraschten Massud, der ihnen geöffnet hatte, zur Seite. Jemand brüllte etwas von Dokumenten, und zwei junge Männer spähten neugierig in den Salon und liefen dann die Treppe hinauf. Mit zitternden Händen reichte er dem Offizier die falsche Dienstbestätigung, die dieser sogleich gründlich inspizierte. Jetzt ist es aus, dachte Massud. Warum sind die Schwestern ausgerechnet heute mit Mutter zum Heiligengrab gefahren? Beim Heimkommen werden sie verzweifelt nach mir suchen.

»Danke, es ist in Ordnung.«

Mit diesen Worten verschwanden die Männer auf die Straße.

Von jenem Moment an verließ Massud immer häufiger das Haus, ging in den Friseursalon, besuchte Freunde und bemühte sich um einen Studienplatz. Ausgestattet mit Beglaubigungen der afghanischen Botschaft in Berlin und diversen Gutachten von Magdeburger Ärzten, ersuchte er um entsprechende Genehmigungen. Letztlich verdankte er es dem Namen Mirsasada, dass er im Ministerium für Hochschulstudien angehört wurde. Dort erhielt er schließlich die benötigten Unterschriften und Stempel.

Dann musste er seine Dokumente bei einer Prüfungskommission hinterlegen und auf eine Entscheidung warten.

Mittlerweile war es Frühsommer, und mit ihm kam in jenem Jahr der Ramadan. Früher waren die Abende im Fastenmonat etwas ganz Besonderes gewesen. Die Familie hatte in feierlicher Runde beisammen gesessen, sich über die Speisen gefreut und sich als Teil einer großen Gemeinschaft empfunden. Dieses Jahr schauten alle betrübt auf den leeren Platz des Vaters. Mit dem Beginn des dreitägigen Festes nach dem Ende des Ramadans dachte man an den alten Brauch, alle Feindseligkeit, allen Streit zu begleichen und die Versöhnung zu feiern. Jeder trug seine neuesten Kleider, und die Kinder bekamen Geschenke. Der Höhepunkt des ersten Festtages war das Mittagessen. Die Mutter stand an der Reistafel und versuchte Portionen aufzufüllen. Der Löffel wirkte viel zu schwer für sie, und als das Telefon klingelte, fiel ihr Teller zu Boden. Wahid sprang zum Hörer, legte wenig später, ohne ein Wort gesagt zu haben, wieder auf und stotterte: »Das war … es war … er kommt.«

»Wer? Wer?«

»Unser Vater. Er kommt nach Hause.«

Die so genannte Ihd-Amnestie hatte Wakil Mirsasada die Freiheit gebracht, und es wurde das schönste Ihd-Fest aller Zeiten. Täglich kamen mehr Besucher ins Haus, und jeder beglückwünschte den Entlassenen. Er werde sich zukünftig aus der Politik heraushalten, versprach er seiner Frau.

Nach dem Fest nahm er seine Arbeit an der Universität wieder auf und setzte sich sogleich mit der Prüfungskommission in Verbindung, die Massuds Antrag bearbeitete. Innerhalb weniger Tage durfte er sein Studium am Polytechnischen Institut aufnehmen, wo er – ein außergewöhnliches Privileg – zwischen Bauwesen und Elektrotechnik wählen durfte. Das war wieder einmal nicht nach seinem Geschmack, aber er hatte die einmalige Chance, dem Armeedienst zu entgehen. Welche Wahl war erträglicher? Welches Fach würde er vielleicht sogar bestehen? Er entschied sich für Bauwesen und wusste doch zu genau, dass er sich nicht motivieren konnte.

Endlich konnte die Verlobung gefeiert werden. Der große Tag hatte sich um ein ganzes Jahr hinausgezögert. Zunächst hatte es in Nasrats Familie zwei tragische Todesfälle gegeben, und dann war Wakil Mirsasada ins Gefängnis gekommen. »Mutter ist so glücklich, dass du dabei bist – und ich natürlich auch«, hatte Roja ihrem Bruder anvertraut.

Das Haus füllte sich seit den Morgenstunden mit Helferinnen und Gästen. Die Großmutter ließ Massud nicht aus den Augen und erzählte ihm immer wieder von seinen Streichen in der Qala. Wie er in den Turm gestiegen war und sich mit den Cousins auf den Dächern versteckt hatte. Für sie schien die Zeit vor über zehn Jahren stehen geblieben zu sein. »Massud-dschan, weißt du überhaupt, was man früher über junge Bräute sagte?«, flüsterte sie ihrem Enkel zu.

»Nein, was denn?«

»In Weiß tritt die Braut zum ersten Mal über die Schwelle ins Haus des Ehemanns, und beim zweiten Mal wird sie in Weiß hinausgetragen.«

»Beim zweiten Mal? Bibi-dschan, was bedeutet das?«

»Ihr jungen Leute kennt unsere Traditionen nicht mehr. Weiß ist das Brautkleid, und weiß ist das Leichentuch.«

»Jetzt verstehe ich.«

»Unsere Roja wird viele Male die Schwelle übertreten.«

Bibi-dschan hat nie zu den Frauen gehört, die ihr Leben hinter der Schwelle fristen, überlegte Massud. In der Qala hatte sie einen gehobenen Status innegehabt und sich besondere Freiheiten herausgenommen. Sie war damals die einzige Frau, die selbst bei Hochzeitsfeiern unter dem Walnussbaum bei den Männern saß und sogar so laut sprach, dass alle ihr zuhören mussten. Erst jetzt fiel ihm auf, dass er nie darüber nachgedacht hatte.

Tante Farsana und Tante Mina schmückten die angehende Braut. Ihr Gesicht wurde stark geschminkt, und am Ende sah sie nicht mehr aus wie die Roja, die alle kannten. Sie trug ein elegantes, modernes Kleid, das ihre Körperformen kühn andeutete. Nach alter Sitte wäre die heutige Zeremonie ohne die Zusammenkunft der Brautleute gefeiert worden. Selbst an diesem Tag hätte das Paar sich noch nicht ins Gesicht schauen dürfen. Dieser besondere Moment war traditionell dem »nekah«, der religiösen Trauung durch einen Geistlichen, vorbehalten. Erst dort wäre es zum ersten Blickkontakt gekommen, indirekt durch einen Spiegel. Unter einem Tuch verborgen, hätten sie sich zum ersten Mal in die Augen gesehen. Doch diese Tradition gab es in den modernen Kabuler Familien nicht mehr. In den letzten Wochen hatte Roja, natürlich immer begleitet von Wasime, ihren Bräutigam Nasrat sogar mehrmals getroffen. Einmal waren sie gemeinsam im Park spazieren gegangen und in der vergangenen Woche sogar mit Farid und Massud im Kino gewesen.

Immer mehr Gäste strömten ins Haus, und gegen Abend drängten sich die Besucher in der gesamten unteren Etage und auf der Terrasse. Die älteren Frauen waren in ihre Kopftücher und manche auch in Gebetstschadors gehüllt. Sie plauderten angeregt miteinander und musterten die anderen Gäste. Nasrat hatte fünf Schwestern, die moderne Kleider trugen und hübsch frisiert waren. Zu gern hätte Massud mit ihnen gesprochen. Im Esszimmer war die Tafel mit aufwändigen Speisen gedeckt, und hinter dem Backhaus grillten Wahid und zwei jüngere Cousins unzählige Kababspieße.

Nach dem Essen wurden im Salon Instrumente aufgebaut. Jussef setzte sich ans Harmonium, und Amir versuchte sein Bestes auf der Tabla. Massud dachte an Adschmal. Das Spiel der Cousins reichte bei weitem nicht an sein Können heran. Massud hätte gern ein Lied angestimmt, aber das gehörte sich nicht für den Bruder der Braut. Die Musiker wurden mit großem Applaus bedacht, und manch einer stimmte in den Gesang ein, aber bis auf einige Kinder traute sich niemand zu tanzen. Von Roja wurde erwartet, dass sie Traurigkeit zum Ausdruck brachte, denn der Abschied von den Eltern und der eigenen Familie nahte. So bedachte sie den ganzen Abend das Treiben um sie her mit einem unverändert starren Blick, der unter dem maskenhaften Make-up kaum mehr ihr eigentliches Gesicht erkennen ließ. Vor den Augen ihres zukünftigen Ehemanns wäre es ihr ohnehin peinlich gewesen, sich im Rhythmus der Musik zu wiegen. Und auch die zahlreichen Cousinen zierten sich angesichts der fremden Männer im Haus. Was würden die Gäste denken, wenn vor ihren Augen Jungfrauen tanzten?

So vieles hatte sich geändert, das Kennenlernen vor der Hochzeit, das gemeinsame Feiern von Frauen und Männern, und jetzt hatten manche Brautleute sogar ein Mitspracherecht. Den älteren Frauen sah Massud deutlich an, dass ihnen die neue Art des Feierns nicht gefiel. Sie saßen die meiste Zeit in ihren Kissen und schienen sich zu langweilen. Früher, da hatten sie, frei von Männerblicken, bei Verlobungen fröhliche Lieder angestimmt und sich gegenseitig mit wilden Tanzeinlagen übertrumpft. Dies war auch der Ort gewesen, an dem Mütter Ausschau nach einer passenden Braut für ihren Sohn gehalten hatten.

Nach und nach verschwanden die Frauen in das obere Stockwerk, zuerst die älteren Familienangehörigen und später auch die jungen Damen aus Nasrats Familie. Ihr Lachen drang bis nach unten in den Salon, und als Jussef sich erneut an das Harmonium setzte, schnappte Sahira sich den Kassettenrecorder und lief die Treppe hinauf. Unter sich mussten die Mädchen nicht ständig Angst haben, etwas falsch zu machen oder sich unziemlich zu bewegen.

Abgelehnt

In dem verhängnisvollen Brief stand es schwarz auf weiß. Als politischer Flüchtling abgelehnt! Behrus drängte mich, etwas zu unternehmen.

»In dem Brief gibt es doch eine Frist«, sagte mein Freund. »Schau nach, was sie über einen Einspruch oder Widerspruch oder wie das heißt schreiben. Du hast bestimmt nicht viel Zeit, dagegen anzugehen.«

»Zwei Wochen. Innerhalb dieser Zeit kann ich einen Widerspruch einlegen.«

»Vier Tage sind vorbei. Du musst was machen.«

»Einen Rechtsanwalt kann ich mir nicht leisten.«

»Kennst du niemanden, der dir helfen kann? Du hast doch von Österreichern erzählt, mit denen du in Pakistan zu tun hattest.«

»Und die soll ich anbetteln, oder wie stellst du dir das vor?«

»Du kannst sie fragen, ob sie dir helfen können.«

Behrus hatte Recht. Schon seit Tagen dachte ich an Frau Schützinger. Die ältere Dame hatte in Pakistan für ein österreichisches Hilfskomitee gearbeitet. Sie war mir von Yvonnes Vater bei einem Empfang in der österreichischen Botschaft vorgestellt worden. Danach hatte ich sie mehrmals als Dolmetscher bei ihren Besuchen in Flüchtlingslagern begleitet. Warum fiel es mir nur so schwer, jemanden um Hilfe zu bitten? Was ich jetzt am nötigsten brauchte, war ein fähiger Rechtsbeistand. Endlich überwand ich meinen Stolz und wählte ihre Wiener Nummer. Noch vor der letzten Zahl legte ich den Hörer wieder auf.

»Was ist?«, fragte Behrus. »Nun ruf sie schon an. Sie kann höchstens nein sagen. Du hast keine Zeit für feine Zurückhaltung.«

»Ich versuche es morgen«

»Jetzt sofort!«

Ich wählte erneut. Frau Schützinger erinnerte sich sofort an mich und war sehr überrascht, mich in Österreich zu wissen. Ich erklärte ihr meine Lage, und sie hatte gleich eine Idee. Mit meiner

Vollmacht und den Kopien meiner Unterlagen wollte sie einen befreundeten Rechtsanwalt aufsuchen. Mir fiel ein Stein vom Herzen. Bereits nach einer Woche unterrichtete sie mich über die eingelegte Berufung, und ich konnte aufatmen.

Das Leben am See verging nun wieder ohne besondere Ereignisse. Es wurde immer wärmer, und in den Mittagsstunden fröstelte es mich nicht einmal im Schatten. Eines Morgens wurde meine Warterei auf dem Parkplatz belohnt. Es wurden zwei Arbeiter gesucht. Ich warf Behrus aus dem Bett, und innerhalb weniger Minuten saßen wir auf dem Anhänger eines Traktors. Der Bauer bot jedem vierhundert Schilling und Verpflegung für den Arbeitstag.

Ohne auch nur zu wissen, worum es ging, machten wir es uns im frisch gemähten Gras bequem und genossen den taufrischen Sommertag. Das Fahrzeug kämpfte mit dem Anstieg, und der Bauer schaltete in den niedrigsten Gang. Die Fahrt ging bis zu einer struppigen Wiese oberhalb von Neunkirchen. Von hier aus hatten wir eine herrliche Aussicht über den ganzen See und die kleinen Ortschaften am Ufer.

»Die Distln miassts ausseziagn, verstehst. Do habts Handschuach, olles auusziagn, mitsaumt de Wuazzln.«

Es war eine schweißtreibende Arbeit, und Behrus fluchte ununterbrochen über unseren Job. Er zerbrach sich den Kopf über das Für und Wider, den Nutzen und Schaden einer derartigen Beschäftigung und träumte von einer Beratertätigkeit für die hiesigen Landwirte. Seiner Meinung nach sollten sie auf Ziegen umsteigen, denn die würden auch Disteln fressen. Am Mittag kam die Bäuerin und brachte eine »deftige Brotzeit«, wie der Bauer es nannte. Wir aßen dick mit Wurst und Käse belegte Brote. Der Bauer reichte uns noch ein Bier, und dann fielen wir wieder über die Disteln her. Leider hatte er am nächsten Tag keine weitere Arbeit für uns, und so stand ich wieder tagelang vergeblich auf dem Parkplatz.

Meine finanzielle Lage war aussichtslos. Wie sollte ich unter diesen Umständen meine Familie unterstützen? Was würden sie denken, wenn ich kein Geld schickte? Für sie war es unvorstellbar, dass ich es mitten im reichen Europa nicht schaffte, zweihundert Dollar im Monat anzuweisen. Ich musste nach Wien – meine einzige Chance. Dort gibt es Landsleute, die mir weiterhelfen können, dachte ich, und bei meinen Sprachkenntnissen dürfte es kein Problem sein, eine Arbeit zu finden. Aber wie sollte ich eine Verlegung dorthin bewerkstelligen? Vom Geld fürs Distelrausziehen fuhr ich nach Linz zum zuständigen Asylamt.

»Wir sind hier kein Reisebüro, das den Asylanten Kost und Logis in Wien vermittelt! Sehens zu, dass Sie wieder zum Traunsee kommen«, schnauzte der Beamte mich an.

Es blieb nur eine Möglichkeit. Alles in mir sträubte sich dagegen, die Hilfsbereitschaft anderer zu strapazieren. Aber was sollte ich sonst tun? Erneut wählte ich schließlich die Nummer von Frau Schützinger. Sie hatte meinen Vater und auch Wahid in Islamabad kennen gelernt. Sie kannte die Bedingungen, unter denen sie dort lebten, und konnte sich vorstellen, was es bedeutete, wenn Einkünfte fehlten.

»Massud, ich verstehe Sie sehr gut«, sagte Frau Schützinger. »Es ist sicher schwer, am Traunsee eine Arbeit zu finden. Ich kenne die Gegend. Im zuständigen Ministerium, hier in Wien, habe ich einen Bekannten. Ich werde ihn fragen. Versprechen kann ich aber nichts.«

»Frau Schützinger, das wäre wunderbar. Ich weiß nicht, wie ich mich bedanken kann.«

»Warten Sie erst mal ab. Ich habe wirklich keine Ahnung, ob er einen Umzug veranlassen darf.«

»Sie sind ein Engel! Tausend Dank im Voraus. Und machen Sie sich meinetwegen keine großen Umstände.«

»Ich tue es gern.«

Schon nach wenigen Tagen kam die rettende Nachricht aus Wien. Am folgenden Mittwoch sollte ich mich in der Hauptstadt melden. Ich konnte mein Glück kaum fassen und schöpfte Mut und Hoffnung.

An unserem letzten gemeinsamen Wochenende wich Behrus kaum von meiner Seite. Wir saßen auf dem Bootssteg und ließen unsere Füße ins Wasser baumeln. Der Engelhof war an Sonntagen voller Touristen und sozusagen Sperrgebiet für uns. Wir Flüchtlinge bekamen das Essen für den ganzen Tag schon am Samstag ausgeteilt, damit wir den Restaurantbetrieb nicht störten.

»Verdammter Kerl, lässt mich wirklich allein zurück!«

»Du kommst später einfach nach. Iraner werden irgendwann immer anerkannt.«

»Irgendwann! Das kann noch ewig dauern.«

Behrus warf einen Stein ins Wasser und wirkte betrübt.

»Was hältst du von einem kleinen Ausflug? Ich habe eine Überraschung für dich«, sagte er.

»Da bin ich aber gespannt.«

Behrus hatte mich mit seinen Vorschlägen nie enttäuscht. Er führte mich am Uferweg entlang nach Traunkirchen. Dort steuerte er geradewegs auf den Bootsanleger zu, wo sich gerade zahlreiche Touristen zur Überfahrt zum Gasthaus Karbach am anderen Ufer einschifften. An der hoch aufragenden Felswand unterhalb der Kirche gab es in einer kleinen Bucht ein Bootshaus, und schon von weitem konnte man die Nummerierungen am Heck der Leihboote ausmachen. Die Persenninge waren rotweiß gestreift, und ich hörte eine junge Frau sagen, dieser Anblick sei der pure Sommer.

»Wohin gehen wir? Was hast du mit mir vor?«

»Das siehst du doch, Massud-dschan. Wir mieten uns ein Boot.«

»Bist du narrisch?«, entgegnete ich, um auf Behrus' erstaunten Blick wieder in unsere Muttersprache zu wechseln. »Bist du verrückt? Wozu das Ganze?«

»Komm schon. Sei kein Spielverderber. Es erinnert mich an meine Heimatstadt. Am Sayande Rud, unserem Fluss in Isfahan, gibt es auch einen Bootsverleih. Lass uns den Spaß genießen. Was sollen wir nehmen, ein Tretboot, Motor- oder Ruderboot?«

»Das ist doch viel zu teuer.«

»Du hast mich auf die verdammte Wiese geführt. Meine Hände sind noch immer zerstochen, und jetzt lass mich den Lohn gebührend ausgeben.«

»Wie du willst, aber ich verstehe nicht viel von Booten. Und du? Kannst du überhaupt schwimmen?«

»Wie ein Iraner aus einer Oasenstadt eben schwimmen kann. Was ist mit dir, wilder Afghane aus dem Hindukusch?«

»Was glaubst du denn? Als Kind habe ich in reißenden Bergflüssen geplantscht und später in einem tiefen See schwimmen gelernt. In der DDR war ich sogar in einem richtigen Meer. Ich hatte eine Freundin, und wir sind stundenlang am Strand spazieren gegangen.«

»Na, denn mal los.«

Wir mieteten ein Ruderboot, und ich holte kräftig aus. Behrus saß entspannt in der Sonne, und ich stach die Ruder ins wunderbar klare Wasser. Nach einer Weile konnte Behrus mein Schweigen nicht mehr ertragen.

»Was ist denn nun schon wieder, Kleiner? Du machst ein Gesicht, als hättest du eine Zitrone gelutscht. Bist wieder am Grübeln? Dafür sind wir nicht hier.«

»Entschuldige. Ich denke an etwas anderes, an einen See in der Nähe von Kabul. Da konnte man früher auch Boote ausleihen. Ich war öfter da oben. Beim letzten Mal hätte es fast ein Unglück gegeben.«

»Seid ihr gekentert?«

»Nein, es war während der Sommerferien, als ich aus der DDR zu Besuch kam. Mit Freunden bin ich hoch zum See gefahren. Wir wollten uns einen schönen Tag machen. In Ruhe plaudern, rauchen, trinken und ein bisschen Spaß haben. Damals waren die Russen noch da, und rings um Kabul wurde gekämpft. Plötzlich krachte ein Geschoss in der Nähe ein. Das Wasser spritzte hoch, und unser Boot fing an zu schaukeln. Knapp daneben. Das war meine letzte Bootspartie.«

»Hört sich nicht gut an. Isfahan ist damals auch bombardiert worden, von den Irakern.«

»Was haben wir nur verbrochen, dass es in unserer Heimat keinen Frieden und keine Freiheit gibt?«

»Ach hör auf damit! Lass uns den Tag genießen. Schau dir die vielen sorglosen Leute um uns an. Die wissen nicht mal, was eine Bombe ist.«

Später setzten wir uns ans Ufer. Von dort aus konnte man das Seebad überblicken, und wir genossen den Anblick der Frauen, die in ihren knappen Bikinis in der Sonne lagen. Wieder musste ich an Yvonne denken und kämpfte gegen Erinnerung und Enttäuschung.

Wie so oft in der Samstagnacht dringen die Geräusche der Schnapsbrennerei aus der Nebenzelle herüber. Slatko ist Spezialist auf diesem Gebiet, und seine Vorbereitungen für die entscheidende Nacht beginnen bereits am Anfang der Woche. Dann füllt er Traubensaft, Himbeersirup, alte Äpfel, Kiwis, Brot und das Wertvollste – aus der Bäckerei geschmuggelte Hefe – in feste Plastiksäcke. Die gärende Mischung versteckt er an einem warmen Ort. Meistens klemmt er den Sack an einen Heizkörper in einer der vielen Ecken und Nischen im Schloss. Es ist nicht übertrieben zu sagen, dass die Bewachung und Begutachtung der Plastiksäcke zu seiner Hauptbeschäftigung gehört. Die Mixtur beginnt nach spätestens zwei Tagen fürchterlich zu stinken, aber Slatko findet immer einen Weg, den fauligen Geruch nicht bis zu den Beamten dringen zu lassen. Durch seinen Job als Fazi, der überall putzt, Möbel schleppt und auf seiner Karre Müllsäcke durch die Gänge schiebt, kennt er jeden Winkel im Schloss und vor allem die besten Plätze für seine Plastiksäcke. Am Samstag muss der Matsch in seine Zelle, und nach dem Einschluss am Abend beginnt der mühsame Prozess des Schnapsbrennens. Dazu klemmt er diverse Tauchsieder an die Neonröhre und erhitzt das Gemisch. Tropfen für Tropfen gewinnt er schließlich einen klaren, starken Obstbrand, den er pro Flasche für fünfhundert Schilling verkauft. Er gehört zu den Besserverdienenden im Schloss, Schätzungen belaufen sich auf ein Einkommen von über siebentausend Schilling im Monat.

Neulich hat er sich einen Computer gekauft, und ich bringe ihm die Grundregeln der Bedienung bei. Er ist fasziniert von der Technik und bedauert zutiefst, dass ein Internetanschluss im Schloss verboten ist. Für einen Mann, der nicht mehr damit rechnen kann, jemals wieder in Freiheit zu leben, ist er erstaunlich fröhlich. Mit unzähligen Österreicherinnen tauscht er Briefe aus, die er nun am PC hübsch gestalten will.

»Der Slatko mit seiner verdammten Destille geht mir auf die Nerven«, regt sich Patrick über das nächtliche Treiben bei unseren Nachbarn auf. »Warum lassen die Beamten das zu? Die müssen das doch auch merken.«

»Was stört dich daran?«

»Der Geruch und deren Gequatsche die ganze Nacht.«

»Freu dich, dass du nicht bei ihm in der Zelle bist.«

»Das würde ich mir niemals gefallen lassen.«

»Was bleibt einem denn schon übrig? Den Benjamin nervt das auch, aber wenn der was sagt, verliert er wohl noch mehr Zähne.«

»Allzu viele hat er ja eh nicht mehr, der kleine Wichser. Und dieser Typ mit dem stechenden Blick, der bei ihm auf der Zelle hockt. Wie heißt der noch gleich?«

»Osman.«

»Genau, dieser Osman, der ist irgendwie unheimlich.«

»Der war der Erste, den ich hier kennen gelernt habe.«

»Ausgerechnet den? War der etwa mit dir auf Zelle?«

»Nein, der war auf Arrest, als ich im Zugang war. Ich finde den gar nicht so übel. Und Slatkos Obstbrand ist auch nicht schlecht.«

»Dass dir das Zeug schmeckt! Bist schon ein komischer Moslem.«

»Wenn er nicht so teuer wäre, würde ich mir öfter mal eine Flasche holen.«

»Mir ist das zu gefährlich. Hab ich keinen Bock drauf, dass die hier bei mir was finden. Ich war einmal im Arrest, das reicht mir. Und mit diesen Zuhältertypen würde ich mich nie einlassen. Die haben alle schwer was auf dem Kerbholz.«

»Die sind auch nicht schlechter als die anderen. Drüben haben wir übrigens zu Weihnachten eine Flasche Whiskey leer gemacht.«

»Whiskey? Das könnte mir auch gefallen. Wie seid ihr denn an den gekommen?«

»Beziehungen.«

»Verstehe.«

Damit war das Thema beendet, und Patrick schaltete sein Licht aus. Wenigstens störte ihn meine kleine Lampe nicht, und so konnte ich noch stundenlang an meinen Erinnerungen schreiben. Wie gern würde ich mich einem Rausch hingeben und in eine andere Welt versinken. Für einen Moment alles vergessen. Mein verdammtes Dasein ertränken. Alles könnte anders sein. Mein ganzes Leben hätte einen anderen Lauf nehmen können. Ich fühle mich so haltlos wie Treibgut, das an einer willkürlichen Stelle an den Strand gespült wird. Wenn ich die DDR nicht verlassen hätte, wäre ich seit vielen Jahren ein freier Mensch. Afghanische Studienkollegen haben dort geheiratet, haben Familien gegründet, halten deutsche Pässe in ihren Händen. Pässe, mit denen man durch die ganze Welt reisen kann. Und wenn sie mich nicht aus Iran abgeschoben hätten, wer weiß, was dann aus mir geworden wäre … Karims Angebot mit dem österreichischen Visum kam so plötzlich. Wenn ich es abgelehnt hätte? Wenn ich Mutters Drängen nach einer Heirat mit einem afghanischen Mädchen nachgegangen wäre? Wenn es Frieden in Afghanistan gäbe? Wenn, wenn, wenn. Nur einen Moment lang möchte ich vergessen, aber wie?

Krieg und Flucht

An einem heißen Sommertag wollte Massud nach dem Unterricht direkt vom Polytechnikum zum Friseursalon gehen. Schon lange hatte er nicht mehr auf dem Harmonium gespielt und mit Freunden gesungen. Vielleicht traf er heute auch den Bruder des Friseurs, der wunderbar Robab spielte und ihm ein genialer Lehrmeister auf dem alten Saiteninstrument geworden war. Im Geiste sang er bereits eines seiner Lieblingslieder und schritt im Rhythmus der Melodie über die Straße. Plötzlich sah er sich einem Kontrollposten gegenüber. Die gesamte Straße und der Bürgersteig waren abgesperrt.

»Papiere!«, lautete die kurze Anweisung.

Das Dokument steckte in seiner Hemdtasche, und Massud reichte dem Uniformierten das wertvolle Original mit einer gewissen Genugtuung. Nach kurzer Durchsicht sagte der Offizier: »Diese Papiere sind gefälscht!«

Wäre sein Brüllen nur Ausdruck seiner Macht gewesen, hätte Massud am liebsten laut aufgelacht, denn schließlich hatte er nichts zu befürchten. Doch dieser Mann mit dem kahlen Schädel durchsetzte jedes seiner Worte mit erschreckender Wut. Massud war in die erste Kontrolle geraten, bei der er echte Dokumente vorlegen konnte, und schon hatte er ein Problem.

»Du kommst mit. Wir werden die Angaben prüfen.«

Am anderen Ende der Stadt erreichten sie endlich eine Kaserne, wo man ihn in einen dunklen Raum führte. Die Tür knallte ins Schloss, und ein Riegel wurde vorgeschoben. Nachdem er sich an das schwache Licht gewöhnt hatte, entdeckte er drei weitere Inhaftierte. Es handelte sich um zwei Studenten und einen Deserteur. Für alle stand fest, dass einzig der Deserteur mit ernsthaften Konsequenzen rechnen musste. Fronteinsatz oder jahrelange Haft waren die wahrscheinlichsten Folgen seiner Flucht aus der Armee. Die beiden anderen wurden, genau wie Massud, irrtümlich gefangen gehalten. Als nach einigen Stunden endlich die Tür aufgesperrt wurde und der kahlköpfige Offizier erschien, sprang Massud auf und ließ seinem Unmut freien Lauf. »Warum werde ich so lange unschuldig festgehalten? Kann ich jetzt dieses finstere Loch verlassen? Hat Ihre Dienststelle es endlich geschafft, die Echtheit meiner Dokumente zu prüfen?« Am liebsten hätte er den Glatzkopf am Kragen gepackt.

Aus den Augenwinkeln sah er das Entsetzen seiner Leidensgenossen.

»So, Freundchen, du kommst erst mal mit. Dein vorlautes Mundwerk wird dir schon noch vergehen.«

Im Gang spürte er plötzlich einen heftigen Stoß in den Rücken, und augenblicklich kam die Angst. Er stolperte und konnte sich gerade noch fangen. Man drängte ihn in einen Transporter, und nach einer halbstündigen Fahrt erreichten sie eine andere Dienststelle. Es war bereits dunkel, und die Zeit bis zur Ausgangssperre wurde knapp. Dann müssen sie mich eben nach Hause bringen, überlegte Massud. Es ist ja nicht meine Schuld, dass es so lange dauert. Der Glatzkopf übergab ihn an einen Kommissar und eilte ohne einen weiteren Blick davon.

»Wie heißen Sie? Warum haben Sie keine Dokumente? In welchem Regiment haben Sie gedient und wie lange?«, begann das Verhör.

Was sollten diese Fragen? Was hatte das zu bedeuten?

»Aber ich habe doch Papiere. Der Offizier hat sie mir abgenommen. Ich bin kein Deserteur. Ich bin Student am Polytechnischen Institut. Das alles ist ein Missverständnis. Fragen Sie den Offizier, der mich hier bei Ihnen abgeliefert hat.«

»Missverständnis? Das behaupten alle. Nun sagen Sie schon! In welchem Regiment haben Sie gedient? Zurück zur Armee geht es ohnehin. Und die Strafe für Deserteure kennen Sie.«

»Aber so glauben Sie mir doch. Der Offizier, der mich hierher gebracht hat, ist im Besitz meiner Papiere.«

Rache! Einfach nur Rache! Dieser verdammte Glatzkopf! Warum konnte ich meinen Mund nicht halten?, dachte Massud. Meine Papiere wird er für einen Haufen Geld verkaufen. Onkel Nadschib, Onkel Mahmud und Vater müssen mir helfen!

»Dürfte ich bitte telefonieren?«

»Telefonieren? Sie sind hier nicht im Hotel, sondern in Gewahrsam.«

Ehe Massud noch ein Wort sagen konnte, wurde er abgeführt und innerhalb einer Stunde als Soldat in der afghanischen Armee registriert. Wenn ich doch nur an ein Telefon kommen könnte!

Mutter wird sich quälende Sorgen machen. Es ist bald Mitternacht. Morgen wird sich alles klären! Ein Transporter fuhr vor, und er wurde mit einigen anderen auf die Ladefläche gestoßen. Sie würden jetzt in ein Sammelzentrum gebracht werden, verkündete ein erfahrener Leidensgenosse, und von dort aus gehe es innerhalb weniger Tage an die Front. Bis dahin wird mich meine Familie längst gefunden haben, beruhigte sich Massud. Mutter wird heute Nacht kein Auge zutun.

»Dies ist nicht die Route zum Sammelzentrum«, stammelte der Junge neben ihm plötzlich, »die bringen uns direkt nach Bagram.«

»Zum Luftwaffenstützpunkt?«

»Genau!«

»Das darf doch alles nicht wahr sein! Es kann sich nur um ein Missverständnis handeln!«

Auf dem Militärflugplatz wurden sie in eine Baracke gesperrt, die bereits zum Bersten mit Neulingen gefüllt war. Manche versuchten sich hinzuhocken, um ihren müden Gliedern eine Pause zu gönnen, doch reichte der Platz kaum zum Stehen. Im Morgengrauen dröhnte das Brüllen eines Offiziers durch den Raum. Jedes seiner Worte war ein scharfer Befehl, der Gehorsam forderte. Benommen taumelten die Männer über das weitläufige Gelände auf ein Transportflugzeug zu.

Es war unmöglich zu fliehen, unmöglich, einen der Uniformierten anzusprechen. Kein Ort zum Telefonieren. Kein Ort für falsche Fragen. Sie wurden durch eine gewaltige Einstiegsluke getrieben und mussten sich auf Holzpritschen setzen. Schon begannen die Motoren zu dröhnen. Das Flugzeug gewann an Geschwindigkeit, vibrierte und hob ab. Massud presste die Zähne aufeinander, bis der Schmerz im Kiefer das einzige Gefühl in ihm war. Der Flug dauerte lange, und einige Männer brüllten sich ihre Vermutungen zu. Herat! Immer wieder tauchte dieses Wort auf. Herat! Im äußersten Westen des Landes gelegen. Fast schon an der Grenze zu Iran. Das schien ihr Ziel zu sein. Mit einem heftigen Ruck setzte die Maschine auf, und im nächsten Moment schlugen ihnen glühende Hitze und blendende Helligkeit entgegen.

Dies ist ein Luftwaffenstützpunkt! Ich bin ein Soldat! Die Erkenntnis erschütterte ihn bis ins Mark. Wie soll ich hier jemals wieder wegkommen? Wie lebend Kabul erreichen?

Panzer, Jagdflieger, Flugabwehr, Raketenwerfer und ein Haufen ungepflegter Soldaten waren das Erste, was sie von Herat zu sehen bekamen. Der Flugplatz war ein einziges Heerlager. Unter

Bewachung, wie es schien – mehrere Soldaten in verstaubter Kleidung bildeten ein Spalier –, wurden die Neuen in eine Baracke gedrängt. Dort bekamen sie endlich etwas zu trinken. Das lauwarme Wasser war eine Wohltat in dieser Bruthitze.

Panzer und Militärlaster brachten sie schließlich zur Basisstation der 17. Division. Es stellte sich heraus, dass sich der Weg dorthin in den Händen der Mudschahedin befand. Die bärtigen Kämpfer hatten sich am Straßenrand postiert und waren bis an die Zähne bewaffnet. Weder versteckten sie sich, noch kam es zu Angriffen der Soldaten auf die Krieger Gottes. Stattdessen scherzten die Rebellen über die Zivilkleidung der »Hauptstädter« und deren ängstliche Gesichter. Sie riefen dem Nachschub der afghanischen Armee ihren Spott lauthals entgegen. »Schwächlinge« und »Ungläubige Kommunisten« schallte es herüber, und sie prophezeiten ein baldiges Wiedersehen. Die Mudschahedin, nicht die Regierung, waren die Herrscher über diesen Abschnitt. Ein ehemaliger Deserteur erzählte Massud, die Armee habe unter geheimen Bedingungen einen Waffenstillstand für solche Transporte ausgehandelt. Welch absurde Welt! Nun war er innerhalb weniger Stunden von einem Studenten zu einem Soldaten gewandelt und in eine Kampfzone geschickt worden und hatte bereits von Angesicht zu Angesicht den Hohn des so genannten Feindes ertragen.

In der Kaserne bekamen sie Uniformen und die Schädel kahl geschoren. Der raue Stoff kratzte auf der Haut, und der beißende Geruch alten Schweißes umhüllte Massud wie ein schlechtes Omen. Dann hieß es: Antreten auf dem Exerzierplatz! Der Divisionskommandant versuchte sich als glühender Antreiber zu einem gerechten Kampf, und seine Rede war gespickt mit Drohungen, adressiert an jene, die den Feind schonten oder gar überlaufen wollten. Massud wurde unterdessen schwindelig, und er sah, wie einige andere bereits unter einem Hitzschlag zusammengebrochen waren. Schatten, war sein einziger Wunsch. Möge die Ansprache endlich beendet sein! Doch es kam noch schlimmer. Jeder erhielt eine Kalaschnikow und musste sich in eine Anfänger- oder Fortgeschrittenengruppe einordnen. Die Einweisungen begannen mit dem Zerlegen und Zusammensetzen der Waffe. Dann folgten Schießübungen, begleitet von wüsten Beschimpfungen. Am Abend fielen die Männer auf ihre Pritschen, und Massud suchte unter der abgenutzten Decke die Flucht im Schlaf. Hier wird mir niemand helfen, dachte er, bevor ihm die Augen zufielen.

Am dritten Tag erfolgte der Einsatz. Ein Bataillon der 17. Devision lag weit außerhalb der Stadt unter dem Beschuss der Mudschahedin. Die Männer waren knapp an Waffen, Munition und Proviant und forderten dringend Verstärkung von der Zentrale.

Offenbar sah man die Neulinge aus Kabul bereits als erfahrene Soldaten an, die man getrost ins Gefecht schicken konnte. Sie wurden auf Laster befohlen, und ein Konvoi aus einem Dutzend Panzern und mehreren Transportern setzte sich in Gang. Nie zuvor hatte er sich so schutzlos gefühlt. Bisher hatte sein Leben unter dem Zeichen von Protektion und guten Beziehungen gestanden. Hier nun war er mit der ungeschminkten Fratze des Krieges konfrontiert. Es gab keinen rettenden Telefonanruf, keinen einflussreichen Onkel und kein gütiges Schicksal, nur noch ein bitteres Gemisch aus Hilflosigkeit, Angst und Verzweiflung.

Der Konvoi kam auf den zerstörten Straßen nur schleppend voran. Ohrenbetäubender Lärm der Panzer und wirbelnder Wüstenstaub betäubten die Sinne. Sie befanden sich in der Nähe der Dascht-e Ateschan, der Wüste des Feuers. Dieser Teil seiner Heimat ist für seine extremen Witterungsbedingungen bekannt. An der Grenze zu Iran gelegen, glüht in den Sommermonaten der Wüstenboden. Dascht-e Ateschan! Nun verstand Massud den Namen. Ihr Ziel war Islam Qala, die alte Grenzfestung. Es sei Ehrensache der Armee, dass dieser Posten keinesfalls in die Hände der Mudschahedin fallen dürfe. Ein Grenzposten unter Kontrolle des Feindes, hatte der Kommandant betont, sei eine Schmach.

Das Gebiet war vermint, und die Panzer an der Spitze der Kolonne tasteten sich voran. Erst kurz vor dem Ziel erwischte es sie. Einer flog ein Stück in die Höhe, als könnte er damit der Gefahr ausweichen. Der schwere Koloss taumelte und kam mit den Ketten auf dem Boden zum Stehen. Ein anderer drehte ruckartig bei, aber es war längst zu spät. Die Kraft der Explosion warf das Fahrzeug um. Sanitäter hetzten zu den Wracks, brachen die Luken auf und befreiten die Verwundeten. Von weiten sah Massud blutverschmierte Körper und hörte die hektischen Anweisungen der Helfer.

In der Ferne erschien Islam Qala. Hinter den gewaltigen Lehmmauern und Rauchsäulen ging die Sonne unter und tauchte das Schlachtfeld in kupferfarbenes Licht. Nach wenigen Minuten erreichten sie die gefährdete Stellung der Kameraden. Es war Feuerpause, und erleichtert begrüßten die übermüdeten Männer den Nachschub. Im Nu wurden Kisten ausgeladen und Waffen und Munition verteilt. Das Bataillon bestand aus höchstens zweihundert Soldaten, dessen Oberkommando in den Händen eines afghanischen Offiziers lag. Er hatte einen jener russischen Berater an seiner Seite, die nach dem endgültigen Abzug der Roten Armee an den strategisch wichtigen Kampfschauplätzen zurückgeblieben waren. Der afghanische Kommandant hielt eine kurze Ansprache für die Neulinge. Er war jung, höchstens dreißig Jahre alt, ein Hüne. Sein eingefallenes Gesicht war von der Sonne verbrannt, und erste graue Haare blitzten durch seine Bartstoppeln. Seine Gestik und Ausdrucksweise verrieten eine höhere Bildung. Sicher hatte er studiert. Aber wen interessierte das in dieser Feuerwüste schon?

»Also, Männer, hört gut zu! Heute Nacht werden wir mit eurer Hilfe die Festung zurückerobern und die verdammten Banditen zum Teufel jagen. In einer Schlacht wie dieser gibt es keinen sicheren Ort. Die Kugeln werden euch um die Ohren fliegen. Jeder Mann wird gebraucht. Kommt nicht auf die Idee, euch zu verstecken oder gar abzuhauen. Das ist der sichere Tod. Und wenn ihr in die Hände der Rebellen fallt, sieht es auch nicht besser aus. Die machen keine Gefangenen. Es ist Krieg, und wir alle können draufgehen. Unsere Feinde kennen kein Pardon. Aber wir werden die Stärkeren sein. Denkt an den Sieg in Dschalalabad, da haben wir es ihnen gezeigt, und hier werden wir es ihnen auch zeigen. Heute ist sogar die Meldung eingegangen, dass sich im Osten Hekmatyars und Rabbanis Leute gegenseitig niedermetzeln. Wenn der Feind sich nicht einig ist, schlägt unsere Stunde. Spielt nicht die Helden, sondern haltet euch an die angewiesenen Positionen. Ihr werdet erfahrenen Gruppen zugeteilt. Morgen will ich leer geschossene Magazine sehen. Angst besiegt man mit Mut. Viel Erfolg!«

Dann verschwand er im aufwirbelnden Staub eines Panzers.

Ich werde überleben! Ich werde für mein Überleben kämpfen!, dachte Massud. Die Festung lag unmittelbar vor ihnen auf einem Hügel. Dahinter wartete der Feind, um sie in der ungeschützten Ebene zu vernichten. Die Truppe marschierte ein kurzes Stück, während rechts und links die Panzer vorpreschten. Er konnte im Staub und in der Dämmerung seinen Nachbarn kaum noch sehen, als plötzlich die Stimme des Kommandanten über das Feld schallte: »Feuer!«

Unter dem Lärm der Hubschrauber, die ihren Angriff aus der Luft begleiteten, und dem Heulen und Explodieren von Raketen und Handgranaten wurde es unmöglich, einen Befehl zu verstehen. Leuchtbomben erhellten das Schlachtfeld. Er fühlte kalten Schweiß auf der Stirn, und der Druck in seiner Brust wurde zu einem Brennen. Er wollte leben! Überleben! Einige Kameraden sprangen aus der Deckung und liefen auf die Festung zu. Es folgte eine dröhnende Detonation, und der Boden bebte. Plötzlich regnete es braune Erde und goldene Gerstenhalme. Männer wurden in die Luft geschleudert, wirbelten herum und prallten zurück auf den Boden. Wohin rennen? Woher kamen die Geschosse?

Die Festung war jetzt ganz nah. Aus den Schießscharten blitzten Feuersalven. Man konnte die Gegner sehen, und in den kurzen Feuerpausen waren ihre Rufe zu hören. »Allah u akbar«, Gott ist groß, tönte es über das Schlachtfeld. Massud presste sich an die Erde. Sein Herz schlug mit unbekannter Härte und drohte aus dem Körper zu springen. Er versuchte tief einzuatmen. Bilder rasten durch seinen Kopf. Mutter, Vater, Karla. Jemand schrie »Weiter!« Das Magazin musste leer geschossen werden. Er zielte zur Mauer hinüber und drückte ab. Wie leicht es doch ging! Wohin mit den Handgranaten? Wenn mich ein Schuss trifft, explodiere ich. Die alten Lehmmauern bröckelten unter seinen Kugeln. Ein schweres Geschoss fegte die Mauerkrone weg. Dann ließ die Gegenwehr nach. Jemand schrie: »Umzingeln! Den Rebellen geht die Munition aus!« Das Bataillon versuchte einen Ring zu bilden, tastete sich vor und gab vereinzelte Salven gegen die Festung ab. Wie viel Zeit war vergangen? Warum dämmerte es schon? Ehe der Ring geschlossen werden konnte, sah man im Schein des ersten Morgenlichts die Krieger Gottes davonreiten. Turbane lösten sich, eine Decke fiel vom Sattel, und Gewehrkolben schaukelten auf den Rücken der Besiegten. Niemand schoss ihnen hinterher. Die Festung gehörte der Armee. Der Kampf war vorbei.

Er hatte überlebt! Nichts ist kostbarer als das Leben! Er nahm es als Gabe, wollte es in Dankbarkeit pflegen, zelebrieren, es teilen und nie wieder riskieren.

Die Stellung musste gehalten werden, und an eine Rückkehr nach Herat war nicht zu denken. In Islam Qala gab es keine Botschaften aus dem normalen Leben, keine Verbindung nach Kabul. Die Tage vergingen unter einem glühenden Himmel, der erbarmungslos jegliche Kraft aus dem Körper brannte. Zweimal noch griffen die Mudschahedin an, doch hatten sie offenbar nie genug Munition für eine erneute Eroberung der Festung. Einen Monat später kam die Ablösung, und nach einer gefährlichen Fahrt durchs Minenfeld ins Hauptquartier, wurde Massud dem Divisionskommandanten vorgeführt.

Seine Papiere seien da, er könne heimreisen, lautete dessen lapidare Mitteilung. Der Eingangsstempel ließ erkennen, dass die Dokumente seit drei Wochen auf seinem Schreibtisch lagen. Nachdem Massud die Uniform abgegeben hatte, war er wieder Zivilist, ein freier Mensch, von allen beneidet. Aber wie sollte er nach Kabul zurückkehren? Massud ging in die Stadt, wie er noch nie in eine Stadt gegangen war, und trank den köstlichsten Tee und aß das beste Kabab der Welt. In der Moschee sah er prächtigste Fliesenmosaike, und an einem Obststand bestaunte er die Größe einer Melone, deren Anblick ihn mit Freude erfüllte. Plötzlich hörte er jemanden seinen Namen rufen. Ein Mann in Uniform schaute ihn an und lachte. Ja, es war Hamed, sein Schulfreund und bewunderter Frauenheld, der noch vor dem Abitur zur Armee gegangen war. Sie umarmten sich, als wären sie Brüder. Massud küsste ihm die Wangen, hielt lange seine Hand. Hamed war Techniker in einer Militärmaschine, und der Rückflug nach Kabul war nun kein Problem mehr. Sie aßen Palau. Albern wie kleine Jungen erzählten sie von längst vergangenen Streichen, redeten über alles, nur nicht vom Krieg, und Massud erreichte erst kurz vor der Ausgangssperre sein Quartier.

Alle stellten ihm Fragen, aber er wollte nicht sprechen. Nie wieder an die Körper der Kameraden denken, die wie Puppen durch die Luft wirbelten und groteske Verrenkungen machten. Kein abgerissenes Bein auf dem Schlachtfeld liegen sehen und nie wieder die Schreie der Verwundeten hören und die irren Blicke der Überlebenden sehen. Er traute sich nicht, es Glück zu nennen, was ihn im entscheidenden Moment rettete und unversehrt zurück nach Kabul brachte. Nichts war mehr so wie zuvor. Allzu leichtfertig hatte er sein Leben aufs Spiel gesetzt. Aber der Kahlköpfige musste seine gerechte Strafe kriegen! Massud zeigte ihn wegen Amtsmissbrauch an und ließ nicht eher locker, bis der Offizier an die Front versetzt wurde. Ausgerechnet zur 17. Division nach Herat. Für eine Weile spürte Massud Genugtuung. Sollte der miese Kerl doch am eigenen Leibe erfahren, was er ihm angetan hatte. Er war verantwortlich für die quälenden Bilder in Massuds Kopf, die ihn nicht schlafen ließen und in wirre Träume stürzten, aus denen er schreiend erwachte.

Inzwischen waren sämtliche Prüfungen des Frühjahrssemesters

verpasst, und er schaffte es nicht, sich auf das Studium konzentrieren. Er schämte sich für seine schlechten Leistungen und grübelte darüber nach, wie er diese Last abwerfen konnte. Stundenlang saß er allein auf dem Dach und starrte in den Himmel. Manchmal wandelte sich das Firmament zu dem Schlachtfeld bei Islam Qala, wo die Feuerwüste unter Bombenexplosionen erglühte. Der Schweif einer Sternschnuppe erinnerte ihn an den Feuerstrahl aus einem Gewehrlauf, und unvermittelt erfüllten die Schreie der Sterbenden die Ruhe der Nacht. Leben! Weiterleben! Das Leben als Gabe nehmen! Aber wie?

Der Studienplatz bedeutete ihm nichts mehr. Wozu studieren, in einem Land des immer währendes Krieges und des Leids? Lehren und Lernen waren für den Frieden gemacht. Und Frieden gab es nur in der Fremde, nicht in Afghanistan. Dieser Traum war ausgeträumt.

Er hatte den Frieden gesehen, die Luft der Freiheit geatmet, war durch nächtliche Straßen geschlendert und über Felder – frei von Minen – gelaufen. Er fühlte die Tränen auf seinen Wangen und erschrak. Alle Wege waren Sackgassen. Das Studium war nicht zu schaffen. Eine Ausreise unmöglich. Ohne einen Entlassungsschein der Armee konnte er sich keinen Pass beschaffen. Wieder hämmerte der grauenhafte Schmerz in seinem Kopf, und alles schrie nach einer Lösung aus dem Dilemma. Illegal nach Pakistan? Iran? Nein, nicht noch einmal das Leben riskieren. Nur wenn er den Armeedienst geleistet hatte, konnte er freier über seine Zukunft entscheiden.

Er wandte sich erneut an seinen Cousin Amir. Die Kriminalabteilung war dem Innenministerium unterstellt, und ein Dienst bei der Polizei wurde als Armeedienst anerkannt.

Ohne der Familie von seinem Entschluss zu erzählen, brach er das Studium ab und meldete sich freiwillig. Amir organisierte einen leichten Posten bei den Sicherheitskräften in Kabul.

Wakil Mirsasada konnte diesen Schritt nicht begreifen, und Massud hielt es in seiner Nähe unter seinen vorwurfsvollen Blicken nicht mehr aus. Die Missbilligung des Vaters erinnerte ihn unentwegt an sein Scheitern. Und so verbrachte Massud die ersten Monate seiner Dienstzeit in der Kaserne und ging selbst an den freien Wochenenden nicht nach Chair Chana.

Als die Grundausbildung beendet war, nahmen seine Kameraden, zumeist Söhne von hohen Beamten, Generälen und gar Ministern, ihre privilegierten Posten ein. Massud kam aufgrund seiner

Fremdsprachenkenntnisse in eine Dienststelle, wo sonst nur Offiziere tätig waren und es sehr ruhig zuging, da die Kriminalität in der Hauptstadt angesichts der weitaus größeren gewalttätigen Konfrontationen im Lande kein besonderes Augenmerk erforderte. Nur selten landeten Fälle von Diebstahl, Erpressung oder familiären Konflikten auf den Schreibtischen der Abteilung. Die meisten Probleme schienen die Betroffenen selber zu lösen.

Seit zehn Monaten hatte die Rote Armee das Land verlassen, aber das Leben in Kabul nahm einen ähnlichen Lauf wie zuvor. Bisher deutete nichts auf ein schnelles Ende der Regierung hin. Weiterhin versorgte die Sowjetunion das Nadschibullah-Regime mit allen notwendigen Waffen und Gütern, und weiterhin kämpften die Mudschahedin um die Vormacht. In der Hauptstadt lebten die Menschen relativ sicher. Die nächtlichen Raketenangriffe nahmen nicht zu, und manche vermuteten, den Mudschahedin sei die Munition ausgegangen.

An einem klaren Novembertag hieß es plötzlich, die Mauer sei gefallen. Mirsasada rief Massud in der Dienststelle an, der zuerst nicht begreifen wollte, von welcher Mauer die Rede war. Er hatte den Vater lange nicht mehr so aufgeregt erlebt, und als er nach Hause kam, hörte er Radio BBC.

»Kannst du mir das erklären, Massud? Deine deutschen Freunde haben die Grenzen einfach aufgemacht. Auf der Mauer in Berlin wird getanzt.«

Der Weg nach Westdeutschland war frei!? Als Erstes fiel ihm Klara ein. Was wird sie unternehmen? Zu ihrer Schwester Katja nach München gehen? Keine Mauer mehr! Unvorstellbar! Hoffentlich schreibt Habib mir bald. Wenn ich nur dort sein könnte!

»Ich verstehe das auch nicht, Vater. Wenn der Kreml mitspielt, und das wird er wohl, dann ist vielleicht bald Schluss mit dem gesamten Sozialismus.«

»Stell dir das mal vor! Was dann wohl aus unserem Nadschibullah und seinen Freunden wird? Da wird es vielleicht noch ganz andere Überraschungen geben. Die Sowjetunion ist nicht mehr so stark wie früher. Lass uns darauf einen Whiskey trinken.«

»In Deutschland sagt man ›Prost‹ oder ›zum Wohl‹ und stößt die Gläser gegeneinander.«

»Auf Frieden und Freiheit!«, sagte der Vater, und deutlich sprach aus ihm die Freude über das Verschwinden einer ›unnatürlichen‹ Grenze, wie er es nannte. Massud sah das Brandenburger

Tor vor seinen Augen. Wo im vorletzten Sommer Tausende den Rockkonzerten aus dem Westen gelauscht hatten, gab es nun keine Grenze mehr. Klara hatte dort die Stimme von Michael Jackson gehört. Sie hatte nicht einmal davon zu träumen gewagt, das Tor eines Tages zu durchschreiten. Ich werde ihr schreiben, beschloss er. Sie war die einzige Person in Magdeburg, zu der er noch Kontakt hatte.

Der Winter wurde ein harter Test für das Nadschibullah-Regime und die Menschen in Kabul. Die Inflation stieg in schwindelerregende Höhen, und viele Waren wurden unbezahlbar. Hunderte von Lastwagen fuhren jede Woche in schwer bewachten Versorgungskolonnen über die Salang-Straße und sicherten den benötigten Nachschub. Einige Kraftfahrer hatten Abmachungen mit den Mudschahedin am Wegesrand und zweigten unterwegs von der Route ab. Andere Waren verschwanden nach der Ankunft in Kabul und landeten auf den Schwarzmärkten. Die Korruption nahm gigantische Ausmaße an, und viele Bewohner mussten einen harten Existenzkampf führen. Besonders hart traf es die Kriegswitwen und ihre Kinder, die auf Almosen angewiesen waren. Massuds Familie gehörte mit drei Verdienenden zu den Bessergestellten, und doch reichte das Einkommen nur für das Notwendigste. Farid arbeitete als Bauingenieur in einer staatlichen Firma, die Bürogebäude und Wohnkomplexe für die Beamten und Offiziere der Staatssicherheit errichtete. Als tüchtiger Mitarbeiter erhielt er sogar eine eigene Wohnung, die er jedoch Jussef und seiner Frau überließ.

Viele fragten sich, wie das Regime überlebte und warum die Mudschahedin es nicht kurzerhand stürzten. Ihre Schwäche und tiefe Zerstrittenheit war ein häufiges Gesprächsthema. In den Großstädten hatten sie keine Macht. Sollten die Krieger Gottes tatsächlich eines Tages in Kabul einmarschieren, musste man sich ihrer Rache gewiss sein. Im Stillen stellte Massud ein einfaches Rechenexempel auf: Wenn man auf der einen Seite die überzeugten Anhänger des Regimes zusammenzählte und auf der anderen die bewaffneten Kämpfer der islamischen Parteien, dann kam man allenfalls auf einige Hunderttausend. Doch in Afghanistan lebten mindestens 15 Millionen Menschen, die nichts anderes wollten als Frieden. Es musste doch eine Möglichkeit geben, dem Leiden ein Ende zu setzen. Was sich außerhalb der Hauptstadt ereignete, war nur schwer zu erfahren. Allenfalls gab es verwirrende Gerüchte, und die zuverlässigsten Quellen waren noch immer die ausländischen Radiosender. So erfuhr man auch, dass im Februar 1990 eine Interimsregierung aus Mudschahedin die Verwaltung von Kandahar übernommen hatte.

Kurz darauf schlug der Putsch des eigenen Kriegsministers gegen Nadschibullah fehl. In der Kaserne herrschte helle Aufregung, und für einige Stunden wusste niemand, wer überhaupt das Kommando hatte. Nadschibullah befahl eine Säuberungsaktion innerhalb der Regierung und eine Umorganisierung der Verwaltung. Und als besonderes Zeichen der umfassenden Veränderungen wurde der Name der DVPA, der Demokratischen Volkspartei Afghanistans, in Hesb-e Watan, Partei der Heimat, umgeändert.

In Genf unterbreitete Nadschibullah den Mudschahedin-Führern einen Friedensplan, der eine Übergangsregierung unter Beteiligung der Kriegsgegner beinhaltete. Das Unternehmen scheiterte jedoch, wie viele andere zuvor, an Kompromissbereitschaft. Die einflussreichsten Mudschahedin-Führer träumten von der Alleinherrschaft. Kaum waren die Kriegsherren nach sowjetischen, amerikanischen und pakistanischen Gnaden in ihre Hauptquartiere zurückgekehrt, wendete sich das Blatt. Die Weltmacht der Union der Sozialistischen Sowjetrepubliken löste sich auf, und damit war auch das Schicksal des Nadschibullah-Regimes besiegelt. Der Nachschub an Waffen- und Hilfsgüterlieferungen reichte noch bis zum Frühjahr. Die Bevölkerung konnte nur noch notdürftig ernährt werden, während wie eh und je weiter gekämpft wurde.

In Masar-i Scharif rebellierten die ersten Armeeoffiziere, und die Stadt fiel an die Mudschahedin. Soldaten, Offiziere und selbst Generäle wechselten in jenen Tagen die Seiten, und man fand sie plötzlich als glühende Mudschahedin wieder. Gestärkt rückten die Truppen auf Kabul vor, und Anfang April hatten sie bereits Tscharikar, nur wenige Kilometer nördlich der Hauptstadt, eingenommen. In einer ausweglosen Lage, und mit Nachdruck von UN-Vermittlern, stellte Nadschibullah Mitte desselben Monats sein Amt zur Verfügung.

Augenblicklich verschwand ein Teil von Massuds Kollegen, und Gerüchte von überstürzten Fluchtversuchen nach Norden machten die Runde.

Amir ging, ohne ein Wort zu sagen, und niemand wusste, wo er geblieben war.

Am Abend des 25. April 1992 – Massud hatte Dienst – bekamen alle Soldaten und Offiziere der Kriminalabteilung den Befehl, sich unbewaffnet in einem der hinteren Gebäudekomplexe zu versammeln. Die Räume grenzten an das Innenministerium, und auch von dort kamen Angestellte und Hilfskräfte. Niemand durfte das Gelände verlassen. Massud spähte mit anderen jungen Männern durch die winzigen Fenster des Lagerraums. Flinke Jeeps rasten an der Torwache vorbei, und hohe Staatsbeamte liefen aufgeregt über den Hof. Niemand wusste, was dort draußen vor sich ging. Plötzlich wurden alle Türen verriegelt, und selbst die Offiziere waren überrascht von dieser Aktion.

Im Laufe der nächsten Stunden passierten zahlreiche Militärlaster das Tor. Im schwachen Licht der Scheinwerfer sahen sie Zivilisten auf den Ladeflächen stehen. Erst als ein Fahrzeug direkt neben dem Lagerraum hielt, erkannten sie Männer in Nationaltracht und mit geschulterten Kalaschnikows. Sie trugen die typischen Nuristani-Kappen auf dem Kopf, und mit ihren wilden Bärten schienen sie direkt aus den Bergen in die Hauptstadt gekommen zu sein. Kurz nach Mitternacht hörten die Eingesperrten jemanden am Schloss hantieren, und alle blickten ängstlich zur Tür. Ein hoher Beamter des Innenministeriums trat in den Raum. Massud kannte ihn von Abbildungen aus der Zeitung.

»Es ist alles in Ordnung, kein Grund zur Beunruhigung«, begann er seine Mitteilung, »die Staatsmacht ist heute Nacht aufgrund eines friedlichen Abkommens zwischen allen beteiligten Parteien von der Regierungsarmee an unsere Mudschahedin-Brüder übergeben worden. Niemand muss sich Sorgen machen. In einigen Stunden werden wir alle nach Hause gehen.«

Vollkommene Stille breitete sich aus. Die Worte wirkten langsam. Sie klangen so fremdartig und unglaublich. Manch einen schienen sie zu lähmen. Die Macht in den Händen der »Mudschahedin-Brüder«? Hatten sie richtig gehört? Der Feind war zum Bruder geworden und würde sie ziehen lassen? All jene, die bis gestern noch Klassenfeinde, Banditen und Terroristen waren, sollten jetzt friedliche Brüder sein!

Im Morgengrauen öffneten sich die Kasernentore. Vor dem Ausgang hatten die Mudschahedin ein Spalier gebildet. In ihrer traditionellen Kleidung boten sie ein ungewohntes Bild auf dem Kasernenhof. Als Massuds Gruppe durch das Spalier marschieren musste, wurde ihnen unverhohlene Verachtung entgegengeschleudert. Die triumphierenden Blicke und geschulterten Maschinenpistolen wirkten wenig brüderlich. Sie bejubelten ihren Sieg, verspotteten die Soldaten, Beamten und Offiziere und gaben einen Vorgeschmack auf die neue Herrschaft im Lande. Zum Spaß feuerten sie in die Luft und lachten über die Angst der verweichlichten Städter, Ungläubigen und gemästeten Hunde, wie sie sie nannten.

Afghanistan bekam einen Interimspräsidenten. Ein provisorischer Kriegsrat hatte sich in Peschawar darauf geeinigt, ihn für die Dauer von zwei Monaten einzusetzen. Einflussreiche Posten wurden an Angehörige unterschiedlicher Mudschahedinfraktionen verteilt, und für alle Mitglieder der Hesb-e Watan wurde eine Generalamnestie erlassen, die Massud und Farid zunächst beruhigte. Frauen mussten von nun an den Schleier tragen, und Alkohol wurde verboten.

Der Frieden hielt fünf Wochen. Dann begann ein Dauerbeschuss auf Kabul, wie ihn die Stadt nie zuvor erlebt hatte, befohlen von Hekmatyar, dem radikalen Islamisten, der sich trotz nomineller Regierungsbeteiligung seiner Partei in die Opposition begeben hatte. Gegenwehr setzte ein, und bald waren die Kugeln und Granaten nur schwer einer der vielen verfeindeten Gruppen zuzuordnen. Mariam Mirsasadas gesundheitlicher Zustand wurde immer schlechter, und verschiedene kleine Beschwerden summierten sich zu einer ernsthaften Krise. Frauen trauten sich nicht mehr auf die Straße, und Wasime war in panischer Angst, seitdem Gerüchte über entführte Mädchen kursierten.

Die Angehörigen der ehemaligen Regierung wurden verfolgt oder flohen, bevor die Islamisten ihrer habhaft werden konnten. Es herrschte ein heilloses Chaos, und niemand scherte sich noch um Verordnungen und Abmachungen. Die Generalamnestie hatte keinen Wert mehr, und jeder konnte in die Razzien der verschiedenen Fraktionen geraten. An vielen Orten kam es zu willkürlichen Verhaftungen, und die neuen Herren zogen plündernd durch die Stadt. Aus öffentlichen Gebäuden raubten sie Mobiliar, Telefone, Beleuchtung, und bei ihren Rachefeldzügen galt nur noch das Gesetz des Stärkeren.

An einem Abend, als draußen das Getöse der Raketen besonders stark war und Wasime und Sahira sich zitternd an ihre Mutter klammerten, rief Wakil Mirsasada seine beiden ältesten Söhne in den Salon.

»Meine Jungen, ihr wisst genau, dass ich kein Freund des Exils bin«, sagte er. »Hier ist unsere Heimat, und hier gehören wir hin. Aber glaubt mir: Es ist besser, in der Ferne zu leben, als in der Heimat zu sterben. Verlasst unser geliebtes verfluchtes Land! Flieht! Lauft weg von hier! So weit weg, wie ihr könnt. Mit Gottes Hilfe findet sich ein Ort für euch. Macht es für mich, und ganz besonders für eure Mutter.«

Die Tür zum Salon ging auf, und Mariam kam herein. Kerzengerade stand sie vor ihren Söhnen und räusperte sich.

»Wir haben vieles erlebt in den letzten Jahren. Unser schönes Land ist zerstört. Wir wissen kaum noch, wie es ist, in Frieden zu leben. Dank Gottes Hilfe sind wir alle noch gesund. Doch wir dürfen das Schicksal nicht herausfordern. Hört auf euren Vater und verlasst das Land.«

Betretenes Schweigen erfüllte den Raum. So hatten sie ihre Mutter nie zuvor sprechen gehört. Ihre Stimme war laut, gefasst und eindringlich. Die Worte klangen wie ein wohl durchdachter Befehl. Ein Befehl, der keinen Widerspruch duldete.

»Hört auf eure Mutter. Nehmt das Geld vom Verkauf der Felder. Es ist nicht viel, aber es wird eine Weile reichen. Es gibt Leute, die euch durch die Berge führen. Geht in den Norden oder dorthin, wo ihr in Sicherheit seid. Das müsst ihr selbst herausfinden, wenn Kabul hinter euch liegt.«

»Aber Vater, Sie können uns doch nicht wegschicken«, rief Massud. »Was wird aus Ihnen?«

Er schaute seine Mutter an, die den Blick senkte.

»Wir werden nicht allein gehen, nicht ohne euch«, sagte Farid, »Wahid … und unsere Schwestern … alle brauchen uns.«

»So nehmt doch Vernunft an! Diese Verrückten suchen nach jungen Männern wie euch. Ihr seid in größter Gefahr, nicht wir, wollt ihr das denn nicht endlich begreifen? Und wir, wo sollten wir hingehen? Eure Eltern sind nicht mehr jung. Wovon sollten wir in der Fremde leben? Wovon eure Geschwister ernähren? Mit Gottes Hilfe wird sich die Lage bald bessern, und ihr kommt zurück nach Kabul. Wir müssen so schnell wie möglich Ausweise von einer dieser islamischen Parteien für euch besorgen. Damit kommt ihr sicherer durch die Berge.«

»Schon bald seid ihr wieder hier«, sagte Mutter, und in seiner Verzweiflung fand Massud Trost in ihren Worten.

Die Mitgliedsausweise waren schnell besorgt, denn ein Gesetz hatte wie eh und je Gültigkeit: Für Geld konnte man in Kabul alles bekommen. Farid und Massud planten eine vorläufige Fluchtroute in Richtung Norden. Im letzten Moment schloss sich ihnen Dschamal an, ein junger Mann aus der Nachbarschaft.

Massud besuchte die Großeltern, um sich von ihnen zu verabschieden. Trotz ihrer Traurigkeit waren die alten Leute erleichtert über die Entscheidung der Brüder. Farid hatte bereits am Nachmittag Lebewohl gesagt und wartete daheim.

»Für euch gibt es keine Zukunft in diesem Land. Ihr seid jung, geht und findet euren Weg in der Ferne«, sagte der Großvater.

»Mein Junge, Massud-dschan, du bist wie dein Vater. Du kennst das Ausland und wirst in der Fremde zurechtkommen«, ermutigte ihn auch die Großmutter. »Von dort aus könnt ihr der Familie eher helfen als hier. Ich werde immer an euch denken, und an deine Streiche, mein kleiner Massud. Dann wird mir warm ums Herz werden.«

Er nahm ihre Hände und küsste sie.

»Mögen Sie immer im Schutze Gottes leben, liebe Bibi.«

Massud war schon fast in der Tür, als das Telefon klingelte. Der Großvater nahm ab und reichte ihm den Hörer.

»Dein Vater will dich sprechen.«

»Massud, hör gut zu! Farid ist weg, abgeholt, verhaftet worden. Bleibe vorerst, wo du bist. Sie haben auch nach dir gefragt. Vor unserem Haus wartet ein Jeep mit Mudschahedin.«

»Vater! Was hat das zu bedeuten?«

»Du wirst morgen wie geplant Kabul verlassen, hörst du? Wir können jetzt nicht lange reden. Du machst dich auch ohne Farid auf den Weg! Vielleicht suchen sie nach dir.«

»Wo ist Farid? Wohin haben sie ihn gebracht? Vater, was sollen wir machen?«

»Im Moment nicht viel. Ich werde sehen, ob meine Verbindungen was nützen. Ich schicke dir später jemanden.«

»Vater, bitte geht kein Risiko ein! Ich komme zurecht.«

»Lebe wohl, mein Sohn. Gott schütze dich.«

»Vater!? … Gott schütze Sie.«

Etwas Festes schnürte ihm den Hals zu. Dieses Etwas steckte mitten in der Kehle und würgte ihn. Es fühlte sich an wie ein festgezurrter Knoten. Er war zu keinem Laut mehr fähig.

»Massud, mein Junge, was ist passiert? So sprich doch!«, drängte der Großvater.

Vor seinen Augen verschwamm das Gesicht der Großmutter.

»Bibi-dschan«, brachte er mit Mühe hervor, »er ist … weg … Farid, abgeholt.«

Nach kaum einer halben Stunde, kurz vor der Ausgangssperre, klopfte es zaghaft an die Tür. Massud hatte sich bereits vorher auf dem Dach der Nachbarn versteckt und einen Fluchtweg ausgespäht. Nach einem tiefen Atemzug öffnete der Großvater die Tür. Vor ihm stand ein kleiner Junge aus der Nachbarschaft und überreichte einen Briefumschlag. Ein Bündel Geldscheine und eine Nachricht: »Du musst wie geplant so schnell wie möglich verschwinden. Melde dich erst, wenn du in Sicherheit bist. W.«

In der Morgendämmerung ging Massud zum vereinbarten Ort und traf Dschamal. Sie eilten zur nördlichen Stadtgrenze und wählten kleine Wege abseits der Hauptstraße. Massuds Augen schmerzten, er hatte nicht eine Sekunde geschlafen und fühlte sich kraft- und mutlos. Dschamals klägliche Versuche, ihn aufzumuntern, machten alles noch schlimmer.

Was werden sie mit Farid machen? Wo ist er? Könnte ich nicht etwas für ihn tun? Wird unser Vater ihm helfen können? Aber welche der alten Verbindungen sollten jetzt noch von Nutzen sein? Die Macht war in den Händen der anderen. Farid war zwar kein Beamter der Staatssicherheit, aber immerhin war er dort ein- und ausgegangen. Was die Mudschahedin von jemandem wie ihm wollten, konnte niemand wissen.

Nachdem sich die beiden Flüchtlinge durch die Traubengärten entlang der Straße geschlichen hatten, erreichten sie im Laufe des Vormittags Tscharikar. Vorsichtig schlugen sie einen Bogen um die belebte Hauptstraße, wo sie schon von weitem einen Pulk bewaffneter Mudschahedin ausmachten. Die Vertreter der neuen Regierung schienen allesamt von ihren heimlichen Bergposten in die Städte gekommen zu sein. Ihre Macht demonstrierend, patrouillierten sie durch die Straße. Das Land gehörte nun ihnen, ganz so, wie sie es in all den langen Jahren des Krieges skandiert hatten.

Die beiden fanden einen ersten Unterschlupf bei Abdullah, einem Verwandten von Dschamal. Dessen Schilderungen über die Lage in den nördlichen Provinzen war deprimierend. Als Busfahrer auf der Strecke nach Masar-i Scharif hatte er ein genaues Bild von der Entwicklung.

»Keinesfalls könnt ihr weiter nach Norden. Die bewaffneten Posten werden sofort merken, dass ihr aus Kabul seid und nicht zu ihren Kämpfern gehört. Die gefälschten Ausweise sind keine Sicherheit. Der Weg nach Tadschikistan ist zu gefährlich geworden. Den Salang-Tunnel könnt ihr nicht passieren, und die Nebenrouten sind stark bewacht. Besser, ihr geht durch die Berge nach Pakistan.«

»Gehen? Sie meinen, die ganze Strecke zu Fuß?«, fragte Dschamal.

»Was dachtet ihr denn? Mit dem Taxi?«

Abdullah führte sie durch ein ausgetrocknetes Flussbett und unwegsames Gelände bis zu der kleinen Ortschaft Mahmud Iraqi. Sie hatten die Provinz Kapissa erreicht, und Massud dachte an die unbeschwerten Tage seiner Kindheit, als er nicht weit von hier auf den Feldern und Wiesen der Großeltern gespielt hatte. Schnell verscheuchte er seine Erinnerungen und hörte auf die Worte Abdullahs. »Wir müssen hier im Ort einen Führer für die weitere Strecke finden. Ich kann euch nicht länger begleiten. Wie viel Geld habt ihr dabei?«

»Wie viel kostet es?«

»Wir werden sehen, aber eines lasst euch gesagt sein: Achtet immer auf euer Geld! Und zeigt niemandem, wie viele Afghanis in euren Taschen sind. Versteckt es an verschiedenen Stellen, in Strümpfen oder sonst wo.«

Abdullah fand schnell einen geeigneten Führer, der bereits am nächsten Morgen mit einer Gruppe von Flüchtlingen aufbrechen wollte.

Sie waren fünfzehn Männer mit demselben Ziel: die pakistanische Grenze. Der Fluchthelfer war ein junger Mann in ihrem Alter. Er hieß Ahmad Schah, war in Kabul zur Schule gegangen und später von der Armee desertiert, wie er ihnen freimütig mitteilte. Als Kämpfer gegen die Rote Armee an der Seite des legendären Ahmad Massud Schah, des Löwen von Pandjschir, hatte er jede Schlucht und jeden Pfad in dieser Gegend kennen gelernt. Nun widmete er sich dem einträglichen Geschäft der Bergführung.

Ihr Trupp setzte sich in Bewegung, und Massud wusste nicht, woher er den Antrieb für den anstrengenden Marsch nehmen sollte. Seine Beine waren bleischwer, und der Knoten in seinem Hals schien ihm die Luft abzuschnüren. Am Ortsausgang waren ein zerschmettertes Aquädukt und die in Trümmern liegende Wassermühle von Gestrüpp bewachsen. Hier gab es keine Bauern mehr, die Felder bestellten und ihre Ernte einbrachten. Blühendes Kraut überwucherte einen alten Gemüsegarten. Verfaulte Früchte lagen unter einem Maulbeerbaum. Niemand hatte die Mandeln geerntet. Die Rebstöcke waren verwildert, und Hoffnungslosigkeit sprach aus den verlassenen Häusern. Sie durchquerten knietiefe Bäche, die ihr Schuhwerk durchtränkten. Später wurde es von der Sonne zu harten und rauen Reibeisen getrocknet. Am Abend traute Massud sich kaum, seinen geschundenen Körper zu betrachten. Seine Zehen bluteten, und trotz der Erschöpfung ließen die Schmerzen ihn nicht zur Ruhe kommen.

Am dritten Tag stießen sie auf eine Mudschahedin-Gruppe, und Massud hörte im Geiste bereits die Schüsse krachen, die sie niederstrecken würden. Doch Ahmad Schah wechselte ein paar Worte mit ihnen, und nach der Zahlung einer beträchtlichen Geldsumme, die von der Patrouille »Gebühr für Sicherheitshüter« genannt wurde, konnte ihre Karawane weiterziehen.

Hinter der kleinen Ortschaft Tagab stieg der Weg steil an und führte sie in ein schmales Flusstal. Der Wasserlauf wurde von eiskalten Wildbächen gespeist, die aus engen Schluchten herunterstürzten und den rutschigen Pfad am Ufer überspülten. Hier erreichten die Gipfel Höhen von vier- bis fünftausend Metern, und sie kamen nur sehr langsam voran. In der Nachbarprovinz Laghman überschritten sie die Baumgrenze, wo kahle Felsen und schneegekrönte Gipfel die Winzigkeit eines jeden Lebewesens verdeutlichten. Wir sind ein paar verirrte Ameisen in einem Steingarten, stellte Massud sich vor. Die gleißende Mittagssonne auf einer leblosen Hochebene verstärkte den Eindruck ihrer Machtlosigkeit. Eine einzige kräftige Windböe würde ausreichen, sie davonzuwehen und zwischen den Felsen ins Jenseits zu befördern. Erst der Abend, mit dem Abstieg nach Dowlat Schah, verhieß ein Fünkchen Geborgenheit im Diesseits. Schon früh warfen die Berge ihre langen Schatten ins Tal, während in der Ferne die Sonne einen kupferfarbenen Umhang über die Gipfel legte.

Ein Eselschrei weckte sie, und sofort begann der geschundene Körper zu schmerzen. Es war ein klarer Tag, unwirklich klar. Vielfarbige Schattierungen zwischen blau, grau, anthrazit, schwarz und weiß wurden von einem türkisfarbenen Himmel gekrönt. Alles schien zum Greifen nah. Vorbeiziehende Wolken rasten über Weiten und verschwanden im Nichts. Massud spürte den Drang zu fliegen, und die Grenzenlosigkeit seines Geistes verwirrte ihn. Erst als er sich die Schuhe anzog und dabei seine frisch verheilten Wunden wieder aufplatzten, fand er in die Wirklichkeit zurück.

In der Grenzprovinz folgten die Posten der »Sicherheitshüter«

in immer kürzeren Abständen, und Ahmad Schah beeindruckte mit fantasievollen Geschichten, mit denen er die geforderte Gebühr herunterhandelte. Sie seien gottesfürchtige afghanische Studenten, erzählte er den Patrouillen, auf dem Rückweg zu ihren Koranstudien in Peschawar. Nachdem die »Studenten« ihre gefälschten Parteiausweise gezeigt hatten, und die »Sicherheitshüter« sich von ihrer Echtheit und der Zahlungsfähigkeit ihrer Besitzer überzeugt hatten, durften sie passieren. Massud bekam das Gefühl, die beschwerliche Wanderung werde erträglicher. In manch kurzen Momenten schienen seine Schritte ihn in eine Art Trance zu führen. Er setzte einen Fuß vor den anderen und war mit seinen Gedanken meilenweit entfernt. Am spätem Nachmittag träumte er sich wieder in die Landschaft hinein. Wilde Obstbäume waren in voller Blüte und schwebten über einem bunt gesprenkelten Moosteppich. Ein sanfter Wind entfachte einen Regen aus weißen und zartrosa Samtblättchen. Endlich konnte er wieder tief durchatmen, und seine Brust befreite sich für einen kurzen Moment von der Last des Schmerzes.

Der Weg führte nach Dschalalabad und fiel steil ab. Die Sonne stand glühend am Zenit, und die Hitze verwandelte den Staub in feurige Asche. Massud verscheuchte Gedanken an frisches Wasser und trottete der Karawane hinterher. Er dachte an einen Nomaden, der seine Sippe nicht verlieren darf. Aber hier hing sein Fortkommen kaum von der Gutmütigkeit seiner Leidensgenossen ab, sondern einzig und allein von seinem Willen. Jeder musste an das eigene Fortkommen denken, auch wenn die Gruppe ein gemeinsames Ziel hatte. In seinem Gepäck war genügend Proviant, und sein Geld würde für die fälligen Bestechungen reichen, doch war jeder in diesem Labyrinth aus verschlungenen Pfaden und willkürlichen Kontrollen ohne Führer und Gruppe vollkommen machtlos.

Endlich gönnte Ahmad Schah ihnen am Ufer eines reißenden Baches eine Pause, und schnell bereiteten sie ein einfaches Gericht. Massud kochte Reis, schnitt einige Zwiebeln und Möhren hinein, und der aufsteigende Duft ließ sie an ein Festmahl denken.

Ahmad Schah überraschte die Gruppe mit einem gemütlichen Teehaus am Rande von Dschalalabad, umgeben von frisch duftenden Zitronen- und Orangenbäumen. Ein wahrer Luxus nach den vergangenen Nächten in ungastlichen Unterschlüpfen. Und kaum spürte Massud die Schlafmatte unter seinem Rücken und die Decke über seinem wunden Körper, war er auch schon eingeschlafen.

Ahmad Schah stand im Türrahmen und schüttelte den Kopf. »Die anderen haben schon den Bus zur Grenze genommen. Ich muss mich jetzt von euch verabschieden.«

Er war ein anständiger Kerl, der seinen Auftrag hier erfüllt sah. Aus afghanischer Höflichkeit heraus, und weil er sich gut mit seinen Schützlingen verstanden hatte, deutete er nicht einmal an, worauf er wartete. »Den Bus nehmen? Und was ist mit Hekmatyars Leuten. Sie kontrollieren doch den Ostteil der Stadt in Richtung Grenze, oder etwa nicht?«, fragte Massud.

»In der Stadt müsst ihr allein zurechtkommen. Da kann ich euch nicht helfen. Abgemacht war, dass ich euch bis Dschalalabad bringe. Das ist da unten im Tal, wie ihr seht.«

»Wir können kein Risiko eingehen«, erwiderte Dschamal. »In Kabul haben wir die Schlächter der Hekmatyar-Gruppe erlebt. Bringe uns bis zur Grenze, zu Fuß, auf Umwegen, ohne den Weg durch die Stadt.«

»Schlächter gibt es überall. Ihr habt doch gesehen, wie es läuft: Geld geben und weiter.«

»Die sind von einem anderem Kaliber.«

»Ihr zwei könnt euch doch kaum noch auf den Beinen halten. Der Weg um die Stadt herum ist sehr mühsam.«

»Und nur du kennst ihn. Ahmad Schah! Bitte! Wir werden durchhalten. Geht es dir ums Geld?«

»Na ja, ihr müsstet schon was drauflegen. Ich habe Termine, die nächste Gruppe wartet schon. Also, wie soll ich sagen? Es ist nicht einfach.«

Ohne viele Worte legten Dschamal und Massud ihr Geld zusammen und machten ihrem Führer ein verlockendes Angebot.

Ohne Ahmad Schah hätten sie diesen Weg nicht nehmen können. Er kannte jeden Pfad und jeden noch so kleinen Unterschlupf, und harmlos wirkende Gebiete mied er mit dem Hinweis auf Minen. Kaum eine halbe Stunde später krachten Schüsse durch das enge Tal. Das Echo vervielfältigte sich, und sie wussten nicht einmal, aus welcher Richtung die Gefahr kam, noch wie weit sie davon entfernt waren. Hilflos, müde und verängstigt legten sie sich hinter einen Felsen, bis endlich Ruhe einkehrte. Selbst Ahmad Schah wusste diesmal keinen anderen Rat.

Als sie sich endlich sicher fühlten, umgingen sie die Stadt und erreichten die Straße nach Torkham. Für den Rest des Weges könnten sie nun wirklich den Bus nehmen, sagte Ahmad Schah, und die Zeit war gekommen, sich von ihrem Wegführer zu verabschieden. Für Massud war dieses Lebewohl weit mehr als das Ende eines profanen Geschäfts. Er hatte Ahmad Schah viel zu verdanken. Auf eine unbekannte Art fühlte er sich ihm beinahe verbunden. Sie umarmten sich flüchtig, und Ahmad Schah stieg in einen Bus, der auf der anderen Straßenseite hielt.

Die alte Straße zum Khyberpass wurde mit jedem Kilometer imposanter, die Felsen türmten sich direkt an den Fahrbahnrändern steil auf, und manchmal waren der Gipfel und das rettende Blau des Himmels kaum auszumachen. Viele Menschen hatten ihr Leben im Kampf um diese Straße gelassen.

Als Massud und Dschamal die Grenze erreichten, hatte der pakistanische Posten den Übergang bereits geschlossen, und so mussten sie die Nacht hier ausharren. Am Horizont kündigte sich ein Sonnenuntergang an, der die schönsten Farben eines kosmischen Schauspiels hervorzauberte. Welch ein atemberaubendes Land! Ach, könne er doch nur fliegen! Es wäre ein Leichtes, über den Grenzen und Minen zu schweben. Noch einmal zurück nach Kabul und Farid finden. Wo haben sie ihn versteckt? In welchem Kerker wird er gefoltert? Er würde ihn erspähen und befreien.

Oder besser noch: die Zeit zurückdrehen können. Nur um sechs Tage. Farid und er hätten rechtzeitig flüchten können. Er fühlte sich wie ein kalter, schwerer Stein zwischen den grauen Felsen in dieser gottverlassenen Grenzstation. Ein Wunder dass er noch atmen konnte. Afghanistan – lebe wohl!

Leben im Exil

Fremde Nachbarländer

Pakistan! Allein der Name ruft Abneigung in mir hervor. Nie wieder möchte ich einen Fuß in dieses Land setzen. Und auch meine Familie träumt immer noch von einem besseren Ort für ihr Exil.

Meine ersten Tage in Pakistan kamen einem Wechselbad der Gefühle gleich. Dschamal und ich waren froh, lebend über die Grenze gekommen zu sein, und schlugen uns nach Peschawar durch. Die quirlige Stadt platzte aus allen Nähten, und man konnte sich einbilden, irgendwo in Afghanistan zu sein. Afghanische Händler, die hier Gewürze, Früchte, Lebensmittel, Kleidung, Teppiche, Schmuck, Karakulfelle, Antiquitäten, Edelsteine, russisches Porzellan, russische Haushaltsgegenstände und russische Elektrogeräte anboten, drängten mit ihren Ladenverschlägen auf die engen Gassen. Auf den ersten Blick erahnte man hier ein Schmugglerparadies. Zahlreiche Restaurants und Teehäuser waren in afghanischer Hand, und überall sprachen die Menschen Paschtu. Vielleicht sah es in Kandahar so ähnlich aus. Wir fühlten uns vertraut und gleichzeitig unendlich fremd.

Viele unserer Landsleute lebten schon seit der so genannten Saur-Revolution und der Machtübernahme der DVPA in Peschawar oder in einem der vielen benachbarten Flüchtlingslager. Unter den Bombenangriffen der sowjetisch-afghanischen Armee war ihre Anzahl in Millionenhöhe gestiegen. Offensichtlich hatte sich nach dem Abzug der Roten Armee erst eine Minderheit zur Rückkehr entschlossen. Mit diesen Afghanen hatten wir nicht viel gemein. Im Grunde genommen waren wir vor denen geflüchtet, die hier ihre Hauptquartiere hatten. Durch die Straßen rasten schnittige Geländewagen mit verdunkelten Scheiben, und nicht selten sprangen bewaffnete Kämpfer der islamischen Parteien heraus und griffen sich Verdächtige. Von Peschawar aus hatten sie in all den Kriegsjahren ihren Widerstand organisiert und schließlich sogar die afghanisch-sowjetische Armee zur Aufgabe gezwungen. Ihre Parteizentralen waren auf pakistanischem Boden, und ihre Anhänger lebten noch hier. Ihr Rekrutierungsfeld – die gewaltigen

Flüchtlingslager – existierte weiterhin: Das Volk der Paschtunen siedelte seit Menschengedenken in beiden Ländern, und Familienbande existierten ungeachtet der willkürlich gezogenen Grenzlinie.

Auch wenn es eine schmerzliche Vorstellung war – die meisten Landsleute, die uns auf den Straßen Peschawars begegneten, hatten früher auf der anderen Seite der Front gelebt. Wir waren allesamt Afghanen, doch ein tiefer Riss zog sich mitten durch uns hindurch. So empfand ich es zumindest bei meinen ersten Rundgängen durch die Straßen Peschawars. Ich hatte nie mit den Mudschahedin in Kontakt gestanden, fühlte mich unsicher und stellte mir vor, jeder würde mir schon von weitem ansehen, dass ich aus Kabul kam und bis vor kurzem in der afghanischen Armee gedient hatte. Tatsächlich gab es Gerüchte über Häscher der islamischen Parteien, die auch auf pakistanischem Boden die Angehörigen der gestürzten Regierung verfolgten. Mir war nicht wohl in meiner Haut, und quälende Gedanken an Farids Schicksal trieben mir die blanke Angst in die Glieder. Es gab keine Möglichkeit, etwas über seinen Verbleib zu erfahren. Kabul stand nach wie vor unter dem Beschuss rivalisierender Mudschahedingruppen. Was war aus Farid geworden? Was aus meiner Familie?

Manchmal stellte ich mir vor, jemand würde mich auf der Straße erkennen und lauthals rufen: »Das ist doch Massud Mirsasada aus der Kriminalabteilung, sein Cousin war der leitende Offizier dort. Greift ihn euch!« Wovon sollte ich leben, welche Arbeit annehmen und wo eine günstige Unterkunft finden? Peschawar schien nicht der richtige Ort für mich zu sein. Aber hatte ich denn überhaupt eine Wahl? Beim Anblick der verarmten Menschenmengen in den Gassen der Stadt verlor ich jeglichen Mut. Tagelang streiften Dschamal und ich durch die Straßen und hielten Ausschau nach vertrauten Gesichtern. In einem heruntergekommenen Hotel trafen wir schließlich Hanief, der bereits seit zwei Wochen hier umherirrte. Seine Erfahrungen raubten uns jede weitere Hoffnung.

»Für unsereins ist es hier viel zu gefährlich«, klärte er uns schonungslos auf. »Die islamischen Parteien sind weiterhin aktiv. Überall sind Hekmatyars Leute und halten Ausschau nach neuen afghanischen Flüchtlingen. Ihre Waffen sitzen verdammt locker. Ich verschwinde von hier.«

»Aber wo willst du denn hin?«, fragte ich ihn.

»Ich hau ab nach Iran.«

»Iran? Aber wie willst du das anstellen?«

»Das weiß ich nicht so genau. Jedenfalls habe ich ein paar Verwandte dort. Ich werde schon irgendwie durchkommen.«

»Iran. Da lebt ein Onkel von mir.«

»Dann komm doch gleich mit.«

Es war ein weiter und ungewisser Weg. Mein Onkel lebte seit vielen Jahren in dem Nachbarland. Aber wo? Wenn ich ihn fände, wäre ich einen großen Schritt weiter. Vielleicht könnte er mir helfen. Ich war noch ein kleiner Junge, als er nach Iran ging. Es musste mindestens zwanzig Jahre her sein, und unsere Familie hatte den Kontakt zu ihm verloren. Wie hieß er noch gleich?

Vielleicht hatte Hanief Recht. Wenn das Leben in Peschawar wirklich so gefährlich war, warum sollte ich mein Glück nicht woanders suchen? Schnell war mein Entschluss gefasst, und ich schloss mich ihm an.

Einen Schlepper für den gefährlichen Grenzübertritt wollten wir uns im Süden, in Belutschistan, suchen, denn dort sollten die Preise erheblich niedriger sein als in Peschawar. Dschamal wollte vorerst in Pakistan bleiben und hier auf seine Familie warten, und so sagten wir uns Lebewohl.

Hanief und ich stiegen in einen kunterbunten Bus, und nach einer beschwerlichen zwanzigstündigen Reise erreichten wir die Provinzhauptstadt Quetta. Auch dies war eine Grenzregion, und überall traf man auf Afghanen. In der erdrückenden Sommerhitze machten wir uns auf die Suche nach einem vertrauenswürdigen Schlepper. Wir beide hatten keine Erfahrungen auf diesem Gebiet und tasteten uns behutsam vor. Wir fragten Landsleute, verglichen die Preise und achteten auf unser Geld. Nach einer Woche stellten wir endlich einen viel versprechenden Kontakt her.

Bis zur iranischen Grenze war es von Quetta noch weit, und eine erneute Busfahrt lag vor uns. Die Sommerhitze Kabuls war nichts weiter als eine wohlige Wärme im Vergleich zur glühenden Landschaft Belutschistans. Jeder Fels in dieser unwirtlichen Gegend schien einem Backofen gleich, der die gespeicherte Hitze unablässig ausstrahlte. Selbst das Sprechen wurde zu einem anstrengenden Kraftakt, und die Fantasie sehnte unentwegt kühles Wasser und frische Luft herbei. Kein Wunder, dass es hier bis auf nomadisierende Volksstämme kaum nennenswerte menschliche Spuren gab. Zwanzig Stunden lang fuhren wir auf einer endlosen Straße entlang, an der nicht mehr als eine Hand voll trostloser Ortschaften lagen.

Unser Ziel hieß Teftan. Der Bus hielt vor einer Baracke, und der Fahrer murmelte etwas von Endstation. Teftan entpuppte sich als heruntergekommener Flecken in Grenznähe. Er lag mitten in der Wüste, bestand aus einigen primitiven Teehäusern und Restaurants, die diese Bezeichnung kaum verdienten, finsteren Verschlägen, in denen Schmuggelware lagerte, und einer kleinen Garnison. Vom ersten Moment an schlug einem die Absurdität dieses Ortes entgegen, der von der Not der Flüchtlinge lebte. Während verzweifelte Afghanen ein menschenwürdiges Leben im Nachbarland suchten, strömten von dort iranische Männer, Frauen und Kinder auf der Flucht vor dem Mullahregime nach Pakistan.

Unser Fluchthelfer teilte uns einer Gruppe von sechzehn Leuten zu, die am nächsten Morgen die Grenze überschreiten sollten, um nach Sahedan auf der iranischen Seite zu gelangen. Zum Essen und Schlafen suchten wir ein Teehaus auf, dessen Beschilderung auf einen afghanischen Betreiber hindeutete. In einer Ecke der schäbigen Behausung spielten finstere Gestalten Karten und stritten um den Gewinn. Der Wirt, ein freundlicher Mann, fragte nach dem Woher und Wohin, ohne wirklich eine Antwort zu erwarten. Zwischen seinen Lippen glimmte eine Haschischzigarette. Irgendetwas an seiner Erscheinung weckte meine Neugier. War es die Art, wie er sprach? Mit seinem unverkennbaren Kabuler Akzent scherzte er über die Schönheit Belutschistans und die Endlosigkeit seiner Wüsten. Im Laufe des Abends wurde es mir endlich klar: Der Mann war kein anderer als Aschraf, ein alter Freund von Farid. Er hatte Afghanistan vor über zehn Jahren verlassen, erinnerte sich aber noch sehr deutlich an mich, an unser Haus in Chair Chana und das große Fenster im Salon. Zu meinem größten Erstaunen fragte er sogar mit unverhohlenem Interesse nach meinen Schwestern. So etwas hatte ich noch nie von einem Landsmann gehört, offenbar war sein Benehmen durch das mörderische Wüstenklima in Mitleidenschaft gezogen worden.

Sofort stellte er zwei Tschorpais – »Vierfüßer« genannte hölzerne Bettgestelle – auf das Dach des Teehauses. Hier war die Hitze ein wenig erträglicher, und Aschraf ließ kaltes Wasser und Essen servieren, als sei ich ein guter alter Freund.

»Nun spuck's schon aus!«, forderte er in seiner ungehobelten Art. »Was treibt dich hierher?«

»Wir mussten fliehen. Die neuen Machthaber waren hinter uns her. Wir wollten uns in Sicherheit bringen, aber …«

»Verstehe, und Farid, der alte Junge?«

»Farid ist … ich weiß nicht … er ist …«

»Die Hundesöhne haben ihn erwischt?«

Ich nickte und schaute zu Boden. Aschraf orderte eine Wasserpfeife und füllte sie mit einem dunklen Klumpen Haschisch. Ich nahm einen kräftigen Zug, hustete mir die Lunge aus dem Leib und suchte das Vergessen.

»Ihr solltet jetzt schlafen«, sagte Aschraf. »Es geht schon vor dem Morgengrauen los.«

Aggressive Wüstenmoskitos schwirrten um mein Gesicht und stachen durch die dünne Decke. In wirren Träumen wandelten sie sich zu Messern, die sich in das Fleisch meines Bruders gruben. Ich schreckte auf, als Aschraf an meiner Schulter rüttelte.

»Mit deinem Geschrei weckst du alle auf. Komm, trink einen Tee. Bald müsst ihr gehen.«

Unsere Gruppe wurde zu einer abgelegenen Stelle im Niemandsland gefahren. Von dort aus mussten wir so schnell wie möglich mehr als zwei Kilometer weit über die iranische Grenze rennen. Es galt, den pakistanischen Milizen auf der einen und den iranischen Sepah auf der anderen Seite auszuweichen. Die Milizen seien nur scharf auf Bargeld und Schmuck, behauptete der Schlepper, sie nähmen es den gefassten Flüchtlingen ab und ließen sie dann weiterlaufen. Die Sepah dagegen verhafteten die illegalen Grenzgänger, brächten sie in Abschiebelager und schickten sie direkt zurück nach Afghanistan.

Jemand gab das Zeichen zum Aufbruch, und sofort spurteten wir los. Hanief und ich blieben dicht beieinander. Das Gelände war eben, und nur ab und zu ragten kleine Felsen aus dem Sand hervor. Meine Beine wurden schwer, und ich gehörte zu den letzten Läufern. Die fünftägige Flucht von Kabul steckte mir noch in den Knochen, und jegliche Energie war aufgezehrt. Endlich erreichten wir Mirdschawa, einen Ort wie Teftan, aber bereits auf iranischer Seite. Hinter einem Hügel warteten drei Autos, die uns nach Sahedan, der nächstgrößeren Stadt, bringen sollten.

In einer unscheinbaren Wohnung warteten weitere afghanische Flüchtlinge, sodass wir fast dreißig Personen waren. Wir verbrachten eine Nacht in Sahedan, bis unser Schlepper falsche Papiere und einen regulären Linienbus nach Teheran organisiert hatte. Er war so clever, dem Fahrer eine stattliche Summe zu bieten und das gesamte Fahrzeug anzumieten. Über Nebenrouten fuhren wir in Richtung Norden und konnten die wenigen Straßenkontrollen unbehelligt passieren. Der Chauffeur fand immer die richtigen Worte, und unser Bus voller afghanischer Flüchtlinge erreichte nach einer fast vierundzwanzigstündigen Fahrt die Hauptstadt.

Teheran ist riesig! Die Stadt beeindruckte mich mit ihren gewaltigen Ausmaßen und einer erstaunlichen Modernität. Ich konnte mir kaum vorstellen, im Orient zu sein. Der Verkehr staute sich selbst auf den breitspurigen Autobahnen. In diesem Gewirr war es gewiss ein Leichtes, anonym zu bleiben.

Hanief und ich machten uns auf die Suche nach Bekannten und Verwandten. Mein Begleiter war wesentlich besser vorbereitet als ich und hatte sich vorsorglich einige Adressen notiert. Es dauerte nicht lange, und wir fanden einen vorläufigen Unterschlupf bei Haris, einem alten Schulfreund von uns. Wie er uns erzählte und wie wir auch selbst bald mit eigenen Augen sahen, traf man in Teheran überall auf Afghanen. Viele kämpften hier ums pure Überleben, und andere hatten sich bereits ein wenig etabliert. Haris hatte eine Anstellung bei einem Schneider gefunden und gehörte damit zu den Privilegierten. Die meisten unserer Landsleute verdienten ihren Unterhalt auf den unzähligen Hochhausbaustellen im wohlhabenden Norden der Stadt. Dort wuchsen die Gebäude in den Himmel, und Afghanen arbeiteten von frühmorgens bis zur Abenddämmerung in schwindelnden Höhen über den Dächern der Reichen, um immer neue Appartements aufzuschichten. Sie balancierten auf gewaltigen Stahlträgern, die sie miteinander verbanden, sodass sich fragil wirkende Gitter bildeten, deren rechteckige Felder sie später ausmauerten. In den unteren Stockwerken hausten sie in primitiven Verschlägen und kochten sich ihre bescheidenen Mahlzeiten. Die Arbeit war sehr gefährlich und schlecht bezahlt, und ich musste alles versuchen, um rasch eine bessere Beschäftigung zu finden.

Einen Beruf hatte ich nicht gelernt, mein handwerkliches Geschick hielt sich in Grenzen, und einen afghanischen Musiker ohne Instrument wollte sicher auch niemand engagieren. Ich musste dringend meinen Onkel finden und fragte jeden Afghanen nach meinem Verwandten Afghanpur Agha. Einer von Haris' Freunden glaubte tatsächlich jemanden mit diesem Namen zu kennen. Es sei ein Mann aus Schamali, bestätigte er, der schon sehr lange im Lande lebe. Er habe einen Laden in Bandar-e Abbas, einer Stadt im weit entfernten Süden, am Persischen Golf, und er sei weithin berühmt als tüchtiger Geschäftsmann. Haris' Freund war sich ganz sicher – schließlich lebte er selbst dort. Ich gab ihm einen Brief für Afghanpur mit und hoffte auf ein Lebenszeichen. Wenn es sich bei dem Ladenbesitzer tatsächlich um Afghanpur handelte und er sich an mich erinnern konnte, waren die ersten Hürden genommen. Der Weg war sehr weit bis zum Persischen Golf, und ich musste ganz sicher gehen, ihn dort anzutreffen. Als er sich nach einer Woche noch immer nicht gemeldet hatte und mein Budget langsam zur Neige ging, machte ich mir ernsthafte Sorgen um meine Zukunft. Haris gab den Versuch, mir das Schneiderhandwerk beizubringen, sehr schnell auf. Zum Glück zeigte der Freund keinerlei Ungeduld wegen meiner Anwesenheit in seiner winzigen Wohnung. Hanief hatte mittlerweile seine Verwandten ausfindig gemacht und sich verabschiedet.

Als es an einem Freitagnachmittag klingelte, öffnete ich ganz selbstverständlich die Tür, denn bei Haris fühlte ich mich wie zu Hause. Ein gepflegt wirkender Mann in mittleren Jahren stand mit einem Aktenkoffer im Flur. Er grüßte mich auf iranische Art, aber ich hörte seinen feinen Dari-Akzent. Ich bat ihn herein, und erst als ich Haris' fragenden Blick sah, wurde mir klar, dass auch er den Besucher nicht kannte.

»Wer von euch beiden ist denn nun mein Neffe Massud?«, fragte der Fremde unsicher, und ich fühlte die Schamesröte in mir aufsteigen. Ich hatte meinen eigenen Verwandten nicht erkannt!

»Kahkah Afghanpur … ich bin es«, stotterte ich, und der Onkel umarmte mich mit Tränen in den Augen.

»Zwanzig Jahre, mein Junge«, sagte er, »zwanzig Jahre habe ich niemanden aus der Familie mehr gesehen. Niemand, der mich Kahkah genannt hat. Wie geht es Wakil-dschan, deinem Vater? Wie viele Söhne hat er? Bist ein feiner Bursche, Massud-dschan.«

Er war sichtlich gerührt, und ich suchte fieberhaft nach den Bruchstücken ferner Erinnerungen und entdeckte verschwommene Bilder eines jungen Mannes, der in der Qalai Mirsa Khan einen großen Sack auf seine Schultern hievt und allen ein Lebewohl wünscht. Es hieß damals, eine unglückliche Liebe habe ihn in die Ferne getrieben, aber als Kind hatte ich nicht verstanden, was damit gemeint sein konnte.

Einer Fahrt zum Persischen Golf stand allein mein illegaler Status im Weg. Die iranische Regierung verweigerte allen afghanischen Neuankömmlingen den Aufenthalt, da in unserer Heimat nun auch ein islamisches Regime herrschte. Ihrer Meinung nach gab es keinen Grund mehr zu fliehen. Wer keinen gültigen Status hatte, wurde abgeschoben. Haris organisierte einen gefälschten Passierschein, was meine letzten Ersparnisse aufzehrte.

Nach einer achtzehnstündigen Autofahrt erreichten wir schließlich Bandar-e Abbas, und ich stand staunend vor einem großen Wohnhaus direkt am Persischen Golf. Afghanpur schien wirklich ein tüchtiger Geschäftsmann zu sein und betrieb gleich mehrere kleine Läden für Eismaschinen und Cooler, wie man dort jede Form von Air-condition nennt. Seine Familie nahm mich mit offenen Armen auf, und innerhalb der häuslichen Mauern fühlte ich mich zunächst sicher und geborgen. In dem komfortablen Haus waren alle Räume gekühlt, und von der lähmenden Backofenhitze war nichts mehr zu spüren.

Zu meinem Entsetzen zeigte sich mein Onkel als streng gläubiger Moslem, der nicht nur alle Gebete verrichtete, sondern auch von seiner Frau und den Kindern tiefste Gottesfurcht erwartete und sogar Mitglied der Hesb-e Islami von Hekmatyar war. Ich konnte seine Einstellung nicht begreifen. Er lebte seit über zwanzig Jahren fern der Heimat und hatte sich einer der radikalsten islamischen Fraktionen angeschlossen, spendete ihr Geld und schien ihre Ideologie zu teilen.

Ich musste mich so schnell wie möglich unabhängig von ihm machen und suchte verzweifelt nach einer Beschäftigung außerhalb seiner Firma. Bereits nach zwei Wochen fand ich eine Stelle als Deutschlehrer in einer Privatschule, und nach einem Monat hatte sich die Teilnehmerzahl in meinem Kurs verdoppelt. Die Schüler waren begeistert von meiner Methode und beneideten mich um meine Erfahrungen in Europa. Immer wieder sollte ich ihnen von Deutschland erzählen, alle wollten eines Tages dorthin. Die meisten hatten Verwandte in Hamburg, Köln oder Frankfurt. Sie träumten von der Freiheit, wie einige offen bekannten. Ich verdiente bald mehr Geld, als ich ausgeben konnte, und genoss ein enormes Prestige unter meinen Landsleuten. Zu einer gut bezahlten Anstellung als Privatlehrer hatte es noch niemand gebracht.

Regelmäßig versuchte ich Kontakt mit Kabul aufzunehmen, doch jeder Versuch scheiterte. Es war hoffnungslos: kein Lebenszeichen von meiner Familie und keine Informationen über Farids Schicksal. Sie wussten nicht einmal, dass ich am Leben war und in Sicherheit bei Afghanpur, dem Sohn von Mutters ältestem Bruder.

Die Tage vergingen in immer gleichem Rhythmus. Noch vor Sonnenaufgang wurde im Haus gebetet – das Gemurmel schreckte mich jedes Mal aus dem Schlaf –, dann nahm ich einen Tee und eilte zur Schule. Vor dem Einbruch der Hitze um zehn Uhr hatte ich bereits drei Unterrichtsstunden absolviert. Dann begann die endlos lange Mittagspause, die mich entsetzlich langweilte. Zumeist nutzte Afghanpur die Stunden nach dem Essen für theologische und politische Diskussionen, denen ich als sein Gast mit Zurückhaltung begegnen musste. Seine politische Meinung war unerträglich, zeigte sie doch fundamentalistische Züge, wie es sie bei keinem anderen Mitglied meiner Familie je gegeben hatte. Offenbar träumte er von einem Afghanistan nach iranischem Vorbild. In seiner Anwesenheit wurde keine Musik gespielt, und nur widerwillig duldete er es, dass sich seine Frau indische Videofilme anschaute.

Die Luft im Haus wurde mir zu dünn zum Atmen, und nach einigen Monaten hatte ich genügend Geld gespart, um eine eigene Wohnung zu mieten. Fast vergaß ich meinen Illegalenstatus, und auch in der Schule ahnte niemand, dass ich erst kürzlich ins Land gekommen war und keine Aufenthaltserlaubnis hatte. Ich bewegte mich zwar mit einer gewissen Vorsicht auf den Straßen, doch nicht mehr so ängstlich wie in den ersten Tagen. Ich hätte mich ein wenig entspannen können, wenn es nur endlich ein Lebenszeichen von meiner Familie gegeben hätte. Über ausländische Radiosender kamen ausschließlich beunruhigende Nachrichten. Kabul war schweren Gefechten ausgesetzt, und angeblich lagen ganze Straßenzüge in Schutt und Asche.

Wie an jedem Abend, wenn ich den Unterricht beendete, war es bereits dunkel. Sie hatten ihre Scheinwerfer ausgeschaltet, und so geriet ich vollkommen unvorbereitet in ihre Kontrolle. »Ihre Papiere, bitte.«

Erst dann entdeckte ich die Uniformen und das Fahrzeug der Ordnungshüter in der Einfahrt. In meiner Tasche befand sich der in Kabul gekaufte Parteiausweis einer islamischen Partei und mein afghanischer Ausweis. Mit Erstaunen stellte ich fest, dass meine Hände nicht zitterten, als ich sie dem Sepah reichte.

»Bitte schön, hier sind meine Dokumente.«

»Mein Herr, wir sind hier nicht in Kabul, sondern in der Islamischen Republik Iran. Haben Sie keine iranischen Papiere?«

»Das ist alles, was ich habe. Aber ich arbeite dort drüben in der Privatschule als Lehrer und habe auch einen festen Wohnsitz.«

»Offenbar sind Sie nicht registriert. Sie müssen mitkommen.«

Sie übergaben mich der Polizeizentrale im Stadtzentrum, überprüften meine Angaben und kamen zu dem Ergebnis, dass ich der richtige Kandidat für eine Abschiebung sei. Sie ließen mir keine Chance, zu telefonieren oder gar meine Sachen zu holen und mich von meinen Verwandten zu verabschieden. Noch in der Nacht stießen sie mich in einen Transporter und fuhren Richtung Osten.

Ein Stacheldrahtzaun war das Erste, was ich von dem Lager sah. Mitten in der staubigen Wüste Belutschistans hatte man Pfeiler in den Boden gerammt, einen Zaun gezogen, an jeder Ecke einen Wachposten aufgestellt und die Menschen in zwei Baracken gesperrt. Man reichte mir eine zerrissene Decke und wies mir einen Platz auf dem Boden zu. Das Jammern und Schreien der Frauen und Kinder in der gegenüberliegenden Baracke war schlimmer zu ertragen als Hunger, Durst, Moskitoschwärme und der Gestank von Exkrementen. Die Mütter bettelten für ihre Kinder um ein Stückchen Brot und einen Schluck Wasser, und aus Mitleid teilten viele Männer ihr klägliches Mahl mit ihnen. Selbstverständlich konnte man auch die Beamten bestechen und Annehmlichkeiten erkaufen, doch in meiner Hosentasche befand sich kaum mehr Geld, als für eine überteuerte Schachtel Zigaretten reichte.

Vom Lager gingen regelmäßig Transporte an die afghanische Grenze. Auf keinen Fall durfte ich den Mudschahedin in die Hände fallen. Erfahrene Abschiebekandidaten, die diese Prozedur schon mehrfach hatten erleiden müssen, erläuterten mir mögliche Auswege. Meine Uhr und mein goldener Ring, den Afghanpur mir zum Geburtstag geschenkt hatte, könnten das Unmögliche vielleicht möglich machen – die Flucht nach Pakistan. Das Lager befand sich in der Nähe des Dreiländerecks bei Mirdschawa. Einige Abschiebehäftlinge planten, mit den Wachen zu verhandeln, und ich schloss mich ihnen an. Meine letzten Wertgegenstände übergab ich einem narbengesichtigen Jüngling aus Herat und musste ihm vertrauen.

Nach dreiundzwanzig Tagen wurde mein Name aufgerufen, und da ich nichts zum Packen hatte, war ich sofort zur Abfahrt bereit. Auf der Ladefläche des Transporters entdeckte ich den Herati, der mir aufmunternd zuzwinkerte. Offenbar war dieser Transport einzig von bestimmten Häftlingen besetzt, denn schon gesellten sich die vertrauten Gesichter zu uns. Ich fühlte mich unendlich schwach, und gleichzeitig keimte ein wenig Hoffnung in mir auf. Endlich dieses verdammte Lager verlassen! Nur dank meines Hosengürtels, in den ich erst gestern zwei neue Löcher gestoßen hatte, fiel mir die Kleidung nicht vom Leib. Selbst das bloße Stehen fiel mir schwer, und ich fragte mich, ob es die übliche Schwäche nach dreiwöchiger Gefängniskost oder eine Krankheit war, die meine Sinne trübte. Der Wüstenhorizont verschwamm vor meinen Augen, und die Geräusche drangen nur noch gedämpft an mein Ohr.

Kurz vor Mittag bog unser Transporter von der Straße ab, und die Wachleute kassierten vom Jungen aus Herat die vereinbarte Prämie. Sie gaben unserer Gruppe fünf Minuten Zeit, sich zu verziehen. Wir waren im Niemandsland angekommen, der offizielle Grenzübergang lag ungefähr einen Kilometer entfernt, und wir hatten eine mindestens doppelt so weite Strecke bis nach Pakistan zurückzulegen. Wir rannten los. Verfolger waren zunächst nicht zu sehen, doch dann stürmten pakistanische Milizen mit Ketten und Holzknüppeln von vorn auf uns zu. Meine Füße wollten mich nicht tragen, und so dauerte es nur einen kurzen Moment, bis drei Grenzer sich auf mich stürzten. Sie traten mich, schlugen mir ins Gesicht, beschimpften mich und zerrten an meiner Kleidung. Jemand fasste in meine Taschen.

»Du Lump, du Hundesohn, wieso hast du kein Geld?«

»Wo hast du es? Wo ist dein Geld?«, schrie ein anderer.

»Ich habe nichts. Man hat mich ausgeraubt«, rief ich ihnen zu und schützte meinen Kopf mit den Händen.

»Wage es nicht, uns anzulügen. Wie willst du ohne Geld weiterreisen?«

»Ich treffe in Teftan einen Freund.«

Einer der Männer zerrte an meinem Gürtel, öffnete die Schnalle und zog ihn durch die Schlaufen.

»Verschwinde!«, schrie er mich schließlich an und versetzte mir zum Abschied einen kräftigen Tritt in den Hintern.

Irgendwann entdeckte ich in der Ferne einen Zaun, und dahinter standen Schaulustige und riefen: »Weiter, du schaffst es! Nur noch fünfzig Meter, gleich bist du am Ziel.«

Die schäbigen Hütten von Teftan tauchten auf, und ich versuchte ein bekanntes Gesicht zu erspähen. Meine Kraft ging zu Ende, doch der Überlebenswille zwang meine Füße zu gehorchen. Dann schmeckte ich etwas Sandiges in meinem Mund, begriff, dass ich am Boden lag. Irgendwann spürte ich ein heftiges Rütteln an meinen Schultern.

»Steh auf, nur noch ein paar Schritte bis zum Zaun. Hier können wir nicht bleiben. Die Milizen können jeden Moment wiederkommen.«

Aschrafs Stimme war mir in jenem Moment genauso vertraut wie die meines eigenen Bruders. Er hob mich hoch, schüttelte mich und zerrte mich schließlich durch den Sand. Ich merkte noch, wie ich einen Schuh verlor, und dann erreichten wir auch schon sein Teehaus. Während er lauthals auf die Iraner, die Pakistaner und auf die ganze Welt schimpfte, flößte er mir Wasser ein.

»Womit haben wir diese Behandlung verdient? Sind wir keine Menschen? Betrachten sie uns als Hunde?«

»Danke … ohne dich … mein Freund«, stammelte ich nur.

»Massud, du hast es geschafft. Scheint nichts gebrochen zu sein. Die haben es gut mit dir gemeint«, hörte ich ihn sagen, während er meinen Körper inspizierte. »Mein Gott, wie siehst du aus? Du bestehst ja nur noch aus Haut und Knochen.«

Nachdem Aschraf mich gefüttert hatte, brachte er mich ins Hamam, besorgte mir frische Kleider und bestellte einen Friseur. Er lud mich ein, bei ihm zu bleiben, um gesund zu werden, und erst dann an die Zukunft zu denken. Ich war ihm unendlich dankbar für seine großzügige Hilfe.

Mein Gastgeber ging den unterschiedlichsten Geschäften nach, alle jenseits der Legalität angesiedelt. An diesem verlassenen Ort gab es vermutlich auch keinen anderen Erwerb. Mit einer Haschischzigarette im Mundwinkel zählte er Bündel afghanischen, pakistanischen, iranischen und amerikanischen Geldes, machte sich verwirrende Notizen und ließ uns pünktlich zur Mittagszeit ein köstliches Essen bereiten. In Aschrafs Teehaus lernte ich das Leben der Spieler kennen und entdeckte die Raffinesse der wenigen Könner. Zu den Spielregeln gehörte es, dass derjenige, der am meisten gewann, den wenigen Zuschauern etwas abgab. Zumeist kannten sich die Anwesenden seit langem, und nach einigen Tagen gehörte ich zum Inventar der Spelunke. Manchmal schenkte ich den Spielern Tee ein oder wechselte ihre fremdländischen Scheine in pakistanische Rupien. Niemals jedoch setzte ich mich an den Kartentisch.

Hoffnung in Wien

Auf dem Übersiedlungsformular war der Name einer Pension in Wien-Favoriten eingetragen. Ein mehrstöckiger Flachdachbau in der Nähe des Südbahnhofes. Das sollte meine neue Bleibe sein. Auf dem Parkplatz wartete ein polnischer Reisebus mit qualmenden Auspuffrohren, daneben standen osteuropäische Kleinwagen. In einer Liste fand der Mann an der Rezeption meinen Namen. Er führte mich zu einem Dreibettzimmer. Niemand war da. Meine Mitbewohner schienen auf Ordnung zu achten. Weder lagen Kleidungsstücke herum, noch roch es nach ungewaschenen Socken. Ein genauerer Blick auf die Möblierung verwirrte mich. Der einzig mögliche Schlafplatz war die freie Hälfte eines Ehebettes, und ich hatte keineswegs die Absicht, mich dort hinzulegen.

»Das ändern wir noch«, sagte der Wirt beiläufig, »bis morgen bringen wir es in Ordnung. Da stellen wir ein Etagenbett auf.«

Das Ministerium für Inneres zahlte der Pension eine unbekannte Summe für unsere Bleibe, verteilte Coupons an die Flüchtlinge unter den Gästen, die im Restaurant eingelöst werden konnten. Alle zwei Monate bekam ich weiterhin achthundert Schilling Taschengeld. Einem neuen Leben stand nun nichts mehr im Wege. So schnell wie möglich wollte ich auf Arbeitssuche gehen. Ich war zuversichtlich. Am Abend lernte ich Nadschib kennen, den Mann, mit dem ich mir das Ehebett teilen sollte. Er war Pakistaner, und wir verständigten uns auf Urdu. Seine österreichische Ehefrau hatte ihn vor die Tür gesetzt, bekannte er freimütig. Er lebte schon seit mehreren Monaten in dieser billigen Pension. Nadschibs Art gefiel mir, und er war sichtlich erfreut über einen Gesprächspartner. Wir mochten die gleiche Musik. Er spielte seine heimatlichen Kassetten, und Yao aus Ghana, der Dritte in unserem Bunde, war genervt.

Zunächst versuchte ich einen Job in der Gastronomie zu finden. Ich bot meine Dienste als Küchenhilfe und Kellner an. Einige Wirte zeigten sich interessiert, aber ohne Arbeitserlaubnis wollten sie mich nicht anstellen. Dann versuchte ich mein Glück auf Baustellen. Tagelang klapperte ich Neubaugebiete und Straßenbaukolonnen ab. Später probierte ich es in Bekleidungsgeschäften und bei Gemüsehändlern. Überall fragte ich nach einem Aushilfsjob. Ich war bereit, jede erdenkliche Arbeit anzunehmen. Schließlich versuchte ich es in Gärtnereien und sogar in der Landwirtschaft, doch überall bekam ich die gleiche Auskunft: Niemand wollte einen Schwarzarbeiter beschäftigen.

Eines Samstags ging ich mit Nadschib auf einen Vitrinenbummel durch die Favoritenstraße. Irgendwann landeten wir am Naschmarkt, einem Ort, den ich bis dahin noch nicht kannte. Wir drängten uns durch die Menschenmenge, wo sich in den engen Gassen die Gerüche frischer Rosen, von türkischem Kebab und gebrühtem Mokka vermischten. Der Lärm der Händler und Käufer ließ mein Herz höher schlagen. Vor einem Schmuckstand stehend, fühlte ich mich für einen Moment nach Islamabad versetzt. Überall sah ich Ausländer und hörte Russisch, Arabisch, Chinesisch und Hindi. Ein Blick in die vielen so unterschiedlichen Gesichter schürte einen Gedanken, der sich in Sekundenschnelle zu einem Plan entwickelte: Hier an diesem Ort, auf dem Naschmarkt, will ich arbeiten. Hier fühlte ich mich auf Anhieb wohl. Dies war meine Welt. Nadschib wurde unentwegt gegrüßt und schien jeden orientalischen Händler zu kennen. Als er sich mit einem Inder unterhielt, der darüber klagte, dass sein Mitarbeiter verschwunden sei, war meine Chance gekommen.

Im Nu heuerte er mich für zweihundertfünfzig Schilling am Tag plus Verpflegung als Fahrer und Verkäufer an. Fünfzig Schilling werde ich ausgeben, und die restlichen zweihundert lege ich beiseite, ging es mir durch den Kopf. So kann ich meine Schulden abzahlen und auch noch meine Familie unterstützen. Ich war bereits mit der Hochrechnung beschäftigt, wann ich voraussichtlich schuldenfrei wäre, während der Inder noch immer meinen Führerschein begutachtete, der aus der exotischen Deutschen Demokratischen Republik stammte.

Zwei Tage später begann um sechs Uhr in der Früh mein erster Arbeitstag. In einem Lagerraum luden wir Textilien und Modeschmuck, »Made in India«, in einen Kleinbus und fuhren zum Naschmarkt. Schon beim Aufbauen unseres Verkaufsstandes fühlte ich mich wie ein Heimkehrer in eine vertraute Welt. Routiniert sprach ich potenzielle Kunden an und verwickelte sie in amüsante Verkaufsgespräche. Auch englischsprachige Touristen verweilten vor unserer Ware, und ich verkaufte manches Kleidungs- oder Schmuckstück. Binnen kurzer Zeit wurde ich zu einem geschickten Verkäufer, und andere Standbesitzer zeigten Interesse an meinen Fähigkeiten. Nach einer Woche ließ ich mich für einhundert Schilling mehr am Tag abwerben. Nun musste ich weder einen Lieferwagen fahren noch den Stand aufbauen, sondern ging vormittags direkt zum Markt. Mein neuer Chef, Tamim, ein Pakistaner, handelte mit bunt bedruckten T-Shirts, Schirmmützen, diversen Flaggen und Wimpeln und billigem Modeschmuck. Das gesamte Angebot wurde für einen Bruchteil des Verkaufspreises in pakistanischen Nähereien und Kleinbetrieben produziert.

Bald zählten zahlreiche in- und ausländische Touristen zu meinen besten Kunden. Wie in Islamabad lockte ich sie mit einer bunten Palette deutscher oder englischer Standardsätze an unseren Stand. Wenn sie in ihrer sommerlichen Kleidung sonnengebräunt vor mir standen, beneidete ich diese Menschen. Sorglos streiften sie durch die Stadt, hielten eine zerknitterte Broschüre der Touristeninformation in der Hand und blickten häufig nach oben. Dorthin, wo es, laut ihrem Reiseführer, Kirchtürme und herausragende Steinmetzarbeiten zu entdecken gab. Ihre dahingeworfenen und oftmals zusammenhanglosen Kommentare erfüllten mich mit Sehnsucht nach etwas Unbekanntem. Sie reisten von einer Stadt zur anderen, von einem Land zum nächsten, gar von Kontinent zu Kontinent, und nichts und niemand konnte sie aufhalten. Wie mag es sein, mit nichts als Fernweh, frischer Wäsche und ausreichend Filmen im Gepäck die Welt zu erkunden? Wie fühlt es sich an, ohne Angst einem Beamten bei den Einreisekontrollen den gültigen Pass zu reichen?

Zwei Ehepaare kamen zielstrebig auf meinen Stand am Naschmarkt zu. Bei ihrem Anblick machte ich mir einen Spaß daraus, ihre Herkunft zu erraten. Nur selten hatte ich mich bisher vertan. Die Frauen trugen toupierte Haarfrisuren. Ein dezenter rötlicher Schimmer zeigte sich auf den schmalen Lippen der einen, und eine rosa Bluse schaute unter ihrer cremefarbenen Sommerjacke hervor. Es roch nach zu viel Haarspray. Lackierte Fußnägel konkurrierten mit dem Gold von Riemchensandalen. Ihre Augenbrauen hatten die Damen zu schmalen Strichen gezupft, unter denen ich unnahbare Blicke auf mich gerichtet sah. Briten, eindeutig! Sie sprachen genauso wie Miss Carter, die Botschaftssekretärin in Islamabad.

Und ich fragte mich in jenem Moment erneut, was eigentlich Urlaub sei.

Natürlich kauften sie nichts, die grellen T-Shirts und der auffallende Modeschmuck waren nicht nach ihrem Geschmack. Aber sie sprachen mich an. Das tun Briten häufig, weil sie mich für einen Inder halten, der Englisch spricht. Es ging wieder einmal um die erstaunlich oft gestellte Frage nach einer Toilette. Offenbar ist dies ein globales Hauptproblem von Touristen, und ihnen bei seiner Lösung behilflich zu sein war in Islamabad eine ungleich größere Herausforderung als in Wien. Besonders Amerikaner sind äußerst empfindlich, wenn es um das besondere Örtchen geht. Eigentlich kann man sie in Pakistan nur in ein Fünf-Sterne-Hotel schicken. Es gefiel mir, wenn Amerikaner mich in Wien mit einem verunglückten »Grluss Goht« ansprachen, um dann umständlich nach einem Bathroom zu fragen.

Orientierungslosigkeit scheint unter Touristen ebenfalls weit verbreitet zu sein, und ich schnappte so manchen diesbezüglichen Wortwechsel auf.

»Wo war die Kirche, in der wir vorhin waren? Wie hieß die noch mal?«

»Welche denn?«

»Na die mit dem vielen Gold.«

»Franziskanerkirche!«

»War das nicht in Salzburg?«

Ich mochte diese Einfältigkeit, auch wenn sie meinen Neid noch weiter schürte. Diese Spezies von Mensch durfte sogar die Staatsoper mit der Wiener Hofburg verwechseln, und niemand nahm es ihnen übel. Man betrachtete sie manchmal wie Kinder, die nicht so recht wissen, was sie tun, aber eine Menge Taschengeld flüssig haben und geradezu versessen darauf sind, es auszugeben.

Ich war zufrieden und sah der Zukunft mutig entgegen. Als sich das Herbstlaub verfärbte, empfand ich Wien als die schönste Stadt auf Erden. Ich besserte mein Budget auf, überwies regelmäßig Geld auf ein Konto in Deutschland, um Karims Schleuserdienste zu bezahlen, und wies meiner Familie am 20. jeden Monats eine ausreichende Summe an. Meine Mittagspausen verbrachte ich häufig in einem nahe gelegenen kleinen Bistro, und bald freundete ich mich mit der Wirtin an. Sonja war eine Frau im Alter meiner Mutter, aber sie war derart aktiv und kontaktfreudig, dass ich kaum einen Altersunterschied zwischen uns spürte. An einem milden Tag im Oktober – ich stand in der winzigen Küche des Bistros und half Sonja beim Abwaschen, weil ihre Mitarbeiterin überraschend ausgefallen war – hörte ich vom Tresen zwei erregte Frauenstimmen.

»Diese verdammten Pakistanis, sie begrapschen die Frauen auf offener Straße«, sagte die eine.

»Sie hassen Frauen«, lautete die überraschende Antwort.

»Meinst du?«

»Na klar, bei denen werden sie in ein Hinterzimmer gesperrt und kriegen einen Knochen zum Abnagen.«

»Und hier fassen diese Typen uns schamlos an den Hintern. Was wollen die überhaupt hier?«

Mein Herz klopfte bis zum Hals, und in meiner Erregung ließ ich einen Teller fallen. Sonja kam zu mir und wusste sofort, was mit mir los war.

»Hör nicht hin. Die beiden sind strohdumm und wissen nicht, wovon sie reden.«

»Ich habe so etwas noch nie gehört.«

»Die arbeiten auch auf dem Naschmarkt. Sie verkaufen billigen Modeschmuck.«

Ich drängte mich an Sonja vorbei und lauschte den Worten der beiden Frauen.

»Sie verderben uns die Preise. Wie können sie die Ware nur so billig anbieten?«

»Das funktioniert, weil sie zu zehnt in einer Bude hausen.«

»Es müsste Mindestpreise für unsere Waren geben. So können wir mit denen nicht konkurrieren. Schließlich ist das hier *unsere* Stadt.«

Die Worte gingen mir nicht aus dem Kopf. »Unsere Stadt«. So darf ich Wien vermutlich nie nennen, dachte ich. Dabei war dieser Ort ein Stück weit auch meine Stadt geworden. Mein Leben lief hier reibungslos. Selbst die Angst, unverhofft nach meiner Arbeitserlaubnis gefragt zu werden, vergaß ich manchmal. Und mein ungesicherter Aufenthalt mit dem schwebenden Verfahren war kein Grund mehr für schlaflose Nächte. Ich fühlte mich auf dem Markt geborgen, er war zu meinem zweiten Zuhause geworden und Sonjas Bistro zu einem meiner Lieblingsplätze.

Es war an einem Freitagabend nach einem besonders guten Geschäftstag. Strahlendes Herbstwetter hatte viele Touristen in die Stadt gelockt, und einige ließen sich gern überreden, ein Souvenir aus Wien, made in Pakistan oder Hongkong, als Erinnerung zu kaufen. Ich freute mich auf das Wochenende. Ich hatte ein paar Landsleute kennen gelernt. Mit ihnen wollte ich in einem Klubraum Musik machen, rauchen und trinken und von einer Rückkehr in ein friedliches Afghanistan träumen. Als ich froh gestimmt in die Pension am Südbahnhof kam, winkte der Wirt mit einem blauen, eingeschriebenen Briefumschlag.

»Ihre Berufung ist … abgewiesen worden.« Die Worte verschwammen vor meinen Augen. Was nun? Abschiebung? Bin ich überhaupt noch sicher?

Es hieß, man könne eine Beschwerde bei einem höher geordneten Gericht oder gar dem Verfassungsgerichtshof einlegen. Diesen Schritt müsse allerdings ein Rechtsanwalt einleiten. Wovon sollte ich einen Rechtsanwalt bezahlen? Ich hatte Schulden bei Karim, und an den regelmäßigen Überweisungen nach Islamabad führte kein Weg vorbei. Wenn sie mich wirklich abschieben, dachte ich, dann ist nicht nur mein Schicksal besiegelt. Sollte ich abermals Frau Schützinger um Hilfe bitten? Nein, das brachte ich nicht fertig! Nicht noch einmal. Aber einen Landsmann oder einen der Standbesitzer vom Naschmarkt wollte ich auch nicht nach Geld fragen. Ich kannte sie doch alle nur flüchtig. Wieder und wieder studierte ich das verhängnisvolle Dokument der Behörde. Darin hieß es, der Staatschef von Afghanistan habe eine Generalamnestie verhängt, und für Parteimitglieder der ehemals herrschenden Regierung bestehe keine Gefahr. Staatschef von Afghanistan! Wen meinten sie denn überhaupt damit? Für meine persönliche Gefährdung sei keine Beweislage gegeben. Meine Furcht sei unbegründet. Punkt.

Auf einem anderen Blatt stand vermerkt, dass innerhalb von sechs Wochen die Zuwendung durch das Bundesministerium für Inneres auslaufe. Dann müsse ich meinen Platz in der Pension geräumt haben. Wovon sollte ich eine Wohnung bezahlen, meine Schulden bei Karim begleichen, meiner Familie Geld anweisen?

Hoffnung kam auf, als mir jemand von der Beratungsstelle der Caritas im 14. Stadtbezirk erzählte. Dort hörte man sich geduldig meinen Fall an und leitete mich an eine Rechtsanwältin weiter, die sich für die Belange von Flüchtlingen engagierte. Ihr Büro war klein und einfach möbliert. Sie studierte meine Akte und formulierte die wichtigste Frage: Was hatte ich im Falle einer Rückkehr nach Afghanistan zu befürchten? Gab es Beweismaterial, welches bestätigte, dass ich in meinem Land als Verräter betrachtet und zum Tode verurteilt würde? Sie sprach mit eindringlichen Worten. Nur so bestünden Chancen auf eine positive Bewertung meines Einspruchs.

Allein den Gedanken daran, etwas Derartiges beweisen zu müssen, fand ich absurd und demütigend. Was spielte sich in den Köpfen der Richter ab? Sollte ich etwa auch den Tod meines Bruders beweisen? Die Rechtsanwältin fragte nach persönlichen Dokumenten, die möglicherweise noch irgendwo existierten. Mir fielen mein Parteiausweis und der vom damaligen afghanischen Innenministerium ausgestellte Waffenschein wieder ein. Auch die Ehrenurkunden und die anderen kompromittierenden Dokumente – alles gut versteckt. Aber wie sollten sie nach Wien geschafft werden?

Ich setzte alle Hebel in Bewegung und rief in Islamabad an. Vaters Stimme war so vertraut, dass mir fast die Tränen kamen.

»Massud, mein Sohn. Wie geht es dir?«

»Gut. Bestens. Seit ihr alle gesund? Wie geht es Mutter?«

»Uns geht es gut.«

»Sind meine Überweisungen eingetroffen?«

»Wir haben alles erhalten. Ist etwas nicht in Ordnung?«

»Doch, doch, alles hervorragend. Machen Sie sich keine Sorgen. Es gibt nur ein kleines Problem. Ich brauche einige Unterlagen, die meine Gefährdung in Afghanistan beweisen.«

»Deine Gefährdung in Afghanistan?«

»Es geht darum zu beweisen, dass ich unter der neuen Regierung im Falle einer Rückkehr mit dem Tode zu rechnen habe.«

»Neue Regierung? Du meinst diese Verbrecher, die unsere Stadt zerstören?«

»Vater, so regen Sie sich bitte nicht auf. Im Backhaus habe ich einige Dinge versteckt, die ich jetzt brauche. Kann Tante Mina sie nicht schicken?«

»In unserem Backhaus? Mein Sohn, wo denkst du hin? Es gibt noch immer keine Telefonverbindung nach Kabul, und Briefe kommen auch nicht an. Es gibt nur wenige Kuriere. Als Mann kann man erst recht nicht dorthin reisen.«

»Schon gut. Ich hatte nur gehofft, es gäbe vielleicht doch eine Möglichkeit.«

»Ich werde schauen, was sich machen lässt. Wo sind die Unterlagen?«

Ich beschrieb ihm das Versteck im Fußboden und hörte selbst durch die rauschende Leitung sein wortloses Erstaunen. Von dem Waffenschein und der Pistole hatte er nichts gewusst.

»Ich möchte mit Mutter sprechen.«

»Das geht leider nicht. Sie hat … sie ist … sie fühlt sich nicht wohl.«

»Vater, was ist mit ihr?«

»Du weißt doch, der Blutdruck.«

»Ist sie operiert worden?«

»Ja.«

»Und? Wie ist es verlaufen?«

»Sie müssen es noch mal machen. Es gibt neue Steine in ihrer, wie heißt das noch mal?«

»Gallenblase.«

»Ja, genau. Sie wollen alles rausholen.«

»Wann denn?«

»Es hat noch Zeit. Wenn sie sich ausruht, geht es ihr gut. Sie muss Diät halten.«

»Ist es auch wirklich nichts Schlimmes?«

»Nein, mein Sohn. Der Eingriff ist auch keine große Angelegenheit. Nur einige Tage im Krankenhaus.«

»Was kostet es?«

»In einer anständigen Klinik mindestens vierhundert Dollar.«

»Ich schicke das Geld.«

»Pass auf dich auf, Massud-dschan.«

»Liebe Grüße an alle.«

Es vergingen kaum mehr als drei Wochen, bis ich einen großen Umschlag aus Islamabad erhielt. Mutter war nach Kabul gereist und hatte das Beweismaterial geholt. Nur ihr, einer älteren Frau, zudem tief verschleiert, war es möglich, die Reise relativ sicher zu überstehen. Den Dokumenten war noch der Drohbrief einer islamisch-fundamentalistischen Partei beigefügt, der gegen Farid und mich gerichtet war. Vater musste ihn uns verheimlicht haben.

Meine Rechtsanwältin leitete die Unterlagen an den Verwaltungsgerichtshof weiter.

»Herr Mirsasada, Sie müssen Geduld haben. Eine Antwort kann drei Monate bis zu einem Jahr in Anspruch nehmen. Sind Sie finanziell abgesichert?«

»Ja, es geht.«

»Haben Sie eine Wohnung? Wohin soll ich meine Briefe schicken?«

»Ich lebe jetzt in einem Klubraum.«

»Wie bitte?«

»Meine Landsleute betreiben einen Klub. Dort gibt es ein Schlafzimmer.«

Wieder vereint

Als ich von den Spielern genug Geld für eine Busfahrkarte gesammelt hatte, bereitete ich meinen Abschied vor. Einen längeren Aufenthalt in Teftan konnte ich mir beim besten Willen nicht vorstellen. In dieser Einsiedelei würde ich niemals etwas über meine Familie und Farids Schicksal in Erfahrung bringen. Afghanpur hatte behauptet, dass einer unserer Cousins seit Jahren in Islamabad lebte. Asisullah war sein Name, und all meine Hoffnungen hingen an ihm. Vor Jahren hieß es immer, er sei in Karatschi. Nun hatte ich immerhin den Anhaltspunkt, er sei Taxifahrer in Islamabad.

Aschraf spürte meine Unruhe, überredete mich, noch einige weitere Tage bei ihm zu bleiben, bis ich wieder vollkommen bei Kräften sei. Dann brachte er mich zum Bus nach Quetta. Beim Abschied drückte er mir ein Bündel Geldscheine in die Hand, und ich sah ihn auf der staubigen Straße in seinem Teehaus verschwinden. Unserem Fahrer wollte die Zahl der Passagiere zur Abfahrt nicht reichen, und so raste er mit seinem kunterbunten Gefährt und heulenden Hupen mehrfach durch die Niederlassung. Für mich waren dies die endgültigen Abschiedsrunden. Niemals zurück in die schäbigen Baracken, schwor ich mir.

Erst am nächsten Tag erreichten wir Quetta, wo ich mir den Luxus eines Hotelzimmers gönnte, bevor ich mich auf die letzte Etappe nach Islamabad machte. Am frühen Morgen begann die Reise, und erst in der Abenddämmerung hielt der Bus für einen längeren Aufenthalt. Eine türlose Hütte gab sich als Restaurant zu erkennen, und eiligst zusammengeschobene »Vierfüßer« dienten als Sitzgelegenheit. Nach einem grauenvollen Mahl, das ich kaum anrühren mochte, versuchte ich es mir für die kommende Nacht bequem zu machen. Ich suchte nach einer leeren Sitzbank und zwängte mich schließlich in die letzte Reihe. Während der Bus weiterfuhr, dachte ich an den morgigen Tag, daran, ob ich Asisullah finden würde und wie ein Kontakt nach Kabul hergestellt werden konnte. Aus unerfindlichen Gründen sah ich zuversichtlich in die Zukunft. Wenn ich es schon bis hierher geschafft hatte, warum dann nicht weiter? In dieser Nacht auf einer abgelegenen Route mitten in Pakistan betete ich um ein menschenwürdiges Leben in Freiheit und Gerechtigkeit für meine Familie und mich.

Der Bus holperte durch menschenleere Landstriche, und die Kühle der Nacht trieb mir ein Frösteln auf die Haut, wie ich es seit vielen Monaten nicht mehr erlebt hatte. Ein klarer Vollmond beleuchtete die Hügelkette des Zhobgebirges, und aus den Lautsprechern plärrte indische Filmmusik. Plötzlich quietschten die Reifen, und das Fahrzeug kam schlingernd mit einem gewaltigen Ruck zum Stehen. Im Licht der Scheinwerfer war eine Straßensperre aus umgestoßenen Holzmasten zu erkennen. Noch bevor sich die aufgeschreckten Insassen an das Licht gewöhnen konnten, drangen bewaffnete Männer durch die Vorder- und Hintertür in den Bus.

»Raus! Alle raus hier! Bewegt euch! Aussteigen! Wird's bald!«, riefen sie ihre Befehle auf Urdu.

Jedes Zögern beantworteten sie mit brutalen Schlägen auf die Köpfe der verängstigten Reisenden. Im Freien mussten wir uns mit dem Gesicht nach unten auf den Boden legen. Jemand wühlte in meinen Taschen und zerrte an meinem Hemd. Gepäck lag verstreut auf dem Boden, und das Jammern zweier alter Frauen rief Schimpftiraden hervor, deren Wortwahl mich an indische Gangsterfilme erinnerte. Dann zwang mich jemand aufzustehen, und ich schaute in die Mündung einer Waffe. Er spie mir Speichel und Worte ins Gesicht, und ich gab ihm das Geld, das ich in meinem Hosenbund versteckt hatte. Zum Dank trat er mir kräftig gegen das Bein und fragte nach Schmuck und Uhren. Am liebsten hätte ich ihm gesagt, dass ich schon öfter das Vergnügen mit seinen afghanischen, iranischen und pakistanischen Kollegen gehabt hätte und dass die leider nicht auf die Idee gekommen seien, etwas für ihn übrig zu lassen.

Dann war das nächste Opfer dran, und nachdem sie noch einen nachfolgenden Bus ausgeraubt hatten, erlaubten sie uns weiterzufahren. Die Verwundeten wurden notdürftig verarztet, und das Schluchzen, Stöhnen und Fluchen hielt bis zur nächsten Polizeistation an. Die Gelassenheit, mit der unser Fahrer das Geschehen schilderte, der Polizist ein notdürftiges Protokoll aufnahm und ein Helfer den Reisenden Tee ausschenkte und Verbände erneuerte, deutete auf eingespielte Routine hin. In der Wache von Dera Ghasi Khan waren sicher schon viele Papierkörbe mit derartigen Anzeigen gefüllt worden.

Endlich setzten wir die Reise fort, und ich sprach den älteren Mann neben mir an, dem die Diebe sogar seine Schuhe und Weste genommen hatten. Er zeigte einen erstaunlichen Galgenhumor und erzählte mir einen Witz auf Paschtu.

»Bei einer internationalen Tagung sollte festgestellt werden, welches Land die besten Polizisten habe. Die Vertreter aller Länder sollten die Frage beantworten, wie lange es in ihrem Polizeiapparat dauert, einen Übeltäter ausfindig zu machen. Die Russen behaupteten, höchstens eine Woche. Die Amerikaner meinten, achtundvierzig Stunden. Die Deutschen sagten, einen einzigen Tag, und die Israelis – bekannt als beste Kriminalisten – sagten, höchstens zwölf Stunden. Auch Pakistan nahm an dieser Konferenz teil, und als der Vertreter der pakistanischen CID an die Reihe kam, antwortete er zur Überraschung aller Teilnehmer: ›In Pakistan kennt die Polizei den Täter meistens zwei Tage vor dem Attentat!‹«

Ich brach in schallendes Gelächter aus, und mein Sitznachbar versuchte vergeblich, mich zu beruhigen. Ohne weitere Zwischenfälle erreichten wir zur Mittagsstunde Islamabad.

Das Stadtbild war überraschend modern und erinnerte nicht im Geringsten an Peschawar. Islamabad schien die Hauptstadt eines vollkommen anderen Landes zu sein. Schachbrettartig verliefen die sauberen Straßenzüge, und nirgends waren Rikschas oder zerlumpte Bettler zu entdecken. Erschöpft und hungrig stieg ich aus dem Bus und suchte nach einem Anhaltspunkt für mein weiteres Unternehmen. Ich schritt die Reihe der Taxis ab und wurde gleich von mehreren Fahrern am Ärmel gezerrt. In Pandschabi redeten sie auf mich ein, und ich verstand kaum ein Wort. Ich hielt Ausschau nach einem Landsmann und versuchte die aufdringlichen Fahrer abzuschütteln. Schließlich fand ich einen paschtusprachigen Chauffeur, der auf meine Fragen hin zum Ende der wartenden Taxis deutete. Dort stehe ein afghanischer Kollege. Ich sprach den Mann auf Dari an.

»Entschuldigen Sie, sind Sie ein Landsmann?«

»Genau so einer bin ich.«

»Salam alaikum! Wie geht es Ihnen? Geht es Ihnen gut?«

»Danke, wie geht es Ihnen?«

»Danke, mir geht es gut. Ihnen auch?«

»Wie kann ich Ihnen helfen, mein Freund? Wonach suchen Sie?«

»Nach meinem Cousin. Er soll hier in der Stadt als Taxifahrer arbeiten. Sein Name ist Asisullah.«

»Es gibt nur wenige Afghanen unter den Fahrern, und einer von uns heißt tatsächlich Asisullah. Wie soll er denn aussehen?«

»Er müsste jetzt Anfang dreißig sein und fast so groß wie ich. Er ist verheiratet und hat drei Kinder.«

»So groß wie Sie? Dann ist er's.«

»Wirklich? Wo kann ich ihn finden?«

»Steigen Sie ein, ich bringe Sie zu ihm.«

»Nein danke, nicht nötig. Wie finde ich den Weg?«

»Überhaupt nicht. Es ist weit, und Sie werden sich verirren.«

»Nennen Sie mir einfach die Adresse. Ich komme schon zurecht.«

»Wenn Sie nicht sofort mein Gast sind, dann bin ich beleidigt.«

»Vielen Dank.«

Erleichtert ließ ich mich in den Rücksitz fallen und malte mir aus, wie ich schon bald vor Asisullah stehen würde.

»Sehen ganz schön mitgenommen aus. Kommen Sie gerade aus Kabul?«

»Nein, aus Quetta, mit dem Bus. In der Nacht sind wir überfallen und ausgeraubt worden.«

»Verstehe. Immer das Gleiche in diesem Land. Hier muss man sich schon freuen, wenn man mit dem Leben davonkommt.«

Asisullah brauchte keine Sekunde, um zu begreifen. Er nahm mich in den Arm, küsste mir die Wangen und hieß mich willkommen. Kaum hatte ich einen Tee getrunken und von meiner Odyssee berichtet, da stand plötzlich Onkel Nadschib im Türrahmen.

»Mein Junge, wo kommst du her?«

»Onkel Nadschib? Welch eine Freude! Was machen Sie in Islamabad?«

Er drückte mich wie einen verlorenen Sohn an sich, und mir ging das Herz auf.

»Seit wann sind Sie in der Stadt?«

»Seit drei Monaten. Massud-dschan, wie siehst du aus? Wo warst du? Warum bist du so dünn?«

»Das ist eine lange Geschichte. Erzählen Sie mir aus Kabul. Wie geht es Mutter, Vater und meinen Geschwistern?«

»Gut, allen geht es gut. Wenn die Sorgen um dich nicht wären. Fast ein halbes Jahr bist du schon fort.«

»Es geht ihnen gut? Allen?«

»Aber ja, mein Junge.«

Onkel Nadschib schaute zu Boden. Asisullahs Frau brachte

dampfende Schüsseln herein, und wir setzten uns ans Dastarchan. Mein Hals war wie zugeschnürt.

»Kakaka«, sagte ich, und die Anrede aus der Kindheit versetzte mir selbst einen Stich, »was ist … wo ist … er?«

Onkel Nadschib schob seinen Teller zur Seite und verbarg sein Gesicht.

»Was ist mit meinem Bruder?«

»Nichts … wir haben nichts mehr gehört, seitdem … seit dem Tag … Wir haben nie herausbekommen, wohin sie ihn gebracht haben. Bis heute nicht.«

»Kein Lebenszeichen?«

Onkel Nadschib schüttelte den Kopf.

Ich fühlte die Ohnmacht kommen. Von den äußeren Enden meines Blickfeldes kam sie auf mich zu, verdunkelte die Welt, ließ kleine Funken sprühen und holte mich zu sich. Tagelang lag ich auf der Schlafmatte, fühlte das Hämmern unter meiner Schädeldecke und sah Tante Farsana mit einer Tasse Tee vor mir. Das Essen rührte ich nicht an. Irgendwann stand ich auf, schrieb einen Brief an meine Familie und suchte einen Kurier. Erst dann fühlte ich mich ein wenig besser. Sie mussten wissen, dass wenigstens ich noch am Leben war. Ich sprach kaum noch, schaute mit leeren Blicken in die Runde, ging manchmal hinaus und setzte mich in einen Park. Onkel Nadschib versuchte mich aufzuheitern. Vergeblich. Ich war zu einem nutzlosen Anhängsel der Familie geworden.

So konnte es nicht weitergehen! Ich musste Geld verdienen und an die Zukunft meiner Familie denken. Jedes Gerücht aus Kabul gab Anlass zur Sorge. Sie mussten schleunigst von dort verschwinden. Aber wie? Planlos streifte ich durch die Stadt und entdeckte eines Morgens den »Jinah Market« am Ende einer schattigen Allee. Er grenzte an einen Marktplatz, der von Arkaden gesäumt war. Elegante Einheimische und zahlreiche Ausländer schlenderten durch den modernen Stadtteil mit seinen zahlreichen Einkaufszentren. Ich erschrak. War das dort drüben auf der anderen Straßenseite nicht ein bekanntes Gesicht? Ich traute meinen Augen nicht. Ja, es war tatsächlich Doktor Wardak, Vaters Kollege von der Universität. Er schob einen primitiven Holzwagen in eine kleine Parklücke. Der ältere Herr mühte sich mit dem Gewicht des Obstkarrens ab und stemmte sich gegen die Achse. Ich bezwang meinen Reflex, ihm zu helfen. Was hatte Doktor Wardak an einem Obstkarren zu schaffen? Gebannt schaute ich zu dem hoch gewachsenen Mann mit dem gepflegten grauen Bart und begriff erst

Minuten später, dass er – der Literaturprofessor aus Kabul – an dieser belebten Einkaufsstraße Orangen verkaufen wollte. Als er in meine Richtung schaute, drehte ich mich blitzschnell um. Ich lief in die nächste Querstraße. Außer Atem lehnte ich mich an eine Mauer.

Entmutigt ging ich durch die von Jasminduft erfüllten Straßen. Zweige rankten verschwenderisch über Gartenmauern und lenkten meine Aufmerksamkeit auf blühende Sträucher. Ich hatte die Orientierung verloren und staunte über prachtvolle Bungalows inmitten üppiger Gärten. Auf den Grundstücken parkten Limousinen mit Diplomatenkennzeichen, und dunkelhäutige Pakistanis fuhren Rasenmäher über grüne Teppiche und beschnitten haushohe Rosenbüsche.

Ich drehte dieser Pracht den Rücken zu und fühlte meine schmerzenden Zehen. Asisullahs Schuhe waren zu klein für mich. Dann fand ich mich vor einer auffallend hohen Eingrenzung wieder. Aus einem schmalen Durchschlupf kamen drei Männer. Sie waren dünn wie Knaben und trugen sonderbar gezwirbelte Schnurrbärte. Als sie verschwunden waren, warf ich einen Blick hinter die Mauer. Was ich dort sah, erschreckte mich mindestens genauso wie der Anblick von Doktor Wardak. Primitivste Behausungen waren in einer Senke eng aneinander gebaut. Der Gestank von Exkrementen und Müll stieg herauf. Was hatte das zu bedeuten? Das Elendsviertel war von allen vier Seiten eingemauert und so groß, dass ich das Ende kaum sehen konnte. Ich wandte mich ab. Beim nächsten Häuserblock erkannte ich die Rückseite des »Jinah Market«.

Am Abend schwor ich mir, meinen Verwandten keine Last mehr zu sein und auf eigenen Füßen zu stehen. Ich begann als Malergehilfe und verdiente fünfunddreißig Rupien am Tag, kaum mehr als einen Dollar – kein Zustand von Dauer. Die einzige Chance, sich als afghanischer Flüchtling ein menschenwürdiges Leben aufzubauen, lag im Handel. Afghanische Handarbeiten, Teppiche, Antiquitäten sowie Edel- und Halbedelsteine ließen sich gut verkaufen. Auf dem »Djuma-Basar«, dem Freitagsmarkt, gab es eine Zone, in der ausschließlich afghanische Händler ihre Waren anboten. Auf ihren kleinen Ständen entdeckte ich Silberschmuck, in den wunderschöne Lapislazuli eingearbeitet waren. Sämtliche Steine meiner Heimat wurden hier angeboten, und ich sah die bewundernden Blicke der wohlhabenden Ausländer. Gemessen an einem afghanischen Preisniveau, waren die Stücke teuer, doch den Angestellten der Botschaften und den Touristen schienen sie ein günstiges Geschäft zu sein. Ein Freund von Asisullah hatte hier einen Stand, und ich besuchte ihn eines Tages. Er war gerade mit einer kleinen Gruppe Ausländer beschäftigt und mühte sich mit bruchstückhaften Englischkenntnissen ab. Als ich merkte, dass die Ausländer sich auf Deutsch unterhielten, wollte ich mich nicht mehr zurückhalten.

»Kann ich Ihnen behilflich sein, meine Dame?«, fragte ich. Es war aufregend, diese Sprache, die so lange in mir geschwiegen hatte, aus meinem eigenem Munde zu hören.

»Sie sprechen Deutsch?«

»Ja, ein wenig.«

»Das hört sich ja schon ganz gut an«, sagte ein älterer Herr. »Wo haben Sie das gelernt?«

»Ich habe in der DDR studiert.«

»Wirklich, das ist aber interessant. Wir kommen auch aus der ehemaligen DDR.«

»Ach ja, ich habe ganz vergessen, dass man jetzt ›ehemalig‹ sagt.«

»Wir denken auch nicht immer daran.«

Die beiden Männer arbeiteten für die Firma Siemens in Pakistan, und ihre Frauen waren für einige Monate zu Besuch gekommen. Wir plauderten ausgelassen miteinander, sie kauften zahlreiche Stücke zu günstigen Preisen, mit denen auch der Standbesitzer zufrieden war. Die Deutschen luden mich für den nächsten Tag zum Abendessen ein und versprachen mir den seltenen Luxus von gekühltem Bier.

Nachdem ich noch ein wertvolles Schachspiel aus Lapislazuli an einen österreichischen Geschäftsmann verkauft hatte, bot mir Chalil eine Partnerschaft an seinem Geschäft an, und ich mochte meinem Glück kaum trauen.

Chalil war ein untypischer Afghane. Er hatte helle Haare, grüne Augen, trug meistens enge Jeans, T-Shirt und Tennisschuhe. Man konnte ihn für einen Europäer halten. Er war ein gewiefter Geschäftsmann, der seine Waren direkt aus der Heimat oder aus den großen Werkstätten in Peschawar bezog. Er achtete auf hochwertige Qualität und verhandelte gleichermaßen hartnäckig mit den Lieferanten und seinen Kunden.

Wir trafen die Abmachung, dass ich seine Waren an einem eigenen Stand verkaufte. Er nannte mir seine Preise, und ich konnte behalten, was ich beim Verkauf draufschlug. Die Geschäfte liefen gut. Schon bald gehörten neben den Deutschen, Österreichern und Schweizern auch einige Engländer und Amerikaner zu meinen Kunden. Am Abend büffelte ich Urdu, um auch die Einheimischen angemessen bedienen zu können. An den Wochentagen vor dem Freitag ging ich mit meinem Stand noch auf einen anderen Markt. Als ein Franzose ein großes Stück Lapislazuli bei mir bestellte, fuhr ich mit Chalil in Windeseile nach Peschawar. Wir stöberten in den Werkstätten nach geeigneten Exemplaren, und ich staunte über die enormen Mengen an Steinen und die ausgefeilte Handwerkskunst meiner Landsleute. Auf Eseln schleppten sie den Lapis tonnenweise über gefährliche Bergpfade. Von hier wurden Steine erstklassiger Qualität in alle Welt verschickt.

Der Profit an dem Geschäft mit dem Franzosen war enorm. Er hatte sich für ein fünfundzwanzig Kilo schweres Prachtexemplar entschieden, und ich sah endlich wieder mit Hoffnung in die Zukunft. In mir keimte ein Plan, der langsam Form annehmen konnte.

»Verdammt, die Stadtsäuberer!«, hörte ich Chalils Warnruf. Ich warf die besten Stücke in meine Tasche, klaubte Ringe und Armreifen zusammen und versteckte sie unter meinem langen Hemd. Von vier Seiten stürmten sie auf den »Kohsar Market«. Schon erreichten sie meinen Stand, zertrümmerten meinen Tisch und griffen sich, was sie fassen konnten. Meinen Nachbarn, einen alten Afghanen aus Masar-i Scharif, erwischte es viel härter. Als er um Gnade flehte, versetzten sie ihm Stockhiebe und trieben ihn vom Basar. Nach einigen Minuten war der Spuk vorbei, und wir musterten den heutigen Schaden. Es war immer das gleiche Spiel. In der Dienststelle fabulierten die Ordnungshüter etwas von »illegalen Geschäften« und »Gefährdung der Sicherheit«, kassierten mit der einen Hand unsere Strafgebühr für unerlaubten Handel und mit der anderen das Schmiergeld, das sie erwarteten, bevor sie die konfiszierten Schmuckstücke herausrückten. Meistens fehlte etwas, aber damit kalkulierten alle afghanischen Händler in Islamabad.

»Schon das zweite Mal in dieser Woche«, schimpfte Chalil. »Die Aasgeier werden immer gieriger.«

»Und niemand hindert sie daran. Hier scheint es noch gesetzloser zu sein als in unserer Heimat.«

»Jedenfalls für uns Afghanen, darauf kannst du Gift nehmen. Jeder kleine schmierige Wachmann kann einem die Hölle heiß machen. Manchmal treibt dieses verdammte Land mich zur Verzweiflung.«

Chalil rauchte Haschisch und bot mir regelmäßig etwas an. Die Wirkung der hervorragenden afghanischen Ware und der geringe Preis stellten bald auch für mich eine ständige Verlockung dar. Wenn ich einige Züge nahm, waren Trauer, Schuldgefühle und Versagen leichter zu ertragen. Manchmal konnte ich sogar lachen. Immer häufiger schloss ich mich anderen Trostsuchenden an: afghanischen Flüchtlingen, die vom Schicksal gezeichnet waren. Chalils Bruder hatte im Krieg beide Beine verloren. Er saß entweder auf einem klapprigen Rollstuhl oder stemmte seinen verkrüppelten Körper mit der gewaltigen Kraft seiner Arme über den Boden. Ein anderer war verrückt geworden und schrie unvermittelt auf, jammerte wie ein geprügeltes Kind und beruhigte sich erst, wenn der Rauch ihn einhüllte. Manchmal versank ich in schöne Träume. Dann sah ich Farid neben mir auf dem Dach sitzen und in den friedlichen Sternenhimmel schauen. Meine Heimat tauchte grün und fruchtbar vor meinem inneren Auge auf, und unterm Walnussbaum wurde getanzt.

Doch dann kam das Erwachen, und mit ihm drangen die bohrenden Fragen ins Bewusstsein. Warum hatten wir mit der Flucht aus Kabul so lange gezögert? Hätten wir nur eine Woche, nur einen Tag früher die Stadt verlassen, dann wäre Farid jetzt bei mir. Vielleicht haben sie ihn in einen Kerker gesperrt oder in ein Arbeitslager gebracht. In eines der Bergwerke, wo Edelsteine geschlagen werden. Alles war möglich. Ein kräftiger Zug von der Zigreti machte der Folter düsterer Gedanken ein Ende. Tiefschwarz und butterweich, nur drei, vier Züge, und es ging schon viel besser.

Manchmal fühlte ich mich taub. Mein ganzer Körper und meine Seele schienen ohne jedes Gefühl. Nach außen gelang es mir wenigstens ab und zu, Empfindungen vorzutäuschen. Ich lachte, wenn andere lachten, und sprach Sätze, die gesprochen werden mussten. Nur wenn ich Deutsch redete, gab es kein Theater, dann war alles echt, und ich schlüpfte dankbar in eine andere Haut. Dann war ich einen Moment lang kein afghanischer Flüchtling mit einem ungewissen Schicksal. Ich genoss die Gespräche mit den »Almanis« an meinem Stand. Diese Menschen schienen allesamt sorglos zu sein und wunderten sich immer wieder aufs Neue über den »sprachgewaltigen Schmuckhändler«, wie mich eine ältere

Dame von der deutschen Botschaft nannte. Sie konnte nicht glauben, dass ein exotischer Orientale in einer kleinen Stadt namens Köthen gelebt hatte und Magdeburg wie seine Westentasche kannte.

Ich freundete mich mit Peter an. Er war Wiener und arbeitete in der österreichischen Botschaft. Durch ihn bekam ich Zugang zu Alkohol und wurde wegen dieses besonderen Privilegs von vielen beneidet. In Pakistan war Alkohol nicht nur immens teuer, sondern der Konsum konnte für einen Moslem auch gefährliche Konsequenzen haben. Nur in den mondänen internationalen Hotels und in den Hausbars von Botschaftsangehörigen floss er munter in die Gläser. In Peters Garten genoss ich manch ungetrübten Bourbon-Rausch. Zum ersten Mal hatte ich einen freundschaftlichen Kontakt zu einem wesentlich älteren Mann. Peters lockere Art beeindruckte mich. Wenn er mit einem Schwips in der Hollywoodschaukel lag und in Erinnerungen an seine schöne Heimat schwelgte, dann konnte ich mir kaum vorstellen, dass er schon fast fünfzig war. Durch seine Erzählungen lernte ich eine Menge Alpengipfel kennen.

Den Donnerstagabend verbrachte ich manchmal mit Asisullah und seinen Freunden. Einer war Junggeselle wie ich und hatte eine kleine Wohnung in der Nähe. Dort saßen wir beisammen und tranken hin und wieder einen Whiskey. Meistens schauten wir stundenlang Videos, die immer gleichen indischen Liebes- und Actionfilme oder, seltener, die teureren amerikanischen Produktionen. Manchmal lieh jemand Pornofilme aus, die zu später Stunde eingelegt wurden. Meistens schlief ich dann schon. Die Sexspiele in den billigen Streifen waren nur ein trauriger Abklatsch dessen, was ich einst erlebt und empfunden hatte. Es schmerzte, daran erinnert zu werden.

»Weckt mich, wenn der Kram zu Ende ist«, sagte ich. Für mich waren sexuelle Ausschweifungen unerreichbar geworden. Warum sollte ich mich mit dem Anblick quälen? An einem Abend schauten sich die Freunde zwei oder drei Filme hintereinander an, und ich nahm das Stöhnen und die Schreie der Darsteller nur noch halb bewusst wahr. Doch dann hörte ich etwas Ungewöhnliches, oder träumte ich? Die Stimmen sprachen weder Hindi, Urdu noch Englisch oder Spanisch. Auf Farsi gab es kaum Produktionen, allenfalls überteuerte aus Kalifornien, mit exil-iranischen Darstellern. Ich blinzelte und begriff: Es war ein deutscher Porno. Die Freunde starrten auf den Apparat, ihnen war die Sprache ohnehin egal.

»Eeh, Jungs, hört mal, die reden Deutsch.«

»Wirklich? Dann übersetze uns das doch mal.«

Ich war hellwach.

»Was gibt es da zu übersetzen?«

»Los, Massud, mach schon!«

»Okay, spul zurück. Wenn schon, dann von Anfang an.«

Die Freunde ahnten nicht, wie sehr ich mich über den Klang freute, und sei es nur in einem billigen Film. Obszöne Worte auf Deutsch erregten mich sofort. Für mich war es die Sprache der ungestümen Liebe.

»›Die Braut‹, das ist der Titel.«

»Nicht schlecht. Kann ja spannend werden.«

Ich versuchte alle Stimmen mit speziellen Tonlagen und schauspielerischem Einsatz wiederzugeben. Ich sprach mal mit tiefer Männer- und dann mit hoher Frauenstimme.

Bald krümmten sie sich vor Lachen, und manche Szene mit besonders vielen »Ahs« und »Ohs« und »Tiefer!«- und »Schneller!«-Rufen musste ich mehrmals wiederholen.

Es war drückend und feucht. Regen lag in der Luft. Regen, der für ein paar Stunden ein wenig Frische in die schwüle Stadt bringen würde und die Temperaturen von über vierzig auf dreißig Grad Celsius senkte. Die Geschäfte liefen an solchen Tagen schlecht. Wer nicht unbedingt auf die Straße musste, suchte sich ein halbwegs kühles Plätzchen. Ich dachte gerade daran, meinen Stand zu räumen, als ich Peter sah und an seiner Seite eine junge, blonde Frau. Ich lüftete mein Hemd, strich mein Haar nach hinten und gab ein geschäftiges Treiben vor.

»Salam, Massud.«

»Guten Tag, Peter, welch eine Überraschung«, sagte ich, gab ihm die Hand und schaute seine Begleiterin an.

»Das ist meine Tochter Yvonne. Yvonne, das ist Massud.«

»Sehr erfreut.«

»Angenehm! Wie können Sie bei dieser Hitze nur arbeiten?«

»Ich muss leider. Und wie halten Sie das aus, ich meine, als Europäerin?«

»Es ist furchtbar. Wie kann man so etwas auf Dauer ertragen? Ich verstehe meinen Vater nicht.«

»Als könnte ich es mir aussuchen. Aber warte, bis du das Umland gesehen hast, die Berge und Kaschmir, das ist gleich hier um die Ecke. Dort ist es frisch und schön.«

»Mein Vater hat mir viel von Ihnen erzählt«, sagte Yvonne zu mir.

Ich spürte noch immer die Wärme ihrer schmalen Hand und musste mich zwingen, sie nicht unentwegt anzustarren.

»Ich hoffe, nur Gutes.«

»Seine Schwärmereien über Ihre Deutschkenntnisse treffen jedenfalls zu – davon habe ich mich soeben überzeugt. Dann wird das andere wohl auch stimmen.«

»Danke für das Kompliment, Mademoiselle. Und was ist das andere, wenn ich fragen darf?«

»Dass Sie den schönsten Schmuck weit und breit haben, ein afghanischer Flüchtling sind und ununterbrochen arbeiten.«

»Das Letztere ist maßlos übertrieben.«

»Aber der Schmuck ist wirklich sehr schön.«

Yvonne bewunderte die feinen Silberarbeiten mit den kunstvoll eingefügten Lapislazuli.

Wie lange hatte ich keiner jungen Frau mehr in die Augen geschaut? Und wie lange keine mehr berührt? Ihr Verhalten wirkte so vertraut, so angenehm, so leicht. Sie hatte ihr blondes Haar zu einem einfachen Zopf gebunden und war vollkommen ungeschminkt. Ihre Sandalen und die weite Leinenhose mit dem überweiten Hemd machten sie zwar nicht zu einer Lady, aber für mich war sie das bezauberndste Wesen, das ich seit Ewigkeiten gesehen hatte. Sie erinnerte mich sofort an Klara, obwohl sie viel kleiner war.

»Darf ich Sie und Ihren Vater zu einer Erfrischung einladen?«

»Und Ihr Schmuckstand? Was wird aus Ihrem Geschäft?«

»Ein Kollege wird darauf achten.«

Ich rief Chalil etwas zu, steckte die wertvollsten Stücke in meine Tasche und führte meine beiden Gäste in ein nahe gelegenes Teehaus. »Bei diesen Temperaturen kommen ohnehin keine Kunden.«

»Wie lange leben Sie schon hier?«, wollte Yvonne von mir wissen.

»Erst seit ein paar Monaten. Sie wissen vielleicht, was in meiner Heimat los ist. Ich musste fliehen.«

»Warum sind Sie nicht in der DDR geblieben?«

»Yvonne, was soll Massud von mir denken? Dass ich dir alles über ihn erzählt habe?«

»Peter, du ahnst nicht, wie gern ich deiner reizenden Tochter Auskunft gebe«, erwiderte ich. Wie schnell doch eine Frau meinen

Charme aus einer tief verborgenen Ecke hervorzaubern kann!, überlegte ich. Während ich Tee bestellte, wünschte ich mir, dass dieser Nachmittag kein Ende nähme.

Yvonne hatte offenbar die geistige Schärfe ihres Vaters geerbt und zeigte erstaunliche Kenntnisse über die politische Lage in Afghanistan. Wenn sie über die dramatischen Zustände in den Flüchtlingslagern sprach, dann hätte ich am liebsten ihren Mund sanft verschlossen. Ich wollte nichts mehr vom grausamen Leiden meiner Landsleute hören und schon gar nicht in diesem Moment.

»Was hältst du davon, am Samstag zu uns zu kommen, das ist doch dein freier Tag, nicht? Am besten zum Mittagessen«, schlug Peter vor.

»Sehr gern, vielen Dank für die Einladung.«

»Danach können wir im Garten sitzen und einen kleinen Drink nehmen. Du kennst ja den Weg.«

Als sie sich verabschiedet hatten, drängte es mich, meine Freude laut herauszuschreien. Nur drei Tage, bis ich sie wiedersehe, dachte ich. Sie hat schöne Augen, hell, aber welche Farbe? Blau, grau oder grün? Ich konnte mich nicht erinnern, aber am Samstag sollte ich eine Antwort bekommen.

Ich fühlte mich wie neugeboren, und jeder schien es zu merken.

»Sie können ja sogar herzhaft lachen«, sagte eine meiner Stammkundinnen eines Tages. »Das hätte ich kaum für möglich gehalten.«

Ich konnte dem Reflex nicht widerstehen, ständig auf die Uhr zu schauen. Gleich würde sie kommen, wie fast jeden Abend in den letzten Wochen, und mich abholen. Dann gingen wir entweder in ein Restaurant oder zu ihr nach Hause. Beim ersten Mal kostete es mich Überwindung, in Peters Haus zu übernachten. Er war ihr Vater, und ich schlief im Zimmer seiner Tochter. Yvonne ist eine Europäerin, musste ich mir immer wieder sagen, und ihr Vater hat offenbar nichts dagegen, dass ein Fremder das Bett mit ihr teilt.

Yvonne. Nichts anderes hatte mehr Platz in meinem Kopf. Ihre blonden Locken, die helle Haut und die klaren blauen Augen. Meine Lebensgeister waren erweckt und schienen aus einem ungeheuren Reservoir zu schöpfen. Ich konnte nicht genug bekommen von den Nächten mit ihr. Schlaf war nur noch eine überflüssige Pflicht. Ganz wach wollte ich in ihrer Nähe sein und jeden Moment genießen. Ich sehnte die zärtlichen Stunden herbei. In der Hitze Islamabads begrüßte ich den lang erwarteten Abend. Dann dauerte es nicht mehr lange, bis der Hauch einer Kühlung unsere erhitzten Körper erreichte. Ich liebte es, mit Yvonne unter der Dusche zu stehen und dann nass an die offene Balkontür zu treten. Manchmal legten wir uns feuchte Handtücher über den Körper und stellten den Ventilator auf die höchste Stufe.

»Kannst du dich noch an Kälte erinnern?«, fragte ich Yvonne.

»Nein, nicht wirklich.«

»Ich frage mich manchmal, was mir lieber ist: unerträgliche Hitze, die einen anschwellen lässt und die Gedanken lähmt, oder bittere Kälte und steif gefrorene Glieder.«

»Und? Hast du dich entschieden?«

»In Magdeburg hätte ich in einer kalten Januarnacht alles für einen heißen Sommertag gegeben, und hier sehne ich mich nach Herbstlaub, Regen und Schnee.«

Unsere Leiber klebten aneinander, und Yvonne beschenkte mich mit Küssen.

Tagsüber, wenn meine Geliebte mich auf dem Basar besuchte, war das Beisammensein weniger unbeschwert. Immer wieder sprach sie Dinge an, von denen ich nichts hören wollte. Sie hatte mehrere Wochen lang eine österreichische Ärztin bei ihren Visiten in Flüchtlingslagern nahe der afghanischen Grenze begleitet. Die erschütternden Erlebnisse steckten ihr noch in den Gliedern, und sie konnte nicht aufhören, mir davon zu berichten.

Sie engagierte sich für Amnesty International und wusste alles über die Menschenrechtskatastrophe in Afghanistan. Mit einem Blick auf mein Schmuckangebot fragte sie mich, ob ich überhaupt wisse, woher die Steine kämen.

»Wie meinst du das, wo sie herkommen? Aus Afghanistan natürlich.«

»Ich meine, kennst du die Bedingungen, unter denen der wunderschöne blaue Lapislazuli in den Steinbrüchen abgebaut wird?«

»Nein, aber du wirst es sicher gleich erzählen«, sagte ich trotzig und hätte am liebsten hinzugefügt: Wir Afghanen sind nämlich blöd und müssen es uns erst von einer Österreicherin erklären lassen.

»Du hast vielleicht schon von den Gefangenenlagern im Pandjschir-Tal gehört.«

»Gefangenenlager gibt es überall in meiner Heimat.«

»Dort gibt es große Lapislazuli-Minen, und die Gefangenen müssen Zwangsarbeit leisten. Unter unmenschlichen Bedingungen werden besonders die politischen Gefangenen gezwungen, Lapis abzubauen. Das sind Leute, die teilweise schon vor Jahren verschleppt wurden und dort täglich ihr Leben riskieren müssen.«

»Hör auf, ich will nichts davon hören.«

»Ach, warum denn nicht? Weil du die Steine billig kaufen kannst?«

»Yvonne, bitte! Du musstest in deinem Leben sicher noch keinen einzigen Dollar selbst verdienen.«

»Darum geht es doch gar nicht. Die Gefangenen sterben, weil die Stollen ungenügend gesichert sind und einstürzen. Niemand kümmert sich darum. Es wird in großen Mengen abgebaut, denn die Herren Kämpfer brauchen schließlich Waffennachschub.«

»Yvonne, bitte! Verschone mich mit deinen Ausführungen.«

Sie war beleidigt und hielt mich wahrscheinlich für naiv und geldgierig.

»Sehen wir uns heute Abend?«, fragte sie beim Abschied trotzdem.

»Heute wird es nicht gehen. Wir haben Gäste zu Hause. Tut mir Leid.«

Sie sollte diese Dinge nicht sagen. Was änderte es, wenn sie darüber sprach?

Ich hatte genug Geld gespart und setzte meinen Plan in die Tat um. In Asisullahs Wohnblock war eine Wohnung frei geworden. Die Miete konnte ich mir unter den jetzigen Bedingungen leisten. Zwei Zimmer mussten fürs Erste reichen. Ich kaufte Haushaltsgegenstände, Schlafmatten und einen einfachen Teppich. Für die Ankunft der Familie war alles vorbereitet. Dann schickte ich einen Kurier auf den Weg.

Die Hoffnung auf Frieden hatten sie aufgegeben. Die ständige Angst vor »Blindraketen« und Willkür ließ auch sie an eine Flucht denken. In der ersten Woche des folgenden Monats sollten sie Kabul verlassen. So hatte ich es vorgeschlagen. Vater war einverstanden und kümmerte sich um den Transfer der Ersparnisse, wie er dem Kurier mitteilte.

Zum vereinbarten Termin machte ich mich auf den Weg zum Grenzübergang nach Torkham am Khyberpass. Ich war stolz – innerhalb kurzer Zeit hatte ich eine Existenz für mich und meine Familie aufgebaut. Doch zunächst musste in Torkham der Grenzübertritt organisiert werden. Die Kontrollen hatten sich verschärft, und ich hatte gehört, dass es nicht einfach war, einen Durchschlupf zu finden. Nur die allerwenigsten Flüchtlinge hatten einen Pass oder gar ein gültiges Visum, aber derartige Dokumente spielten in dieser Gegend der Welt ohnehin eine untergeordnete Rolle. Was ich bei der Ankunft am Khyber sah, versetzte mir einen Schock. Auf der afghanischen Seite drängten Tausende von Menschen zum Übergang. Sie bildeten eine Woge aus klagenden, verzweifelten Männern, Frauen und Kindern, gefangen zwischen ihrer Heimat, in der verfeindete Mudschahedin um die Macht kämpften, und dem vermeintlich sicheren Ausland. Das Ende des Flüchtlingsstroms lag in weiter Ferne. Dunkle Köpfe, Turbane, wallende Hemden, Tschadaris, Mäntel und Decken stachen aus den Staubwolken hervor. Einzelne Gruppen kämpften sich bis zu den Grenzbeamten vor und suchten nach einem Durchkommen. Schlagstöcke prasselten auf sie nieder, wütend und scheinbar ziellos prügelten die Milizionäre auf die Menge ein. Ihre Stöcke waren lang, und die Männer holten kräftig aus. Mir zog sich das Herz zusammen. Was mussten meine Landleute noch alles erleiden? Woher kam dieses Chaos? Was hatte ich meiner Familie zugemutet? War sie in Kabul womöglich besser aufgehoben? Noch hatte es in Chair Chana keine Bombenangriffe gegeben. Wie sollten sie herübergelangen? Durch ein Spalier von Schlagstöcken? Wo befanden sie sich in dieser unüberschaubaren Menge der Hilfesuchenden? Eine alte Frau küsste die Hand eines Grenzbeamten und wurde grob zurückgestoßen. Wie konnte ich Mutter, Vater und die Geschwister finden? Wie ihnen helfen? Nur wenige passierten den Übergang, und ich hielt Ausschau nach vertrauten Gesichtern.

Als es dämmerte, trafen die letzten Busse aus Kabul ein und spuckten weitere Ladungen Flüchtlinge aus. Dann wurde der Schlagbaum gänzlich geschlossen. Die Beamten hatten Feierabend, und niemand durfte passieren. Jetzt sicherten schwer bewaffnete Patrouillen das Grenzgebiet. Eine unwirkliche Stille breitete sich über dem Ort aus. In manchen Momenten trieb der Wind die Rufe der Flüchtlinge, das Schreien von Kindern herüber. In der Nacht wurde es frisch, und ich betete darum, dass meine Familie nicht irgendwo da draußen auf den neuen Tag warten musste.

Am frühen Morgen begann das makabre Spektakel erneut. Ich nahm all meinen Mut zusammen und verhandelte mit einem Grenzbeamten. Er verlangte eine unverschämt hohe Summe und garantierte dafür einen prügelfreien Übertritt. Unsere Vereinbarung wurde mit einem Vorschuss besiegelt. Dann machte ich mich erneut auf die Suche, aber die anwachsende Menschenmenge war so weit entfernt, dass man nur schwer einzelne Gesichter ausmachen konnte. Plötzlich entdeckte ich einen Bekannten und schrie seinen Namen über den Zaun. Rahim hatte in Chair Chana neben der Schule gewohnt. Mit seinen rötlichen Haaren stach er aus der Menge heraus. Er reagierte sofort, erkannte mich jedoch nicht und spähte skeptisch in meine Richtung. Schließlich begriff er, wer ich war, und winkte aufgeregt. Diese Chance musste ich nutzen.

»Rahim, kannst du mich hören?«, schrie ich hinüber.

»Ja, ja, ich höre dich. Was machst du da?«

»Ich suche meine Familie.«

»Was?«

»Meine Familie … sie ist drüben … auf deiner Seite.«

»Wer?«

»Mutter, Vater, Wahid und meine drei Schwestern.«

»Wo?«

»Ich weiß nicht.«

Rahim versuchte näher zu kommen, aber niemand ließ ihn durch, und vor dem Zaun war ein breiter bewachter Sicherheitsstreifen angelegt.

»Weißt du, wie sie aussehen?«, fragte ich ihn.

»Ja, ich glaube.«

»Wenn du sie findest, sorge ich dafür, dass du auch rüberkommst.«

»Was?«

»Suche sie, und ihr kommt zusammen.«

»Wie denn?«

»Ich mache das schon. Ich verspreche es.«

Nach unendlichen Stunden sah ich Wahid in weiter Entfernung winken. Er schrie mir etwas zu und schien entsetzlich aufgeregt.

Die ganze Szenerie erinnerte mich an Teftan. Kaum ein halbes Jahr war vergangen, seitdem ich unter ähnlichen Bedingungen die Grenze passiert hatte. Ich eilte zu dem Uniformierten und notierte die sieben Namen auf einem Zettel. Der Grenzer deutete auf einen kleinen Verschlag in der Nähe, wo ich warten sollte. Im selben Moment sah ich, wie die pakistanische Miliz eine alte Frau abfing, die es gerade geschafft hatte, durch eine Absperrung zu flüchten. Sie prügelten auf sie ein. Ich starrte auf die Frau, die auf dem Boden kauerte und schrie. Sie war das verletzlichste Geschöpf, das ich mir vorstellen konnte. Staub wirbelte auf, Menschen hielten inne und starrten auf den Pakistani, der erneut mit seinem Stock ausholte. Es musste etwas geschehen. Die Welt musste angehalten werden. Das Elend musste ein Ende haben. Dieser bestialische Grenzer, der genauso ein Teil der Apokalypse war wie die Herrscher in Kabul und Islamabad, musste gestoppt werden, entmachtet, verjagt. Alle Afghanen an diesem Ort mussten sich gemeinsam erheben und die Ungerechtigkeiten auf alle Ewigkeit ausmerzen. Wenn ich jetzt, mitten in der Menschenmenge, den Aufschrei entfachte! Was geschähe? Wenn ich die Demütigung beim Namen nennen würde? Empfanden nicht alle dasselbe? Starrten nicht alle mit demselben Gefühl auf dieses erniedrigte Wesen im Staub? Das Stimmengewirr wurde immer lauter. Weitere Flüchtlinge hatten den Posten passiert. Jeder war mit seinem eigenen Fortkommen beschäftigt. Noch immer kauerte die alte Frau am Boden, und noch immer hielt der Mann den Stock in der Hand. Plötzlich ertönte ein Schrei, und eine Kalaschnikow wurde entsichert. Ein Mudschahedin stellte sich vor die Frau und richtete seine Waffe auf den Pakistani. Voller Zorn befahl er ihm Einhalt. Doch der Grenzer nahm ihn nicht ernst, hörte nicht auf die Drohung seines afghanischen Kollegen und teilte einen weiteren Hieb aus.

Dann peitschen Schüsse über den Platz, Steine flogen auf, und Menschen warfen sich zu Boden. Der Sand färbte sich rot. Verstärkung eilte herbei, und der Afghane erschoss einen weiteren pakistanischen Grenzer. In Panik stoben die Menschen auseinander. Zwei Tote blieben zurück.

Alles schien verloren. Nach diesem blutigen Streit hatte ich keine Hoffnung mehr. Ich traute mich nicht zu meiner Kontaktperson. Sicher würde er von unserer Vereinbarung jetzt nichts mehr wissen wollen. Schließlich waren gerade zwei seiner Kameraden erschossen worden. Aber ich hatte keine Wahl. Ich musste handeln. Endlich entdeckte ich ihn.

»Entschuldigung, wie sieht es mit unserer Abmachung aus?«

»Wo hast du so lange gesteckt? Wo ist deine Familie? Worauf wartet ihr noch? Ich kann nicht den ganzen Tag hier herumstehen.«

»Da vorn, direkt am Posten. Sollen wir es jetzt machen?«

»Natürlich. Wann denn sonst? Zeig dein Geld!«

Innerhalb weniger Minuten hielt ich Mutter in den Armen, die Geschwister, den Vater. Ein ungeheures Glücksgefühl überwältigte mich. Endlich wieder vereint. In einem gemieteten Kleinbus fuhren wir zu unserem neuen Zuhause, und Mutter weinte bitterlich. Sahira zitterte und war so blass, dass ihre Adern durch die Haut schimmerten. Roja legte einen Arm um sie. In dem anderen hielt sie ihren Sohn. Ich war Onkel geworden, ohne davon zu wissen. Niemand sagte etwas, und doch hing ein Wort im Raum. Farid. Nun war es Gewissheit. Es hatte kein Lebenszeichen mehr von ihm gegeben.

Vater hatte alle wertvollen Gegenstände verkauft, die Teppiche, den Schreibtisch, den Peugeot. Die Mutter hatte sich geweigert, das silberne Besteck herzugeben. Auch die Bibliothek blieb unangetastet. Tante Mina war ins Haus gezogen und hatte ihr eigenes vermietet. Im Backhaus stapelten sich Kisten. Für den Tag der Rückkehr.

Wahid war ein junger Mann geworden. Im letzten Jahr hatte er sein Abitur gemacht, und unter dem alten Regime wäre er jetzt sicher in der Armee. Er wirkte schüchtern, manchmal sogar verstört. Über Farid sprach er nie. Wenn ich ihn nach den Bombenangriffen auf Kabul fragte, antwortete er einsilbig. Manchmal zitterten seine Hände, und er versuchte sie im Stoff seines Hemdes zu vergraben. Ich ermunterte ihn, mich auf den Basar zu begleiten, erklärte ihm den Schmuck und die Steine und zeigte ihm, wie man mit den Kunden sprach. Sein Englisch war nicht schlecht. Er sollte einen weiterführenden Kurs besuchen, überlegte ich, aber zunächst musste er Urdu lernen.

Mutter und meine Schwester nahmen sich in der kleinen Küche gegenseitig die Arbeit aus den Händen. Sie trauten sich nicht allein auf die Straße und warteten bis zum Abend, damit ich sie durch die Gegend führte. Vater lief den ganzen Tag in der kleinen Wohnung auf und ab und schien sich selbst im Wege zu sein. Er hatte am meisten verloren: seine Arbeit in der geplünderten und halb zerstörten Universität, seinen Vorsitz im Verband der Bibliographen, die Leitung der Universitätsbibliothek und seine zahlreichen gesellschaftlichen Aufgaben. Er sprach keine der pakistanischen Sprachen und starrte verständnislos auf den Fernsehapparat. Regelmäßig kaufte ich ihm eine »Times« oder »Herald Tribune«, aber das war ein schwacher Trost.

Sein gesamtes Barvermögen hatte er einer Firma anvertraut, die eine Zweigstelle in Peschawar haben sollte. Die Spesen für den Transfer waren moderat gewesen, und das Geld sollte binnen eines Monats in Pakistan verfügbar sein. Als die vereinbarte Frist abgelaufen war, fuhren wir zur angegebenen Adresse und fanden dort ein schäbiges Hotel vor. Von einer Firma mit dem genannten Namen hatte dort niemand etwas gehört. Vater wich die Farbe aus dem Gesicht, und ich führte ihn zu einem Stuhl.

»Keine Sorge, Vater, vielleicht ist es die falsche Adresse. Sie warten am besten hier, und ich werde mich durchfragen.«

»Massud-dschan! Weißt du, was das bedeutet? Unser ganzes Geld! Alles! Wovon sollen wir leben?«

»Alles wird sich klären.«

Es dauerte einen halben Tag, bis ich begriff, was passiert war. Auf meiner Suche nach der angeblichen Im- und Exportfirma traf ich auf mehrere Leidensgenossen, denen Ähnliches passiert war. Von ihren eigenen Landsleuten waren sie in einer Notlage eiskalt betrogen worden. Skrupellos hatten sich windige Geschäftemacher darauf spezialisiert, den Flüchtlingen ihre Ersparnisse abspenstig zu machen. Wer in aller Eile Kabul verlassen musste, war auf die Hilfe einer Firma angewiesen, die das eingezahlte Geld an einem anderen Ort wieder auszahlte. Mir war es unbegreiflich, wie Vater auf die Betrüger hatte hereinfallen können. Aber ich selbst hatte ihm geraten, beim Grenzübertritt nur eine relativ geringe Summe mit sich zu führen. Vor meinen Augen drehte sich die Welt. Ich hatte sie nach Pakistan geholt. Ich hatte veranlasst, dass sie jetzt in der Fremde waren, mittellos, weder der Sprache mächtig noch mit der Aussicht auf eine halbwegs normale Zukunft. Die Verantwortung erdrückte mich.

Yvonne flog zurück nach Österreich. Zum Abschied schenkte ich ihr einen Armreifen. Sie weinte und wollte in den Semesterferien wiederkommen. In Rawalpindi stand ich mit Peter am Flughafen und küsste sie. Es war mir egal, dass alle Leute uns anstarrten. Ich konnte nicht aufhören, sie zu küssen. Ich wollte sie nicht hergeben. Nur in ihren Armen fand ich Trost und Vergessen.

»Auf Wiedersehen!«, sagte sie.

»Wirklich?«

»Ja ganz bestimmt!«

Dann zeigte sie ihren Pass und verschwand hinter der Kontrolle.

Am Abend ging ich zu Chalil. Er saß auf dem Dach und stopfte eine Wasserpfeife. Ich nahm einen kräftigen Zug und schaute in den Sternenhimmel.

»Da oben fliegt sie jetzt.«

»Deine Blondine?«

»Yvonne.«

»Die siehst du nicht wieder«, sagte Chalil, dessen Mitgefühl sich in bescheidenen Grenzen hielt.

»Natürlich sehe ich sie wieder. Sie kommt zurück.«

»Nimm dir lieber eine afghanische Frau.«

»Chalil-dschan, du redest wie meine Familie.«

Meine Augen waren gerötet, und Mutter musterte mich skeptisch. Es war schon spät, aber sie hatte gewartet. Sie reichte mir einen Tee und berührte meine Hand.

»Mein Junge, was ist aus dir geworden? Du darfst dieses Zeug nicht rauchen.«

Ich erschrak. Woher wusste sie …?

»Du bist nicht mehr der Massud, den ich kenne. Jeden Abend kommst du später und manchmal gar nicht nach Hause. Wo treibst du dich herum? Mit wem triffst du dich? Sind das schlechte Leute? Verführen sie dich?«

»Madar-dschan, machen Sie sich keine Sorgen. Alles wird gut. Ich bin nur ein wenig müde. Nach der Arbeit müssen wir noch unsere Geschäfte besprechen, dann bleibe bei Chalil. Der Weg hierher ist weit. Nachts ist es gefährlich auf den Straßen.«

»Du musst abends nach Hause kommen. Was soll dein Onkel denken, wenn du nicht bei deiner eigenen Familie schläfst? Fehlt dir etwas? Eine Frau?«

»Es ist alles in Ordnung. Ich bin zufrieden. Bitte denken Sie nichts Schlechtes von mir.«

Bei einem Empfang in der österreichischen Botschaft trank ich köstlichen Wein und schaute den Gästen beim Tanzen zu. Im Garten spielte eine Kapelle, ich freute mich über den Anblick der Frauen in ihren Sommerkleidern und genoss ihr Lachen. Auf einer Bank saß ein Pärchen und hielt sich an den Händen. Niemanden irritierte das.

»Massud, ich möchte dich mit einer reizenden Dame bekannt machen. Das ist Frau Schützinger«, sagte Peter und war auch schon wieder verschwunden. Vor mir stand eine ältere Frau, die ihr graues Haar zu einem imposanten Knoten gesteckt hatte.

»Angenehm, mein Name ist Massud Mirsasada.«

»Entschuldigen Sie bitte. Wie war das?«, fragte sie mit einem sympathischen Lächeln.

»›Massud‹ reicht vollkommen aus.«

»Das andere könnte ich wohl auch kaum aussprechen.«

»Ist es nicht schön hier im Garten?«

»Wunderbar.«

»Gefällt es Ihnen in Pakistan?«

»Wenn ich aufrichtig sein soll: Es ist mir zu heiß und zu laut.«

»Gehören Sie zur Botschaft? Ich meine, sind Sie beruflich hier?«

»Ich arbeite für eine Hilfsorganisation. Wir unterstützen Kinderprojekte in den Flüchtlingslagern. Ehrlich gesagt: Ich habe ein kleines Attentat auf Sie vor.«

»Das hört sich ja richtig gefährlich an. Worum geht es denn?«

»Wir führen einen Malwettbewerb mit afghanischen Flüchtlingskindern durch. Für die Bilder wird es Preise geben, mit denen wir die Familien unterstützen.«

»Interessant. Und in welchen Lagern?«

»Hauptsächlich in der Nähe von Peschawar. Das eine Lager heißt Haripur. Kennen Sie das?«

»Nein. Aber wie kann ich Ihnen helfen?«

Sie winkte einen Bediensteten herbei.

»Ich sehe, Sie trinken Wein, Massud. Lassen Sie mich eine besondere österreichische Sorte bestellen. Peter hat mich in den Weinkeller der Botschaft eingeweiht.«

Sie versuchte dem pakistanischen Kellner ihren Wunsch zu erläutern, und ich sprang helfend ein.

»Sehen Sie, das meine ich. Ich brauche einen Dolmetscher. Sagen Sie dem Kellner bitte, er soll uns aus einer grünen Flasche mit einem braunen Etikett einschenken. Der Wein kommt aus der Steiermark. Vorzügliche Qualität.«

»Ich werde es versuchen.«

Wir stießen an, und ich entdeckte den Geist des Weines. So etwas hatte ich zumindest mal irgendwo gelesen. Frau Schützinger war in Mutters Alter, und ich bewunderte sie für ihren Mut, allein durch die Welt zu reisen.

»Kommen Sie als Dolmetscher mit mir nach Haripur! Bitte! Es ist nur für ein paar Tage.«

»Das würde ich sehr gern, aber ich kann meine Arbeit nicht ruhen lassen.«

»Sie werden selbstverständlich bezahlt.«

»Mein Bruder kann mich leider nicht vertreten. Er hat zu wenig Erfahrung in dem Geschäft.«

»Vielleicht finden Sie jemand anderen.«

»Ich werde es versuchen.«

Haripur wirkte wie ein überdimensionales ärmliches Dorf. Siebenhunderttausend Flüchtlinge lebten dort. Der pakistanische Staat hatte ihnen ein unfruchtbares Gelände zu Verfügung gestellt. Internationale Hilfsorganisationen koordinierten die Zuwendungen. Es gab Geschäfte, Werkstätten und Schulen. Viele Kinder waren hier geboren und hatten die Heimat ihrer Eltern nie gesehen. Alle warteten auf den Frieden, der nicht kam. Alte Männer, Krüppel und Knaben bevölkerten die staubigen Gassen des Lagers. Aus einfachen Lehmhütten lugten Kinder heraus. Viele Bewohner waren auf Almosen angewiesen. Frauen, deren Männer als Gotteskrieger den Märtyrertod gestorben waren oder noch immer gegen irgendwelche verfeindeten Gotteskrieger kämpften. Das einst so stolze und freie Volk der Afghanen vegetierte zu Millionen in Flüchtlingslagern dahin, abhängig von fremder Hilfe. Amerikaner, Briten, Franzosen und viele andere Nationen hatten Krankenstationen, Werkstätten und Schulen gebaut. Sie versorgten die Menschen mit Nahrungsmitteln, verteilten Rollstühle und Prothesen und bauten Brunnen.

Frau Schützinger deutete auf ein Gebäude, und ich lenkte den Wagen durch die neugierige Menge.

»Massud, warum sagen Sie nichts mehr? Seitdem wir auf dem Gelände sind, schweigen Sie.«

»Ich? Wieso? Nein … doch, ich sage etwas.«

»Sie sind ja ganz durcheinander.«

»Ich … bin zum ersten Mal in einem Lager.«

Wir stiegen aus, und ein beinloser Jüngling rollte auf einem fahrenden Brett herbei. Seine Hände waren vollkommen verhornt und erinnerten an Füße.

»Dort drüben sind die Bilder ausgestellt. Heute ist der große Tag der Preisvergabe.«

Das Schulgebäude machte einen gepflegten Eindruck. Schon kamen uns die Lehrerinnen entgegen. Es war eine Mädchenschule, und Frau Schützinger wurde von einer Gruppe Schülerinnen umringt. Sie hatten ihre besten Kleider angezogen. Die meisten sprachen Paschtu und plapperten aufgeregt durcheinander. In dem Gewusel versuchte ich zu übersetzen und sah die strahlenden Augen der Mädchen. Alle wollten Frau Schützinger begrüßen. Aufgeregt zogen sie sie in das Gebäude, und die Lehrerinnen mahnten zur

Zurückhaltung. Jemand brachte einen Blumenkranz und hängte ihn ihr um den Hals. Dann sangen die Mädchen ein Willkommenslied.

»Taschakor, taschakor«, sagte Frau Schützinger, und alle klatschten.

Rot stand für Blut, und es gab kaum ein Bild ohne rote Flächen. Ich sah einen Jungen. Er trägt Schalwar-o Kamis und eine einfache Weste. Unter seinem Fuß explodiert eine Mine. Er schreckt zurück. Seine Augen sind weit aufgerissen. Der Turban fällt ihm vom Kopf, und seine Hand hängt in einem unnatürlichen Winkel herab. Dicke rote Kleckse tropfen aus seinem Ärmel und färben den Sand. Unter der Zeichnung standen Worte in Kinderschrift: »Mein Bruder. Gemalt von Mina«.

Auf einem anderen Bild strahlte eine große gelbe Sonne. Berggipfel sind schneebedeckt, und eine schwer beladene Kamelkarawane zieht einen Pfad entlang. Auf dem ersten Tier sitzen zwei Reiter. Daneben geht ein junges Mädchen mit langen schwarzen Haaren. Alle sehen traurig aus. Selbst die Kamele. »Sima« lautete die Signatur.

Ich sah Hubschrauber, Panzer, Raketen und Esel, die in die Luft fliegen. In einer roten Lache windet sich ein Mädchen. Daneben lodern Flammen, aus denen ein Bein ragt. Ein Schuh liegt daneben. Sermina. Nadschiba. Tamina. Laila.

»Ich werde zwanzig Bilder mit nach Österreich nehmen und eine Ausstellung organisieren. Die Leute spenden eher für afghanische Flüchtlinge, wenn sie so etwas sehen. Sagen Sie den Lehrerinnen bitte, dass ich den Kindern die Bilder abkaufe. Fünf Dollar pro Stück. Damit haben die Mädchen enorm zum Familieneinkommen beigetragen.«

»Sie sind wunderbar!«, sagte ich.

»Wunderbar? Eigentlich sind sie grausam, finde ich.«

»Ich meine Sie, Frau Schützinger.«

»Massud-dschan, mein Gott. Was ist passiert?«

Mutter schaute mich erschrocken an und musterte meine geplatzte Augenbraue.

»Nichts, ich bin gefallen.«

»Und dein Arm!? Was ist damit? Er ist ganz blau. Zieh dein Hemd aus.«

»Ich bin ausgerutscht.«

»Wie denn? Wo denn?«

»Auf einer Treppe.«

Skeptisch betrachtete sie meinen geschundenen Körper, und Roja kümmerte sich um die Wunden. Diesmal hatte es mich erwischt. Wie wilde Tiere waren sie auf den Basar gestürzt. Meine Geduld war am Ende. Ich hatte mich gewehrt. Dann waren die Stockhiebe auf mich niedergeprasselt, und gleichzeitig hatten sie die besten Stücke in ihren Taschen verschwinden lassen. Nach nicht einmal zehn Minuten war alles vorüber gewesen, nur noch ein Trümmerhaufen übrig geblieben. Chalil hatte versucht, mich zu beruhigen, aber in mir nagte eine unerträgliche Wut, die sich Luft verschaffen musste.

»Es war Besuch für dich da«, sagte Vater, nachdem ich verarztet war. »Ein gewisser Karim, ein sehr höflicher junger Mann. Er hat dir etwas Wichtiges zu sagen und kommt später wieder.«

Karim streifte häufig über den Basar. Er war ein Freund von Chalil. Ich hatte ihn auf Anhieb gemocht. Er war ein anständiger und gutmütiger Kerl, der sein Geld als Fluchthelfer verdiente, sehr erfolgreich, wie es schien. Seine Spezialität waren Überseereisen nach Europa, Australien und Amerika, und er hatte Geschäftspartner in den Reisebüros und an den Sicherheitskontrollen pakistanischer Flughäfen. Was wollte er von mir? Als es klopfte, erhob ich mich mühsam von meiner Matte und bat ihn herein. Mit vollendeten Manieren grüßte er meine Familie, und nach dem ersten Tee bedeutete er mir mit einer Handbewegung, ihm nach draußen zu folgen.

»Willst du nach Österreich fliegen?«

»Tut mir Leid, Karim, ich bin heute nicht zu Scherzen aufgelegt.«

»Was heißt Scherz, ich meine es ernst. Willst du?«

»Hat Chalil dir von meiner österreichischen Bekannten erzählt, oder was soll die Frage?«

»Was? Nein, keine Ahnung, wovon du redest. Hör zu, es ist eine einmalige Gelegenheit, wie für dich gemacht. Du sprichst Deutsch, hast in der Gegend gelebt, kennst dich aus.«

»Worum geht es überhaupt?«

»Ich habe einen Reisepass, der vor drei Jahren von der afghanischen Botschaft in Deutschland ausgestellt wurde. Darin sind eine Reihe abgelaufener Visa. Der Besitzer ist ein Geschäftsmann. Es gibt ein Visum für Österreich, das in zwei Wochen abläuft. Du bist genau der richtige Kandidat für diesen Pass.«

»Eine wunderbare Idee! Ein Traum! Ein Geschenk des Himmels! Nur leider gibt es einen Haken. Ich habe kein Geld.«

Im Geiste rechnete ich die Kosten durch. Ein derartiger Pass, die Bestechungsgebühren, die Reisekosten: fünftausend US-Dollar.

»Es ist eine einmalige Gelegenheit. Der Pass ist echt. Mit einem perfekten ›foto change‹ kommst du damit durch. Das hier ist doch kein Leben für dich. Ich habe gehört, was heute passiert ist. Du verlierst langsam die Nerven. Das verstehe ich gut. Ich mache dir einen Vorschlag unter Freunden. Du gibst mir das, was du auftreiben kannst, und den Rest zahlst du später, wenn du in Österreich bist.«

»Aber Karim! Ich weiß nicht, was ich sagen soll. Alles kommt so überraschend. Das ist einfach unglaublich. Tausend Dank für das Angebot. Ich muss alles mit meiner Familie besprechen.«

»Aber überlege nicht zu lange. Die Zeit ist knapp. Maximal zehn Tage.«

Vater gefiel die Idee.

»Das ist deine Chance«, sagte er. »Auf Dauer können wir ohnehin nicht hier bleiben. Das hat doch alles keine Zukunft. Irgendwann bekomme ich über den UNHCR vielleicht die Möglichkeit, in ein anderes Land überzusiedeln. Mutter und die jüngeren Geschwister können als Familienangehörige sicher mit.«

»Das kann Jahre dauern.«

»Einer von uns muss anfangen.«

»Aber wenn ich jetzt gehe, wer verdient dann Geld?«

»In Österreich findest du schnell eine Arbeit. Du sprichst doch die Sprache. Mehr als zweihundert Dollar im Monat brauchen wir nicht. Die kannst du schicken.«

»Das wird nicht reichen.«

»Wahid muss eine Arbeit finden.«

»Er spricht kein Urdu und ist noch so jung.«

»Lass uns gemeinsam mit diesem Karim sprechen. Ich will hören, was er anzubieten hat«, sagte Vater und wirkte ungewöhnlich zuversichtlich.

»Was ist mit Mutter?«, flüsterte ich.

»Sie wird es verstehen.«

Karim hatte vorsichtshalber schon einen Flug reserviert. Für den nächsten Donnerstag. Nun fehlten nur noch meine Zustimmung und ein Passfoto, damit das Dokument entsprechend präpariert werden konnte. Vater nickte mir aufmunternd zu. Wir diskutierten alle Risiken, und Karim gab mir einleuchtende Ratschläge.

Ich war vollkommen durcheinander. Zurück nach Europa! Ein neues Leben! In einem zivilisierten Land! So stellte ich es mir vor. Dort gibt es keine staatliche Willkür, keine knüppelschwingenden Beamten, keine Schmiergelder, keine erbärmlichen Flüchtlingslager, kein Elend und keine mörderische Hitze. Dort gibt es Yvonne! Es war zu schön, um wahr zu sein.

Ich musste schleunigst meinen Stand verkaufen, offene Geschäfte abschließen und so viel Geld wie möglich auftreiben. Die Zeit raste dahin. Es kamen zweitausenddreihundert Dollar zusammen. Schon hielt ich den Pass in den Händen. Eine große Last bestand darin, dass ich niemandem von meiner Reise erzählen durfte. Karim hatte mir erklärt, dass die afghanisch-islamistischen Parteien ihrerseits die Beamten am Flughafen bestachen, um über Ausreisende informiert zu werden. Auf der Suche nach Mitarbeitern der Nadschibullah-Regierung landeten Verdächtige oft schnell in ihren Kerkern. Es bestand außerdem die Gefahr, dass der Pass von Polizisten konfisziert wurde, denen Informationen zugetragen worden waren. Sie behielten das gefälschte Dokument, sperrten den Ertappten ein, ließen sich die Freilassung teuer bezahlen und verkauften den begehrten Pass weiter. Nicht zuletzt musste man sich vor Einbrechern hüten. Genug Gründe, über das Vorhaben zu schweigen.

Schon wieder ein Abschied! Ich quälte mich mit dem Gefühl, meine Familie im Stich zu lassen. Vater munterte mich auf. »Bald werden wir alle in Europa sein. Vielleicht nehmen die Holländer uns oder die Skandinavier. Ich werde alles versuchen. Dann sind wir wieder zusammen.«

»Massud-dschan, mein Junge! Viel Glück! Es ist besser so. Es wird nicht lange dauern, dann sehen wir uns wieder«, sagte Mutter. Sie sah furchtbar schlecht aus. Ihr Blutdruck war viel zu hoch, und ein Arzt hatte bei ihr Gallensteine festgestellt. Das Geld für die Operation hatte ich vom Verkaufserlös abgezweigt. Sie hatte Angst, und ich konnte ihr nicht in die Augen sehen, doch selbst sie hatte mich gedrängt, das Angebot anzunehmen. »Dort gibt es dieses Zeug nicht, das du immer rauchst«, hatte sie gesagt. Ihrer Meinung nach war ich ein Süchtiger, der in Europa keine Chance hatte, sich Drogen zu beschaffen. In ihren Augen kam alles Übel von meinen Freunden in Pakistan.

Karim begleitete mich nach Lahore. Am Internationalen Flughafen sei ein Beamter eingeweiht, erfuhr ich von ihm. Er werde mich diskret abfertigen.

»Lebe wohl! Und denk dran: Schwierig ist es nur in Dubai. Aber das schaffst du schon.«

»Danke für alles. Und sag Chalil, dass es mir Leid tut.«

Erst als ich meinen Platz eingenommen hatte, kam die Traurigkeit. Plötzlich fühlte ich mich unendlich einsam. Die Maschine raste über die Piste, und ich fragte mich, wohin die Reise ging. Unter Mühen und Demütigungen, auf eigene Faust und ohne Hilfe hatte ich meiner Familie und mir eine Existenz aufgebaut, und nun gab ich alles für eine ungewisse Zukunft auf. Nicht darüber nachdenken! Nun beginnt ein neues Leben! Alles wird sich regeln. Ich bekomme einen richtigen Pass. Die Österreicher werden mich als Flüchtling anerkennen. Sie wissen von den Problemen in meiner Heimat. Ich bekomme einen ordentlichen Pass, mit dem ich reisen kann. Wie ein normaler Mensch. Ein Dokument, dass in aller Welt anerkannt ist. Freiheit! Das ist mein Ziel! Ich atmete tief durch. Alles wird gut!

Am Horizont verschwand die Sonne, und das Meer schimmerte verheißungsvoll. Tief unter uns blinkten Lichter, aufgereiht wie an einer Schnur. Großzügige Straßen und moderne Gebäude kamen näher. Anschnallen! Ein Ruck. Die Maschine dockte an. Schilder wiesen den Weg zum Transitraum. Wenn alles gut geht, dachte ich, bekomme ich hier meine Boardingcard für den Flug nach Wien. Es muss gut gehen! Es muss! Die Passagiere reihten sich in Warteschlangen ein. Bei den Hellhaarigen ging es schneller. Hinterm Schalter saß eine Dame. Sie nahm meinen Pass und kontrollierte Seite um Seite. Sie hörte nicht auf zu blättern, und mir wurde heiß.

»Wie lange und wo haben Sie in Deutschland gelebt?«, fragte sie in englischer Sprache.

»Drei Jahre in Frankfurt und seit einem halben Jahr in Darmstadt.«

»Nehmen Sie bitte dort drüben Platz!«

Ich setzte mich auf einen eleganten Sessel und beobachtete, wie sie zum Telefonhörer griff. Mein Herz raste. Nach wenigen Minuten kam eine junge Frau in Uniform in die Halle. Sie sah indisch aus und trug eine modische Kurzhaarfrisur. In ihrer Hand entdeckte ich meinen Pass.

»Sind Sie derjenige, der angeblich aus Deutschland kommt?«,

fragte sie zu meinem größten Erstaunen in passablem Deutsch. Unwillkürlich musste ich lächeln. Sie hatte einen starken Akzent, aber es klang hübsch.

»Ich komme nicht angeblich aus Deutschland, sondern es ist eine Tatsache. Ich lebe seit über drei Jahren dort.«

Sie schien überrascht, blätterte in meinem Pass und hielt die Seite mit meinem Foto ins Gegenlicht.

»Was machen Sie beruflich?«

»Ich habe ein Im- und Exportgeschäft.«

Karim hatte mein Handgepäck präpariert. Darin befanden sich ein Terminkalender und Werbebroschüren einer internationalen Firma. Eine Mappe enthielt Unterlagen über Teelieferungen und Kostenvoranschläge auf Urdu und Englisch. Die Inderin versicherte der Dame am Schalter, ich spräche Deutsch. Aber damit gab sich die Beamtin nicht zufrieden. Sie tippte etwas in ihren Computer, während die anderen Reisenden neugierige Blicke zu uns herüberwarfen. Sie schien sicher zu sein, dass etwas nicht stimmte. Der Sprachtest hatte sie nicht von meiner im Pass angegebenen Identität überzeugt. Doch sie fand keinen Anhaltspunkt für eine Fälschung und stellte mir schließlich eine Boardingcard aus.

»Have a nice flight, Mr. Parwani.«

»Thank you.«

Noch eine unendlich lange Stunde bis zum Abflug. Die Anspannung war kaum auszuhalten. Jedes Mal, wenn ein Uniformierter die Transithalle betrat, befürchtete ich das Schlimmste. Ich rauchte eine Zigarette nach der anderen, bis mir schlecht wurde. Dann ertönte ein Gong zum nächsten Aufruf. Endlich war es der Flug der Malaysia Airlines nach Wien-Schwechat.

Als die Tür endlich geschlossen wurde und die Maschine langsam zurücksetzte, atmete ich tief durch. Geschafft! Die Motoren dröhnten. Nur noch wenige Stunden bis zum Ziel.

Die Falle

»Schau dir das an!«, sagt Patrick und reicht mir ein Nachrichtenmagazin. »Hier steht, die Taliban rücken auf Kabul vor.«

»Diese verdammten Taliban, ich begreife nicht, wie es so weit kommen konnte. Das sind nicht die Afghanen, die ich kenne.«

»Sie haben wichtige Stellungen in der Nähe Kabuls eingenommen. Wenn es so weitergeht, dann haben sie die Stadt bald in ihrer Hand.«

»Verdammt, dann ist alles verloren. Diese Hinterwäldler. Kabul war ihnen schon immer ein Dorn im Auge. Das Treiben in der Stadt ist ihnen zu modern.«

»Modern? Da stehen doch nur noch Ruinen.«

»Im letzten Jahr gab es eine relative Ruhephase. Die Universität hat sogar wieder geöffnet. Das hat mein Vater mir geschrieben. Er hat tatsächlich überlegt, ob er wieder zurückkehren sollte. Frauen und Männer studieren dort gemeinsam. Viele Flüchtlinge sind heimgekehrt, und ausländische Hilfsorganisationen sind präsenter als früher.«

»Und was sind das für Idioten, diese Taliban?«

»›Steinzeitislamisten‹ stand in einem deiner Magazine. Bei denen dürfen die Frauen nicht mal auf die Straße, geschweige denn arbeiten oder studieren. Unvorstellbar, dass solche Typen in Kabul die Macht übernehmen.«

»Sieht aber ganz danach aus.«

»Das wäre furchtbar. Sie verbieten sogar Musik.«

»Das wäre ja nichts für dich.«

»Allerdings nicht, und für die meisten meiner Landsleute genauso wenig.«

Ich denke an den Friseur. Wo mag er sein? Wenn er noch immer in Kabul lebt, dann sollte er schleunigst seine Instrumente in Sicherheit bringen. Welch ein Gedanke! Ich fühle mich unendlich weit weg von meiner Heimat. Was in den europäischen Magazinen steht, ist nur ein winziger Teil der Geschichte. Wie mag es Tante

Mina gehen, unserem Haus in Chair Chana und den einst so vertrauten Plätzen in meiner Stadt?

Kurtl weicht mir kaum von der Seite und kennt nur noch ein Thema: meine baldige Entlassung.

»Vorher gibt es noch eine kleine Feier, oder?«, fragt er mich nun schon zum dritten Mal.

»Na sicher.«

»Was hast du vor, wenn du draußen bist?«

»Frag mich was Leichteres. Erst mal wird mein Asylantrag neu geprüft – dank Pastor Heyland. So entgehe ich zumindest der sofortigen Schubhaft. Wohin sollen sie mich auch abschieben? Es gibt ja keine Flugverbindungen mehr nach Afghanistan und eine anerkannte Regierung auch nicht. Das totale Chaos.«

»Gehst du zurück nach Wien?«, will Kurtl wissen, und sein Tonfall macht deutlich, dass er sich mit Ausflüchten nicht abspeisen lässt.

»Ich traue mich nicht. Was passiert ist, was mich hierher gebracht hat, war eine Schande für mich und meine Landsleute.«

»Aber wohin willst du sonst gehen?«

»Ich weiß nicht.«

Schweigend drehen wir unsere Runden über den Hof. Wenn ich doch nur eine Antwort wüsste. Wohin? Tief in meinem Innern keimt ein Plan. Es bleiben mir noch drei Wochen. Wien? Wenn ich nur daran denke, wird mir übel.

Das Verderben hatte an einem sonnigen Wintertag begonnen. Nadschib bummelte über den Naschmarkt und schaute an meinem Stand vorbei. Ich sah ihn zum ersten Mal wieder, seitdem ich nicht mehr in der Pension lebte. Den Mann an seiner Seite stellte er als seinen Cousin aus Karatschi vor. Hadschi Baschir.

»Salam alaikum«, grüßte der Fremde. »Nadschib hat mir viel von Ihnen erzählt. Freut mich, Sie kennen zu lernen.«

»Salam, ich hoffe, es war nur Gutes«, antwortete ich und blickte in sein kantiges Gesicht. Er war sicher kaum älter als ich, aber er wirkte, als hätte er schon einige Leben hinter sich gebracht. Etwas Verschlagenes stach aus seinen dunklen Augen. Wie die Sitte es verlangt, ließ ich ein paar Worte fallen.

»Sind Sie zu Besuch in Wien?«, fragte ich.

»Genau, mein Freund. In Pakistan ist es mir zu heiß geworden. Hier weht genau das richtige Lüftchen«, sinnierte er geheimnisvoll.

Meine Lippen formten die gebotenen Worte: »Darf ich Sie zu einem Tee einladen?« Ich hoffte auf ein höflich formuliertes Nein. Wie konnte jemand wie er sich Hadschi nennen? Auch wenn meine Erfahrungen mit Mekkapilgern begrenzt waren, so hatte ich mir doch die Träger dieses Ehrentitels zumindest ein wenig würdevoller vorgestellt. Nadschibs Cousin erschien mir weit entfernt von jeder Frömmigkeit. Er wirkte nicht im Geringsten wie ein rechtschaffener Mann. Seine flinken Augen ließen sich nicht einfangen. Es war beinah unmöglich, diese dunklen Blitze zu betrachten, die unentwegt die Umgebung taxierten, ohne etwas preiszugeben.

»Wir trinken gern einen Tee mit dir«, antwortete Nadschib, »aber ich sehe, du hast zu tun. Ich werde schnell drei Tassen von drüben holen.« Er deutete auf ein Café an der Straßenecke, machte sich bereit zu gehen und ließ mich mit seinem Cousin allein.

»Kannst mich einfach Hadschi nennen. Das machen alle meine Freunde. Auf das Baschir kann ich verzichten.«

»Hm, ja.«

»Wie läuft das Geschäft, Massud?«

»Es geht.«

»Ist es denn nicht zu kalt hier draußen auf dem Markt?«

»Solange es nicht stürmt und schneit, kann ich es aushalten.«

»Das wäre keine Beschäftigung für mich.«

»Manchmal hat man keine Wahl.«

Er wickelte sich seinen Pelz um den schmalen Körper und betrachtete mein Warenangebot. Jede Geste und jedes Wort dieses angeblichen Hadschi verursachten ein derartiges Unbehagen in mir, dass ich mir sehnlichst einen Kunden oder einen anderen Besucher herbeiwünschte.

Endlich kam Nadschib mit dem Tee zurück, den eigentlich ich hätte holen müssen, und wir tauschten Belanglosigkeiten aus. Erleichtert vernahm ich ihren Abschiedsgruß und verscheuchte Erinnerungen an schlechte Tage.

Die Geschäfte liefen im Winter mäßig. Tamim brauchte mich nur noch an drei Tagen in der Woche, und ich musste dringend anderweitig Geld verdienen. Seitdem mein Bett in der Pension gekündigt, das staatliche Taschengeld eingestellt und das Weihnachtsgeschäft beendet war, fiel es mir immer schwerer, die übliche Summe nach Islamabad abzuzweigen. Eine Nachtarbeit bei einer Wiener Zeitung scheiterte bereits nach einigen Tagen an meiner fehlenden Arbeitsbewilligung. Dabei hatte ich es mir so schön vorgestellt. Vor dem Arbeitsbeginn um sechs Uhr auf dem Naschmarkt hätte ich zwei Stunden lang Zeitungen ausgefahren und damit einen wichtigen Zusatzverdienst gehabt.

Anfang Februar machte Tamim einen Vorschlag. Wir beide könnten zu einem großen Jahrmarkt in der Nähe von Salzburg fahren, wo uns gute Geschäfte erwarteten. Wenn ich nur die anstrengende Nachtfahrt in Eis und Schnee und die Verhandlungen mit den Markbetreibern übernähme, dann sei mir eine Umsatzbeteiligung garantiert. Man müsse schon weit vor dem Morgengrauen dort sein, um einen annehmbaren Standplatz zu ergattern, sagte mein Chef. Ich dachte an den Engelhof am Traunsee, erinnerte mich an die geringe Entfernung nach Salzburg und hoffte auf ein Wiedersehen mit Behrus. Als ich vorschlug, dort zu übernachten, war Tamim sofort einverstanden. Nachdem wir die Linzer Autobahnauffahrt erreicht hatten, wurde mir die Gegend eigentümlich vertraut. Auch wenn ich hier nur wenige Monate verbracht hatte, so waren es immerhin meine ersten Schritte in ein vollkommen neues Leben gewesen. Nichts schien sich verändert zu haben. Vor dem Engelhof parkte der Wagen der Köchin, zwei Bosnier standen vor der Tür und rauchten, und in meinem ehemaligen Zimmer brannte Licht.

Zu gern hätte ich Behrus' Gesicht fotografiert, als ich plötzlich vor ihm stand. In seiner ungestümen Art fiel er mir um den Hals und küsste meine Wangen. Er hatte sich einen Bart wachsen lassen und sich schon seit Monaten keinem Friseur mehr anvertraut. Im Zimmer roch es nach Alkohol, und auf dem Boden stapelten sich volle Aschenbecher.

»Wie siehst du denn aus, alter Freund? Bist du zu den Mullahs übergelaufen? Gib mir eine Schere! Das Zeug schneide ich dir sofort ab.«

Ich griff mit beiden Händen in seinen Bart und zog kräftig daran.

»Hier ist es im Winter verdammt kalt. Alles nur Selbstschutz. Wo kommst ihr denn jetzt her? Lass dich anschauen, Massud. Bist du etwa noch dünner geworden?«

»Schön, dich zu sehen, Behrus.«

Vorsorglich hatte ich ein Flasche Wodka mitgebracht, und wir feierten unser Wiedersehen.

Behrus schloss sich uns auf der Fahrt nach Salzburg an und kam danach sogar für einige Tage mit nach Wien.

Es machte Spaß, mit meinem alten Freund zusammen zu sein. Während ich arbeitete, bummelte er über den Naschmarkt und besuchte mich regelmäßig, um mich mit abstrusen Geschichten und unzähligen Witzen zu belustigen. Zur Mittagszeit gingen wir meistens in Sonjas Bistro, wärmten uns auf und genossen ein deftiges Essen. Wir waren gerade in gemeinsame Erinnerungen an Sommertage vertieft, als Hadschi durch die Tür trat. Ich musste ihm einen Platz an unserem Tisch anbieten und meinen Freund vorstellen. Als ich an den Stand zurückkehren wollte, bestellte Hadschi zwei Mokka und lud Behrus ein. Sie versuchten sich radebrechend auf Englisch zu unterhalten, und ich fragte mich, wie sie ohne meine Übersetzungen ins Urdu zurechtkommen wollten. Innerlich hoffte ich darauf, dass es ihnen nicht gelinge und Behrus schleunigst zu mir komme. Allein.

Am Abend fragte er mich, ob ich jemanden kenne, der Haschisch verkaufe. Es sei für einen Freund in Salzburg.

»Wie kommst du auf mich, Behrus?«

»War nur so eine Idee. Schließlich wohnst du in der Großstadt und kennst ein Menge Leute. – Was ist mit Hadschi? Weiß der niemanden?«

»Hör mir auf mit diesem Hadschi. Mit dem habe ich nichts zu tun.«

»Versteh doch, es geht um einen guten Freund. Er hat mir sehr geholfen, und ich möchte mich bei ihm revanchieren.«

»Tut mir Leid. Ich kann dir nicht helfen«, sagte ich in einem Ton, der keine Erwiderung zuließ.

Am nächsten Tag kam Hadschi an unseren Stand und lud Behrus und mich zu einem Kaffee ein. Eine Einladung abzuschlagen stellt eine Beleidigung dar, und ich war froh, mit Kunden beschäftigt zu sein. Mir war unbehaglich zumute, als ich die beiden ohne mich ziehen ließ.

Am nächsten Tag reiste Behrus ab, und ich war erleichtert, froh, das Drogenthema los zu sein.

In der folgenden Woche traf ich fast jeden Tag auf den sonderbaren Mekkapilger, der mich jedes Mal nach Behrus fragte. Er erkundigte sich, wie es ihm gehe und ob ich etwas von ihm gehört hätte. Eines Abends, als ich gerade den Stand abbauen wollte, kam Abdul zu mir, einer der erfahrensten pakistanischen Markthändler, den ich im Bistro als aufrichtigen Kollegen kennen gelernt hatte.

»Massud, es geht mich zwar nichts an«, begann er und setzte eine ernste Miene auf, »aber trotzdem möchte ich dir einen Rat geben. Hüte dich vor diesem Mann! Diesem Hadschi Baschir! Der ist gefährlicher, als du denkst. Man sieht ihn in letzter Zeit häufiger an deinem Stand.«

»Aber Abdul, denke nicht, ich hatte etwas mit ihm zu schaffen. Er ist mir selbst nicht ganz geheuer.«

»Dann bin ich beruhigt.«

Niemals hätte ich seinen Rat ignoriert, denn jedes Zusammentreffen mit Hadschi ging mir gegen den Strich. Aber die Höflichkeit gebot es, seinen Gruß zu erwidern und seine Fragen nach Behrus zu beantworten, den er, wie ich fand, viel zu schnell in sein Herz geschlossen hatte.

Die Geschäfte liefen schlecht. Es war kalt. Nur wenige Wiener trotzten dem Winterwetter und bummelten über den Naschmarkt. Tamim und ich versuchten unser Glück auf verschiedenen Jahrmärkten in der Provinz. Ich fuhr den Wagen, verhandelte mit den Marktbetreibern und kümmerte mich um die Kunden. Selten schlief ich mehr als drei, vier Stunden in der Nacht. Zurück in Wien, versuchte ich den Klub in Ordnung zu halten. Ich war alleiniger Pächter geworden und veranstaltete regelmäßig Unterhaltungsprogramme. Die kleine Bühne dekorierte ich mit einfachen afghanischen Teppichen, hängte Bilder unserer verlorenen Heimat an die Wände und sorgte für eine Schallisolierung. So störten die Liveauftritte der Musiker die Nachbarn nicht mehr. Der Erlös aus den Getränken und den einfachen Gerichten, die ich anbot, reichte für die Miete. Einen Job in einer Verpackungsfirma verlor ich schon nach einer Woche, als der Vorarbeiter nach meiner Steuernummer fragte.

Dann kam der 20. dieses düsteren Monats. Ich hatte kein Geld. Nächtelang quälte ich mich und lieh mir schließlich die fehlenden zweihundert Dollar. Verzweifelt suchte ich nach einem zusätzlichen Job. Auf dem Naschmarkt bemühte ich mich nach Kräften um die wenigen Kunden, aber mein Anteil am Geschäft blieb immer zu gering. Ich erweiterte das Programm im Klub, und manchmal übernahm ich zusätzlich die Vertretung für einen Zeitungslieferanten. Drei Stunden Schlaf in meiner feuchten Kammer mussten reichen. Der Raum war ursprünglich für die Lagerung von Bierfässern gedacht. Ich hatte ihn notdürftig hergerichtet, aber unter den Tapeten nagte der Schimmel.

Behrus rief mich an. Beinahe hätte ich ihm mein Leid geklagt. Es tat gut, seine Stimme zu hören.

»Massud-dschan, ich habe dir doch von meinem Freund erzählt, der mir sehr geholfen hat.«

»Welcher Freund?«

»Dem ich noch einen Gefallen schulde.«

»Ja, ich erinnere mich.«

»Er kommt demnächst nach Wien. Ich habe ihm deine Telefonnummer gegeben. Hilf ihm bitte, wenn er sich bei dir meldet. Er kennt sich in Wien nicht aus.«

Widerwillig stimmte ich zu. Was er mir bisher über diesen Freund erzählt hatte, war nicht nach meinem Geschmack.

Einige Tage später meldete sich eine unbekannte Stimme. »Hallo, Massud, ich bin Benny, ein Freund von Behrus.« Er sprach mit starkem österreichischem Dialekt, den ich keiner Region zuordnen konnte.

»Ja? Hallo? Ach so, verstehe. Behrus hat mir von Ihnen erzählt.«

In der Leitung rauschte und knackte es, und er hörte sich weit entfernt an. »Ich bin in Wien und möchte dich gern kennen lernen. Nur kurz, ich fahre noch heute zurück.«

»Entschuldigen Sie, aber das passt jetzt schlecht. Ich muss mich um die Gäste kümmern.«

»Es geht ganz schnell. Ich kenne sonst niemanden hier.«

Was wollte er von mir?

»Behrus sagte, du kannst mir helfen.«

Ich brachte es nicht übers Herz, den Freund eines Freundes abzuwimmeln. Es war Samstagabend, und ich hatte eine Menge Gäste. Vielleicht könnte mich jemand für eine Weile ablösen.

»Okay, aber nur ganz kurz.«

»Vielen Dank.«

Eine halbe Stunde später stieg ich in die Straßenbahn und fuhr zum Schottenring. Da erwartete er mich. An der Haltestelle drängten sich die Menschen, und ich hörte meinen Namen. Ich weiß nicht, was ich mir vorgestellt hatte, aber keinesfalls einen Österreicher mit blauen Augen und blonden Locken. Er war jünger als ich, groß und kräftig, trug Jeans und Lederjacke und machte durchaus den Eindruck, als könnte er sich ohne meine Hilfe in Wien zurechtfinden. Wie hatte er mich erkannt? Ich war irritiert, aber er schwatzte sofort auf mich ein. Sein Umgangston war betont locker. Ein kalter Wind pfiff um die Häuserecken.

»Wollen wir uns nicht kurz in ein Café setzen?«, schlug ich vor.

»Besser, wir gehen ein paar Schritte. Kannst mich übrigens duzen, so unter Kumpels, meine ich.«

Er sprach die ganze Zeit von Behrus. Welch ein guter Freund er doch sei. Dass sie zusammen Ski gefahren seien, kräftig gefeiert, viel getrunken und viel geraucht hätten.

Ich brauchte nicht zu fragen, was er damit meinte. Ich bot ihm eine Zigarette an.

»Natürlich Joints«, sagte er verschwörerisch.

Ich wollte so schnell wie möglich das Thema wechseln. Er war ein Fremder, und ich hatte schon genug Probleme am Hals. Keinesfalls wollte ich mit Drogen in Verbindung gebracht werden.

»Massud, ich brauche etwas Dope, und Behrus meinte, du kennst jemanden, der was beschaffen kann.«

Ich war empört. Wie konnte Behrus so etwas behaupten? Ich rang um Worte.

»Das muss ein Missverständnis sein. Ich kann dir nicht helfen. Tut mir Leid, dass du die weite Reise umsonst gemacht hast. Ich kenne niemanden, der so etwas verkauft.«

»Aber ich dachte, du wüsstest, wo man das Zeug bekommt.«

»Persönlich kenne ich niemanden, aber es gibt eine Diskothek, in der man vielleicht ein bisschen Haschisch kaufen kann.«

Meine Hoffnung, ihn damit abzuschütteln, zerrann. Beharrlich bohrte er weiter.

»Ich will ja nicht nur einen Joint kaufen. Es soll schon ein bisschen mehr sein. In einer Disko ist es zu teuer. Die lange Fahrt soll sich auch gelohnt haben, verstehst du?«

»Tut mir Leid. Damit kann ich nicht dienen. Ich muss jetzt gehen. Ich sagte ja, ich habe Gäste.«

»Massud, es macht mir auch nichts aus, noch mal wiederzukommen. Aber wie gesagt, es muss sich lohnen.«

Es verging keine Woche, bis sich dieser Benny wieder am Telefon meldete. Ich war müde von einem Arbeitstag in der Kälte und musste das Essen für eine Geburtstagsfeier im Klub vorbereiten.

»Massud, gibt es was Neues?«

»Nein, es gibt nichts Neues!«

»Okay, ich melde mich wieder.«

Ich war selbst erschrocken über meine barsche Art. Mit einem Orientalen hätte ich niemals so sprechen können. Der Kerl ging mir auf die Nerven. Allein die Art, wie er mich ständig beim Vornamen nannte, machte mich wütend. Als seien wir Freunde. Zwei Tage später rief er erneut an.

»Massud, ich bin in Wien. Ich habe eine Nachricht von Behrus für dich. Können wir uns irgendwo treffen?«

»Aber nicht lange. Ich habe wenig Zeit.«

Das war die Gelegenheit. Jetzt musste ich ihm beibringen, dass ich nichts für ihn tun konnte.

Wir gingen in ein Café, und er bestellte Cognac für uns. Als er sich vorbeugte, sah ich ein Handy in seiner Tasche. Ich hatte noch nie mit einem Handy telefoniert und hätte ihn gern gefragt, ob ich es mir anschauen dürfe. Aber ich besann mich. Nur keine Vertraulichkeiten! Wieder schwärmte er davon, wie gut er mit Behrus befreundet sei. Ich wartete darauf, dass er endlich zur Sache kam.

»Massud, ich möchte dich bitten, dass du mich Hadschi vorstellst. Behrus sagt, er sei ein guter Freund von euch beiden.«

Sprachlos starrte ich ihn an. Was hatte Behrus ihm nur erzählt?

»Hadschi? Behrus kennt ihn genauso wenig wie ich. Von Freundschaft kann da kein Rede sein. Sie haben sich zwei-, dreimal gesehen, mehr nicht.«

Benny ging auf meinen Einwand nicht ein. Vielleicht konnte ich ihn auf eine elegante Art abschütteln, überlegte ich. Ohne unhöflich zu werden und ohne Behrus zu brüskieren. Ich würde ihn einfach an den angeblichen Mekkapilger »übergeben«.

»Ich werde sehen, ob ich ihn erreichen kann.«

»Hier hast du mein Handy«, sagte Benny großmütig.

»Ich habe keine Telefonnummer von ihm.«

Später rief ich Nadschib an, der mir Hadschis Nummer gab. Es kostete Überwindung, aber dies schien der einfachste Weg zu sein. Er war sofort am Apparat.

»Erinnern Sie sich noch an den Iraner, der vor einigen Wochen hier war?«

»Behrus? Aber natürlich. Wie geht es ihm? Was macht unser Freund? Ist er bei dir?«

Ich schluckte und suchte nach passenden Worten.

»Nein, aber er hat einen Bekannten geschickt, der Sie treffen möchte.«

Es war still in der Leitung.

»Sag ihm, ich werde mich melden. Wenn ich so weit bin, sage ich dir Bescheid. Gib mir deine Nummer. Ich rufe bald an, dann kannst du ihn zu mir bringen.«

»Ich bin sehr beschäftigt. Er wird es allein finden.«

»Ohne dich ist es schwierig. Ich kenne den Mann doch gar nicht. Außerdem musst du übersetzen.«

Meine Sprachkenntnisse brachten mich in eine missliche Lage. Einmal werde ich es tun, überlegte ich, dann bin ich die beiden los.

Kurz darauf platzte Hadschi in den Klub. Er war nie zuvor hier gewesen, und ich hatte ihm nicht einmal davon erzählt. Eine junge Frau, Adrijana aus Slowenien, begleitete ihn.

»Ruf den Mann aus Salzburg an«, sagte er. »Ich kann ihn am Sonntag treffen. Wo und wann, werde ich rechtzeitig mitteilen.«

Ich sparte mir jeden Kommentar und sehnte das Ende der Geschichte herbei.

Sonntag früh klingelte Hadschi mich aus dem Bett. »Guten Morgen, Massud. Was hältst du von einem kleinen Ausflug?«

»Ausflug? Warum, wieso, wohin?«

»Adrijana fährt uns zu unserem Freund Behrus. In die Berge. Dort soll es sehr schön sein, hat er mir erzählt.«

Lag es an meiner Müdigkeit, Gutmütigkeit oder Dummheit? Ich tat, was er sagte, zog mich an und freundete mich mit der Idee eines Sonntagsausflugs zum Traunsee an. Schon heute Abend wird die Sache endgültig erledigt sein, dachte ich. Von Gmunden aus rief ich Behrus im Hotel an. Einige Minuten später fuhren wir auf den Parkplatz vom Engelhof, und Behrus stieg zu uns in den Wagen. Ich freute mich, ihn zu sehen, aber nach einer überschwänglichen Begrüßung war mir nicht zumute.

Hadschi reichte Behrus ein Tütchen. »Wir müssen diesen Mann aus Salzburg jetzt nicht extra treffen«, sagte er auf Urdu zu mir. »Sag Behrus, er soll ihm das hier geben. Der soll es probieren und sich dann melden.«

Ich übersetzte, ohne zu begreifen, was eigentlich vor sich ging. Woher wusste Hadschi, was Benny von ihm wollte? Behrus schien sich nicht im Geringsten zu wundern. Er wusste Bescheid!

»Er meldet sich dann bei dir, Massud-dschan«, plante mein Freund das weitere Vorgehen.

»Bei mir? Wieso das?«

»Das ist das Einfachste.«

Der »Stoff« sei in Ordnung, teilte mir Benny am Telefon mit, ich solle ein Treffen in Wien arrangieren. Hadschi nannte den Zeitpunkt für die Übergabe, und widerwillig rief ich wieder bei Benny an. Als er zum festgelegten Termin in Wien eintraf, klingelte natürlich bei mir das Telefon. Ich war der Vermittler, Dolmetscher,

Laufbursche: alles in einem. Noch heute musste dieser verdammte Schlamassel ein Ende finden.

»Okay, ich rufe Hadschi an«, sagte ich zu Benny, »dann mache ich euch bekannt und verschwinde. Ich habe zu tun.«

»Wie du willst.«

Ich traf ihn wieder am Schottenring. In seinem Wagen fuhren wir nach Wien-Favoriten, wo Hadschi uns erwartete. Er stand mit seiner Freundin in einem Hauseingang, und ich zeigte auf Bennys blauen Opel. Dort stellte ich sie vor. Erstaunt musste ich feststellen, dass Hadschi gebrochen Deutsch sprach. In einer Art Geheimsprache regelten sie die Modalitäten ihres Geschäfts. Nach einem knappen Wink verabschiedete sich Adrijana, und auch ich machte mich bereit zu gehen.

»Massud, tu mir den Gefallen: Bleib hier«, sagte Benny. Offenbar war Hadschi ihm unheimlich. Das konnte ich gut nachvollziehen, aber was hatte ich damit zu tun?

»Nur eine halbe Stunde«, sagte Hadschi und dirigierte uns auf die Autobahn in Richtung Salzburg. Ich saß auf der Rückbank und fragte mich, was ich hier eigentlich zu suchen hatte. Benny drehte sich ständig zu mir um, er wirkte sehr nervös.

»Ich glaube, er versteht mich nicht immer richtig. Sag ihm, dass ich auf keinen Fall die Stadt verlassen will.«

Hadschi hatte verstanden und antwortete auf Urdu: »Wir fahren nicht raus, nur zu einem abgelegenen Parkplatz.«

Er wies Benny an, in die nächste Abfahrt einzubiegen, und wir landeten im 23. Bezirk. Wir hielten auf einem dunklen Parkplatz und warteten. Dem Mann aus Salzburg gefiel das Manöver nicht, aber er fügte sich. Die Scheinwerfer eines anderen Wagens blinkten auf. Benny wurde immer unruhiger.

»Das Adrijana mit Ware«, sagte Hadschi.

»Mir passt das alles nicht«, sagte Benny. »Hier bleibe ich nicht.«

»Du Angst?«, fragte Hadschi, und seine dunklen Augen blitzten.

»Sag ihm, dass hier nichts läuft. Hierher kommt mein Partner nicht«, insistierte Benny.

»Partner?«, fragte ich.

Ein Wirrwarr aus gebrochenem Deutsch, rudimentärem Englisch und meinen Übersetzungsversuchen brachte an den Tag, dass Hadschi an Ort und Stelle die Ware übergeben wollte. Das Geld dafür sollte Adrijana nach einem telefonischen Signal von Bennys

Partner in einem Café in der Nähe übernehmen. Per Handy sollte koordiniert werden. Benny weigerte sich, das Geschäft auf dem Parkplatz abzuschließen. Die beiden konnten sich nicht einigen. Es war schon Mitternacht, als ich mich von Benny an einem Taxistand absetzen ließ.

Vorerst blieb ich von Anrufen, Zusammenkünften und Geheimniskrämerei verschont. Dann besuchte Hadschi mich auf dem Naschmarkt.

»Sag Benny, er kann Ort und Zeitpunkt für eine Übergabe bestimmen.«

»Tut mir Leid, Hadschi. Ich will damit nichts mehr zu tun haben. Ihr kommt auch ohne mich klar.«

»Ich dachte, wir sind Freunde. Tu mir den Gefallen. Bitte! Die Verständigung ist schwierig. Und dir traut er mehr als mir.«

Hadschi redete auf mich ein, und die anderen Standbesitzer schauten schon zu uns herüber.

»Es ist doch nur ein Anruf. Was macht das schon?«

»Schon gut. Ich ruf ihn an und teile ihm alles mit.«

Ich rührte keinen Finger. Nie wieder wollte ich mich mit diesen beiden Verrückten treffen. Hadschi tauchte immer wieder am Naschmarkt auf und dann sogar im Klub. Einmal drückte er mir sein Handy in die Hand.

»Du kannst ihn jetzt gleich anrufen. Tu mir den Gefallen. Probier es mal!«

Ich wählte irgendeine Nummer und zuckte mit den Schultern.

»Er meldet sich wieder nicht. Habe ich dir doch gesagt. Jetzt lass mich endlich in Ruhe damit.«

Es wurde unerträglich. Ich konnte Hadschi einfach nicht abschütteln. Als er wieder im Klub auftauchte, tuschelten meine Landsleute über mich. Wenn ich die beiden noch ein einziges Mal zusammenführe, dann bin ich sie vielleicht für immer los, überlegte ich. Ich rief Benny an.

»Hadschi will dich sehen.«

»Wann?«

»So bald wie möglich«, sagte ich, »sonst werde ich noch verrückt. Der hängt mir ständig auf der Pelle. Ich will mit euch nichts mehr zu tun haben.«

»Verstehe. Wir brauchen dich nur noch einmal als Dolmetscher.«

Endlich war es so weit. Hadschi und Adrijana erwarteten uns in einem Café im 10. Stadtbezirk. Gelegentlich musste ich übersetzen. Es ging um die Menge und den Preis. Sie benutzten verschlüsselte Bezeichnungen, wie eine Geheimsprache. Außerdem sprachen sie sehr leise. Es waren schließlich noch andere Leute im Raum.

»Einen Sechser würde ich draufsetzen«, sagte Benny.

»Nein, sechseinhalb und keinen Groschen weniger«, erwiderte Hadschi.

»Ich will ja eine Ganze. Dafür muss es doch Rabatt geben, oder?«, drängte Benny.

Ich reimte mir zusammen, dass ein »Sechser« sechstausend seien und eine »Ganze« wohl eine Hundert-Gramm-Platte Haschisch. An irgendeinem undurchsichtigen Punkt einigten sie sich. Damit ist es gelaufen, dachte ich.

»Dann also nächste Woche«, beschloss Benny das Gespräch.

»Nächste Woche?«, fragte ich. »Ich dachte, ihr habt euch geeinigt.«

»Das lass unsere Sorge sein«, sagte Hadschi.

»Dann trefft ihr euch aber ohne mich. Mir reicht es jetzt. Ihr braucht mich nicht.«

»Aber doch! Massud, reg dich nicht auf!«, sagte Hadschi. Auf Urdu gab er mir zu verstehen, dass er zwar mir, aber dem Mann aus Salzburg nicht traute. Der sollte auf keinen Fall seine Telefonnummer oder womöglich gar Adresse bekommen.

»Ich möchte nicht nur Massud, sondern auch meinen Freund Behrus dabeihaben«, sagte Benny überraschenderweise.

»Behrus?«, fragte ich. Irgendwie erleichterte mich die Vorstellung, ihn bei dieser vertrackten Angelegenheit in der Nähe zu wissen. »Dann musst du ihn aber mitbringen, wenn du aus Salzburg kommst. Eine Fahrkarte kann er sich nicht leisten.«

Manchmal bildete ich mir ein, der Beobachter eines Abenteuers zu sein, unbeteiligt, gespannt abwartend. Dann wiederum spürte ich ein persönliches Risiko. Diese Leute meinten es ernst. Etwas Undefinierbares und Fragwürdiges reizte mich, dieses absurde Theater weiter zu verfolgen. Verglichen mit dem, was ich in den letzten Jahren erlebt hatte, war es ohnehin eine Kleinigkeit. Und schließlich gab es auch noch Behrus. Er war mein Freund, und ich tat ihm einen Gefallen.

Wie so oft in den letzten Wochen ließ mich das Klingeln des Telefons aufschrecken. Ich schob die warme Decke beiseite, ging zur Theke und griff zum Hörer.

»Hallo, ich bin's. Benny und ich sind auf der Autobahn bei Wien. In ein paar Minuten sind wir da.«

»Okay, Behrus, wir treffen uns am Schottenring.«

Für das heutige, ultimative Treffen hatten sie einen Gasthof ausgesucht, der zu dieser Tageszeit fast menschenleer war. Hadschi saß mit einem anderen Pakistaner am Tisch. Der Mekkapilger trug sehr auffällige Kleidung. Für sein Empfinden hatte er sich vermutlich fein gemacht. Aber sein grell gemustertes Jackett wollte nicht im Geringsten zu seiner karierten Hose passen.

»Mein Bruder Jimmy«, sagte Hadschi.

Und dieser Jimmy wirkte genauso merkwürdig wie sein Name. Die beiden unterhielten sich auf Pandschabi, wovon ich kein Wort verstand. Der angebliche Bruder zappelte nervös auf seinem Stuhl, stieß ein Fläschchen Essig um, und beim Versuch, den Schaden zu begrenzen, landete ein Salzstreuer auf dem Boden und rollte quer durch das Lokal. Er wirkte wie ein Vorstadtgauner bei seinem ersten größeren Coup. Benny, Hadschi und Jimmy saßen an der einen Seite der Tafel und diskutierten eifrig über den Abschluss ihres Geschäfts. Es war nicht einfach, in dem Durcheinander und Kauderwelsch zu übersetzen. Gleich geht es los, überlegte ich. Hier wird jetzt ein Rauschgiftdeal abgewickelt. In welch einer Gesellschaft bewege ich mich überhaupt? Ich sollte auf der Stelle davonrennen.

Benny bezog mich stark in das Gespräch ein und wollte jede Kleinigkeit übersetzt haben. Ich saß im Mittelpunkt, wie mir mit Schrecken bewusst wurde. Einem Freund zuliebe hatte ich eine einfache Kontaktvermittlung übernommen, und nun nahm ich ihm und allen anderen sehr viel Arbeit ab. Wieder ging es um Zahlen. Es war mir unbegreiflich, wieso die endgültige Summe noch immer nicht feststand. Bisher hatten sich die Gespräche immer um vierstellige Beträge gedreht. Plötzlich wurde über viel mehr Geld verhandelt. Mir wurde heiß.

»Was läuft hier eigentlich ab? Wieso weiß ich nicht, mit welchen Summen hier gehandelt wird?«, erregte ich mich.

»Was meinst du damit, Massud? Worüber weißt du nicht Bescheid?«, fragte Benny.

»Worum geht es hier überhaupt? Doch nicht nur um das verfluchte Hasch, das du für deinen Eigenverbrauch wolltest.«

»Ganz ruhig, Massud. Es geht sehr wohl darum und um ein wenig mehr. Du weißt schon, ich will ein bisschen Geld machen.«

»Ohne mich. Ich verschwinde. Das ist eine Nummer zu groß für mich. Und du solltest auch deine Finger davonlassen.«

Ich war vollkommen durcheinander. Nun gab ich diesem verrückten Benny sogar Ratschläge.

»Das wird das erste und das letzte Mal sein«, versprach Hadschi. »Wenn alles gelaufen ist, fliegt Jimmy zurück nach Holland, ich fahre nach Pakistan zu meiner Frau und meinen Kindern, Behrus nach Traunkirchen und Benny nach Salzburg. Keiner von uns wird je wieder darüber reden, wir verschwinden und vergessen alles. Für deine Mühe wirst du natürlich angemessen belohnt.«

»Außerdem hast du doch gar nichts damit zu tun«, ergänzte Jimmy. »Wenn du Angst hast, kann ich dich beruhigen: Sollte etwas schief gehen, dann kennen wir dich einfach nicht.«

»No panic, it's all right«, warf Benny ein. »Das ist doch ein Kinderspiel. Ich bin schon länger in dieser Branche. Bisher hatte ich immer alles selbst in der Hand, aber jetzt brauche ich nun mal deine Hilfe. Wir alle brauchen dich.« Benny schaute mich fordernd an. »Außerdem wird es keinem von uns gefallen, wenn du jetzt einfach so abhaust. Verstehst du? Keinem von uns!«

Behrus schaute verstört in die Runde. Er hatte das Wichtigste verstanden und schien genauso überrascht wie ich. Auf Persisch zischelte er: »Ist das eine Drohung?«

Ich wusste keine Antwort. Benny forderte mich auf, mit ihm an die Theke zu kommen.

»Hör zu, die Sache ist quasi gelaufen«, sagte er.

»Was willst du mir überhaupt sagen?«

»Wie du inzwischen auch begriffen hast, geht es hier um eine große Menge Stoff. Von dem Gewinn sollst du selbstverständlich etwas abbekommen. Ich zahle dir sieben Prozent, und die anderen beiden Vögel müssten dir auch mindestens fünf Prozent geben. Das sind zwölf Prozent. Allein für dich! Und um Behrus brauchst du dir auch keine Sorgen zu machen. Um den kümmere ich mich. Überleg's dir! In einer halben Stunde verdienst du siebzigtausend Schilling. Du bist ein Narr, wenn du jetzt nein sagst. Wir sind doch fast am Ende. Und ein schlechtes Gewissen solltest du auch nicht haben. Da kann ich dich beruhigen: Wenn wir es heute nicht tun, tut's ein anderer morgen. Also, warum sollten wir nicht gemeinsam dieses kleine Geschäft abschließen?«

Das alles ist so verdammt absurd. Sag nein! Sag nein!, hämmerte es in meinem Schädel. Das ist kein Abenteuer mehr, kein reizvolles Spiel! Das ist ein krimineller Akt! Aber das Geld! Fünftausend Dollar! Die Hälfte könnte ich meiner Familie schicken. Mutter könnte sich endlich die Gallensteine entfernen lassen und die besten Medikamente leisten. Wahid könnte Sprachkurse besuchen. Ich hätte genug für eine richtige Wohnung und könnte mein feuchtes Loch verlassen. Was kann schon passieren? Dies hier ist ein gut durchdachter Deal. Alles läuft nach Plan. Was hätte ich schon davon, wenn ich jetzt nein sage? Nichts weiter als ein »Danke schön« von Behrus. Ich hatte vieles davon auf die Beine gestellt, wir standen kurz vor dem Abschluss! Alle werden eine Menge Geld verdienen: Jimmy als Kurier, Hadschi als Dealer, Benny als Zwischenhändler und eventuell sogar Behrus als Vermittler. Und ich gehe das gleiche Risiko ein und darf womöglich bei diesem Treffen auch noch mein Bier selbst zahlen.

»Was überlegst du so lange? Die Sache ist doch klar. Komm, wir gehen zurück zu den anderen und bringen es hinter uns.«

»Okay, ich bin dabei.«

»Mir reicht es jetzt mit dem Gequatsche«, übernahm Jimmy das Wort. »Ich will jetzt endlich das Geld sehen.«

»Das habe ich doch nicht bei mir.«

»Was?«, riefen die Brüder wie aus einem Munde. »Willst du uns verarschen? Das ist gegen die Abmachung.«

»Mein Partner wartet in einem Hotel. Ein Anruf, und er ist hier, keine zehn Minuten.«

»Also los!«, sagte Hadschi und zog so stark an seiner aufgerauchten Zigarette, dass der Filter glühte. Wütend warf er sie in den Aschenbecher.

Dann kam der Mann mit der Geldtasche. Er hatte sein langes Haar zu einem Pferdeschwanz gebunden. Sein breiter Oberkörper steckte in einer Bomberjacke. Mit scharfen Blicken tastete er das Lokal ab, und Benny gab ihm ein Zeichen. Er grüßte kurz und setzte sich an den Tisch. Benny nahm die Tasche, stellte sie zwischen sich und Hadschi und öffnete den Reißverschluss. Lauter Tausend-Schilling-Scheine blitzten hervor.

»Okay«, meinte Jimmy und wechselte mit seinem Bruder ein paar Worte auf Pandschabi.

»Lass uns hinausgehen, Benny«, sagte Hadschi. »Die Ware ist im Auto.«

Ich hatte nur einen Gedanken. Sobald die beiden verschwunden waren, wollte ich mich mit Behrus aus dem Staub machen. Ich wollte nur noch weg. Das viele Geld machte mir Angst. Den versprochenen Anteil können sie mir später geben, dachte ich.

»Also los«, sagte Benny und mit einem fordernden Blick auf Behrus: »Komm du mit uns nach draußen!«

Verdammt! Kann der Typ Gedanken lesen?

»Was soll ich machen?«, fragte mich mein Freund mit brüchiger Stimme auf Persisch.

»Ich will hier so schnell wie möglich verschwinden.«

»Warte auf mich. Bitte! Das geht bestimmt ganz schnell.«

Und genau das tat ich. Es wäre eine Schande gewesen, einen Gefährten auf halbem Wege allein zu lassen. Benny, Hadschi und Behrus verschwanden nach draußen. Wenig später kam Unruhe auf. Im Nebenraum wurden Stühle beiseite geschoben. Die Tür flog auf. Männer in dunklen Lederjacken stürzten ins Lokal.

»Keine Bewegung! Polizei! Halten Sie die Hände über den Kopf, stehen Sie langsam auf und drehen Sie sich zur Wand!«

Ich spürte den kalten Lauf einer Pistole in meinem Nacken, meine Arme wurden auf den Rücken gerissen, Handschellen krallten sich um meine Gelenke. Ich sah noch, wie unter der Jacke von Bennys Partner ein Pistolenhalfter hervorblitzte und er seine Waffe auf Jimmy richtete. Jemand zog mir den Schal vom Hals und verband meine Augen. Die Geräusche waren nur noch gedämpft. Dann griffen Hände in meine Taschen, tasteten mich ab. Ich wurde abgeführt und in einen Wagen geschubst. Mir wurde übel. In meinen Ohren rauschte heißes Blut. Aussteigen. Treppen. Türen. Schlösser. Jemand reißt mir den Schal vom Kopf, schließt eine Handschelle auf. Ich habe nichts damit zu tun. Gleich ist der Spuk vorbei. Die Handschelle bleibt am Gelenk, die andere am Stuhlbein. Zwei Polizisten reden auf mich ein. Fragen. Einer ist nett. Der andere böse. Ich habe nichts damit zu tun. Was habe ich schon getan? Gleich lassen sie mich wieder gehen.

Ein Tritt gegen mein Bein.

»Gestehe!«

Ein weiterer Tritt. Schmerzen! Wohin mit meinen Beinen? Kein Platz unterm Stuhl. Tritte. Schmerzen.

»Sag was!«

Kaffee und Zigaretten vom Netten.

»Deine Freunde haben gestanden. Baschir Rani, genannt Hadschi, Behrus Isfahani und der Dritte im Bunde. Noch nicht identifiziert.«

»Willst du das Geständnis sehen? Vielleicht hilft es dir weiter.«

Schweigen. »Wir kennen dich nicht, falls was schief geht.« Alles war schief gegangen. Ich kannte mich selbst nicht mehr.

»Ein Kilo reines Heroin, mein Lieber. Das ist keine Kleinigkeit.«

Das war wie ein Dolchstoß. Ich sackte zusammen. Heroin! Mein Gott! Hilf mir! Kein Ausweg mehr! Gefangen!

»Gestehe!«

Nichts wird gut! Nie wieder! Ich unterschreibe. Blitzlichter Fotos.

Jemand reicht mir Zeitungen.

»Heroin-Dealer tappen in Falle! Kunde war ein getarnter Drogenfahnder. Rauschgift in Millionenwert sichergestellt. Vier Täter in Gasthof festgenommen.«

Monate später der Prozess. Hadschi, Adrijana, Behrus, Jimmy und ich. Es gab keine Gerechtigkeit! Ich hatte einen unfähigen Pflichtverteidiger. Behrus ging es genauso. Hadschi und Jimmy hatten einen der teuersten und berühmtesten Anwälte der Stadt engagiert. Ich war hilflos. Wie argumentiert man ohne brauchbaren Rechtsbeistand, ohne Zeugen und ohne Verbündete?

»Der Einsatz verdeckter Ermittler ist eine innerdienstliche Angelegenheit. Die Identitäten bleiben geheim«, verkündete die Staatsanwaltschaft. Kein Wiedersehen mit Benny.

Freispruch für Adrijana. Zweieinhalb Jahre für Behrus. Jeweils drei Jahre für uns drei. Hätte ich nur einen Tag weniger bekommen als dieser verfluchte Hadschi, dann hätte ich meinen Glauben an die Gerechtigkeit nicht vollkommen verloren. Der Mann, der vorgab, Mekkapilger zu sein, hatte mich schwer beschuldigt.

Epilog

Die Geschichte des Massud Mirsasada basiert weitgehend auf wahren Begebenheiten. Um ein derart ereignisreiches Leben im gebotenen Umfang und mit genügender Anonymität darzustellen, habe ich Personen, Schauplätze und zeitliche Abläufe verändert, verschoben oder hinzugefügt.

»Massud Mirsasada« hat mir in unzähligen Gesprächen seine Geschichte erzählt und mir seine eigenen Aufzeichnungen überlassen. Ich danke ihm für sein uneingeschränktes Vertrauen, das es erst ermöglichte, dieses Buch zu schreiben. Für die ihn verkörpernde Figur hat er den Namen »Massud« – in Anlehnung an Ahmad Massud Schah – gewählt. Der legendäre Kommandant erschien ihm zum Zeitpunkt unserer Begegnungen als einziger Hoffnungsträger im Kampf gegen die Taliban. Ahmad Massud Schah ist am 9. September 2001 ermordet worden. Nach der Tragödie vom 11. September 2001 rückte Afghanistan in das Zentrum des Weltinteresses. Mitten in den Schreibprozess an diesem Buch und der Frage, wie man einem Lesepublikum das unbekannte Land und seine Menschen näher bringen könne, überschlugen sich die Medienberichte über eine Jahrzehnte währende und verdrängte Tragödie am Hindukusch.

Afghanistan wird den meisten Leserinnen und Lesern inzwischen nicht mehr unbekannt sein, aber sicher immer noch fremd.

Vielleicht trägt Massuds Geschichte dazu bei, die persönlichen Schicksale der Afghanen innerhalb und außerhalb ihrer Heimat mit anderen Augen zu sehen.

»Massud« ist weiterhin auf der Suche nach seinem persönlichen Glück und nach Zufriedenheit. Ich wünsche ihm, dass er einen Ort auf dieser Welt findet, den er sein »Zuhause« nennen kann und an dem er mit seiner Familie Liebe und Geborgenheit findet.

Hamburg, im August 2002

Dank

Ich danke allen, die mir bei den Recherchen zu diesem Buch behilflich waren. Einige mögen sich ihrer Rolle als Informationsquelle vielleicht gar nicht bewusst gewesen sein. Dazu gehören die afghanischen Familien und Freunde, die mir tiefe Einblicke in ihre Lebenswelten gestatteten. Genannt seien, stellvertretend für viele andere, Familie Askarsada mit ihren besonderen Kochkünsten und Mahmud Manawi, der nie müde wurde, meine Fragen zu beantworten.

Dr. Yahya Wardak danke ich für die großzügige Bereitstellung seines Afghanistanarchivs und viele anregende Gespräche.

Bernd Klaiber und A. Mayer für die regen Briefwechsel aus einer fernen Welt in nächster Nähe.

Hans Werner Mohm, als Afghanistankenner, für die Durchsicht des Manuskripts.

Corinna Krohn für die motivierende Begleitung vom ersten Entwurf bis zur letzten Seite.

Peter Graf für seine geduldige, hervorragende und richtungsweisende Mitwirkung beim Entstehen dieses Buches.

Und natürlich danke ich »Massud« für seine dreijährige Geduld bis zum Erscheinen »seiner« Geschichte.